繹志

（清）胡承諾 著

清同治十一年浙江書局本

鳳凰出版社

1

圖書在版編目（CIP）數據

繹志 / (清) 胡承諾著. -- 南京 : 鳳凰出版社,
2019.4
ISBN 978-7-5506-2830-4

Ⅰ. ①繹… Ⅱ. ①胡… Ⅲ. ①古典哲學－中國－清代
Ⅳ. ①B249.91

中國版本圖書館CIP數據核字(2018)第211388號

繹志

著　　者　(清)胡承諾
責任編輯　崔廣洲
出版發行　鳳凰出版社(原江蘇古籍出版社)
發行部電話 025—83223462
出版社地址　南京市中央路165號，郵編：210009
出版社網址　http://www.fhcbs.com
印刷裝訂　三河友邦彩色印裝有限公司
三河市高樓鎮喬官屯村
開　　本　十六開
出版日期　二〇一九年四月第一版
二〇一九年四月第一次印刷
書　　號　ISBN 978-7-5506-2830-4
定　　價　貳仟陸佰肆拾圓整(全三册)

出版説明

人是一種會思想的動物，無論是要適應環境，克服生存的困難，抑或爲了生活得更有意義，思想皆不可或缺。在一般的中文習慣中，思想的涵義比『哲學』更寬泛，這種語用習慣的差異，也影響到學者對學術視野的選擇。一般而論，思想史的範圍也較哲學史爲廣闊，雖然很少得到清晰地界定，但它不失爲一種有效的學術視野。

在近代中國學術史上，思想史研究的興起與哲學史大約同時。一九〇二年三月，梁任公在其創辦的《新民叢報》連續發表了《論中國學術思想變遷之大勢》系列論文，這可能是最早由國人撰著發表的思想史論文。而第一本由國人撰寫的中国古代哲學通史，則爲一九一六年謝無量的《中國哲學史》。這兩種早期著述自有其學術史的意義，但其中對學科的性質與研究方法等多無明確的説明。事實上，無論是學者的闡述，還是其實際的操作，在思想史與哲學史之間都不易劃出清晰的界限，直到當代也仍然如此。拋開細節不論，就語用習慣及有關實踐而言，思想史表徵一種對歷史文化廣闊而深入的關照，其研究方法，關注的問題，都較哲學史爲多元，史料基礎也不可同日而語。尤其是在郭沫若、侯外廬等人建立起來的研究傳統中，思想史有明确的社會史取向，或因其與傳統的文史之學有親和性，以至在今天，這種思路仍然很有吸引力。

文獻發掘向來是思想史研究的基本環節。爲了促進有關研究，我們選輯多種文本編爲『中國古代思想史珍本文獻叢刊』，全編選目包括經典文本，如儒、道二家的經解，重要思想家作品的早期刻本，和某些并不廣泛受到關注的作家文集的舊刻本。本編中也選録了數種記録古代民俗信仰的文獻，如《關聖帝君聖跡圖志》等。此外，本編也著意收録了數種通常被視爲藝術史史料的文本，如《寶綸堂集》、《徐文長文集》等，我們認爲對思想史關注而言，範圍與深度同樣重要。

選集本編，也有文獻學上的意圖。中國古代有悠久的文獻學傳統，大量古籍文本的傳刻與整理造就了古代中國輝煌的文化。本編收録的這些刻本不僅是古代學術發生、衍變的物質證據，也是古代文化的重要部分。本編所收録的全部作品皆爲彩版影印，最大限度地保存了文獻的細節。其中有部分殘卷，視具體情況，或者補配，或者一仍其舊。本編的選目受制於編者的認識與底本資源，有不妥、不備之處，希望讀者不吝指正。

《繹志》總目録

（清）胡承諾 著

清同治十一年浙江書局本

第一册

繹志 序……五
自敘篇第六十一……一一
繹志 原序……一五
重刻繹志 敘……一九
繹志 目録……二三
繹志 卷一……三一
繹志 卷二……七七
繹志 卷三……一〇五
繹志 卷四……一五七
繹志 卷五……一八三
繹志 卷六……二五三
繹志 卷七……三二九
繹志 卷八……三八三

第二册

繹志 卷九……一
繹志 卷十……八三
繹志 卷十一……一七七
繹志 卷十二……二三九
繹志 卷十三……二八一

第三册

繹志 卷十四……一
繹志 卷十五……四七
繹志 卷十六……一一一
繹志 卷十七……一六七
繹志 卷十八……二五三
繹志 卷十九……三四三

第一册

繹志 序……五
自敘篇第六十一……一一
繹志 原序……一五
重刻繹志 敘……一九
繹志 目録……二三
繹志 卷一……三一
繹志 卷二……七七
繹志 卷三……一〇五
繹志 卷四……一五七

繹志　卷五……一八三
繹志　卷六……二五三
繹志　卷七……三三九
繹志　卷八……三八三

繹史

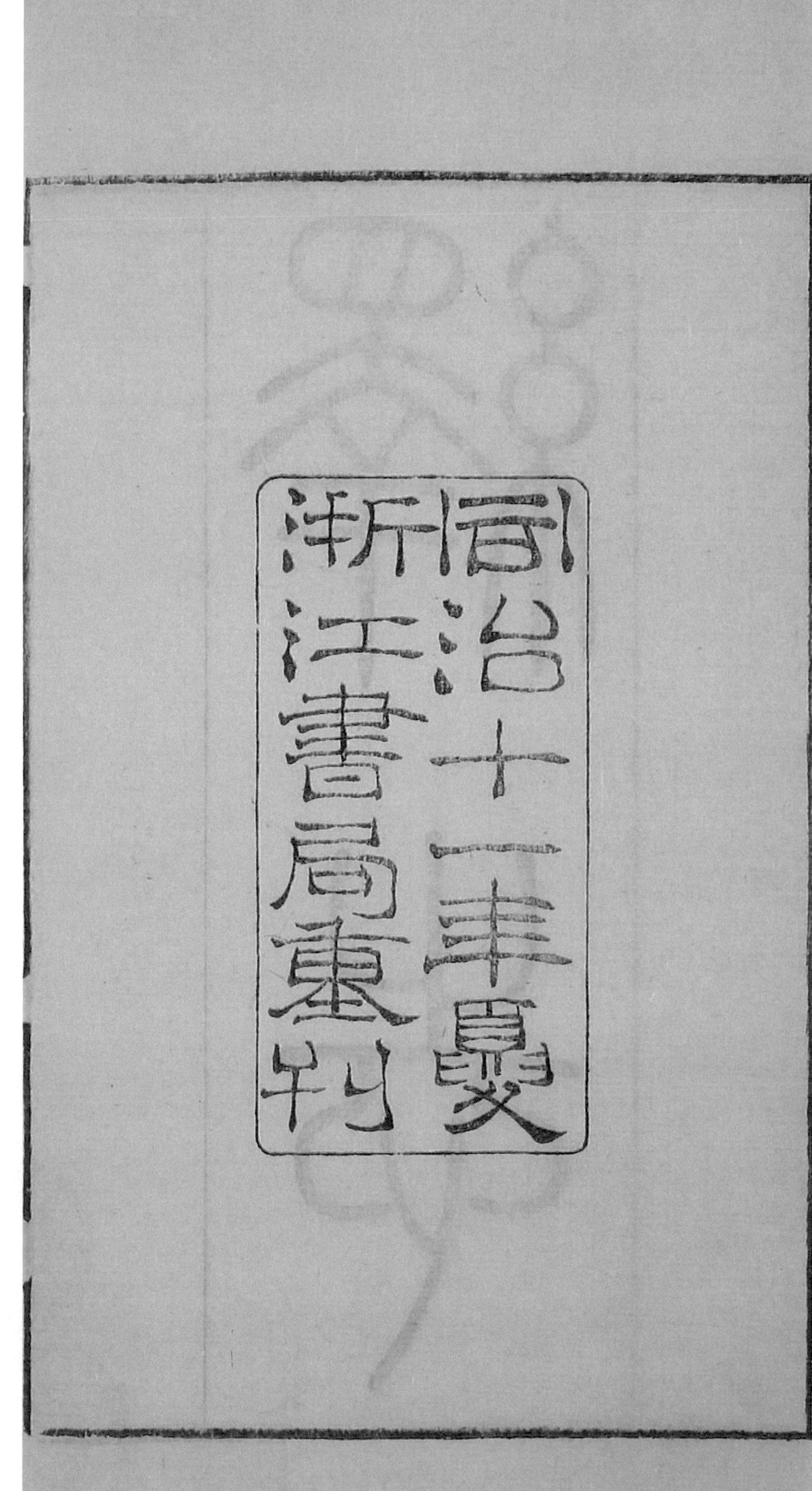

同治十二年夏
浙江書局重刊

序

九流之家多明一孔不求賅備隨舉所得或源流不分自唐以來獨儒家者流綜輯者衆因分數家曰故實曰經說曰校訂至宋而經說家又有心性章句之分則兼故實以爲証明兼考訂以爲參稽各因其才之所近而泛濫焉大抵繁而無統雜而不貫駁而不醇求所謂有始有卒者蓋其難哉　國初石莊胡先生以勝國遺老殫心聖眞統百氏同異衷之以道本躬行實踐之所獲研精覃思之所幾非聖賢之志不敢存非聖賢之言不敢言通會其立體致用之始終而該貫乎百爲萬行之

當否近而日用動靜倫常物則之間遠而紀綱彝憲彌綸宇宙之範如指諸掌如券以符有說苑新序法言申鑒人物志潛夫論中說之宏肆而精粹過之有正蒙近思錄讀書錄呻吟語之醇明而條貫過之可爲大學之義疏論語孟子之廣詁有志斯道者亦彬彬可觀矣申耆先生得是書而寶之蓋幾失而復得焉錫麒恐其遂湮也匃手民壽諸梓使來學皆得究心亦冀先生勤勤誘誨之盛心於兹不負云爾婁東顧錫麒序

序

繹志十九卷六十一篇爲文數十萬言竟陵胡先生石莊所述也竟陵今爲天門縣先生名承諾明崇禎間舉於鄉　國初一謁選吏部以老疾辭歸閉戶六年始成是書先生之學達于身心倫紀禮樂刑政陰陽五行吉凶悔吝之幾及古昔治亂賢姦用舍世事情僞所以隆替起伏者故其言質而不窾博而知要反復而切至條疏而亮直欲以正人心道術頗汎濫于諸子百家而折衷于聖人者也其本末始終多見自敘于其時天門尹李君念慈序中當先生之成是書也不惑于毀譽不憂

于堙鬱晝夜孜孜務窮盡其所蓄抑可謂信道篤而知體要者矣夫晩周至今材智蠭起學術益歧其初莫不殫刓精力紛著書講說代積雖遠而言議明通道藝衍遂不舛馳于先王不過數家者何哉古人之于學也其修于身者仁孝忠誠德業著矣而天人之間盈虛消息之理所以殺于性命而施于刑德者不探其精微道猶未至也名物度數制作之中聖賢之微文要義所以統于奧賾而列于蕃變者不窮其損益因造知猶未致也德成于身而道貫于中然無堅固之守夐卓之見辨論鉅細雖當于理勢有亢厲佊詭之言而無深造自得從

容中道之實君子猶慮其學之未正識之未峻是以又在乎詞之粹焉易曰樂則行之憂則違之確乎其不可拔者詩曰溫溫恭人惟德之基蓋言其學之正識之峻詞之粹也學識之不明爭名之心競襲性理之虛言昧問學之閎廓不權時勢不求典禮祖尚膚末其弊至于迂陋矜誕矯其失者徒沾沾攷校于古書傳記同異得失義利之不辨氣節之不修材器蒙瞶而人士益卑靡無用凡此非僅侈于爲人不知守約之過也故余以爲自前明來書之精博有益于理道名實決可見諸施設者惟顧氏日知錄與先生是書爲魁傑而惜乎是書晚

出知之者鮮卽知矣尊信者不易顧其言不可一日不昭焯于天下也余初欲少刪其繁近益恢其端深博大旣不果然卒亦何損其盛美武進李先生申耆前得是書而重之後幾遺佚去年用亟謀于婁東顧君竹泉刻于江陰以余亦尊信是書命少疏列其指意余學識顓固痺隘罔克測豪末所以惓惓樂道者紬繹旣久頗恨不獲親質于賢碩又欲附是書使名見于後世云道光十七年正月十九日丁酉寶山毛嶽生譔

自敘篇第六十一

序曰石莊先生字君信竟陵人明崇禎丙子舉人見湖廣通志文苑傳予家舊藏先生讀書錄寫本四冊有柴虎臣先生跋文體類淮南抱朴鱗雜細碎隨事觀理而體察之竊甚愛焉尋爲友人借觀亾之深以爲恨後於故書肆亂書中得繹志檢之完具甚喜亟收之思重錄一本以爲流傳地道光元年在揚州方令鈔胥寫之未竟一冊而四川龍變堂觀察過訪龍有活字板喜刻書已成大帙如郡國利病書之類者數種向予索未見書之宜板行者予以爲莫若繹志

龍意以不見　四庫書目疑之予謂此書出較後收四庫者不及收耳若論其書則貫通古今包合宇宙不徼之纂述也龍遂欣然將去約半年當集印弁原本見還去後閲六七年了不相聞一日其從子某忽至江陰遺書數種而無變堂書閲其書皆非問之則云未見刻此書予乃遺書索之時江陰錢君一士作令四川屬其尋問錢復書云龍已死問之其子云此書當在京師徐星伯處蓋星伯故識龍予疑龍或以書質復書問星伯而星伯書來云未見予淒惘然以石莊二書皆由我而亾地下能無遺恨甲午之秋忽

得一士書云龍之子以此書屬寄發書視之如故人重見也狂喜累日夜適常熟許伯堅少府過予予爲述之以當歡笑伯堅去述之於所識婁東顧君竹泉竹泉聞予之嗜之也欣然曰是書所遭如此不及今刊行恐後遂湮沒亟出重貲屬予校而刊之是書自是有傳本矣幸哉先生之書醇明宏達近古所不及其精神自當不敝而成書至今垂二百年竹泉始傳之竹泉之於先生亦可謂神交不第緣會已也而彌恨讀書錄之不可復見也或者先生之靈陰相之使得復合則尤幸之幸哉道光十七年歲丁酉三月朔

日戊寅刊成附識于後武進李兆洛記

繹志原序

晚季風氣寖薄人鮮實學百餘年來海內文人墨士作爲詩文自表見者雖巨細淺深不同率不下數十百家皆附緣情事以立論敷詞篇什短小易於結構耳求其無所附緣而自成一家之書蓋罕聞焉又嘗論之自荀列而降世所述諸子多各是其是務爲高論善辨騁才以遂其所見意譎詭僻其背戾於聖人之指者往往然矣矧能內之極性命之精微外之備經世之大法近之在乎一身而遠之俟諸來葉者乎竟陵胡石莊先生自明崇禎間蚤領鄉薦入　興朝無意禮闈乃謁選部旣

序名當除授復就部告老以孝廉之身全歸勝國以放還之恩囹諸　本朝不忤於時無羨於世歸卧天門巾柘間足不出戶庭窮年誦讀於書靡所不讀而淡自韜晦所著有蒴佳軒諸詩皆宏深奧博不屑爲新穎秀發以趨時尚至其稽古準今本領著作則人莫得而知焉念慈宰竟陵時曾不得數接見於先生既辭官復來寓居比隣亦僅得讀先生之詩已何先生殁念慈亦暫歸里門乙丑再至乃從嗣君嘉言裹所求得先生所著繹志若干卷則洋洋灑灑自志學明道逮尚論廣徵爲目凡六十有一中間由聖賢脩身立命以及帝王任官行

政制事治人之措置施爲名臣賢士之所以物躬成業凡民之所以居室盡倫兼綜條貫靡不原本道法切近人情考據古今推準時會凡三十餘萬言體之可以脩身可以治天下要之本十三經博稽漢史櫽括荀楊文中折衷周程張朱之說其學務爲有用其論不雜奇詭念慈始若觀海望洋而恨未得受是書於先生生存之日問辨講習焉然使先生至今在則此書終不肯示人念慈又烏得讀也所苦客裝微薄不能亟謀棃棗以公天下後世乃手鈔而笈攜之並略序其管蠡之見以歸之嘉言此書在天壤先聖先賢之靈其式憑焉會當有

知而傳之者嘉言其毋以湮滅過慮可也念慈所見於先生者尙有讀書說若干卷與是篇相表裏而特不分條目殆是篇取材之餘乎亦必傳之作也

康熙二十有八年歲次己巳十二月上浣二日前竟陵令涇陽李念慈書於澠池道中雨雪旅次

重刻繹志敘

去聖日遠異學爭鳴漢劉子政氏叙錄七略甄綜九流儒家之言六蓺筦鑰然而周秦諸子持之有故言之成理有述者之明擿蕪類擷菁英羣言淆亂則衷諸聖何嘗不同流而共貫也顧非行已昭焯入理堅疑事變周知心智完密則擇言駮度事偏至使讀其書者以闊疏爲詬病嘻已法言中論而下箸錄日緐其於聖學或合或否宋五子者依經立教辨學去非所箸書緐簡不同同厥體用源流日分各傳其師說標一時之論則不備持一字之旨則不純備矣純矣而言不文者行亦不遠

儒家盛衰大道之盛衰也箸於行事者尙矣空言可託則不爲一時用且爲百世師何如其大何如其嚴也抑又聞之兼善者儒者之志垂教者儒者之澤有其遇則功立無其遇則言立

國朝立功之儒有湯文正李文貞陸清獻張清恪立言之儒有顧亭林黃棃洲張楊園諸先生吾楚承嶽麓之教衡山有王而農氏天門有胡石莊氏學不後於羣儒而聲稱闇如二百年間遺書若存若亾王氏之學浩博書數百卷鄧湘皐學博表之於前曾沅圃中丞章之於後今且風行海內蹈厲奮發之士興起焉胡氏之學精

深書數十卷李申耆大令得其稾復佚其半刊行未久傳本日尠昌濬讀而敬之信之付浙江書局重刻以廣其傳亦願趨嚮敦樸者得師資之益也且王氏說經之書前上於
朝箸於四庫胡氏繹志遲久始出所謂不絕如綫者也王氏博辨縱橫自成一家言繹志六十篇左右采獲博極羣書自諸子百家與夫史策名言文章精詣蔑不貫串而衷於周程張朱以爲之歸修齊治平本末無不具
朝野今古變故無不盡文詞爾雅義理平實學者可以饜飫涵泳其間昌濬竊推尋其指要曰崇實曰復禮合

轍聖塗而爲儒術之上流者蓋在是與蓋在是與同治十一年孟秋湘鄉後學楊昌濬譔

繹志目錄

卷一

志學篇第一

明道篇第二

立德篇第三

卷二

養心篇第四

脩身篇第五

卷三

言行篇第六

成務篇第七
辨惑篇第八
卷四
聖王篇第九
聖學篇第十
卷五
至治篇第十一
治本篇第十二
卷六
任賢篇第十三

去邪篇第十四
大臣篇第十五
名臣篇第十六

卷七

諫諍篇第十七
功載篇第十八
吏治篇第十九
選舉篇第二十
朋黨篇第二十一
辨姦篇第二十

卷八

敎化篇第二十三
愛養篇第二十四
租庸篇第二十五
雜賦篇第二十六
導川篇第二十七
敕法篇第二十八
治盜篇第二十九

卷九

主禮篇第三十

古制篇第三十一
建置篇第三十二
禨祥篇第三十三
卷十
兵略篇第三十四
軍政篇第三十五
武備篇第三十六
名將篇第三十七
興仁篇第三十八
卷十一

凡事篇第三十九

立教篇第四十

論友篇第四十一

入道篇第四十二

出處篇第四十三

卷十二

取與篇第四十四

愼動篇第四十五

庸行篇第四十六

卷十三

父兄篇第四十七
宗族篇第四十八
夫婦篇第四十九
祀先篇第五十
奉身篇第五十一
養生篇第五十二

卷十四

經學篇第五十三
史學篇第五十四
著述篇第五十五

文章篇第五十六
卷十五
雜說篇第五十七
卷十六
兼采篇第五十八
卷十七
尚論篇第五十九
卷十八
廣徵篇第六十
卷十九

竟陵石莊胡承諾譔

志學篇第一

君子之學，學爲大人焉，學爲聖人焉。爲大人，天下國家之事屬焉矣；爲聖人，仁義禮智之則具焉矣。故有心世道者，不可廢學。先知先覺，不得不以爲學示人也。學有三端：言性者，當知人之本乎天；言道者，當知明理由乎勝私；言治者，當知四德可措諸天下。此其大綱也。若夫歲月先後之序，古人已試之方，天道人事之極致，要使萬善皆備，凡天下之理取足而有餘，萬感皆應，凡天下之事取則而無差在乎積勤不倦終身從事焉爾人一日之中有四氣焉有清明之氣有盛大之氣有堅固之氣有專一之氣清明之氣衆善發生盛大之氣萬物皆備堅固之氣美善必成專一之氣蓄藏不洩清明之氣晰理精矣盛大之氣受物備矣堅固之氣措務定矣專一之氣凝思安矣以清明窮理以盛大博物以堅固持論以專一致思此學之節候也學莫重於復性性者人所固有也然一麗形質即受程於氣而受蔽於物氣有強弱蔽有淺深人與物異人與人異莫不由此因其放也而使之歸因其歧也而使之衷因其微也而使之著

因其克也而使之堅因其錯亂而使之有序不增益其所無不縱舍其所覺不斷續其所獲凡形質之私皆聽於性命之正此復性之旨也古今遠大之業無一端不當講諸平日無一事不當措諸躬行要使觀理之心出於清明不出於昏雜即不以昏雜之識累清明之理培養洗濯與日俱積如草木然不以灌漑不勤使生意鬱塞如日月然不以陰翳未瑩使光采匿虧天道否泰不可限人世治亂不可移常道未通勿遽語變人倫未盡勿言天德勿以矜心勝氣塡塞虛靈使光明不續功虧九仞而後可復性也易曰窮理盡性以至於命故盡性

之功必先窮理卽事窮理謂卽事而求處事之方也得其方卽得其理矣卽物窮理謂卽物而推爲物之情也得其情斯不違其理矣陰陽五行之類周知其所以然則此中闊大而曠觀遠覽之致出古今成敗事變倚伏悉知其所由來與其所由往則事事有成法雖紛紜遝至而資用不匱不以理契合聖意而穿鑿已見以爲聖意故穿鑿愈多聖意愈晦不以理處事而別求智巧以處事故經事雖多而無一事之理存諸其心百事皆如在夢寐也蓋理有眞是有眞非如射之有的人所共見可指可視者也理之是者驗諸庶物皆然驗諸吾身又

然驗諸天地莫不皆然是卽不可易之理也若獨見其是非而人不能與不惟粗淺涉獵去極云遠卽精微元妙無當所事之空猶乎粗淺也總之足不可蹈必非善地手不可捉必非嘉物蹈虛者寸步卽顛捉空者終身無獲甚不願人有此病也若夫眞妄之際全然不察但取舉數之多表裏之別亦復不分總在疑似之域如此僅謂博物不謂窮理也博識所以辨學也辨學所以植德也君子者以植德之故辨學則學不僞以辨學之故博物則物不雜超然而觀欲其曠凝然而深欲其會流而注之欲其盛觸而肆之欲其通取於其質所以制其

僞也取於其貞所以制其動也取於其義所以制厥宜也取於其時所以制厥變也冥行者必墮於是脂燭薪燎以道之薪燎旣具而馳榛莽之墟以狂走墮者更多冥行者也馮河者必沒於是舟楫帆檣以濟之舟帆旣具而輕陽侯之波以覆舟溺者比於無舟者也君子不憂阬塹而憂狂走之自踣也不危陷溺而危傾覆之自及也舍夷易而樂幽險耽捷徑者也舍大道而慕曲學昧近功者也君子之學辨之有素矣欲爲聖賢必以聖賢爲歸周公孔子吾所從事也古人糞牆寤寐之說皆是也其馴而習之也所行必正道所與必正人所存必

正心所居必正業其按節不陵也如天之施氣地之生物從容有常專一不二其無適不自得也斂約之志素位之行悠然無所不足紛華美麗不動也其務本不惑也雖有捷取之功名控勒天下之雄勢辨若白黑輕若羽毛拒如大敵無以易吾學也其欲以此濟天下也悲憫天人未嘗有間歷聘而不言勞盡已而不爲屈斯人吾與而不忍棄也不以聖賢論議爲無益不以聖賢踐履爲迂遠不文飾其不善之行不自欺其惡不善之心有過必改若負痛於身受撻於市是以卓然立於善惡之分而內之情欲外之時埶皆莫能奪凡見奪於內者

欲遂其私也委曲以徇所私其私已先奪之矣凡見奪於外者其中無所據也倉卒而求所據時勢已先據之矣事與事相距則枘鑿而不入理與理相錯則雜揉而難稽心與心相攖則矜顧而不和善學者直與之無間焉造次顛沛皆仁也壺飧饘鬻皆敬也伐木殺獸皆孝也傴僂循牆皆禮也昧爽待旦皆思也故學之始也空侗顓蒙不甚相遠有所感而即入焉所感不可不正也勃然而慕愀然而省終身之性情由此植其根焉學之中也耳目手足各安其次心思智慮各止其所王公大人之事有所不爲其所爲者無非古人之法度學之終

也與之爲優游與之爲嫺習一室之內一身之中所見無非理者精而精之美在其中矣習而安之純在其中矣歲取十千之望求有不肉袒深耕者也九年大成之業求有不朝夕求益者也談都會之美者使人跂邈峻激之湍者使人勇由周孔之門牆不爲賢哲吾不信也學之最難者莫如精義精義之難有明知爲義所見仍非義者有論說極精卽事仍未精者究此一物之精微因推及庶物之相類又因時勢所値度輕重之宜又因古今之理察內心之疚猶恐爲一人之義非天下古今之義也又恐爲天下古今之義無當所事之義也是以

輕千乘之國者蹈道猶未恤鄰國之災者文猶不與文雖不與又曰實與之也萬事之義皆本天地或衆義錯峙而迭見或一義絪縕而包羅散一以爲萬合萬以歸一纖毫不爽而後得義之極及其至也日用飲食之間亦有合於天載焉其次則有所持循有所脫舍禮樂所以養德也經傳所以持心也體之於心則存心之功施之於事則克己之事要使心有定見事有定形而後可持守也禮樂經傳所以示之有定也凡執古可以御今處近可以謀遠識其所往而能必往識其所居而能必居皆理得乎形之相因機存乎類之相遂也此持循之

事也然而君子之學不全不粹未可中止也全也者無所適而不通也粹也者無所通而不由乎道也義理無窮不進一境不知後此之有餘不過一境不知前此之未足安於小成者示以闊大則自失不知自失不可以變小成之局也務於虛遠者指以實地定自驚不能自驚不可以藥虛遠之病也道體如天無一息之停故與道爲體者亦通乎晝夜而不已去故就新者不安其故者也去人從天者不囿於人者也去我從道者不溺於我者也此脫舍之事也古之學者爲己欲其切於己也或切己之事而學習之或切己之病而攻治之同一書

傳所載有切與不切之異有在他人則切在己則不切之異在他日則切在今日尚未切之異最美之言最高之行詡詡然居之藉藉然道之於我何有哉聞善而行見善而好是爲己也好之以求悦於人行之以求勝於人是爲人也一生精神用之通都大邑之中不用之衾影屋漏之際終歲辨論盡於耳目聞見之前不求之幾微疑似之間終生誦習祇見其齟齬渙散補綴掩襲不得浹洽脗合之處皆爲人誤之也故理義悦心非誦習禮義之文而有快於心也在物爲理得其理之所在則悦處物爲義見其處之合宜則悦以古人理義之事度

吾心所欲爲之事多與之合則悅以吾所聞見之理義時復思繹浹洽於心則悅故古之學者書傳疵瑕之事亦足觀理今之學者書傳純粹之事皆足長欲此其故何也因疵瑕而內省所得者理也純粹在彼浮慕於此所長者欲也聞聖人之言卽志乎言中之道師聖人之道卽得其疑道之體故斂藏如秋冬靜謐如井泉鎮重如山嶽充然具足洫然不見其端焉是以自外觀之無可舉似也以廣廈貯錢穀積之雖多要皆收斂蓄藏閒若無所有也室廬狹小不能多藏而積於廡下過者見之所積不逮中人翕然見稱於世究且散漫朽蠹不可

賴其用矣義理之與名位其凝承一也褊淺勃露者有名位即以名位驕人知義理即以義理驕人以言乎名位則驟遷而驟蹶以言乎義理則半通而半窒故名位必能凝承而後成其爲事業義理必能凝承而後成其爲道德也君子之學翻然以遷如蜺之去故冥然以化如蜾蠃之祝類默移於無形之中相禪於晝夜之際若陰陽之運寒暑若參以爲人之念則失之遠矣雖有聰明之資必假物以自益所假不可不善也既得所假又恐安其所常見溺其所狎聞所習不可不審也不讀非聖之書則所假者善矣居今之世而志與古遊則所習

者善矣究經傳微旨論古昔事實接四方賢士察四方情僞覽山川形勢考時王制度起居飲食之節里巷道路之言皆所假之助也所居必擇地所游必擇士所業必擇藝所志必擇類義理可樂如食飲不可無不善可畏若水火不可蹈皆所習之助也從王者學之用也事親者學之本也儀刑於家朋友相攝以威儀耕田而食乘屋而居莫非學之業也世俗之士博物洽聞而不切於身心辯說有餘應務則疏容止可觀中懷則陋非天下不可泯滅之學卽非天下不可泯滅之人雖推排人世斐然赫然終不免同於汎梗也又或遊心六藝但以

飾智驚愚所矜尚者匪動於意見卽慕於浮名非狃所獲而自足卽妄引所未至以自欺所學雖多要皆義理之見常處後嗜欲之見常居前雖多無益也以無用之物累空明之性以無用之功擲少壯之力悠悠歲月未肯待人至於老之將至聰明不及於往時道德益負於初心程子且恨之況吾徒乎人未嘗不好學也欲知己之所爲或是或非觀諸古人無不辨矣一二古人之事或失或得所觀者多則比方有餘參考必精而是非不爽矣又不可漫云是非當求所以是非之故一一爲之舉似庶幾精切不誣又不可直用己見當旁求古人已

定之論以爲證據庶幾所決不妄端居無事之時淸夜夢覺之間與夫羣居旅遊語言論列皆若與前言往行相觸幾微不似古人負疚在中不違甯處則滋培之功密矣世亦有聞見雖博終身不得其益者好侈之心與欲速之心爲之害爾好侈者取舍之迹亂於外欲速者恍惚之象眩乎中舉以從事范如搏影焉可據哉非謂在彼者不可以疑似爲定案實謂在我者不可以疑似爲前車也夫天理人欲義利公私之分此是非之極致紛紛愛憎紛紛臧否皆芸人之田也時時比擬時時彷彿亦優人之言笑也以我日用行事與書卷所記之事

精切較量我所爲之善不及古人萬一我所不爲之惡亦未及古人萬一此中格格不樂皇皇難安思所以自進雖欲求速而不能雖欲務多而不暇矣況義理在人與歲月俱爲增長若一蹴而至必有假合依附之迹而無紬繹日新之味條目紛多又有浮遊不急之務與空虛不實之病終身受其累而不自知未可與爲學之事也

明道篇第二

易曰一陰一陽之謂道河圖洛書錯綜陰陽者也故論道者本焉書之典禮詩之治亂亦道所聚也陰陽五行

之理自一而兩自兩而五自五而萬皆有生之者有成之者陽之所生陰以成之陰之所生陽以成之春夏所生之物至秋冬而後成秋冬所生之物至春夏而後成無一物不備四時之氣者其不備者皆偏至之氣非中和之氣君子不資以養生不象以立德也故曰易之陰陽道所從出也五行有生之序有行之序洪範所云生之序也月令所云行之序也洪範之序二氣交感而相生月令之序形質相續而爲生五行皆天地所生或同時並生或先後殊時皆未可知但既生之後循其天一地二之數若有序焉至於四時則以司權爲先後如周

禮六卿以所職爲序非官次有尊卑也此自然秩序非人造也惟天道交合二氣而生人事錯綜天道而成故聖人制爲典禮上下相臨而治貴賤同等不可治也昭穆之位祖孫可同父子雖近不可同也天道即樂也人事即禮也樂非禮不節禮非樂不和人非天不因天非人不治第明五常爲人性而無五禮爲持循如陰陽之氣流行天地間無日月星辰之次舍草木鳥獸之生長收藏何以知爲春夏秋冬也故曰書之典禮道所聚也二五之精動盪不息參差不齊值其正者則日月光華風雨時若草木暢茂鳥獸繁育而降福穰穰矣此時君

相之澤率而由之無不寡過即民間謠俗亦可互相砥礪得性情所安値其偏者則天文失度地大震裂月朓日食晝晦宵光霜降失節不以其時水泉沸騰陵谷易處普天之下而一夫之微至於蹙蹙靡騁詩人之所刺春秋之所譏亦何世無之道在天地間不能自爲動靜一動一靜皆乘乎氣機者也雖乘乎氣機不似人與物皆隨氣機轉也故曰詩之治亂道所聚也其在人也仁義之心倫常之事人之所以相生相養者旣曰生之何由殺之旣曰鞠之何由棄之故道在天下不以易世而有存亾不以易地而有加損不欲奪人之生斬人之養

也盡性者盡倫常之事仁義之心而無餘也育德者育仁義之心倫常之事而不害也泛而言道似乎沖漠散殊莫得其朕以五常表其形質以五官受其棲泊則道固在人身不獨在聖賢之身且在吾身也其在物也形氣偏者亦可驗道之全形氣微者亦可觀道之大如布算之家百千萬億或分或合無不可會有不會者即是差錯道亦如是千塗萬轍無不相合有不合者即非道也因所合以察不合則所察甚精因不合以證所合則所合不妄至於物所當然而後謂之道也其在聖人也知其理之誠然又知事之誠然事有不可前知者聖人

之理何以其信於天下乃聖人所謂理要皆易世而後見諸行事者也非聖人之理無以觀道之全非天下後世之事無以觀聖人之備也治世之道盛聖人平易正直以濟其盛衰世之道微聖人恭儉退讓以扶其微亂世之道悖聖人批堅振險以挽其悖周公以穆穆迓世之平以和懌先後導民之迷故其爲書隆禮義本性情一代之治出焉所謂平易正直以濟盛也孔子居衰周之季有聖人之德不忍道之淪喪脂車歷聘揖讓人主之庭所至之國莫不前席承教而聖人以盛德之光暉映其間所以扶道之微也孔子於三桓攝政三月墮費

世名都出其藏甲此事甚難而聖人必爲之所謂抵墜
捩險以挽其悖聖人之道所以常如天也其在後學也
反而求之不外此身與心此心常存不失其正而道之
體立此身之動不違其則而道之用行不惟我自爲之
又能使人其爲之施於人而無間由乎人與道原無間
也相與行道在人者猶在己也在己者猶在人也由乎
所行之道皆人己所共反觀吾身道之全體具焉博觀
天下道之全體亦具焉是以常存天地之間古今之久
也子思孟子以健順五行之理附麗耳目口體之身而
以四德實之又以所發四端實之周子太極之圖無形

而有理理則實矣既有理而有動靜動靜又加實矣既有動靜即有五物五物又加實矣既有五物即有萬物萬物又加實矣故求道者必以實求之有生以後不可謂生非實也則凡有實之事皆備此生中矣貴賤有定位得失有定體君子不爽其定位而必求其定體王者之政刑四民之職業強之而安見異物不遷者是即道也過橫流者不待秋冬之凋感萬物者不在騰說之名夫弘道者人也人則衆有所萃也故求道者不可不從實也此道之大指也董子曰道之大原出於天故明道者不可不知天天者無私之至也人者嗜欲之尤也嗜

欲之尤不奉無私之理治之則治亂未分而人物死生之幾未有已也聖人之書自匹夫匹婦以及帝王卿相無不稱天以臨之靜而無事則曰陟降厥士日監在茲動而有爲則曰上帝臨汝勿二爾心積德累仁而將興則指天以堅之在位之臣相與爲讒慝仇怨則援天以懼之祓除其心無不敬畏檢束其躬無不嚴栗敬畏嚴栗積上惠愛豈弟之澤必流於下矣敬畏嚴栗積下親上死長之風必達於上矣此聖人言天之旨也故福善禍淫其定理也有時淫心忒行徧滿人世而天若罔聞非縱恣惡人也爰究爰度天亦有未定之時然豈終不

定者哉一値其定則善者存不善者亾矣小人好亂稱引未定之天不言已定之天惟君子而後知天之有常故愼行不遷以法天之有常常者不變者也變者反常者也變者常之變而變豈常耶變者日以變而常豈變耶常者天地之正理事雖變而合乎天地之正理亦謂之常怪者天地之戾氣事雖常而近乎天地之戾氣亦謂之怪凡言天者準乎此性者天所命也故有善無惡然而有善人焉卽有不善人焉獨舉善人言性將此不善之人實繁有徒寘於何所孔子固言之矣其相近者則性也其相遠者皆習也道存乎天地者也人之一身

流露披寫可以無餘蘊而性爲根柢發而爲幾則端平正直之幾也暢而爲事則清明廣大之事也日用之間甫接倫常中人卽有敦厚悅懌之意甫及義理中事卽有踴躍奮迅之意不食非禮之食不悅非禮之色不以利欲汩其清不以死生易其貞不愧幽獨不得罪天地最初之念皆如是轉念而背馳矣轉念不可論理必最初者乃可論理苟論理必取最初則塗之人與大聖大賢最初皆一所以云相近也迨其有事於習或數聖一堂或數聖一家而神明之胄亦有不肖子在其間生而有聖瑞長而克岐嶷而凶德所鍾不至殺身不已凡周

之士不顯亦世而世祿之家鮮克由禮夫豈無六七賢君之澤也禮樂以文之車書以同之而丹穴之智空桐之武朐劇之辯沃土之淫瘠土之義又各從其俗也風雨之操伐檀之志眾所同好也而亦茀充於朝青蠅止於棘又何其不相謀也不特此也縱橫起而遊說之風盛然諾重而任俠之節高章句繁而守文之志篤中藏義憤則危言折首世嫉名流則放達全生此皆超世偉俗之士也然而蹈於一偏者漸靡使然也過此以往又有縱而放焉者有迫而激焉者縱而放焉者迹衰世之餘風而不自檢束迫而激焉者知不容於天下而果於

自棄此所謂相遠也蓋性者天所命習者人所爲子思論性第言天命未嘗徵以人孟子承之所言皆天也其於人中獨舉堯舜亦以全乎天者立論湯武以下曰身曰反以爲未能全乎天以後儒不能直達天命必欲實以人事人有善惡即生皇惑程朱從周子圖中得所云氣質者反覆詮解窮乎人之變以盡其論言此紛紛不齊皆屬氣質皆非天命而天人之疑明矣然不言脩悖必言氣質所以明夫越椒楊食我之流或熊虎之狀或豺狼之聲自赤子時巳然有似乎受於天者然非天之正氣乃陰陽五行之戾氣戾氣者似天而非天也而貌

乎天之疑亦明矣蓋有所以處不肖則賢者別矣有所以善其異則同者彰矣故先儒論性惟荀獨悖其餘無全是亦無全非薛瑄謂朱子之後性理已明無庸更著書也命者聖人所罕言而爲君子者不可不知死生貴賤人事也仁義禮智天德也仁義禮智天之所命而死生貴賤亦有天以伺乎其間德備乎身則富貴壽考皆隨德所在從之故命亦在是德不足於身而死生貴賤莫能自主不得不聽命於天是以人事天德不同而同謂之命也然死生貴賤亦有二義吉凶壽夭氣也所以吉凶壽夭理也氣得理而覬覦息如牧羊子夢爲王公

覺自知其妄也理得氣而不墮虛空如釋氏因果來生之說是虛空也但理一而氣殊一爲脩短一爲清濁二者不能相兼不可以脩短定清濁亦不可以清濁律脩短不得謂理之所在氣即因之亦不得因氣有不齊疑理有不齊也說書者以明德爲命說詩者以天理爲命人之於天也以道受命於君也以言受命以道受者謂之天命天之歷數是也以言受者謂之君命君之策命是也推而廣之人君以利人爲命聖賢以行道爲命受氣者以氣之隆薄爲命程形者以形之豐約爲命顯仁者以昭著爲命達幽者以隱遠爲命命或在有生之前

或在有生之後或在數世之前或在數十世之後凡權輿於內徂落於外莫非物之正命此以合感彼以離應莫非物之定命或水火相逮雷風不相悖而命行乎其間卽春或不華冬或無冰命亦不間於其際或神志在先徵兆在後天人易位而命始定或父子百葉同爲一體死生代逝而命猶存蓋一物各爲一命萬物合爲一命分之不俟假借於彼合之不俟綴緝於此此言其理者也龍逢比干諫而死范文子叔孫昭子祈死而死邾文公利民而身死畢萬不死七十戰而死牖下所謂盡其道而死也皆正命也里克弑二君而死公子慶父公

子叔牙不利宗社而死盆成括小有才足以殺身而死其餘死貪死佞若怪物毒蟲之不容於世者皆所謂桎梏而死者也非正命也此一說也顏子之夭伯牛之疾山川之崩沈兵戈之攢簇一食之頃萬類同盡是不可避者也飛廉惡來從君於惡州吁阻兵而安忍費無極讒人而自及剛暴之人行而致死縱欲之人動而徵病皆可避而不避者也不可避者命也可以避而不避者非命也此命之變也又一說也君子畏天命非畏其無常也畏其與人事相因也無遠近高深而不應無洪纖曲直而不當吉凶曲折無所逃者也此君子抱反躬之

心欲自作元命者也又一說也此言其氣者也然而皆有常焉有變焉常者無論矣若慶封不死於齊而死於楚申侯不死於楚而死於鄭崔杼不死於弒而死於無家當其免也人竊疑之及其久也人且遲之不知凶人者其所爲皆死法也鬼神之所棄也遲速委曲或爲天所位置或亦事之適然不可常理論也更有大運昏濁庶事拂經豈惟人事脩悖頓喪所恃即天道好惡亦爽其則如衰周之季運數靡敝從古所未有也當此之時天地亦在剝落中而況人事乎孔孟所以不遇原不可舉以論理也要知事之變者氣化流行而人與適值在

人不可理求在天亦非有誤甯當小有差忒輒生皇惑君子處此惟有委順恭己以俟沴氣之告終天道無息終歸於有常也若處昏濁之時亟求所以死生貴賤之故欲以下士之譾咋與造物者校量是非何異乎遊沸鼎之中而創枯魚之泣耶況乎聖賢之命與天相通者也故生治世者命必達生亂世者命必窮小人之命與天相戾者也生乎亂世偏有富貴過人者至於天道反正人莫不彀彼獨罹罪以此觀之亦甚著焉且吉凶之報天不能違而悔吝之來不可不思未成之幾尚可轉移巳完之器輒有損壞如曰一作而不易豈識微之論

乎君子獨見其義義不可爲則不爲矣雖若受制於命而非命所制也已則制之使不得越於義故君子不言命只可言俟命小人則不然與之言義則不信與之言命亦未必有所忌憚也至於所入必窮而後稍安於命以此自安亦或以此自制而不狃於爲惡尚可拯救十之五六使不至殺身則命之說大有益於小人此天心之仁愛人也性原於天其體常明非物誘所能蔽其或蔽之則以學掃除之命通於性其理常定非吉凶所能侵其或侵之則以學持守之故學者性所由盡命所由正也人有蔽塞求通則通矣以其知學也物無求通之

志故蔽塞自如以其不知學也然則爲學之功非直通塞之關又人物之别也

立德篇第三

萬物得天地之理以爲性得天地之氣以成形形無不具卽理無不具可知也理有其自然有其當然自然者衆善所同出也當然者古今所共由也知自然者無所强則知當然者不可易聖人教天下因人物所當然爲之品級爲之節制天下由而不悖而謂之道君子脩身因道體之自然加以省察加以克治過非幾之萌獲固有之善而謂之德蓋萃而由之之謂道得其所有之謂

德道有榛蕪有岐徑有半塗而惟德則擇之而精守之而固卓然自立不移如適楚而至於楚適越而至於越適夏而至於夏耕已穫矣獵已饗矣我固有之矣故臧文仲曰太上有立德而不言道言立德而道在其中矣山下出泉未知終爲江河終爲汙沱也宜疏導焉使不至壅閼宜護惜焉使不至涴濁故蒙之大象曰君子以果行育德果決所行之善所以疏導也養育所得之德所以護惜也既疏導之又護惜之然後山下之泉可漸進江海既果行之又養育之然後君子之德可積小至高大矣君子以玉比德玉之生也在深山之中石璞之

內而不在市井之側耳目之前也人物精氣默運膚理之間人不得而見者乃生氣也可見於膚理者其死氣耳山川井泉之氣升爲雨露人不得見也故上彌乎空虛遠被乎六合一有可見之形雖盛大如江河要皆逝而不能返變於盈而不能變盈者也玉以不見爲寶德以無聲與色爲至非上士孰及此乎人生而靜天之性也觸情而動性之失也夫情之未動渾然一性而已情之既動而不離乎性者情之正也性授於情而後有益於天下情依於性而後無害於天下世俗之人以放馳之心接無窮之變中無主持私欲橫起而驅之動之途

徑常輕熟靜之關捩輒窒塞其不可控勒如奔車之下峻阪所以動靜之幾不能自主常失諸動者多也聖人存理之功常主於靜非寂而守之也常存敬畏之心則可為動之幾遏欲之功常在於動然不待其動也即其機而遏之則不失靜之體蓋動靜相生者吉德也動靜相違者凶德也若夫動靜之交常持以靜可止則止不得已而後動焉故雖動而靜如故也君子脩德為務私欲之發亦微矣從其微者制之似乎甚易患乎隨發之隨制之其發其制莫以為難遂不妨與為不制而授以可發之端矣又患隨發之隨制之狃而不戒以為固然

度後此所發必倍於前而制伏之難亦倍於前卽僅同乎向者制之之力亦不勝其所發之勢矣君子知不善之端所以潛滋默長不可遏者以其深藏於心謂可閟匿也一念初生常若衆耳衆目伺乎其側雖無他人之視聽而反照內觀瞭然不可誣則非辟之幾無處可藏克治之功自不容已幾雖未動所以制動者凝然難犯矣又知耳目聞見一藏於心不久必發爲行事如藝種於地日至必生所生美惡必肖其種故所居所游必納諸嘉言善行之中不善之事不使易種於心凡存於心者又粹然皆正矣彼情欲之私原非性所固有又以持

養之密出而無所交入而無所附焉往而不爲仁義乎然存理去欲又當兩路擒截然後完備周密平日致知所以存理臨事克己所以去欲向前一步存理之功退後一步去欲之功所以存之不可不堅去之不可不力若汎汎悠悠聽其往來方寸之間自然有渣滓宿留不去久之日積而淡昏濁多淸明少矣滿腔天理一念間斷夾雜猶或失諸況以私欲結成一片雖有天機呈露只如披沙檢金不可多得石火電光難於久繫以此沈溺一世聰明才智之士鮮有一人出此陷阱者不有愧於爲學之事乎終日悲人莫知自悲尤可痛也入德之

功當使德有定體而求入之沖淡簡要溫和德之定體也既有定體其中條理節目日見其臚列而有所持循禮儀三百威儀三千皆持循之具也葢履而蹈之斯之謂禮行而有之斯之謂德德猶精氣禮猶體質不得於行禮之外別爲有德之名別有立德之事也德者古今實理也三千三百者人生實行也凡天之所賦物之所受莫非實理春夏之氣敷豫而達於外乃實理方出而傳於枝葉者秋冬之氣絪緼而聚於內乃實理各得而藏於根荄者自有天地以來至千萬年之久草木之華實鳥獸之形狀相生相化無不如一以其無不實是以

無不一也大衍之數五十揲而數之至于萬有一千五百二十一縱一橫一往一復散乎無方會於一原無不相合一有不實即不合矣事所當爲亦人之實理也實理所在既得於已又得於人人我同得故有得無喪德斯名焉苟不徵實則一得一失此得彼失內外隱顯常不免有二致少壯衰老有初鮮終何以謂德哉夫實者理也不實者欲也志乎實則存理去欲之念皆實志乎虛則存理去欲之念皆虛存理去欲實則好善惡惡皆實好善惡惡既實則扶善抑惡之功必不用諸善惡既分之後一念初動蚤已扼其幾而制之幾微之惡遂如

火之銷膏俄頃立盡幾微之善更如嘉禾始生必隤隴草以附其根書曰惟幾惟康易曰豶豕之牙此聖賢之實功也履常而脩德者溫恭之基也見異而脩德者補過之門也有漸次日進者有敬畏日進者有繼續日進者有恐懼日進者溫公所云制悍馬斡磐石若轉戶樞而已者在乎立志與用功不僞不息斯得之矣

繹志卷一終

繹志卷二

竟陵石莊胡承諾譔

養心篇第四

心之在人視乎養仁義道德養之生意暢遂矣勢利紛華養之生意壅閼矣權謀傾覆養之生意枯槁矣心不可有二事亦不可無一事有二事者心馳無一事者心亦馳養之莫如致一也存諸心者卽所值之事所以善其事以身所值之事爲心所藏之事卽所以棲宿其心心以道義爲棲宿以非道非義爲震憺有所棲宿志氣清明嗜欲退聽義理所見自不流於偏倚無所棲宿孤

危震撼有如滄湯小物引之而去況貴賤之相形死生之殊趣乎所謂致一者如身在居官卽以居官爲心以簿書案牘爲心所藏之事如此者必爲良吏如身在軍行卽以軍行爲心以斥堠寓望設伏用間爲心所藏之事如是者必爲克戰之將欲盡心知性也以仁義禮智爲心以惻隱羞惡辭讓是非爲心所藏之事如此者必爲聖賢之徒彼忿懥恐懼好樂憂患非不相接也譬如主人處宮庭中由來靚深嚴肅客從而詬侮之主人卽不逐客客豈可久據主人之庭哉客去而靚深嚴肅如故矣白刃當前目不見流矢紘綱彌澤行不避機隧勢

迫於外心迷其舍也飲不與吸期而吸自至晦淫之疾似蠱溺與笑之相因也神亂於中官失其職矣惡臥而欲祛之祛不已而臥轉亟惡放而欲閉之閉不已而放益馳以道自強者不如其無強者也人莫悅禮食也益之以饑渴而棄禮若髦人無不求逞於人也加以晉楚之富求逞益甚中有故而肆非禮勢所能御也故養心者一以貞之恬以守之淸靜以滌之儆省以操之絕其害者以固之其道有六一曰謹物交之始二曰禁躁動之失三曰不徇人而內馳四曰不有我而外拒五曰復於至靜以還太極六曰不事口耳以全眞純此養心之

要也其爲功也使心爲主而百體從之勿使百體爲主而心從之自以爲四海之遠古今之久惟吾所向而莫能圉然而足力止於百里目視不過一方聲音不聞百步之外以其受氣者小故致用亦小心之宰物也萬乘之尊不能奪三軍之帥不能撓治亂雖紛操其矩度可使歸於一揆萬物雖廣察其情狀可使睟於一鑑四海雖遠一堂之上不啻聞其聲覩其形也以其賦形者大故執權亦大也君子爲心嗜欲不留智巧不萌以此待物感之來靜時常淸動時常定以此合皇極之中心不自持俾其流盪轉移自然流向惡邊不能流向善邊一

話一言以至起居飲食投間抵隙無非戕賊其心者戕害既久心之質漸薄惡之氣漸張漸薄者力日微漸張者黨日進大惡不祥之事皆萃其天性爲之不特出於私己而爲之也此時逐情縱欲固不免爲禽獸即絶情去欲亦何異乎土木更有誤認情欲爲義理強齊義理爲情欲者如果實焉徑寸之核可長百尺之榦不幸鑽破其核徑寸有隙萌芽亦不生矣况百尺乎出門如賓使民如祭存心之旨也人心之内空虚不能絶物有事以實之則邪不能入敬所以實其内也孤理不可勝私有象以輔之則私莫能勝見賓承祭所以爲之象也既

充實焉又輔翼焉有檢之衷投之無檢之地而知驚無形之理投於有形之事而益固矣蓋心者至貴之幾而措之於勢利措之於嗜欲是謂爽其所措如以明月之珠代擣蒲之石子也心居人之中其位甚正而用諸偏黨用諸反側是謂失其所麗如臨民者舍嚮明之處親奧窔之隅也故必措之甚尊用之甚正措之甚尊者敬以直內也用之甚正者義以方外也敬存於中則能辨義施之于用亦有承藉義嚴於外則能生敬返之於內亦有栖泊義所以行敬也敬所以存義也文王雍雍在宮肅肅在廟不顯亦臨無射亦保此無事而敬也無然

畔援無然歆羨不識不知順帝之則此有事而義也心如堅城窮通利害其大敵也大敵乘墉而弗克攻內之守禦嚴也私欲未淨處窮通利害之交如大敵攻圍於外奸宄竊發於內雖有高城濬池亦瓦解矣私欲未淨心未澄徹儆儆焉日以學問爲事見聞益廣才智益優適足增其雜亂長其驕吝又如乞師於人而倚爲城守客主之情不洽獷戾之氣未調防閑之智先竭於弭內亂不暇禦外寇矣君子養心不使有孤立之理曰禮曰敬曰恕皆所以爲仁禮以行之遜以出之信以成之皆所以爲義多爲之塗以厚其勢又躬行焉以調御其生

孰如大敵攻圍於外謀臣猛將盡其捍禦於內何圍之不固何寇之不北哉思者心之職也養心者不可不善其思一室之思可決一世之得失不窺遠見天下必非營營之思無關得失之數者也在人之思可通物類之頑冥二氣感而有情應必非憧憧之思無當感應之理者也蓋天之使也人之官也以其主乎人故可爲聖賢亦可爲愚不肖也以其受指於天故止可爲聖賢必不爲愚不肖也是以君子愼思也

脩身篇第五

記曰脩身以道脩道以仁故脩身之事莫先爲仁仁者

善之總名也陽氣條達之謂仁含蓄生意之謂仁和柔純固之謂仁厚重不遷之謂仁備德首善之謂仁蓋義理所聚也義理周流物我無間故有得於仁者其心與天地萬物同其無間不獨喜怒哀樂無不相通凡殺一獸伐一木必以時者無間爲之也又一身之中前後左右無不有自然之則安而不遷凡視聽言動不蹈非禮窮通得喪不亂滈固皆人心所安也通於物而無間行諸己而不遷仁道在是爲仁亦在是故從來聖賢論仁惰慢必虔間絕必續外弛必閑內縱必斂孤立者輔雜揉者純敬讓而寡過凝重而可親專一而無二若此之

類皆不遷之指也順事恕施平情量人去壅閼而遊大通洗昏昧而歸瑩湛不以義度人而以人望人若此之類皆無間之指也人生無限不仁之事皆由嗜欲太重凡事私己匈奪朘削無不可爲而不能貫通幾微不謹其心常放榮辱得喪易於攻取而所守不固聖賢克治之功必薄嗜欲嗜欲薄而淸明在躬天地萬物無不流通矣存養之功必謹幾微幾微謹而放心常存震撼攻取無不堅定矣流通者無間也堅定者不遷也無間者仁之量也不遷者仁之守也其他大賢以下所行皆理也而未忘乎私居身瑩然矣而心未與俱大義已乖小

有善狀不足入道偶爾慕義久復懷安不可致遠能去私矣而用力自遣不勝其懲未至拔本塞源遊於無礙與夫切於救人而忘其身迫於致身而昧其義如此者皆不可謂仁其或志行過高誠信不足致飾於外以取令聞於世役於其名所信未篤常談疑難自防而懷憂阻知用力矣猶以一簣之功虧九仞之績其質雖嘉猶小成之器而不克竟其量此其人皆不可與論爲仁也其次莫如守禮禮也者效於天地故物莫之並也六氣之和以爲使五行之物以爲用法象以爲紀九有以爲量立義以定志舉往以示來蓋衆美之所會以成其爲

士君子之德者也高者抑之使下聚者散之使通滯者聯之使合血氣待之而平養生待之而安才猷待之而廣溪山側陋之儒待之躋于朝廷傾側擾攘之世待之歸於畫一機巧趨利攫搏啖食之人心待之安于無能君子危疑震撼之時得此有所恃憑坻不識不知之中賴此有所託其有益于斯人也如用物之有藉也所以不鄰於卑賤而措諸尊且貴也春秋傳曰民受天地之中以生所謂命也是以有動作禮義威儀之則以定命也能者養之以福不能者敗以取禍蓋五常之德無所偏倚故謂之中受之于天故謂之命命也者人之所以

生死也五德者非吉凶脩短之謂而實吉凶脩短之所由來故亦謂之命也聖人恐人自棄其德是爲自絶其命故生者相愛死者相恤所以教仁進退有宜取予不苟所以教義聘亯有典飲射有法所以教禮明先王之道察治亂之原所以教智不盟詛而嚴於鬼神不質劑而孚於符契所以教信此五德者發於行事總爲禮義見諸容貌則爲威儀明此指者進退存亾不失其正憂虞悔吝不犯其身所以保全此生使不夭傷故曰以定命也賢智之士有位之人服事詩書勤行禮樂其受於天者豐則服於教者亦備是以亢宗庇身以及子孫所

謂養之以福也其或愚賤之類不習詩書不諳禮節但能安其分義以盡其力三農竭蹶畎畝戎士服勤守禦百工量力授餐商賈守本規末使非僻之心無由生游惰之事無由作亦能儉以足用慎以全生是亦養之以福也教化不尊風俗日壞君子不知禮義爲美而畜其私智日相角逐小人亦厭農桑恆業而肆其頑嚚以相啖食聖道隱而不章王威弛而不畏經術替爲浮華學問助其機巧僚友指爲畏途親戚滋其怨府所謂詩書禮樂威儀俯仰無不斲削淪喪以至於殆盡而欲集眾多之祉徼無窮之壽豈可得耶所云敗以取禍也天下

之亂生於萬物不和而不和之故由於不中不中之故由於廢禮廢禮於微而求中和于著廢禮於積漸而求中和於一旦廢禮於近而求中和於遠廢禮於上而求中和於下不可得也事事循禮則各盡其道合乎衆所共由之道則中矣中之所發用之必和一身之内形與神無憾也所性之中仁與義無憾也人之相對亦當飲其醇和悠然自適於俄頃閒消釋鄙吝受其裨益此以和感彼以和應甯止橫逆不加免於世網而已哉是以君子必守禮也人有一嘉樹一重器尚且封植愛惜不使暴諸風日汙以塵垢而況此身之重此心之靈乎脩

身之要有三居心宜清也養氣宜定也威儀宜肅也人心放縱之害與汩沒等滅卻一時妄念即有一時虛明增益一端義理即有一端安閒聖人之心或在天地之前或在天地之後在前者天地不能違在後者天地若有待如日出之初萬物皆受其光采焉所謂居心清也非惟心不可放即氣亦不可粗心挾氣而動氣驅心使動兩相馳逐如奔馬之失馭君子非禮弗履在乎平日檢察省畏施諸臨事豈有躁動失馭之事乎所謂養氣靜也且非幾作於中必威儀喪於外如心存好貨則有傾身障簏者心存好色則有同車共載者君子執虛如

執盈入虛如有人不獨內境澄淸即容貌詞氣亦必端莊閒定所謂威儀肅也人之生也所具之理皆善積漸以往則不善附焉如明窗淨几不移時而塵埃集淸池瑤墀不歲月而苔草生因積漸而有垢翳因垢翳而致蒙蔽聖賢事事克治念念省察隄防檢束掃除湔洗天分不足則借助于師友師友稍遠則潛心乎書傳與人相對則喜其聞過而痛其不聞過自問其心則以知非爲快不知非爲辱然後義利是非確然見其界限如白黑之不相亂甘苦之不並投善者如木之條榦體之隻耦不善乃木之旁見側出體之附贅懸疣也於其善者

引而伸之存而養之於其不善汎除遏抑勿使浸長竊發斯得之矣所謂爲善者適當乎事之所宜斯爲善矣所謂爲不善者不當乎事之所宜卽爲不善不善卽惡矣善無大小凡有益於人者皆是惡無大小凡有妨于人者皆是善不可悉數書傳舉示大略已具至於爲惡之端則書傳不欲盡載人當隨事警省也威儀不謹人見爲可狎舉動不經人見爲可駭言行不稱爲人所鄙夷喜怒失節人所不堪莫不望而遠之斥而絕之一日之間非僭細故以自崇卽飾私智以自奇以此爲人所厭皆不善之類也蓋人心收斂不住處卽謂之惡人事

筦攝不到處亦謂之惡收斂不住筦攝不到皆心之怠惰爲之怠惰非惡而何所以能去惡者警省而已一卷之書俗儒觀之竟非名利捷徑君子觀之皆警省條例也無事則臨淵履冰有事則恐懼脩省治天下則思患豫防皆警省之謂也不獨省察惡幾亦當省察善幾蓋人心善幾常從私意中帶出然其爲體甚微常混雜不易識零星不成段君子於此務在混雜者澄清零星者湊合其功與去惡等也不獨省察惡幾又當省察在已宿昔之病痛如天性剛果卽不可遇事激烈天性疏懶卽不可遇事解弛平日浮慕居多卽不可存近名之念

平日私已居多即不可存有我之念有病即醫知過即改不可謂事已無可奈何因而遂之也今人畏禍憂譏然後不敢爲惡只此一念已非率性之謂道矣人性本善率其性即不爲惡不待有所恐懼而後不爲也以恐懼而弗爲若無恐懼即爲之矣以恐懼不爲惡猶好名而後爲善也若此者常懷自欺之心未善而自以爲善又長虛驕之氣已善而自矜其善皆不可久者也且恐懼之心與好名之心皆用於大善大惡而小惡小善每不加意天下豈有不義之事自少至老全不知非者必其偶然知之而曰此小善也爲之無益此小過也不爲

亦無益者也則是有心不改過不遷善也謂之大惡可矣人之此身既爲天地所生凡所以處心應事莫不當與乾坤合德仁民愛物乃日用飲食之常非可委諸分量之外聽其缺陷亦非待揣摩計較勉強行乎闊大之途實未離乎狹小之域者也蓋體備乎陰陽則可充塞兩間性具乎健順即可主持人物有時自損所有以求益人非有意爲之仁在其中動於不能自已所以象乾坤之體也是以爲善去惡之事不獨己欲爲之又欲人皆爲之善之在己與人共之不善在人若己有之因人有過而自省自省即改之不必己有過也己雖有善或

取諸人而得之或與人其爲而皆得之不難分以與人也以一人之身鼓舞天下之善又使已成之惡皆反而爲善所以去其間隔而同天地之心也但能爲善不知去惡則所爲未必盡合於義敬君子而不能遠小人是也但能從是不能遠非則所存未必盡依於仁欲爲君子而不能屏嗜欲是也宗廟之敬朝廷之嚴閨門之和皆自然之節文不至於此自是欠缺不可謂我道已盡人不我喻也若此者皆與天地不相肖是以君子亟去之也然而爲善之本在乎無欲無欲則胷中無附麗夾襍是以靜虛行事無偏倚窒礙是以動直人心千頭萬

緒皆爲欲所使也人事千蹊萬徑皆爲欲所亂也嗜欲之私隱而未發但此根猶存終必萌動所居所行皆足煽動其根使之滋長不實致其去私之功而曰吾當如何去欲不如法者非吾將如何去欲不如言者亦非此亦畫地爲餅不可啖也君子之脩身也觀宥坐之器知盈必覆也觀撲滿之義知滿必毀也觀水之赴壑知處下多受也觀土之生殖知重厚多育也觀川之懷珠知潛必著也觀蛾子時術知積累有功也觀鳴鶴之相應而善其言行使由近及遠也觀岐路多迷知善惡之分其始甚微終甚遠也觀陶瓦之範其初則圓剖而爲方

毀其圓以爲方合其方而復圓知物我之間貴其兼容又貴其能辨也觀善射者弦與鏃齊而後發知用力不可不盡也觀禽鳥之宿戢左翼而舒其右知相依於內禦患於外也觀風雷飄忽猝至迅疾不留知遷善改過宜速也觀蘋藻之微用諸公侯之事知小善不可遺也觀溜之穿石綆之斷榦而懼夫朝夕之積漸也觀鼠晝伏夜動不穴寢廟知有盜心者畏人也醉飽傷生多於饑渴文字伐性甚於顓蒙法令誨奸捷於敎導平野覆車易於山徑蟻壤漏河等於沃焦是故君子愼所以狃之者大盜殺越不以晦夜鼷鼠竊廩不以捬揵猛虎突

藩不以衡機煙炎漲空不以簸揚烈火焚林不以脂澤是故君子慎所以縱之者根本末固不必豐其枝葉親戚多怨不必問其交遊言行多疚不必觀其事業不見敬於州里不必論其立於朝廷臨於民庶也荅書於大帶銘于座右未若不聞亦式不諫亦入也爲君子者不可不知日損之義與居身之節也損剛益柔之謂損說以行險之謂節有餘之念念之可損者也不急之事事之可損者也玩好在耳目之前聲名及四海之內埶位爲親戚交遊光寵良田美宅遺所不知何人孰非念之有餘事之不急者君子損之夫是以決去之古之君子

頤指氣使之人晏安鴆毒之欲浮華無用之察矜張誇大之氣斥而去之此損其過以就義理者也謗我者責我以善也人顧怨之君子不惟不怨即所責之善吾既爲之矣猶不舉以自白也譽我者勉我以進也又顧狃之君子不惟不狃且因人之見譽而彌不自安恐不鞭其後則有愧于前也此損其美以從有道者也今之君子矜尚存乎心不見人之勝己間有見其勝己者亦不承之以受益而承之以媢疾矜向見乎面人不肯以所長相助久之不知人之遠己而以爲天下之人無復勝己者是以皆相下也吳王曰若無越則何以春秋耀吾

軍士智伯曰難將由我我不爲難誰敢興之此亡國喪家之言不知自省故也取繁難之務事事任之以徇衆望君子憂之於名理之外別求勝情以邀盛譽君子憂之功在身外若人器量已盈君子危之天地休否若人體性獨怯君子危之若此者病在不知節也彼君子者無餘念於胷中無求多於人世知好盡爲累則常留有餘知道廣難周則力絶依附常知己之不足則勝氣日消常知世之廣大則溢情自斂若此者知節故也恃刃之利而儆儆焉以劃物爲務必物與刃俱傷恃知之多而儆儆焉以明察爲務必身與知俱困凡人處分量之

際禍福成敗不足止其踰越之心知四時之必不可過則詘然止矣四時者天地盈虛消息之節也春夏之間乘長養之氣日見敷腴未嘗充實也未嘗堅凝也秋冬之際申以露戒以霜禮曰天地始肅不可以贏天地之道原無所謂贏也充實而已矣堅凝而已矣君子以此爲心然後所得於身者皆充實堅凝爾

繹志卷二終

竟陵石莊胡承諾譔

言行篇第六

其次則在乎言行言行之義易之繫詞盡矣是惟無言不欲其不可行也是惟無行不欲其不可言也大指則行先而言後行有餘而言不足也言者神志所寓也高而絕物亢悔之媒卑而近替衰亂之徵誇而陵犯是謂不祥姦而潛滾是謂伐德盡而招過衆怨必報迂而不切心慮無主也激而不平道德未純也繁而不殺學問未一也實理者誠也輒言虛無病在不存誠也理之所

在當然而已矣輒稱高遠病在不窮理也賢者之言或有小疵不能彌縫而指摘其謬反引聽者入於所謬之路則指摘之害與勸導等病在不樂善也無必爲之志故放言不慚不程量於躬故尙口無已它若滑稽炙轂悅人聽聞者亦不足道也子不語怪力亂神怪非直妖孽也事有經有權舍經而言權是語怪也力非直攘臂也事有義有任舍義而言任是語力也亂者鷙猛之流好言鷙猛之事血氣必習於粗暴而易與爲亂神者肸蠁所託好言鬼神之事精爽必馳於杳冥而爲鬼物所馮依矣聖人之言通而粹君子之言法而則仁人之言

其利溥有德之言其暉睢舉典之言其行遠道下之言其信孚忠上之言其愛篤朝廷之上所當言者禮也鄉曲之間所當言者敎也猥賤之物不可言於朝褻嫚之事不可言於家君之詔令誦習而稱說臣之職事論列而昌言議道法者不下三代語行習者不越四德要使天下聞吾言而益信其所固有得吾說而各證其所同得不使有德者厭聽不使無德者起爭不以吾之所長掩人所短不以吾之所短廢人所長是君子之言也若夫一發言不離狙勢一持論不忘遂私趣人有爲必以利啖之欲人無爲必以不利沮之雖與人言道義之事

其爲說也亦依於利辨說雖多總以飾其險阻尤君子所羞也君子之行彌乎天時亙乎海宇通乎晝夜渾乎寒暑故有當勉者有當克者有當辨其疑似者有當引伸而觸類者聖人者積行而成非一躍而至也習之則能察安之則能習一而不二則能安矣日親六經之指以窮道義之原嘗觀天地之心以長閎曠之識安止者仁之順遷善者義之決舒泰者循理之實效高明者積善之累基日新之功梯有以取無累心之處緣有以省無憂世既滚不覺其思之壹樂道既眞不覺其事之長也止貪於微止競於初止淫於意止慝於獨積小善以

成大美聽微言以歎戶失食息起居常若有所制而不能遂語默動靜常若有所防而不能果理之積中也富心雖閒適莫不在義禮之中心之觀禮也熟觸物呈形無不與吾心相見欲聞其過則獨處而思之欲君子之道廣則虛己以好之剛者和之艱者易之淡阻者夷之猛決者馴之流易者止之隘者闢之卑者抗之駑者策之固者達之皆以均調取適養中和之德也有敝蹤天下之心則常伸於物上有臨財無苟得之志則常不屈於物下獨行其願不慾於素履道以坦不亂其貞澹泊之趣超於遺榮閒定之懷高於抗志內之嗜欲既省外

之物誘皆輕自攻其過必能容人之過吾愛吾鼎亦必愛人之鼎嫌疑所不及勿設情以待人賢哲自有心勿相索於機械尊其身者必不卑其儔匹處於禮者不加人以非禮不陵人而上之故佞不能媒讒不能間爭先之道在乎處後持滿之道在乎若虛忘私則自牧無我則不校居敬者自強反觀者常勝內之衾影無媿外之險阻自夷隕而不[illegible]待而不矜損而不側盈而不溢迫而弗函寬無[illegible][illegible][illegible]而弗掩孤而弗危安而弗惰悴而弗辱喜而弗昵怒而弗艴能而弗倨絀而弗嫉譽而弗而毀而弗讋先而弗疾後而弗迫亂而弗改其度是以

所居皆安所如皆適觀其倫常可以知事使觀其喜怒可知恩威觀其措置里巷之務可知爲政天下觀其步履端莊可知蹈義不回觀其起居有節可知非禮不動此君子所自勉也自治不勇則惡機日長惡事日積聰明有餘恐易於見理亦易於藏慝也終日爲善不免自欺者有爲爲之也與人共爲善而不若彼之有成者誠僞不相若也同爲一善而人情安彼不安此者素行不相信也器量不相欽也喜怒不慎其氣輕也原所由來惰於克己也情欲不戢其志淫也原所由來疏於務本也最難平者怒姑緩焉以觀理之是非最難防者欲亟

塞其浸淫之路以驗心之疏密事事貪慕必儀小而失大人人稱美恐好圓而毀方日聽庸俗之言則植德不固多所沮喪日親刻薄之人則心不仁和敢於爲惡惰慢不脩勝己者遠燕遊無節佞我者近相與並立欲掩其美是自毀也相與共事欲壞其功是自敗也因人情相靡而婉轉以順之逆探人邪志而柔從就之是相與爲不義也勿好大而力不足勿思遠而行不赴念之自知者勿遂其姿行之恢廓者勿離其本居處豐溢飲食珍異其間必無志士也聞人有惡怫然怒之則工讒者易爲誘聞人有善必慢應之則護前之私爲人所窺終

身無受益之望處下而心不服者不可居上事上而道不盡者不可令下兵不憎鏌鋣而憎陰慘之志怨不滾矛戟而滾次骨之毒福不遠暴戾而遠居心之薄禍不鍾顯惡而鍾詭祕之私遇故人不親而勢諸名卿爲熾吾鄙之羔鴈在門蹶然而起割席分坐自異於鄉黨儔伍吾嗤之居官而達無一二可紀之政而擁厚貲以歸吾恥之不居卿相不近道而妄發於以憂人之憂樂人之樂致客千里釀貨萬貲吾危之也故三有七無三患五恥之屬君子無時不省察焉小旻之卒章黃父之九言君子無時不誦憶焉師友不及攻吾短以朝廷法敎

自治法致不足及吾隱以朝夕聞見自治九思自警無時不在省察之中下流自惕終身不履非禮之地心所欲爲稽諸知仁勇三德不合三德是謂妄動三德無忝行之不必疑也此君子所自克也寬大美德也寬大不知界限其終必無廉隅苟無廉隅凡可容身莫不暱就矣忍柔美德也忍柔不思自勵其終必無羞惡之心苟無羞惡凡有微利亦思啖之矣儉朴美德也但知貨財宐節不知道義是崇必至損人所有益己所無而放利彌甚矣謙恭美德也但知處己宐卑不顧遇物有節必至令色足恭見鄙於端士矣宏曠美德也然宏曠之致

出於虛假則狹隘拘謹反覺發於眞實而宏曠之僞不若拘謹之眞矣勤勉美德也然有終身之勤無尺寸之功者非所爲而爲之也內無益身心外無當事業與棄日同也博聞美德也本無檢身之勤日事見聞之末物愈侈者心彌放理愈繁者知益紛日積月累塵垢滋漲所謂物者皆以奉其私意所耽所謂理者益以長其私欲所蔽也此君子所必辨也天地之間和氣之充周也稍有不和卽爲底滯卽爲缺陷所貴於君子以其能和也所惡於小人以其好爭也世治則和德被於小人世亂則爭端起於君子天生君子所以止亂也故崇讓而

去爭者必君子也世治則多賢於衆多之中而常爲人所尊世亂多不肖處不肖之中而不爲人所惡其道無它不以人之不足形己之有餘不以吾之所短廢人之所長不好倡和而惡參酌也處人己之間未有不自私者未有不多欲者君子志在安世不在安身知一人私欲可致衆人爭亂衆人私欲可致舉世爭亂故欲平世亂先自平其心去私者視人之善猶在己寡欲者推己所有以與人故措世以安亦藏身以固也君子有所甚易有所甚難其所難者王公大人不得而吏之也聞人華士不得而友之也援而引之既不可干推而崇之亦

不樂受其所易者授之以祿無問多寡委之以事不擇勞逸水土之役執技以從鄉曲之吏奉命惟謹也貧之貨財老之筋力君子不以責人山人用舟澤人用車君子不以強人寒之葛屨暑之旃裘君子不以苦人此引伸而觸類者也驚世駭俗之事可暫而不可常其可常者必其可久者也常者事之理也久者理之效也聖賢不以後此之效決前此之理故道其常不道其久日用之間當然則然有生之類當為則為以人我同得之心處人我同然之事不營心所事外不求報所事中道德所在無不同也必欲人之同己者道德未至而強人以

相下也仁義宅心無不是也必欲人之是己者仁義未充而求人以無非也君子論世惟欲其有道也論人惟欲其行道也有道於世有道於身其道一也行道以人行道以己其行一也處順境者不喜事之遂意而喜爲善之易處逆境者不悼生之不辰而自課守善之堅則或順或逆或窮或達無往非入道之日矣過者過也過於本事之中道也天道盈虛消息人得其理以爲進退存亡當進者進當退者退當存者存當亡者亡夫何過之有哉乃當進而退當存而亡則有之矣故人之有過不可不改雖在耄期猶當自勉聞它人之過亦當自省

也爲人受過賢士之心與人同過賢士之行與老成之人居與端誠專一之人居皆改過之助也不以一朝之失戾五常之性不以五常之性徇一朝之失是能改之力也所過旣改故迹不存如更是一事矣人之好之嘉其旣新忘其前失如更是一人矣夫改過者天心也天道純陰之時萬物剝落冬至子之半而一陽復矣自五月之姤至十有一月其數爲七而必復矣天地之心未有一往遂盡而不返者人居其間晝與日俱馳夜與月俱逝無一事不合乎天賢者爲心未受牿亡所以去天不遠違止咫尺負疚萬狀俄頃不能安者天心迫于內

也小人善機已絕如亾國之祉不受天陽是以愧恥之心不用以改過而用以文過求一事能悔不可得也如萬物已槁不受天地之氣絕則竟絕矣又何望其復蘇焉改過之美有悔於厥心者有服於人言者有創於覆敗者其爲補救則一遂過之惡有不知義理者有性與人違者有狃於不義常懷僥倖者其爲遂復則一聖人之言曰永言配命自求多福又曰實受其福吉大來也未有言轉禍爲福者聖人重改過謂其能轉禍爲福也書記秦誓是也蓋一念悔悟萬善從此生焉所改者一事其美不止一事也是以聖人取之天心佑之子貢曰

君子之過如日月之食嘉其有改悔之美無飾非之愆故隆其譽以爲揭日月而行也若夫患難既寧謬舉復多屢爲屢失亦屢失屢悔聖人所爲頻復之厲亦奚取焉

成務篇第七

天之告人亦詳矣知者能知之賢者能行之器械宮室舟車之類觀象於天大經大法陳焉觀草木之華實鳥獸之儔匹形體之隻耦而性命或夭或壽或仁或鄙[illegible]也火見而凊風戒寒鳥中而農事皆作將寒則呼婦子室處將東作則主伯亞旅皆出於田天無時不示人以

事君子無事不受命於天也此制事之本也物必有措置之所措諸其所聖人不能易也義者事之所也事有常有變而義以爲中常之所宜聖人用其中非用其常也故處常足以應變變之所宜聖人從其中不從其變也故應變所以守常五行無常勝四時無常位日有長短月有死生惟聖人能循其理能通其變循理者仁也通變者知也仁知合德而後能得義之所在也故義也者稟然不可犯猶王者之命也王者所命卽天命也命之所在卽爲義義之所在亦爲命若不知安命卽是不安義也故凡命所不可爲小人以有害避之君子以義

不安而止也小星之妾不敢當夕命有尊卑即義有可否非避害也實畏義也孤竹之君遠適海濱義所不安即命有不受安之若命而後能行義也衞之幸臣啖以位而不受義所不可即命所不有也衞之嗣君不可以父命辭王父命可以王父命辭父命命之所大即義之所重也合命以定義而義益明此制事之用也義所以法天也知所以辨義也知也者血氣之精也志意之榮也周流四海曾不崇朝小智博物大觀窮理理有餘於物也察邇者防姦通識者徵義義有餘於僞也天下之物熤然而光者不必內暎瑩然而鑑者不必外光智在

四德爲貞於物候非發榮也而收斂也衆人求知於聞見聖賢求知於義理故衆人之知流于妄聖賢之知統于仁以仁統知者其知大矣亂天下者私智小慧也利尚未形也鑿空而妄搆之害尚未萌也深求而苦攻之多爲之揣摩多爲之期必多爲之防護多爲之導就然而無益也徒迂以歲月放之險阻甚有由乎覆車之軌者君子之知用以辨義而已矣器類紛錯不任聰明而一授之象數以象數能周器也萬物繁育不信物態而進觀天道以天道能裁物也凡事合義者如歸餘於終歸奇於扐不能踰贏縮之理事不合義者如灼灼其華

離離其實不空在凝寒之日有德於人衆所稱美也有時略而不取義重於惠也救災恤患蹶然而起雖違其仁以義而不與也義重於恩也崇匹夫之小心貽名教之大辱以此知義重於信也功大而義不足者微其功以明義而義始見義於功俱美者詳其事以敘功而義亦見以此知義重於功也或抑一人之惡申衆人之善或抑衆人之惡申一人之善以此知義重於衆也辨義之學莫如去私甚矣私之爲害也晉平公杞出也其治杞田也以出而厚母家情也行以私意則有害於義女叔齊於魯以職貢不乏不盡治杞田亦義情也載國計

以行則義而非私乃知情者義不義兼焉者也惟私則全害義君子處事必大去其私乃若其情猶可衷以義也枉道以扶弱猶枉道以助強皆私心爾矯誣正理而譽人以善猶矯誣正理而毀人以惡也皆違道爾因摧折而意氣有加猶摧折而素履盡失也皆信道不篤爾以柔巽卑屈事人而得所欲與悅人之柔巽卑屈事我而恣所取也皆患得患失爾聖人性其所性神道在躬以物與物其應無窮內無所係外無所牽故止乎當止之處不措於非所行於當行之日不失於後時欲誅聞人則誅之欲討亂賊則討之一身之內一心之中有純

陽而無纖陰與乾合體即與天合德何所撓曲而爲羣
陰所牽持乎是以徵於事者喜怒哀樂必中其節辭受
取予必式於義出處語默必合於道議論文章必折於
聖必根於性而私無所託不必兼權熟計而後免於爲
惡之事也事之成也不能孤立必有資於對待既有對
待即有異同人之有事非成往事之終即開來事之始
自始至終必有變態天下所樂者同也所同之中又異
趨洽比以求同所惡者分也所分之中又區畫扞格而
亟爲分是以其同也得必至於相靡失乃至於相牽其
分也初猶似乎相御終遂至於相戰君子兼覆天下必

使即而懷於異同之中勿使忿而決于異同之外與天下賢士參考互訂各盡所長以求殊塗之功不與天下鄙夫隨聲唱和僥幸妄發以遂一方之見所以見至理之無偏王道之無不貫也匹何世俗之見必欲委曲徇物使賢者雖有義理無由常伸於衆論而依阿澒溷往往行乎無阻礙之域又以世情太工不能生長道義之心廉隅牆壁盡捐以徇人去百鍊之剛爲繞指之柔終不能成天下事也且一事之中或難或易或吉或凶皆點綴事理之變態而所事之正理則屹然變態之外雖紛不亂者也以定理處之可省用智之勞以大心觀之

天地萬物皆在其中而定理出矣故曰水出於山而入於海禾生於田而藏於廩聖人見所生則知所歸矣㠯何小智之士惡正理坦夷而樂出險阻往往於正理之外別求一理以遂其私旣有別理必與正爲敵旣有其敵必相傷相傷必虧損正理有虧無以燭照邪僞自以爲計定而動不至滲漉而事中固有之變態觸而生者必不在所計之中芒芒黖黖如行道而值路岐一離康莊則岐路之中又有岐矣必不能成天下事矣彼聖賢所爲夷坦而已矣其所尊卑莫非天地之尊卑也其所屈伸莫非二氣之屈伸也倒行逆施者無爲艱難險阻

者無爲消沮閉藏者無爲瞋目切齒者無爲紛亂雜揉者無爲隳黨崇仇者無爲履中蹈和政明刑肅者爲之不中不和不成政刑者弗爲也是以知則欲人共知行則欲人共行憂則與人同憂樂則與人同樂無有間也所以合同異歷常變而無不宜也事之大者莫如治亂之幾事機之會不可失也君子不能起而承之必有小人起而乘之小人敢於一爲以其僥倖也迨爲之而效所謂君子者乃始屏息竊歎悔其失於後時而天下大勢遂在小人不在君子又或彼此皆賢不自我發使豪傑之士先我爲之雖有其心不能果決以達於事其亂

雖定而束手旁觀亦終身之羞彼奔走使令小人之才也君子或因其才以濟吾事小人即竊其事以軋君子爲君子者力不能制任其滋蔓難除即間起而除之害且發於宅端彌貽天下以不可弭之憂且以小智而挈大權不能靜亂更使亂人擊去之以張其勢皆當事之過也且天下之事利或生害害亦生利不可一切退避不可一切直遂不可避而避是廢人道也不可遂而遂是逆天心也或迅猛以震動或詳審而濡浹迅猛者如疾雷之奮地詳審者如春雨之潤木義在詳審則焚載書以弭衆言賂伯石以安巨室不爲懦弱也義在迅猛

則焚溺之援戰陣之機摧剛之勇救鬬之速非以急難趨利也斷以義而必行志氣雖疾心慮則閒也不可遂而遂者志大心勞求非其道敢於犯難終以輕發喪功宋襄欲爲齊桓之事已而見困是也不當避而避者一意慎重失所以斷至於智勇俱困劉繇王朗論安言計動引聖人使孫策坐定江東是也此易所云微彰剛柔之理也微彰者舉事之機要剛柔者居身之規矩剛柔以立本微章以審機知微章而不知剛柔則不合天地之正理舉事必流於機詐知剛柔而不知微章則不察人事之緩急應事亦失於拘泥故同德爲衆知幾爲義

與衆與義而後可圖天下事也處事之法有天然之良能有不易之規矩有必由之塗徑有自然之節次是以上下古今不可無學程力矯惰不可無志學也者致廣大之理而會於吾心舉吾心之廣大而施諸民物者也志也者才之所由以盛也氣之所由以壯也事會之來有人事阻遏不得直行其道者有內心多欲義理不能自勝者有衆事遝至應接不暇因而滲漉者有一事之中曲折多端節次陵亂思慮所未周者必也人事阻遏則思物我之際何以有間內心多欲則思克己之功何以未精憂衆事紛遝則思古人何以不擾慮一事難周

則思古人何以不遺事變有方者也其奪人之精爽而使之無者於其相羣也死生不偶者也其薄人於危險而不可逃者於其相靡也人之一身少壯衰老形體與性情所宜不同古今之久皇帝王伯其時之人心事之得失亦所宜不同上所愛憎之情下爲吉凶之命不可以理求也此所榮藉之階彼爲恥辱之門不可以類觀也古人偶逢其易今人適際其難不可辭以不能也大率失意之事不必急求遂意靜以待之自有遂意之日治天下亦然小不正者非才略所能正持之以靜久當自正也動之極者非法度所能止制之以靜其動自止

也一事之功未奏不可更生一事用力苦竭二事俱僨也一害之去未堅不宜更攻一害用志既分二防俱疏也容足之外無用之地也非此則足無所容未雨之綢繆不必然之慮也非此則禦雨之道未盡也宜先而後是謂失時失時者兩葉不去將用斧柯宜後而先是謂兆憂兆憂者神者告之行將自及也以干賞動者慮及傷害而止以蹈利奮者微見抑損而綏扶義以動則折而不撓守正以奮則困而愈和何以知之以其終事知之終事百折不回必非一時意氣所爲也人心風俗習實爲常者變而更之亦自有法事有操之太蹙爲已甚

者此類是也事機相觸姦人懷僥倖之心緩之須臾則常理自勝事有天不可必抑之以從人事俾與衆共見此類是也事有益於人者有一人焉不顧其難而欲爲之雖成否未必要不可不分其任於此猶豫人皆從善而已不與君子所恥也事有害於人者有一人焉憫其爲害而欲去之雖謀之未審事或難成君子處此更當竭力以相之極慮以謀之明其理以定衆志與其詞以和衆心於極難成之中委曲求成必不可得焉則已矣若片言依違勿論沮衆樂禍罪先歸我而憚勞失時之譏亦君子所恥也凡事之初幾皆利害兼焉衷以禮義

一則定定則明矣旣求其利又慮其害是有二心有二心者必偏受其害何也天下無無端而利害及之者率由義理有闕是以嗜欲乘間而入嗜欲者害之門也一心之中人禽相搏陰陽相戰盪靜失其體取舍搰其神陵亂之極必生悖謬是以偏出於害也蓋利之爲言與義爲對非與害爲對者也義與利有相搏之勢故足相勝害與利有相避之勢故常至于不勝義之於利猶疾病之於箴砭箴砭所以攻疾也故有必去之疾害之於利猶羅網於坦途凡所以避羅網就坦途者多方以從事左右以遷就展轉卻避亦安知羅網之所在故常與

相値也總之人不知義則趨利與避害同一懸且悖也權依於衡者也衡者物之平也不越一衡之中移此儷彼是之謂權仁義禮智處事之衡也視其時所輕重移易以就之斯謂行權若必爲不義之事以行仁爲不仁之事以行義是舍衡取權也權將安附乎古之行權者或自捐其身或自墮其名夫捐軀墮名皆非常之事以其非常也是謂反經反經之謂權無可柰何而必出於反經是謂行權也夫無可柰何之事謂其與死亾爲隣蹶而赴死不如與以行權死而無所益不如行權以爲後圖也若欲自全其生而戕人之生可以安靜無事而

譎謀挑禍是戕仁害義不謂行權故曰反道行權亂之招也降而愈下八日以知計爲物之權衡禍福或中道義盡悖不明道義故亦昧於禍福以百年之禍易一日之慊而不自知也則行權之說誤之也嫌疑之害馴致不測者有之聖人絕嫌杜疑則不測之害無由而作然聖人不以避小嫌而害大義也萬物一身也在己之義猶在人也古今一息也今日之義猶之古也所行皆誠而無妄則於義皆安而不必嫌矣禮之可決嫌疑也疑者決之非有所嫌而卻避也避之一言猶是以禮制心事之當然則合禮而已不煩制伏也卻千里馬不受後

有薦舉未嘗忘之然亦竟不薦也此人可薦則不薦者私也不可薦而不薦是謂以義勝私何不忘之足嫌兄子有疾十起而安寢子之疾終夕不寐此亦人情非有私也覺其有異反爲私矣有恩者避而不舉有怨者置而不治此乃全乎徇私非循禮也書曰無偏無黨王道蕩蕩可以處嫌疑之際矣以私心待人者自處不能無私者也以機心疑人者自處不能無機者也君子言必由禮動必由義何私之有何機之有禮義所在猶疑其私猶疑其機是疑之者之私非君子之私也是疑之者之機非君子之機也人之立身朴直者不必更求脂韋

拘謹者不必更慕圓通由己率常順事恕施而已矣先正學問踐履所當取法也世俗之論謂其不必如是不當如是聖賢之言師友之訓不信而世俗苟且便私之言則信之學問志行不如古人不恥而官職之高下奉身之美惡智巧之有餘不足則恥之士大夫自棄於聖賢者少因緣披靡漸遠聖賢者多所以仰不媿俯不怍必非與世俗爲低昂者也故才智以相資而進志行以獨立而成羣居旅遊可以增益才智杜門深居可以砥礪志行求志行之士於深居求才智之士於旅遊若挹水於河取火於燧不憂其無人也君子之用心也議論

不必太淺淺一層即有一層之障蔽是非不必刻入刻一層即有一層之頗僻王允既誅董卓部曲望赦而以疑貳遲之涼州未安而先設關東之防此計之太淺而滋蔽也王安石勘登州婦人獄違衆論而貸其死此刻入取異而滋僻也子產放游楚義也吝于子太叔遜以行義也未嘗求淺於本事之外也溫嶠還都李晟移軍居虎豹之窟而用權以濟未嘗求刻於所事之中也聖人言行平實不求異人蓋以實心行實事自不能異人也是則所謂道也東山之詩罷兵而歸者也聖人于人盡其道而已不以初終異致故即始可以要終處其下

者敬其終事如始事也假令周公處此曰惠而實不至雖零雨慰勞終不免士卒之怨歎貌忠而心不屬雖亦焉安閒不能弭閭左之憂畏動于義不格于私周公如是士卒亦如是始則上下同事終則上下同德所以爲過化存神也

辨惑篇第八

有義利之辨有理欲之辨有君子小人之辨不辨理欲德則不固不辨義利知則未精不辨君子小人族類不分勸戒不明也春秋褒儀父以開義路貶無駭以閉利門蓋義利之閒聖人所最重也以人事言之飲之食之

義也身體肥澤義之利也君子食飲而已不求肥澤小人則不然飲食與肥澤皆其所欲或饕餮以求肥或節省以求肥皆爲利而已矣貧者不以貨財爲禮雖儉嗇不爲好利所識窮乏者得我而爲之雖損所有若錙銖不得爲好義也輕施者必好奪以其見施之有利不見其非義也屢盟者必速叛以其見盟誓之有利不若棄義之有利也好利之心勝雖有餘之時常憂不足展轉歲時遂爲盈虛消息之理所概而眞不足矣以其不知有義故盈虛消息人之所同而不足之憂己之所獨未及快意而與俱盡矣王者措國於長久之地貽子孫以

久遠之業孰曰非義伯者壹飧之德必歸於己一節之善必市於人有所爲而後然孰曰非利也君子讀書窮理措諸天下則爲事業事業者窮理之終事名位者事業之緒餘也小人志在名位而後爲學官貪廩祿相競升降顯晦相踰去義日遠嚮利滋深雖臣子之義率皆有意爲之自以爲是而不知蹈於惡利心存焉爾利之爲物使人好之必求之求之必奪之所奪之人必怨之矣人見其好利必賤之賤之必遠之見遠於人亦怨之矣義者天下之公故好義者人皆好之利者衆所同欲故好利者人爭利之利人爲惡而伺其隙助人爲惡而

受其利不必攻戰之慘而所傷多矣是以戰國之人皆以利祿爲實道義爲名有言道義失利祿者皆以爲崇虛名損實事倒置若此所以謂之亂世聖人言義利之辨以正性命之理謂天之所命固有義而已背性違命而後趨利非有生常道也君子居身於人之所棄息意於衆之所競非棄利也安義焉爾獨標脩潔之名以形世之汙漫亦云利心未盡猶非義之義也此義利之辨也意之初動皆理也轉念而欲生焉事之初幾皆理也稍間而欲附焉爭其界限在乎幾辨其去取存乎豫爭其界限者出此入彼其際甚微如疆圉之事此進則彼

退此得則彼喪雖止尋尺不可假也辨其去取者在乎勉強而已矣甘食悅色一日之內強制二三今日尙覺其難明日頗覺其易常持此心竝難易亦忘之直不好而已矣如冬裘夏葛竝陳於前非時弗服也君子好脩必能日進厥功前之垢汙今之澗浣也前之汙漫今之瑩潔也前之激烈今之和平也前之迂緩今之振迅也如鑿木爲竅竅搬則木空負土湮流土濊則水淺必不竝存者也必不中立者也旬月以後之去取猶然旬月以前之去取非怠棄也卽自滿也是不能勉強者也有意動於理措諸行事乃放於欲者矣亦有意雖未善以

措置不安輟而弗爲因之返正者有矣未有意動於欲措諸行事能止乎理者也欲之爲人害也有搏而相戰者有勝而相先者有在外相困者有在內相攻者君子之學具有平易之理卽可勝一切相搏之欲具有斂藏之理卽可勝一切相競之欲具有和粹之理卽可勝一切外境之所困具有廉貞之理卽可勝一切內嗜之所敺聖賢之書古今之事時王之法制臣有司之條敎皆平易者也皆斂藏者也皆和粹者也皆廉貞者也求所以勝一切之欲無以易此矣引鏡而自照見其面不見其背也以我觀人面與背無遁形焉以情觀理見其是

不見其非也以道觀理是與非無遁情焉視天下事猶己事而以天下之公處之視己事猶天下事而以天下之公處之皆公也公卽理也以私心處己事以己之私心處天下事皆私也私卽欲也已有不見人無不見己與人有不見道無不見以道竝觀如登高而俯視也一念不存理則欲間之一息不存理則欲據之其本皆理也措之不當則爲欲矣觸而不檢亦爲欲矣戰而不勝亦爲欲矣因仍而自安亦爲欲矣理有反乎勢而相正者有限于勢而相安者有直行所見卽當者有委曲遷就後當者欲則不然悻然求遂而已矣此理欲之辨也

君子小人之辨先自辨其心若往而辨人亦自堅其心使不昧所從也其處顯一也持身益恭臨事益敬謹其所知不爲無益之知擇其所行不爲無益之行天下皆仰其文明必君子也樂其翾且翔也樂其馳且突也鑿五常之德以行私壞兆姓之良以遂欲必小人也其處窮一也居之以敬恭承之以靜一其道常亨者必君子也承之以憤憾居之以挫辱致怨於人而不可解者必小人也其有能也人皆喜而道之欲其道之行也其未能也人皆樂告以善以其輔其不逮必君子也值其所能則矜勝之狀人不能堪值其不能忌疾見于面齮齕

盈于中必小人也非所譽而譽則畏其害仁非所毀而毀則畏其害義予人以可親不樂其相附也予人以可棄不惡其相訾也必君子也譽人則恐其不知毀人則怒其不服聞毀則遷怒而多怨聞譽則未同而色親焉必小人也君子善善長而惡惡短善善疾而惡惡緩不棄人于非類不導人以非幾小人持己不嚴責人已甚始則陵人以取是繼乃勝氣以藏非君子好言事之常聞常理見伸而色喜小人好言事之變談權變勝正而神怡君子言人之善俛焉孜孜惟恐不及言人不善恨己不能箴砭恨其人不信吾言不能助之改過也小人

言人不善則掎摭小行以汙大節附會暗昧以疑羣情其稱道也苟非親暱苟非依傍詞雖致美而意不偕來君子者禮貌衰而趯然去侵辱加而忿然起直而不可橈也銳而不可觸也以無所係戀之心必行其志以無所橈曲之志必盡其才小人則怨尤滋而承以屈伏殺機動而將以笑言滋而不可測柔而不可劇乘是以陷人而莫之禦也強求脩飾以求豫乎君子之流此計不遂明示天下以人類之憂使望之者若磐石之不可觸也學者於此何所不容而必欲辨之蓋所憂者滋故辨之空豫也君子立心但求有益於人不必有益於己故

其發志無不直遂如木之參雲蔽日者其初皆萌生也小人則不然苟非有益于己即不復有益于人故其發念無不迂曲如草之滋蔓穢塞者其初皆勾出也詩曰有覺德行四國順之直也又曰彼何人斯其心孔艱曲也以孔艱之心害有覺之行此義理之憂也天地之氣天下之物凡膠結翕聚者往往多所藏匿凡疏通散處者往往多所匡持風行水上自行自止風過水平渙然俱釋何所容其係戀何所容其險阻小人則不然以其善迎意指亦欲人迎其意指也以其好揣隱情亦慮人之揣摩其情也閒談指爲譏諷論理疑爲箴砭譏諷則

不堪箴砭則不受忿而疾之必思所以報矣有所爲而作之無所爲而輟之有所爲則銳敏急疾無所爲則傾搖懈怠同利而在己者取多同害而在己者取免居則晏安自處動則危險遺人不幸其事常相隨覆敗且虞傾陷此人類之憂也君子循故事安禮節不自爲輕重稽古訓本天心君臣上下共由之羣才不間其錄用而無不用矣小人則不然非其意之所好不欲引爲類也非其情之所安不欲樹爲義也非其私之所便不欲舉爲例也以此心用智必多譎詭之智以此心逞才必多邪慝之才雖有君子率褰裳避之日夕與謀皆頤指氣

使之流以此其持國是無所不亂矣此世道之憂也夫揉理之直以從曲則不可其學行並植而心安忍則不可其事壞事之定體以快私亂天下之是非而使無所據則不可其治天下是以不可不辨也昔太宗得良弓十數以示工人工人皆曰不良帝問其故工人曰木心不正則脈理皆邪弓雖勁而發矢不直也小人之心適類於此士大夫相見之初學問人品未必一覽而知試微叩之觀其言詞所及孰有喜色孰有倦色孰道其詳孰道其略或審聽欣躍或顧望愕然亦可得其情矣既得其情卽當置之不論親疏貴賤一以常禮待之所以

求免于亂世也

繹志卷三終

繹志卷四

竟陵石莊胡承諾譔

聖王篇第九

堯舜禹湯文武之德載在書傳所以脩己者敬也所以治人者明也敬以傳心明以立政二者君德之大綱也心能制義曰度德正應和曰莫照臨四方曰明勤施無私曰類教誨不倦曰長賞慶刑威曰君慈惠徧服曰順擇善而從之曰比經緯天地曰文九者君德之條目也易之有乾象人君也乾有四德君亦如之含育萬物包羅衆善君之元也膏澤所及發榮滋長君之亨也成功

之曰性命各正君之利也宥密之中太和不息君之貞也人君以萬物之元爲元以萬物之亨爲亨以萬物之利爲利以萬物之貞爲貞萬物竝育不害君之廣大也萬物會聚皆樂君之亨嘉也萬物各成其功能君之利益也萬物各保其太和君之堅固也是以德大者福備美充者施博其生才也衆格天也敏亨於鬼神也誠誅不服也克及子孫也遠君德之徵驗也君德所重者存道心也舜禹有天下而不與道心之精一也蓋以有天下爲樂者人心也不以有天下爲樂者道心也荀卿曰處一之危其榮滿側養一之微榮矣而不知此善言聖

心者也周公戒無逸未述三宗勤敬先言稼穡艱難既述烈祖成德終歸於省察民間之怨詈蓋不念民力勤勞雖有先王箴儆不能止晏安之閒作不察小人怨詈雖有祖宗恭儉亦無救威怒之妄加是以更端反覆咨嗟詠歎一篇之中三致意焉蓋人主之心天下治亂之幾也屏絕私欲心乎道義端居深念清夜自思必有見生民未安政事未醇者君心不忘稼穡勤勞后妃嬪御不忘織紝澣濯一念所動一事所行不以自行其意而所從者臣民所共也不憂拂己之欲而所憂者臣民所拂也不惡觸己之怒而所怒者臣民所共惡也不樂從

已之欲而所樂者去乎臣民所其惡也人君之尊泰決者失於所恃泰大者失於所蔽泰動者不知其泥泰信者不知其窒泰亢者不知其極是故冕璪肅其體鑾和平其心滋味實其志圭瓚靜其氣匕鬯重其守環珮節其動外屏不欲見外也旒纊不欲見內也蓋服食器用而勸戒存焉不待瞽史誦詩侍臣進諫也又且時日有戒辰在子卯謂之疾日稷食菜羹是也居止有戒亾國之社以爲門屏是也入廟門有戒我有嘉客亦不夷懌殷士膚敏灌將于京是也以儆有位者自戒三風十愆申飭于卿士臣鄰於黼扆是也以告遠人者自戒羅氏

致鹿與女而詔客告是也孝子慈孫之祧毀有戒七世之廟可以觀德是也君臣朝會所奏之樂有戒文王之詩其言天人之際與亾之理是也所居都邑有戒有德易以王無德易以亾是也成王訪落之章康王御門之誥見于詩書蓋以先王堂構未成靈爽未安非後君逸樂之時故嗣服之日有深長思也天下雖定禮樂未興其事未艾也漸民以仁義未至浹洽而深入其事未艾也念我皇祖陟降庭止耿光大業繼統在茲未能宣揚聖業其事未艾也故易之爲書以未濟終焉天道惟其未濟是以復生天生地迄萬古無盡人主存未濟之心

是以卜年卜世餘澤未可量也此無它皆所以全道心也曰言堯舜之道而不進人主以存道心是舍本言末也爲君之道取天下至正之理爲師而赴以必爲之志故能不惑流俗比德古人何言乎至正之理仁義禮智是也仁民愛物皆仁也禁暴誅亂皆義也恭儉莊敬皆禮也體物類情皆知也凡書傳所載公卿所陳天下臣民所仰望深居所以宅心講筵所以勸學未有不本此者也得其一端之謂賢時出不窮之謂聖彼功利淺說權變詭謀刑名慘術異端小道不合聖人法言先王彝訓皆空屏絕君能謹此則師法有定矣何言乎必爲之

志也志在居身以正則凡去淫溺罷倡優省游畋交萬物有道奉養有節不勉強而克爲矣志在內外皆得其正則凡貴夫人嬖孺子乘間進熟行其險詖私謁者必不能遂親屬恩澤必不使與聞朝政不以便辟充耳目之官不以褻御士疾莊士矣志在百官無不正則必任賢使能虛衷以受益燕處之時選端人正士居其側博聞者資善方正者司過成就一世人材以備無窮之用憸佞不屏自遠矣志在萬民無不正則平刑罰省繇役薄賦斂務使德厚吏良人樂其生無犯法之事矣志在古聖爲法則知天下之道散寄衆事亦散寄衆人合天

下之善而道始全盡天下之心而善可合於心也得大賢而用之然後盡天地萬物之道治天地萬物之事矣君能行此則志趨有定矣然而衆正之本尤在君德人君者天下所其承事也目不乏於視有爲之致所視者耳不乏于聽有爲之給所聽者口不勞於言有爲之宣所言者動不自爲功有爲之奏其功者心不煩於慮有爲之極所慮者以其備四海之奉而承事者衆也由此推之喜不自賞有爲之賞者怒不自誅有爲之誅者嗜不自淫有爲之淫者欲不自恣有爲之恣者過不自積有爲之積者怨不自搆有爲之搆者以其處無上之勢

而導諛者衆也由前之承事則可悅由後之導諛則可
危以爲小物而忽之即此忽易之心養成大敵謂控持
在我而輕發之豈知事機一發即非我所控持也是以
聖王之心一切出於誠敬祖宗艱難啟土不忘於懷前
聖寅畏戰兢不弛於中身心潔清嗜欲不亂精神凝聚
終始如一自正其性然後能正天下之性書曰若有恆
性克綏厥猷惟后此之謂也又莫尚乎昭明賞善罰惡
與衆共之莫敢冒功匿罪矣開誠布公由乎正直莫敢
欺慢窺覦矣宣昭明著使人易知勿示之以難測莫敢
讒佞比周矣匹夫爲善而知人君之志同也貴大臣藏

慝而知刑辟之不可貸也不以無益觀游妨有用歲月不以無益玩好賤淸廟明堂之用器遠近大小莫敢道以非禮嘗以非物則邪慝之人伐性之事無由至其側矣上不以滋味爲悅下不以貢獻爲功不至梯山架壑釆取供御之物則山川草木鳥獸魚鼈無不遂其生矣道德爲麗慈仁爲美宮庭奇巧輕纖之具不市於州郡非服食器用不受象胥所貢遠人方物用以班賜臣工示不私諸己亦不使身之所須因有餘以生侈肆矣加以金丹不御佛老不奉祥瑞不賀工築不勤孥孺不收大號不盈內降不下疏幸臣而絕旨酒遠南威而盟强

臺則仁如堯禹壽若松喬矣鹿鳴四牡至誠盈于中嘉好接于外所以人心感動音旨和平天保之詩君能下下以成其政臣能歸美以報其上人主以上哲之資日與賢臣圖事虛心詢訪以求義理之中無以辯論馳騁上下古今展意顯事謂羣臣莫及稽古之儒方正之士亦自信所學輔翼其上上下之間有恭敬以將之有物采以酬之則合乎鹿鳴之三矣以民俗善惡觀政治得失民之時雍君之協和也以君身嗜好度民間情欲君之歡豫民之歌笑也不立法求治所以使天下治辨者賞善罰惡之典明也不飾智防奸所以使天下湻樸者

黜浮去僞之旨明也不更化變俗所以使四方回心嚮道者致公崇正之令明也力役繁多恩詔恤之不若罷作休之冰紈方空縠吹綸絮禁天下不服不若禁三服官不作朝廷之上更無餘事與天下臣民相忘於太和相喻於教化所謂吏人奉法百姓還淳皆不以文具悅目虛美薰心天下之善皆象人君之善則天下之福莫非君身之福而合乎天保之旨矣昔之人君其心一放百慝皆作嗜欲多則擾亂奉養濃則昏濁志意放則卑暗三者存於心求政潔清不可得也喜輕則易賞怒輕則無威言輕則多失動輕則多阻四者見於躬求政凝

重不可得也好詢訪爲名則巧言如流俾躬處休矣好益下爲名則吾儕小人輟饔飧勞吏矣好服遠爲名則東鯷北女來獻其琛矣好闢地爲名則混中原風氣之殊當天下輿圖之半爲賀表矣忠篤內喪華美外颺至於天變不告邊警不聞盜賊不白流亾不上矣詩序曰鹿鳴廢則和樂缺矣天保廢則福祿缺矣推而廣之則小雅盡廢天下亂矣夫君德不純理欲之界未淸也一念之頃公私邪正皆具則一廷之上君子小人並存一介之行利害得失相紛民未受得之利先受失之害未食君子之福先被小人之禍此由德不一也人君親賢

勤政之外不宜多所嗜好有一事嗜好卽有一事恩倖多一人恩倖卽多一人毀譽主不好方士則文成五利不得進不好馬則韋槃提斛斯正不得近不好擊毬則四方不進趫勇不好宴樂則侲子倡人不與朝會不好俳優則舞魃醜言無由巧詆賢相矣不好微行則烏集雜遝自遠轀車小輦之名不傳於四方矣元帝隤銅丸擿鼓聲中嚴鼓之節而定陶王亦能之幾以是易太子賴史丹以免太子之危也元帝隤丸之技有以致之也楊億入直忽被召至禁中眞宗示文一篋曰卿識朕手跡乎皆朕自起草未嘗臣下代作也億皇恐不知所對

而退萃入欽若之語也眞宗攻文與下相競有以致之也徽宗隸裔梁師成命處殿中御書號令皆在其所師成擇善書吏習倣帝書雜詔旨以出外庭莫能辨師成之矯僞徽宗善書天下傳習有以致之也徽宗遣童貫詣三吳訪書畫奇巧蔡京與貫游不舍晝夜書屏障扇帶日達禁中且附語言論奏由是入相京之因緣以進徽宗書畫奇巧之好有以致之也此無他德不一也文中子曰大哉一乎天下皆歸焉而不覺也此君道之要也

聖學篇第十

說命之篇君學備矣其言曰惟學遜志務時敏蓋虛以受人則賢士樂進勤以勵己則淸明在躬作聰明亂舊章非所謂遜志有所爲則作之無所爲則輟之非所謂時敏也又曰惟斆學半帝王無設教之事而盡倫盡制所以教人也聽政糾刑亦所以教人也親君子遠小人亦所以教人也教人者所以自學也又曰學於古訓乃有獲監於先王成憲其永無愆古訓之義無不中正純粹得其一端卽有一端之益得其全體卽有全體之益惟涉獵强解遺忘則無益也故所重在有獲祖宗成法皆爾時君臣原始要終而斟酌之本無不善但服習久

而怠玩生文具雖存指意盡失爲子孫者信之深而守之固於以究其訛舛詳其節次決其疑似振其廢弛故期之以無愆此帝王之學也人君之學以養德爲先施政次之人主之德其端有四含宏寬大物莫不育謂之仁剛果斷決事莫不裁謂之義恭謹齊肅用無不和謂之禮詳審精確道無不極謂之智凡書傳所載公卿所陳天下臣民所仰望深居所以宅心講筵所以勸學與大小臣工商榷而勉勵至於史官所贊臣下所稱所云放勳重華聖神文武者亦不越四德而底於至也四德之本皆在視學賈誼之書所稱四學是也其言曰帝入

東學上親而貴仁則親親有序而恩相及謂凡人主親親之事皆在其中矣帝入南學上齒而貴信則長幼有序而民不誣謂凡人主長長之事皆在其中矣帝入西學上賢而貴德則聖智在位而功不遺謂凡人主用人之事皆在其中矣帝入北學上貴而尊爵則貴賤有等而下不隃謂凡人主爵以馭貴禄以馭富大賢馭小賢之事皆在其中矣又曰帝入太學承師問道退習而考于太傅太傅罰其不則而匡其不及蓋四學其目而太學其所也師傅之官講明四事使人主晝之所爲夜復從而思之坐以待旦期以必行有所未至師傅又從而

匡正焉則嗜欲之心非僻之事所滌蕩亦多矣鼂錯之說亦有四焉其言曰知所以臨制臣下而治其衆則羣臣畏服矣知所以聽言受事則不欺蔽矣知所以安利萬民則海内必從矣知所以忠孝事上則臣子之行備矣其說要使人主益尊天下益恭屏營惕息以奔走從事未嘗不善也然人君不以愛人爲心必使畏而服之則與仁道反矣聽言受事不求其宜但使不敢欺蔽則舉措不必合義矣不敦典庸禮致時雍之化但以安利爲悅是上下之維持不以禮矣不能使人自盡其忠孝而勉強以從上險薄詐僞相伺日進趨走承順而藏不

測之心前有亂賊而主不知不可言智矣諡本四德爲學錯反四德爲學古今之論所以取諡不取錯也蓋德者善之旣成也善者德之所宗也人君德盛則求治之心專一不貳故樂於爲善爲善旣多則因事有言莫不戴德而出故善言亦多善言旣多則四海之內莫不稱述讚歎而感化者亦多感化旣多又何必畏之後服刑之後感動之以利以求其悅謀之以行而求其備哉此不辨於其政辨於其學也四學之外又當愼其所近謹其所習人主視天下之人無足敬者其心必放更不可言敬天勤民矣視天下尤物無不欲致諸前其志必狃

近小不圖遠大矣他若宦官宮妾不能皆知聖賢之書必選擇而後近俾非僻之言邪媚之態不得狎進以爲好學之累他若服食器用雖無當於學問皆近質朴屏巧麗不以日新之翫好賤禮度之服用則遠近大小莫敢道以非禮嘗以非物亦君德之助也成王初嗣天位周召恐其處億兆之上居逸樂之中不能檢束其心而放於淫欲故諄諄以夏商歷年爲戒至于三年喪畢猶然思慕未平則其德純矣始見祖廟作詩以道延訪之意思述先王盛德以養其心休烈盛美歸諸祖考而不專其名後王取此詩以爲廟見樂歌而世世取法焉後

世經筵之典是其遺意其事綦重矣然而講筵之義大抵尊君卑臣非復先代之舊大臣在前史官在側人主一言一動皆有繩束不能優游悅懌樂親帷幄故楊守陳請開經筵御午朝一日之間居文華殿時多處乾清宮時少俾賢才常接耳目視聽不偏左右王鏊請于便殿側依仁宗宏文閣故事選文學行藝著聞者七八人更番入直蓋亦日講之義而加親焉或即以日講之臣兼宏文之職時御經筵以昭國家盛典日造宏文以崇聖學實功其說皆可常行也推本言之人主之學正心為要一心之微眾欲攻之苟非學以定志何以卓然自

立不爲搖動雖天資盛美猶必戒常情所忽學日躋而德日富不可謂聖智之資無事警省也聖賢平淡之旨實理之用日陳于前不可使旁側之人誘之以福利怵之以鬼神誤之以邪說溺之以小道雜乎稗官野史浮屠老子之學以無益聽聞妨有用歲月也又必使知吾身所爲即古今成敗之迹所由見端非夫歲月所習爲一學日用所行又爲一學也聖賢論學言理必言欲言治必言亂言成必言敗言是必言非言精必言粗言義必言利以相對待以相映發以相砥礪如父師之教端莊和悅皆不可廢也後世喜稱吉祥惡聞凶惡是以言

論之間常去其半以就流俗所忌朝廷之上遂有進講輟國風之論于是一篇之間可删略者居半故學問有勸而無懲有喜而無畏有嗜好而無怵惕是以人君之學不可辟諱凶咎剷去規箴也爲講官者必取志行端方威儀嚴重學識淵源議論純正廉退寡欲表儀朝宁者然後爲之不可兼以它職使用心不專誠意不屬有納誨之名無啟沃之實講筵之上不可攻擊朝士樹植黨與使人主薄其言因以鄙其人因以慢其職也夫帝王之學不越里塾之書格天之業亦在章句之内但當習之有法用之有恆不墮文字之名不啟怠惰之端不

以淺近妨淡遠不以有限失無窮則夫高宗成王豈遠乎哉

繹志卷四終

竟陵石莊胡承諾譔

至治篇第十一

孟子曰天下之生久矣一治一亂治亂相尋而天下之生未已所以生者道也故爲治必辨道道不純備雖小有善政不能宏益斯人也六經經世之書也唐虞以前上以開物下以資始天地初立而道行乎其間易之指也唐虞以後迄於三代乃漸備其法人皆貪利謹權審量所以止其貪也人皆好亂立經陳紀所以正其亂也人皆徇私禁暴戢亂所以制其私也有貢賦之等有刑

賞之制有天人之紀有君臣之儀有傳心之學有定亂之功書之指也人情之正風俗之敦者扶而進之訓而迪之人情之辟風俗之偷者革而正之悼而憫之使人憂深思遠不害其和樂生備物不失其正詩之指也王道既微諸侯惡其害己削去典籍無以知治亂之由文質之中制度之宜義禮之公歷數不合天時禮樂不切人事聖人因周禮在魯可以該天下得失故即其行事正以大法春秋之指也易始乎三皇書斷自二帝詩舉西周之典爲多春秋東遷以後禮樂之指貫乎歷代如土寄王於四時故曰爲治者不可不先定道術道術既

定然後統紀可一法度可明也秦漢以來節族乖方人情僞詭乃爲律令以防之律令之文能治條教所及不能治條教所不及蓋任勢而已矣任勢之徹民有遁心下情離叛而上亦無以自安矣夫一治一亂天地時也撥亂世反諸正聖賢力也天生人物共此水土之澤嗜欲之情君臣上下父子兄弟之恩道德功名議論行事之迹無不同也而或以養人或以害人蓋由主持世教者代有不同故所生人物亦不同也凡水土之震盪不甯者嗜欲之强暴不訓者倫常之變戾學術之偏詖者皆亂君所使也水土則演爲民用嗜欲則各止其所倫

常則雍穆學術則直方皆聖君所使也聖人於人物如其性斯得其用暴君於人物反其性斯喪其用六經者復性之書也其議道也以聖人爲則其制法也以衆人爲心於聖人見道之極於衆人見道之同衆人之所同卽天心也治法盡是矣舍此求治必秦漢以下任勢之爲不久而遂敝似治而實亂也故不足道也聖王治天下物無不得其平者平者治之至也人世有自然之窾隆不可復有意爲窾隆也有自然之權衡不可復自我爲權衡也窾隆已定矣或削之使夷或附之使登其爲不平更甚權衡有常矣更欲抗之使舉抑之使墜其爲

不平九多山自高也淵自深也總謂地之平天子諸侯大夫自上以下降殺以兩總謂泰階之平不平者地之坎窞也水之湍激也天下之危途也彼民也衣食豐足室家完安無饑寒流亡之憂無刼奪盜賊之患無刑辟亦亾之悲心之所安足以達其性體之所資足以給其生則治平之樂歸焉其或徵發期會𦣞權括取之令不絕於朝檢括漏田隱實逋賦之車不絕於道路齋醮土木極其狠戾賞賚賜予窮其屑越加以地力既盡水旱不時穀人不足于晝絲人不足於夜則不平之感生焉夫興學命官懸法布令九譯順軌四靈來格此治平之

文也五畝之宅百畝之田仰事俯育勿失其時草木蕃而禽魚多此治平之實也從事於文者利害不相恤也緩急不相應也用掊克之吏以竭民力費傷心之怨以朘民生一君之身所以自奉天下不能堪也億兆之心所以自私人主亦不能堪也從事于實者賤金玉而愛善人屏姦慝而親正士聚民所欲如居千石之官去民所惡如去七年之病一身之中筋骸毛脈精氣莫不流通既流通矣各如其所當受無偏輕重焉無偏贅聚焉蓋在民者欲其用足用足則情志泰而樂治之心生在上者欲其事簡事簡則謀慮周而濟治之務成古之聖

王以一人經晝散爲九州分願各得其程量而無軒輊合九州分願爲一人治功各歸其分際而無盈縮所以謂至平也然其本則在君身凡養民之法適以害民乃乘人主懈怠之心而後爲害也擊奸之令即以惠奸乃探人主不誠之心而滋其欺也聖王爲治使天下皆聚者精神先自聚也使天下皆信者肝膽先自信也天地萬物之情可得而見見于所聚也飛潛動植之物各依其類依於所信也雌之伏僞之化蟲之祝類聚此精誠以遂彼精誠也處臺榭欲安棟宇食膏粱欲無饑寒顧嬪御欲有室家信已肝膽以及人肝膽也精誠之聚仁

也肝膽之信誠也仁且誠者致治之本也天有三辰綱紀星也君之刑賞猶天之三辰也國家之患往往以不急之務損其實力至于慶賞刑威所以親下而衛上者反視爲故事使有司輕重其間失策之甚者也先王立法禮以旌之義以閑之而後刑賞之施皆從此出蓋天生是物必使爲人用旣爲人用必有法以御之金鐵之堅可融液而柔之使成器也牛馬之悍可服而乘之使引重致遠也刑賞者治世之煅治銜策也治平之世冢宰班爵命言官擊奸慝鄉遂舉賢良司敗論刑辟直陳禮義無所回互其用甚直如矢之急疾而能貫也昏濁

之代其所是非未嘗不傅于禮義或得諸貨賂或得諸請託或託諸權勢或得諸私謁或得諸報恩怨其用甚曲如以石壓草而軋茁于其罅也夫以薄民試猷法以邪吏治薄民相觀以術相劫以威何馴習之有焉譬煅冶銜策雖具而施之失宜不周事之用則成器致利者鮮也且法行則人從法法壞則法從人師之初出坎變爲兌坎者法也變而之澤有衆散之象焉有川壅之象焉是失法從人也故以行師必敗績以治人必生亂郎顗曰王者之法譬諸江河當使易避而難犯也故法之平者人不見其愁苦然人之畏之若絕澗之無游禽法

不平者人不勝其酷烈然敢于犯法狎而翫焉其故何也法網日繁果桃菜茹之饋積以成贓何其難避也未幾而赦令已下一經闓澤即爲平人又何其易避也夫法不畫一則國是不定法可解免則民聽不一故治天下者不可科條既設復聽人自理不可奏當已成復別開二門匡衡曰今日大赦明日犯法相隨入獄姦邪不爲衰止皆以法從人之儌始之難避賢者喪氣終之易遁不肖得志也古所云勸懲者非以人情皆慕賞而誘之使勸皆惡刑而懼之使懲也誘之懼之出于其情不能動乎其性必有干賞而逃刑者因有竊賞而鬻刑者

不肖之心更熾不肖之行益多苟有以動乎其性使勸不以爵賞好善之性自喜于爲善威不以撻罰惡惡之性自恥于爲惡可以懸法不施而世自治矣且人有賢否則法有重輕以賢者用法則法重以不賢用法則法輕不賢之人盡以私行故法不能縛姦是以輕也雖有賢者不能於法律之外自行一事僅能守法不足大慰天下之心故法亦輕也其在上也不賢者不啻行私常借法以行私賢者不敢自謂無私甯出于守法以白其無私其在下也不賢之人不問何法皆能快所惡而恣所欲獨賢者不然法善則僅免于害法敝則偏受其酷

然則法固甚便於不賢甚不便于賢此法所以輕也刑賞之外又當明好惡以示民好惡者同乎刑賞而其實不同也刑賞所以明法也好之惡之則是與人爲善也望人改過也且禁于未然之謂豫錄其能改之謂忠蓋以人從道不以道棄人也懸爵紱以求直言言未必至好善之心達于天下四海之内皆輕千里而來告矣嚴刑峻制以懲奸惡奸未必遠聲音笑貌之閒稍不假借其人已知難而退矣口雖未言聲馳已疾令雖未出化洽若神故曰同乎刑賞而其實不同也然用法之道君子小人不必概施也彼君子者不貴於賞而貴有禮不

在於刑而在勵其心彼小人者非重賞無以誘善非嚴刑無以止惡若概施不殊則兩無當也天下之勢有輕與重極輕之勢非極重無以奪之極重之勢非極輕無以矯之人君操以御世者有美惡厚薄劬勞逸樂之不同有反經任勢而得事理之中者所以挽積重之勢也凡不敬冒上無等之事在乎比閭族黨積漸陵夷悟不知怪者甚多風俗之壞因俗吏不知輕重倒置紊亂者亦多民間陵夷于下俗吏倒持于上奸人起醜正之心愚魯之民幾何不怙亂也又有甚焉者政之得失多端皆可隨事補救惟大綱一壞則無事可爲蓋得失之幾

無不因大綱既壞而生而隨事得失往往層累浸漬而發於大綱所壞之處如元氣虛而病生百脈之病皆象元氣之弱故唐有河朔百事皆礙於藩鎮宋有新舊兩法衆難皆作於水火也夫以民俗惡逆視兩造不簡兩造其小者爾以敗壞紀綱視期會不逮期會其小者爾以大吏府奸視小吏鬻獄鬻獄其小者爾天下之患在乎解弛大綱而譴責微細夫大綱所在豈無故而弛哉必有所由以弛者此不可令人主知也故日有所挍劾以覆大綱解弛之失而譴責益嚴綱維益壞風裁彌厲中情彌怯且挍劾非人則不肖之流得引賢者爲類以

亂其名知名不可程則力取其名以亂其實而名實俱
亂矣人情至此犯法者衆爲人主者雖與三公九卿聽
諸棘木之下不能不有所縱舍其縱舍也以爲甯取大
而舍小勿急小而遺大無如大焉者力足自拔小焉者
勢窮莫告曾不旋踵大者免而小者誅矣所以小吏被
劾皇恐待罪大吏章下逡巡求解遲久不決以待事會
之轉移豈可謂有綱維耶豈可謂有風裁耶覩一壺之
冰知天下皆寒也觀一事之失知百度皆廢也是以奸
宄生心細人弄法悖逆之子封殖而掎父兄偃蹇之廝
戟手而藐主伯桀黠之胥破檻車而不死貪汙之吏檥

箯輿而求生要皆入粟可以焚丹書出貨可以卜雞竿車馬道路之閒相習而不怪通都大邑之中大言而無怍皆上下相安恬不知畏之故也不獨此也一介之士幸而通籍即欲于旦夕之閒躐取公卿而棄其舊學以邀世資鄉曲之秀甫入庠序不以爲居業之地而比黨以邀公事農工商賈貲入稍饒更欲遷其世業係籍寺署兼收乾沒之利府史胥徒疾士大夫如仇思有以窒其隙而蹈其瑕臧獲臣虜倦於役使皆欲跳軀遠迹自爲一家之主辛苦力作之人莫不思華服美食豐屋重騎而厭其治生之艱難未嘗頃刻無探丸輟耕之志也

一人爲吏子弟故舊人人皆有啜汁之心包請之賓車
轍馬跡徧乎四海大吏所過馳馬車轝緜亙數百里旅
次爲之充塞商羈無所容棲不知所載何物也請求之
姦古云暮夜將之舉袖欲有所呈者昭然指以爲名而
賦諸郡國不知所輸何處也侵盜官物古所云死法也
奸黠相語曰但能侵盜盈千百則事雖發露可以不死
何也爲有司者懼一朝決斷則主名無人所負無從出
故留以爲質不知所擬取償者何人也一入仕籍歌童
舞女之翫日陳于前后服帝飾賤若敗菓矣倡優角觝
莫不極華侈窮壯麗東海紫紶南方火毳習若縕袍矣

妖姬豔孽列屋而閒居縹緲煙霧之境綽約阿閣之中祗室翠翹閨房邃宇莫不朝成夕毀務以相競矣減一飯之費可活饑人數十籍一家之財可餉戰士千萬後生小儒焉知仁義以嚮其利者爲有德快意者耳雖有四放之罰猶不畏也儻非或輕或重加以權稱于成法之外有所取舍剟曰其有能祗𤺺哉然所謂輕重者易置其人而已矣未可議及法也法令在理官猶經術在鄉校人材不振非經術之過姦利雖多非法令之疵所當斥去者亂法之人也夫聖人者不擇世而興不易民而治者也不去亂法之人惟求盡善之法雖漢宣爲君

不能陳紀綱雖王猛爲政不能謹無良故人有不善法無不善人可更法不可更也先王立法但舉大綱而損益存乎其人法令有限而治理無窮者以人行法不以法竄人也以人行法雖偶有未善害之所至與其人爲終始法之本善者固自若也後世以不擇之人用有定之法常以私意軼法之外朝廷之上遂多爲之法以防于未然欲使天下不肖苟且之行盡在吾法所及而莫能遁夫先事之揣摩既未必盡乎人之機智而以防姦爲心科條亦不出于中和夫如是滲漏轉多而法果不善矣害之所至乃以其法爲終始不翅以人爲終始矣

是以一時救弊而貽患無窮也故曰人可更法不可更
也且變法之事亦難言矣先王所謂善政不過少取民
財重視民生使失養之人有所依歸而已矣府庫有時
盈虛則以節儉勝之兼使天下務本力農粟不屑越財
不耗斁綱紀有時陵替則以敬慎持之兼使天下脩明
禮制貴賤有等名分不亂習俗有時偏重則以張弛相
之兼使天下鼓舞振作志氣一新風尚丕變循是而往
可以數百年無弊不幸而至于弊乃所行不如古非先
王所遺之法一旦不可行也如是而欲變之先觀人主
之心心純全者政亦純全心偏駁者政亦偏駁心懈弛

者政亦懈弛心繆戾者政亦繆戾故觀其政知其心聞其樂知其德也其次則存乎大臣之學術爲大臣者學識純正事務明達操持堅定才調精敏與天下同其所是則用天下之知而不自用其是與天下異其所是則反復究其不同之端而不咈百姓以從己之是不以我之義理從人之私欲不以我之私欲亂人之義理觀民者所以觀己也省己者所以察民也如精神不貫學術不純凡所造端莫不滲漉徒使威福借于叢神貨利別有囊橐怨謗盈于郊野禍幾發於忽微以爲民實頑梗不足與謀度外之功而不思發端原妄也成法一棄人

自爲心各以智計相禦無復綱紀何有上下如乘敝舟浮江湖離其故處未臻彼境此時暫遇風波不知何以自託也古人之立法也除惡者既去異類猶必謹其界限分別立國者既作綱紀猶必施以脩飾愛護制器者既成模範猶必加以采色文章若此者何也所謂法外意也法外之意不盡在法之中倉卒變法未得其意疏犅之患以次而作行之未久害且倍于前矣更用新法恐益紕繆即欲循其舊章而反復多端如元祐紹聖終不得指歸徒爲小人攻擊君子之蹊隧耳然以人用法非故爲嚴酷也適獲其分而已矣保安善人使不蒙其

害賢者之分也禁伏凶人使不稔其惡不肖之分也使
賢者泰然無事不肖者常若嚴刑在側則法不亂矣使
賢與不賢皆無所恃以不恐則法必亂矣天道福善禍
淫或有未測人主以賞罰贊襄焉則法不亂矣賞罰失
正以禍福俟諸天道則法必亂矣此何可不知治體也
爲治必有定體因天之道用人之性理有定質物有定
位先後有定序煩簡有定宜措置有定勢本末有定務
此爲治之體也天之于物各與以性命卽各賦以至理
先王順四時布令因物理敷教未嘗意決其閒因天之
理也因物之理也參以己意則物理不完多所閒隔治

天下者誠知物理本然則輔掖引導匡正矯拂總以歸于所固然也此因天之道也聖人能一萬物之情以其反觀也反觀吾身四德備焉卽知人之爲性莫不好善聖王不止愛民又使得其天性而有降祥之吉暴君不止虐民又使反其天性而有罹罪之凶此用人之性也皇極之理居數之中故治天下莫尚于中和氣化不齊裁而制之勿使偏嬴形質有限輔而翼之勿使常絀分四時畫九州序百官所以裁氣化之過也用天時因地利厚人倫所以輔形質之不及也此理之定質也使小賢佐大賢不使大賢佐小賢蓋小賢不能無欲而大賢

必無欲使無欲者主持是非則所主無私使有欲者奮其才智則所爲必效才智旣效而君受其成人得所欲共成無欲之治也所減于君身者亦不足給天下而欲減之心有一事之損所益不止一事有一物之省所益不止一物王者竭心思養天下天下勤職業奉王者此物之定位也欲立法度先正人心欲明號令先愼起居欲用刑辟先崇教化欲撥亂興治先使一綱擧而萬目張故正其本者雖若迂緩實易爲力救其末者雖若切至實難爲功此先後之序也郡縣長吏治告訐詰盜賊勸課農桑平均徭役雖有精察監司不可攝也有京尹

畿令伺姦鋤惡則疢傷橫道宰相不必問有治獄令史搜粟都尉各舉其職問之三公不知不爲曠官也等而上之魏明帝欲案事尚書陳矯不從孫權署小吏校事陸遜不欲唐元宗欲自察郎吏姚崇止之宋神宗以吏兼商賈舉朝爭之等而上之書曰厥獄庶慎文王罔敢知于茲此煩簡之宜也紀綱法度必爲數百年之基其自處也動必由義居必由禮不以私智偏見取必于下不以小智小惠掩私已之情市利物之美其論官也有德者貴無德者賤不假借權倖不屑越名器其取民也不奪其耕稼利其貨賂苛以文法以破其稸聚其化俗

也不以輕纖奇巧之物先耕作織紝之器不以輕訬傾覆壞敦朴豈弟之良心其詰奸也振衰剔弊使頑囂革心髖髀畏法雖反經任埶而得事理之中其服遠也脩明政治使順從者安甯叛去者危殆至於六軍電發三年震用人不以爲勞也其立法也不以一事是非傷教化大閑故功有所不可賞刑有所不必用甯旒纊以自蔽勿縱小吏爲耳目總以愛惜防護與衆共存此大閑也故曰去民所爭奚獄之聽兵革不陳奚鼓之鳴此措置之定勢也君者民之本也心者身之本也京邑四方之本也詩書禮樂五常之本也創業垂統孫子百世之

本也器有關鍵繩有樞紐得其要而執之舉一可以挈萬扼其幾而制之卽近可以防遠樞要所在壞尺寸則中絶輕重相衡加銖兩則衡決彼刀鋸日敝奸宄愈多不能去爲惡之原也古之聖王求其本原而治之尊卑之禮日在人心雖有大惡不敢動也道義之事日在天下雖在隱微幽獨不敢欺也至于進退誅賞乃成功之終事爾此本末之定務也此知治體者也若夫仁卽恩也義卽威也聖王在上言仁義而已不言恩威舍仁言恩民有不得其平者矣舍義言威民有不得其欤者矣經常之理所以遠害增一誰何卽撤一藩籬闗者捷徑

卽歲耆周道以設險爲未足重之以銷兵患卽在銷兵之中以懲惡爲未盡加之以詷察禍卽起詷察之吏變風俗者不變其澆薄而變其頹靡則矜激之害作正法度者不正其紀綱而正其緒餘則幻詭之智生格沮罪重謬誤過輕則朝廷之法不可勝易平反有譴羅織無過則民間之罪不可勝誅一大臣進而法一變一大臣去而法一變黜陟必有攻擊更張動踰歲時則立國元氣傷矣國多商賈紅朽之積必薄士多聲名宏濟之業必卑當其所重不重者必輕當其所急不急者必緩必有一時偏重喪終古所常重者矣必有一時偏急喪終

古所常急者矣徹文具而無實事事完備字字虛假天下潰潰而詔書所下計簿所上猶以爲至治之世文具之害也國勢未至陵夷而陵夷之理已具不能安靜敬慎以待氣運之復而朝廷動之于上郡縣動之于下必有力盡而斃之患人心未正法令已密則姦宄益長良直更困禮樂刑政不以教人爲心而爲物采爲威福則上下相欺傾險生焉賞罰失中廷無一言者亾國形也朝有失德邊境晏安者釀亂勢也年穀豐登愁色載路重斂國也法令滋章桴鼓不息賄賂世也又其甚者一代之初司治法者不能與民休息以綏罷敝執治柄者

不能明道興行以厚風俗一切苛繳煩擾矜明察之智拔蠘破柱奮乳虎之威雖居身頗清而貴賤無等鈴閣不嚴威福爲左右所竊威福所在厚利隨之後起者以爲利源在我胡爲假人遂取而自有焉而簠簋不飭矣事雖稍敗文吏方欲執之而奧援甚堅非法所得取實穴不塞遂成蹊隧至于十年生聚十年教訓固不暇講求矣禮樂教化所以養人廉恥之心使知自愛而不犯有司者益不暇脩飭矣重賢德之品省告訐之俗使禁網疏闊民安其業吏愛其下者亦不暇勸課矣湯火之慘暫戢遠大之猷己隳不過一二紀之間天下蕩然綱

維盡裂權譎紛起百孔千瘡坐視而不療拒虎進狼後來者益多間有憂民之言皆以爲貨財所從出力役所由供吾之供億不可乏則彼之性命不可盡胼胝不可傷非有天地生成之心聖賢胞與之念不旋軫而沮于艮限障以豐蔀鮮逮下之澤矣故其爲治也無王者之豈弟而誤認爲姑息舉世縱其威克而姦利愈多利夫釐毫害靡國家而不能勝也蓋由定制之初未及澄清爲治之原也室中不能糞除則道路蕪穢無暇芸治矣婦姑勃谿相稽則鄰家詬誶無假訓敕矣天下之人皆竊藏以爲富胥戕以爲生犯禁以爲勇亂義以爲智則

人主賞罰無由勝其譎詭矣夫木之堅也非雷不能震草之柔也非露不能潤治天下者剛柔張弛焉可不觀天道哉此不知治體者也杜恕曰萬物皆得其體無有不善故其所著書名曰體論蓋愼人能鼓神姦而不知大體知大體者惟方正君子耳人主所與共治舍此誰屬哉爲治之道揆度易而畫一難參衆論則築室道謀矜獨斷則具曰予聖是以難也聖王爲政務使行仁者獲其樂好義者遂其安天下之人皆明道而知性安上而貴已奉法令不拂其情親戚相保不知所歸德下無異志上易捐循通乎盛衰不失厥指而治可畫一也隆

禮義則士有定學用賢才則官有定人重公論則國有定是尊舊章則朝有定制慎賞罰則下有定趨凡長治久安者皆其有定者也凡數動易驚者皆其無定者也有定則民氣恬無定則人情駭民氣恬而國勢安人情駭而君位危君人者就安存而去危殆不使羣情駭亂所謂畫一也府庫足以給班賜品節足以杜淫侈等級足以裁僥倖名位足以任賢德物采足以定經制考課足以勵職業世業足以息姦志清風足以革薄俗生養遂則樂上下定則安賢知進則道行忠信著則士奮祿養厚則吏廉恩倖節則役寡普天之下無愁慘之氣無

傾覆之習無失養之人無遺棄之土朝廷之上不必有非常之功與无妄之福士大夫帶縱垂纓而談者無無稽之論弗詢之謀此畫一之效也人主以寬仁爲心德化爲務寬仁者天地發生氣也刻急者天地陰慘氣也發生之氣乘權風皆和聲律皆和律人居其中樂事生而忘勤苦徃徃慰勞相歡歌詠相答雖有衣帛食肉之須而無竭澤絕流之貪無適不有其太和于時秋也陰慘之氣乘權鷙鳥猛獸競起而害其羣人類之中其勤于治生者亦事網罟畋漁大爲物害以傷天地之和而不謂不仁也夫螘之微也感春氣而出穴鷹之鷙也化

和風而嚶鳴天地仁厚之德潛孚于物如此人君安可務殘忍乎凡法之用非君能自按之不過假手有司立法太嚴必有不當其實之弊誅衆不肖未必懲惡萬一誤及賢者則人心遑惑趨避橫生恥於罹罪不恥欺天莫不飾智以邀名賦斂以行賂高論以誑俗盛氣以立威不踰數月以虛僞欺人主者騈首而徧海內其弊使黠者兎脫朴者雉離所謂明嚴安在乎古者爵不踰德刑不溢罪賞不自賞當其賢而已刑不自刑當其罪而已雖一家之中父子兄弟不相及焉宜若不甚烜赫者然圖賞者勇躍而趨畏罪者恐慄而避不踰德不亂罪

也後世爵人以恩恩必及其家刑人以怒怒亦及其家
或不以恩也誘其鷹犬而光五宗或非所怒也憂其報
復而沈三族是以一家之中賞旣叨竊刑亦參夷其畏
威懷德宜倍往時矣然感恩者不懷服罪者不恥踰其
德溢其罪也小人之道益長長于法網日繁君子之道
益消消于名義不貴兆民安所取則哉凡物之輕重懸
于多寡天下之輕重懸于利害利害所在則重利害所
去則輕本末大小所以相使計一失則本末易操矣君
尊臣卑是以相從權一失則尊卑易位矣以爲爵人之
柄不可下移于是聞其薦引疑謂有私則從而斬之以

爲兩下相訐非人情所樂也于是覩其彈章觀其爰書則曰公爾忘私此懷一偏羣下窺伺顯以爵賞由上潛以威刑由下夫爵祿雖人所趨然有好者有不好者其不好爵者雖日懸官爵于市無由招致至於刑罰則不可堪忍孰不得不求避苟欲避刑無不趨走權門而權門亦持此爲市賢與不賢皆可脅而致之使爲吾用是以君日處其輕臣日操其重惟辟之威默市于虛文之彈章實顯操于可畏之刑戮矣古有大奸雖去而朝廷之權從此盡失者賢否不明誅賞無法漢桓帝晉惠帝是也名爲獨斷而朝廷之埶因是彌輕者旁側出令宰

相不聞宋理宗是也彼聖王者不弛其柄而已矣不在嚴酷也牛馬維婁所以制猛悍也然其爲物一切以柔牽之未聞以剛蓋服以義非服以力也聖王以寬大之政繫屬天下人心使人安于義則亂自不作賜以强教悅安使天下皆居無過之地則刑自不犯天下無不定之志則無不守之法矣天道運而無迹令人可測者誠信而已矣易曰或之者疑之也謂其上不在天下不在田中不在人故疑之疑之者審天人之分不自信其心也非謂設疑待事以不信期天下也聖王戮凶無重賞善無輕恩不中絕教無二可示民不疑也夫當得者曰

分當爲者曰義分也者所受于天所受於君也義也者受于天者爲之以天受于君者爲之以君也自公卿大夫至農工商賈莫不有義莫不有分合于分義者無所用疑也不合于分不合于義直據其事決之何疑之有焉疑積于心賢與不賢皆不得以分義事上而必出于機智機智事人賢者不如不肖之能也與其盡天下疑之何若擇之于先用之于後苟擇之患其不精也何以知疑之失于未當也既不能崇重禮義止爲惡于微渺又不分別淑慝不使爲惡者得至任使之地徒欲人人疑之事事防之疑之深則人無奮志防之密則人有遁

心往往杜絶關通因而至于蔽匿倐忽之間隳其智機
中矣是以上下相伺不知其極也聖王治天下其事不
一類其理皆可通禮樂制度先王所以合天下而使之
偕來來天下而使之族處也黼黻文章不可人人服也
辨其名器則同美態色好言不能使人皆悅也威儀可
象則同敬浮華綺靡有好之者有惡之者示以敦厚則
同趨貨利山積有聚之者則有散之者砥節勵行則其
尊性行不均高卑異致得失相補歸于中和則皆吉情
智深阻嶮于山川銛于矛戟而平易近人則考終志趨
高邁重之者如山輕之者如草而純粹履道則可師凡

可以相通者皆天下之至公也其不能相通者皆天下之至私也至公之理可以行之于此象之于彼萬姓喻焉萬國從焉萬世法焉故貴可通于賤賞可通于罰洒掃庭內可通于弓矢車馬戎兵五服九畿之情可通旃厦山砠水側匹夫匹婦勞苦愉佚可通朝廷之上官署之前前聖之知通乎後世後聖之行通乎前世子孫興替之狀可通于開國之初天地鬼神之心可通于政教號令也如其不然宮庭之內寮寀之間不能通也天下之人生其時服其令者父子兄弟不能通也州里鄉黨不能通也而況上下乎故相通則治不通則亂治安之

日物產豐盈資將充足人情不期而驕侈矣閭里無犯法之民無犬吠之警長吏臥治而興禮樂文章綱紀不期而廢弛矣世臣豪族席累葉之資田園踰制室廬踰制妾媵踰制蒼頭廬兒踰制務此無已以迫促細民細民不期而怨怒矣民間不覩兵革士大夫恥言介冑游惰之人飽食煖衣嬉遊烏集日逐蒱博飲酺以自耗適值之困相從為盜兵戎不期而伏莽矣以天運言之天道五年一變五行相勝以五成也十有三年一變歲星一周也三十年一變天道小成也存亾之數不過三紀歲星三周也十日十二子相配數窮六十以日計者七

日而復以月計者八月而有凶此皆必變之期不獨漢人三七之厄五際之會神在天門災成戊己也天人之變若此雖聖人如之何聖人處此必使上下之情相通無間莫尊于君至無上矣而尚賢莫貴于君至無虞矣而畏民善無微不積若累土成山投秉盈倉惡無小不懼若傷彼桃蟲翻飛維鳥防以止水不潰于渠衝潰于蟻穴虎豹服猛矣係虒不能困者蟣蝨困之天下之事莫不防諸重大壞于忽微此無他皆以有所間隔故至于此聖賢居上能敬居安能戒高而益下勞而益謙盈慮消息如環之無端焉武王王矣衞武公耄矣箴儆之

旨見于詩書皆以通乎上下而使無間也旣無間矣又何疑之有焉有初定之治有盛大之治有中葉之治有衰亂之治天下多難雖有聖人之德不能下逮民間迨削平禍亂則宜平易以親之安靜以息之忠恕所以爲平易也仁厚所以爲安靜也恩澤不如平易震疊不如安靜順民所疾因而更之揣民所鬱從而宣之不以土地所不宜責也不以習俗所不便强也九圍之內小有不正不必急于剗除但持之以靜久當自正此初定天下之治也迨其後也土地旣廣邊防有不周財貨旣豐宿吏多中飽兵革旣盛餉勞亦繁人才旣衆文具益勝

于斯時也邊以不拓爲廣財以不殖爲富兵以不試爲威賢以敦本務實爲寶君相奮志有爲而處之以中處之以常不違衆論而自作此嗣盛大之治也中葉以後官分南北之司民有兵農之別賞雖具而下弗慕罰雖施而人莫懲髖髀之家格有司法令壅蔽之官塞君上聰明深宮荒晏倦勤而好大喜功猶復不戢大臣處外章奏批駁動須復請於斯時也不憚改悔之誠則前此之患可除旁求補救之方則後此之治可久要使天下之柄常在君子不在小人常在政府不在旁側則可數世無患此中葉以後之治也若夫將傾之勢而欲正之

以道孔子墮三都是也不去三桓魯國之事必不可爲不使三桓自墮其都公室之難又將無已孔子于此明君臣之義以正人心脩文武之法以匡亂俗定教化之指以一道術正雅頌之樂以導和氣皆欲喻强禦于道而輔公家以禮舍此不爲則更無可爲者矣此際衰亂之治也四者天下之至理聖人之大用也四治之外更有四要行義以立功去奸以息難忘私以聚人持正以定命何謂行義一怒而安天下則孟津之會不期而至矣辭九夷八蠻之贄則明堂之位舞四荒之樂於門外矣姬姓子弟不狂惑者莫不爲顯諸侯則本支百世下

過其歷矣文王武王有大功于天下行義致之也何謂息難天下之禍先伏於憤之積徐發于義之動內有君側之惡則外有晉陽之甲操大政者除桓靈寶於微則丹徒義旅不因是移晉祚矣置董卓於遠郡則西討之師不因是亂漢室矣無十九年竊位則范陽無偏重而天寶不亂矣不沈溺諫臣激怒强鎮則沙苑之師不敗嗣襄王之難不作矣失之于此害成于彼故曰去奸所以弭亂也何謂忘私人類相聚其道有五先聚己之精神而後人可聚也繩束以名教使有所矜式而後不亂也以道義相終始而後可久也總其大綱貸其末節而

後相安也進而有爲人有士君子之行而後爲同德也最上化之其次勞來之最下者維繫之故曰忘私所以聚人也何謂持正籍天下之兵盡歸朝宁不可爲強括郡縣之利盡入內府不可爲富文法太密事權太分不可張國勢古之聖王至誠待物使四海九州同于翼戴天子不必私武夫爲腹心也京坻之積藏于民間勿割肌膚以奉朽蠹則倉庾之盈流諸不竭矣宏裕坦蕩使賢者得盡其長勿以小謀間大作勿以局外之論操局中之進止則羣策不屈衆志成城矣禮義廉恥以助立國之防爲經制以定天下之心盛德大業以彰三才合

一之理所以爲子孫帝王長久業也故曰持正以定命也四者致治之要也

治本篇第十二

禮樂者治之本也木有本則植無本則撥水有本則行無本則竭故爲治不可不圖其本禮者伯夷所典也樂者后夔所典也典禮之官敬以淸心典樂之官德以育才致治之大莫過于此此之謂本天之生物皆有自然之節文與自然之和適二儀尊卑君臣位定山澤高下貴賤等列此自然之節文也四時啟閉五行生克變化顯設庶物露生此自然之和適也禮樂之指具在人心

先王制禮以節事所以象此心之儀則脩樂以道志所以宣此心之和平心動於微而氣之所應甚速氣應于微而象之所成甚著象成於此物化於彼善惡義利各從其類故君子慎所動於心使中正和平斯須不去其見于外者莫不莊重可敬和易可親所謂氣之應也進觀其行事莫不有善無惡有義無利所謂象之成也人之從事於此莫不有敦厚之俗慈良之行所謂化之行也不以豢腴流湎之養快意適情之私接于口體使神氣昏濁舉動乖張所以平人之性情也又使視聽有主不道于辟邪言詞有物不爽其體要步趨俯仰疾徐磬

折有度有儀所以養人之道心也又使人道相接之頃莊敬而淹雅條達而舒泰聲氣可親精神相嚮不相牴觸不相敖慢所以免人道之患也人之相見必先以揖讓此揖讓之節苟不由中與攘臂何異人於祭祀必將以拜跽此拜跽之節苟不由中與箕踞何異常如此一刻之收斂終身可無放肆常如此一刻之和平終身可無暴戾凡禮之辨樂之節無時不在人身之左右先王未嘗求多于此身之外但教以收斂嚴翼去其繁雜受程內心焉爾天地之間苟無中和之德流行不息兩儀皆失其位況形器乎形器皆倒置矣萬物不得其平況

聲響乎聲響皆暴怒矣迂儒之論迺曰百年後興是何言歟功成治定所以當興禮樂者非但文飾太平也世道平康物采豐盛人生其間必有過量之欲無涯之求故爲禮樂以節之好有節則不淫惡有節則不亂好惡節而王道行異則貴賤有等同則上下相親同異相濟而王道行內和治則無怨外莊敬則不爭怨爭不作而王道行愛則物遂其生敬則物安其分愛敬同乎四海而王道行四者皆善無過禮樂者矣天地有定位四時有定職聖人以有定者自處政之所以有序夫地以訢合爲美四時以代嬗爲美聖人以其美者予人人之所

以治安天不反時地不反物四時不反其序不侵其令聖人明降衷之性以引諸倫常道義塞情欲之竇以善處親戚交遊去爭奪寇攘以免有司之刑辟所以教民也光明徧照象天密固宣通象地盈虛消息不爽其則象四時所以律身也天子以仁義爲行和順爲心大小臣工謹禮奉法不敢踰越成均子弟鄉國俊彥莫不誠信相要成其令器下至閭里小民亦皆敦鄉井之誼重新故之恩無爭鬬忮懻之害男子安士著之業女子歸宧奧之家朝廷官人舍短取長無不盡之才不幸有患難君臣上下莫不自盡其道無苟且偷生者此禮樂之

世也蓋以自然之尊卑治不齊之倫類以自然之和樂治乖戾之性情也故治世之禮不簡不煩而得人道之中亂世之禮不失于縟則失于野矣治世之樂不抗不墜而得太和之氣亂世之樂不失于厲則失于治矣即朝廷之禮樂可知民間憂樂故韓宣觀在魯之書而知周之所以王即民間禮樂可知朝廷治忽故辛有見在野之祭知地之將淪也禮者履也人所以附于地也蹈虛而不蹠實則速蹶容足之外無可託處則速陷禮也者維持人情不使之驕奢塞嗜欲不使之貪禁其奇異不使不衷止其邪慝不使不端保合上下不使至于亂

不毁人以自成用民之力以給公家而不至困敝也防人欲之有餘助義理之不足其相勝也有時君子知其常勝而已矣一身之中有禮則端莊無則鄙賤有禮則凝聚無則散漫有禮則通達無則掩抑有禮則安固無則危殆先殖其內後嚴其外禮之君子也內心傾邪外體莊正禮之小人也先王原人之性則有仁義習之以事則禮樂而已矣見諸身者綢繆浹洽之意藹然可親曲折厚薄淺深充然具足天地鬼神人物暢然畢達此仁之無間也仁得禮而益大也行禮之日貴賤皆有所事均齊方正截然相當行禮之具豐不可溢儉必取備

約防其險美禁其貪此義之裁制也義得禮而有歸也仁如木之有理義如筠之有節木有理故生意流通筠有節故虛中而植立也君子行禮有三事焉祭祀一也辨上下之分二也酬酢親戚交遊三也報本反始不可不祀發號施令不可不辨人類相依不可不酬酢也天子之尊一歲之中天地山川宗廟百神之祀與夫燕享射獵無時無之飲食起居衣服無日無之則行禮之節習而安矣一廷之上宗祀鬼神擯相禮儀之人皆在左右則行禮之心觸目警動矣榱桷几筵籩豆簠簋犧牲醴酪芻槀八音萬舞之具月令皆載申飭省視之期則

行禮之義覩物興思矣朝會之頃天子負斧扆而坐三公九卿贊拜呼名司儀之官執簡立其傍有不如法者執諸仗下勿敢歷位踰階干國之紀四時之田君臣上下相與極追禽逐獸之樂然而尊者取多焉卑者取少焉秩然有序不相亂也營陳之間武夫悍卒莫不知階級不可犯屏營磬折扶服愓息屈體撓腦不言勞鄉閭之内一室獻酬交錯而撰杖進履末之或替閨門族處異宮合食異饌勿使狎恩恃愛入于不敬皆以懽忻悅懌使人我所具之天性流通無間也故禮所以養德也非以養欲也如曰養欲則有禮不如無禮之便也寡欲

不如多欲之娛也如曰養德則生死安危榮辱貴賤莫不由此荀卿之言曰出死要節所以養生輕費用以養財恭儉辭讓以養安禮義文理以養情皆養德也非養欲也又曰貪生者不能養生嗜利者不能養財惰棄者不能養安燕溺者不能養情所以教人防欲非教人養欲也禮也者拂乎情而反乎性者也君子行禮必務儉儉簡則可繼常繼其事則禮存矣儉則物足物不乏用則禮亦存矣彼小人者食飲極欲豊腆嬪御極欲繁多車服極欲都麗儔類相接極欲陵人而上之是以事不可繼物不能給卒歸於廢禮也古人常用之物莫不近

于禮器常行之事莫不近于禮節故樂于行禮無所勉強周衰道微人生其閒樂放肆惡拘檢厭聞禮樂而亟去之雖吳季子北宮文子頗能言其義而諸子之書多詆訾禮樂者甚矣其不洽于末流也秦收六國禮儀歸諸咸陽惟取尊君抑臣凡退讓忠孝之旨棄而不錄至於焚書泯滅盡矣漢興因秦之敝叔孫所制與律令同藏理官既寢而不著又藏之失所學者不能覩其全皆推士禮以及天子曹襃以正禮之故幾致大戮馬融鄭康成無所用其學託諸解經以明義范史美之曰孔書遂明漢章中輟也然而德非聖人所見未必純一且以

專門立教未嘗進于人主之前使有司平其是非又所徵引書皆雜讖緯欲盡信而強解句徵而字辨行世未幾分爲二家凡郊社禘廟冠昏喪祭之儀莫不皆有兩說學者能言二家同異卽爲通儒朝廷不暇別其是非卒兩家並用遂至一歲九郊而其他可知矣文中子之時聞禮于關生見負樵者幾焉正樂於霍生見持竿者幾焉然此事不明于朝廷彼草野之表章安能使天下共由也自茲以往專門之學亦少求詳器數者旣苦繁雜難據相矜臆說者又苦聚訟多疵至于借曲臺之辨爲鉗綱之機一言不合斥而去之更引附合者相助風

斯下矣夫先王之禮雖不盡可考第就經傳所載節目猶存凡後世器用皆可行千聖之道後世節目皆可得古人之心奈何以器物不備輟而弗議使精微之旨久而欲絶不亦深可惜乎雖舉世不行一鄉一邑行之可也鄉邑未必行一家行之可也一身行之可也雖曰名存實亡猶愈名實俱亡故文中子曰如有用我則執此以往也樂之作也必合於律必資於器月令孟春之月律中太簇自此至大呂各司其月蓋一月之中有天地自然之聲若蟲鳥之類有人事之聲若迎寒迎暑之類皆以中乎其月律爲和非是卽不和也其最要者莫如

風聲故曰八風從律治世之徵也若景王以春月鑄戌律是不中也張子曰木律方盛金律不衰亦不中也虞廷教胄子必曰以律合聲不合律呂雖可被諸歌詠不能養人性情欲養性情不可不合律也今律呂之學雖不絕世而器則盡亾不可復得按法求之非高則下故聖人作春秋外災不書成周宣榭火則書傷樂器盡亾娶妻生子雖傳其說而玉尺失傳度量權衡皆非古法雖曰累黍而黍亦何可信後世聰明微巧之士決難意造也竊以世俗聲調雖不合古或雅或鄭尚有能辨者楊子曰中正則雅多哇則鄭中正者舒遲凝重也多哇

者急疾繁媚也樂聲舒遲雅重必生和平之心和氣結而成象必有敦厚之俗慈良之行樂聲急疾繁媚必生淫放之心淫氣結而成象必有悖逆之節侵陵之事後世所好皆繁促而鮮沖和故晉平公曰音無哀於此者乎知其所好姦聲也今世俗之樂及時正之尚有可爲者如郊廟之中所用樂器猶非里巷之器大率皆近於雅樂工頗傳其節奏矣至于樂章則歷代士人所作大抵彷彿雅頌之義古者詔諸瞽宗以訓蒙士今也士大夫間鮮有習其辭者至於朝會燕享民間吉凶之事凡所用樂其器與聲皆不合雅間有樂章亦皆淫哇之音

端士猶且厭聽而況養德乎胡不令太常之官以郊廟樂章進御人主仍須行天下俾俊造莫不周知其他朝會燕享民間吉凶之樂亦令太常更定新詞皆取雅正而寓警戒之意者或即用古詞亦以雅正警戒爲指有當聞人主者亦復奉御餘則頒示天下然後授諸樂工加以轉聲以合于彼之所謂節奏者要必出于舒遲凝重盡屏急疾繁媚使樂工自奏其伎聽者則玩其聲繹其義詞皆雅詞而淫思豔曲不與聲皆雅聲而噍殺促數不與不改今時樂器亦可感人心矣清廟之詩何以使人如見文王乎樂記曰清廟之瑟朱絃而疏越一唱

而三歎有遺音者矣蓋練其絃使聲濁疏其孔使聲遲濁而且遲欲其不亂人聲也不亂人聲故在位者得徧聞詩曰於穆清廟肅雝顯相凡助祭公卿聞此莫不謹其容儀矣詩曰濟濟多士秉文之德凡百執事聞此莫不一其心志矣儀容謹乎外心志一乎中所以會見文王者如復見也以此推之鄭衛之詩曰奏于前所聞者芍藥之贈所思者彤管之貽有不淫惑其志放縱其欲者乎漢武帝命詞臣作天地百神之歌獨舉神靈肸蠁杳冥幻詭之狀與三夏之旨徑庭遠甚前此賈誼仲舒惓惓以興禮樂教化爲言而所興止此是以雅樂遂絕

也子夏論樂取其可以語可與道古班固曰聞其聲而德和省其詩而志正論其數而法立以此觀之未有不解其義而能感者也武帝作十九章通經之士不能獨知其詞者皆集會五經家相與講習讀之以此觀之士大夫安可不知朝廷所奏之樂章也屈原九歌猶是楚人之聲而易以原詞以此觀之里巷之聲何嘗不可詠莊士之詞也不暫用此法雖得當代大賢旣諳古尺又審中聲據獨得之解以爲器而樂工不習其節天下罕聞其義朝會燕享昏喪祭祀之間豈能有所感發乎行之不熟終歸絕響矣夫音聲者志氣之動也所以治亂

相隨哀樂相應舜歌南風爲生長之音是以天下大治萬國驩焉紂歌北鄙爲迫隘之音故萬國殊心天下亂也故樂不可妄作不可妄聽也好悲音者必將有悲好哀音者必將有哀好猛厲之音者必有戎事好姚治之音者必有女亂惟好雅音則天下之治徵矣季子觀樂就音節間知先此所由來與後此所由往皆以扶持政教歸于中和乃宰輔燮理之才非儒者博物之智也樂者喜樂之事易至于淫故太史作樂書以虞帝敕幾成王訪落起義蓋謂所處安佚而思則瞿勞亨者膏澤而歌詠則勤苦也季子於四代之外郎不敢請不欲觀淫

樂也此其人皆得性情之正故可與言樂也

繹志卷五終

繹志卷六

竟陵石莊胡承諾譔

任賢篇第十三

聖王之有用舍所以變化人才不但澄清流品意在澄清則綜核之念多於愛養官常雖勵僥倖者亦叨竊其閒意在愛養者長育之指既切名實之辨自著賢者無不遂之志不肖有改悔之益聖人甄陶天下使有成德由此道也用賢以興治也養賢以待用也非篤好出于至誠詎未成而養之乎求木于山非終歳之條枚也取道於遠非免乳之駒犢也求士於國非邂逅之相從也

卷曲之木加以檃括則中匠石之繩泛駕之馬閑以輿衞則堪六校之用跅弛之士養以道義則有君子之德先王謹異端之教專其業也禁奇淫之好一其心也厲廉恥之防厚其節也時勸戒之令宣其功也昔之人士所以多於後世者以其養之者素有此具也宣王思文武之德上天佑之爲生賢佐然則人才之生在乎人主加之意爾人主敬士之心達諸天人士雖不盡用而可敬者必多人主愛士之心達諸天人士雖不盡用而可愛者必多推而放之或慢易焉猜疑焉摧折焉其時山川所產二氣所毓亦必以庸才應之以供其慢易猜疑

摧折之具所以戰國之末士所操持既不足當聖主之用君之用賢亦大異乎先王之心三光五岳之氣分而不完是以人才日下而不振也傳曰物有其官官脩其方朝夕思之其物乃至若泯棄之物乃坻伏鬱堙不育不其然乎人主所據以進退天下士者舉朝清議也吏部資序也清議者黜陟之本資序者除授之次盡取清議士大夫之間更相援引更相排擊朋黨之風成於歲月固不可也盡按資序則隨牒與鋭進不同好也鑿坯與叩角不同行也志伊與微管不同心也亦不可也故清議資序不盡可據要在人主善操之延訪公議於資

序相近之中謹持獨斷於公議不爽之後庶乎持清議者不爲怨仇所中循資序者不爲庸流所竊也從來流品難清其説有二附要津者則曰唐以明揚周以推讓專任銓軸何異聖書況耳目有限未易周知邑狀故存竟爲文具其説急欲得天下奇士而循牒推移恐售庸賈怠循職分者則曰虞咨百揆宰統百官輒假推轂徒增壟斷況識面呈身埶難特立養交曲譽情易阿私其説重歷官資序而驟遷亟用恐奔競多矣此今昔所共疑也夫天下之才不甚難知也人主不能盡擇天下宜擇大吏任之范仲淹曰滚於正道有憂天下之心者可

備輔相精于經術通聖人之指者可備顧問正色敢言有端士之操者可備諫諍能言方略有烈士之風者可備將帥唐虞建官內則百揆四岳外則州牧侯伯四海之大不必建官百人遂可為治固知惟百皆大吏也文王之詩予曰有疏附予曰有先後予曰有奔走予曰有禦侮此亦言大吏也觀人之德量觀之以禮安禮之節達禮之意斯脩士已求人之才智試之以事識足應變知可與權斯通才已安燕而志不惰窳必不為寵利所惑險阻而神不陵遽必不為死生所撼覲見之日人人別進不過賜數刻之對加以密意誘諭使言而性情所

以學問所得才識所優志趨所向皆可知矣大吏簡在
帝心參佐得自辟召此任人之法也有賢不能無奸猶有陽不能無陰有晝不能無夜有劾不能無舉猶東西相對不可相遺左右相須不可相貸也聖賢爲治有以舉佐劾者有以劾佐舉者有舉劾並用不偏廢者舜有天下舉臯陶湯有天下舉伊尹不仁者遠此以舉佐劾者也孔子用于魯七日而行兩觀之誅此以劾佐舉者也臧文仲教事君之禮有禮者事之如孝子之養父母無禮者誅之如鷹鸇之逐鳥雀此舉劾並用不偏廢者也有舉無劾有劾無舉其道爲偏勝車偏勝則覆舟偏

勝則膠衡偏勝則墜體偏勝則枯聖王之治未有偏勝者也患其難精遂罷止薦舉獨存參劾夫薦舉固有私矣參劾豈無私乎以爲通請求也前乎此者有謝薦之金錢後乎此者有免參之輸納希榮不如畏禍其請求孰多而孰少也以爲植權勢也謝恩私門者呴嘔相引固若子若弟以衞父兄漏網吞舟者成敗相依亦爲手爲足抵扞頭目以權勢論孰微而孰熾也人臣事君志在舉賢者不必有進賢之賞其心自樂於揚善志在黨貨者不畏連坐之罰心常果於行私況乎中渠以後賂賄通行欲官者操斂財之權旣假以行賂之具欲賂者

持官人之柄又開以鬻爵之門所謂欲璽者制地欲地者制璽地有盡而制無窮也天下之士莫不趨走掾曹各以所欲爲市浮競居前捷足爭先苟非盧毓許允末如之何謂可絕私門杜倖端不亦誣乎夫用賢則相接以道防姦則相馭以法法可爲治亦可爲亂今夫一市之中所操以持平輕重多寡者衡量而已矣此衡量者莫非聖王之法而市儈所以欺人豐取刻與卽此衡量也故持法不得其人則以其法刻下還以其法罔上不待更操他術以刻下罔上也秦人防姦之法可謂密矣何以指鹿爲馬之事偏在秦廷蓋惟猜防愈嚴是以蒙

蔽愈深蒙蔽之害甚于廢弛廢弛雖多法度猶在一振舉焉卽可雷厲風行蒙蔽成蹊法度已壞卽有雷風皆助爲姦之威耳夫立國者法也行法者人也不爭一時之利而圖千載之安者聖人之良法不計一身之榮而圖四海之治者天下之良士鴻鵠惜其羽翼所以濟摩空之志也船人護其維楫所以禦陽侯之波也執刑辟以馭下則士之好禮者不至不以古道相求則士之古處者不榮祿矣必也得賢士任之寬以文法而能盡其舉措之職則無弊之道也天之生賢不獨給人主之用亦以大慰天下之心使天地不至虛生則人主亦不憂

足用周之季世大夫能以刑政治其邑淫奔之俗畏而歌之大車之詩至今稱焉凡聖賢愚不肖皆在天地之閒特有顯見伏藏之異聖帝明王能使聖賢顯著愚不肖伏藏所以大治中君庸相使聖賢伏藏愚不肖顯揚所以基亂舜舉十六族而天下治當時在位之賢必不止十六族也殷紂之時箕子比干身死亾而道不用當時不得志而死者亦必不止箕子比干也非天地生才有所不足其用之者異也賢主用人取所長而略所短則天下無棄人以小賢佐大賢不以大賢佐小賢則天下之士皆勝任衆人各具一才者分任以事奏功則同

一事必集眾才者各盡所長成事若一取之不限以數用之不違其時使天下之士輻湊闕下不厭其多不宜并兼位署捐減廩餼以爲汰去冗食也三年報政再書上考於輯瑞之日舉諸州縣之中擢居青瑣丹陛之側使遠方小吏隱然具鳳池之望席珍自許不以脂澤薦嘉璧不宜循牒推遷僅然後得久挫刀筆之吏文老郎署之間也及瓜而代必信其期員缺不足則致政而待命不可久據所部煬竈居前使在後之人悵望遠次莫能進也人才本不多而立法以裁其多任使不求其當而立法以責其未當嚴于公選之途寬于私門之市或

以容悅或以恩倖或以巧僞或以貨利人人各遂其欲得之願其不及此者莫不有公事之責私請之困蜚語之誅傾陷之恫比黨之疑摘抉之愆黮闇之中通衢之榜甚且有狙擊之傷漢成帝甯輯檻而不用朱雲魯宣公甯藏罟而不能寘里革於側甚矣用賢之難也故曰聆德前世淸視在下鑑莫近於斯矣人君之道莫大乎任相君能任相則事簡神淸以其餘力潛心先王之訓而德益懋矣夫所云賢相者具天地之德存天地之心其爲人也朝端之士容貌詞氣議論文章莫不有益於世爲人上者或因彌違補闕而眷顧已重或見其朴直

忠懇而相得益淡或始進甚難久則如鳴鶴之和皆以物色於平日決用于臨軒方其未得也若參以近習一言其人必爲近習用矣參以宮闈一言其人必爲宮闈用矣既得之矣優以虛禮不推以至誠問其職則坐而論道問其情則效趨走之勤防細誤之失校文案之疏虞衆議之奪憂羣小之慍憚危機之蹶使左右小臣自旌爲可任驅策而宰相之埶輕左右之埶重矣患其埶重又察公論於外廷夫外廷之論豈能越左右而至前就使一至甘苦又不相入惟進熟浸潤則入之名爲以外廷制左右實則以左右道外廷耳於是重者彌重輕

者亦借力于重豈止尚書之平操于百石之吏哉自古在昔宰相不賢而亂天下者有矣未有政不關宰相而天下治者也古執政之臣有參任者有專任者虞之百揆一人而總百僚之事周之二公分陝而居一相處乎內雖有三公之名皆專任也漢武帝惡公孫賀乘高埶而爲邪下詔分丞相長史爲兩府以待天下遠方之選參任之端已萌芽于此時其後肅宗懲林甫之專遂命宰相分日直事陸贄爲相一時四公旬以一人秉筆趙普恩替始詔兩參政更番知印押班而參任之法成矣蓋嘗論之專任可立功其弊也大臣太重而有竊位固

重之患參任可防姦其弊也大臣太輕而有數危易動之憂且也同居政事之堂有並峙之勢權重者方且徇眾人之欲以樹私權輕者常欲合天下之爭以徼重如此則政令偏私者多矣不幸一奸當道朝臣靡然應之發言盈庭無敢執其咎雖有參酌之名其實并爲一喙稍有異同卽時斥去不得在密勿然則參任之法適足撓賢于防奸無與漢之賢宰率多成功宋之賢宰率多撓敗尤較著者也古者建官有分職有聯事有副貳有僚屬蓋彼此相維所以抑偏重也故古有聯事而無參任今欲防專任之私卽當重聯事之典請言其效朱盧

侯既殺呂產謁者持節勞之章欲奪節謁者不與章不能奪也昭帝時殿中夜驚霍光調符璽郎郎按劍曰臣頭可得璽不可得也二小臣不失守器雖曰將相倉皇尚不能奪何變之敢圖夫以一相總其成六卿分職治之是六人參任也主斷者期于兼資分職者各求自盡和衷共濟不謂臂之使指論難違覆豈云意輕丞相夫何權重足虞乎故曰省官不如清入仕之途參任不如重聯事之義任使之良法也任人之法不可舍德而先才有才者必至于貪不可舍行而信言能言者必至于誕雖有千里之馬而不服銜勒猶無用也雖有才智之

士不重道義猶無能也謀私而不謀公奉身而不奉上念子孫而不念民庶此偏才小智之所患也王孫圉言寶賢是矣然以聖能制義賢能舉典與金玉珠龜並稱猶未知尊賢也齊宣王言寶臣是矣所言闢地守境折衝御寇不及謨謀廟堂論道宏化猶未知取賢也漢武鄙夷中才欲得跅弛之士立非常之功故得之則爲張騫堂邑失之則爲主父偃江充由其所好偏駁不可訓也古之賢君必求耆耇而敬任之遴馮翼孝德之士與其游處則無此過矣夫舉賢之事有甚難者士之受舉於人亦有甚難者倘人主不相信見爲有私而後舉之

功名之士甯避植私之名不辭蔽賢之愧故功名之士不復舉賢矣人主不相信見爲有求而後得之耿介之士貧賤何所不安乞榮何以自立故耿介之士不肯受人舉矣此之不舉彼之不受賢者何由至哉用人有法以義致之不以利致之以義用之不以利用之以義致之者習以千載之道課以千秋之業不以功利誇詐喪其本質以義用之者尊貴焉以道德器使焉以才能不取便辟巧媚道諛遂非而舍所學也必安貧者然後予以可富之資必安賤者然後授以可貴之符以其厲廉恥故可處貴節嗜欲故可處富也蓋以撟人情所私使

必出于至公至公而後可任天下事也論事之人即任事之人故有一定之成敗即有一定之是非國是既正事功因之以奏若論事任事各爲一人操議論者無所責成守其偏見多所陳說以亂滿朝之聽任職事者含事理機宜奉他人成規張弛緩急悉爲牽制以能言之口掣任事之肘非人主之利也賢者有難進有難合兼此二難故長爲農夫以沒世人主有難遇有難孚兼此二難常忡乎不安脈脈乎病其難畜也且人才盛衰在氣氣振雖少亦盛氣索雖多亦衰一代之初人才豈必加衆常覺不可勝用者氣盛故也一代將衰人才豈必

加少常覺不足于用者氣衰故也氣也者人主大臣之所養也其摧折也人主大臣之所傷也下之事上常苦不行所學上之于下常苦不從所好一堂之上常有萬里之遥其氣曷由盛乎杜恕曰以爲天下之選而不盡其力不可謂能使人若非天下之選然旣授以官矣亦不可謂能官人也後世作事無本知求治而不知正君知規過而不知養德用人不以有德相求待用者亦不以有德自處武斷嚴酷便辟側媚傾險淺陷黷貨斂怨者用之稽古樂道公直豈弟者不用也至于綱紀盡蕩帝命不固歎瞻烏者不知誰屋問鼎者雖重亦輕不

亦危乎君之用賢不可一法求也賢之生世道隆則入邇故動默由己得以遐棲時屯則情危故乘縋盛橐以拯險隘無論在朝在野皆當留心世道非曰高蹈遠引遂可頹然自放者故蠱之上九置身事外食其潔不改其操雖無匪躬之勞綽有訓俗之益周公繫易以爲亦幹蠱之助也後世銓除無法或以人眾多官或以官寡棄賢胡不開山林一途以處恬澹之士得以予告而歸投劾而去庶幾卷舒義明而銓選之途亦不憂其壅滯此用賢之一道也武王養育人才遺數世之用由其中心安仁故所發者深而爲謀遠故人主用世臣亦自有

法天下之大惡用蕭曹故人使有定之人居必得之官前此之舊恩植權之柄也後此之加授操柄之資也不過十餘年人情營私雜然並出又使其子弟爲卿甚有錄父使子者有代父從政者樞要盡滿童昏競進春秋世卿所由來也任子之制與古之世官相似先代立法以此處中才非以優大賢故常限其所至姑使得世其家不與齊民同徭役亦不與俊選競賢能宋祖宗之時大臣子弟不受內外華要之職則此義猶在也亦用賢之一道也高歡知侯景必亂河南又知慕容紹宗必能制之故歡秉政之時獨舍紹宗不用而遺其子文宣用

之蓋有才之臣必不彌縫宫闈二心儲副諂事寵嬖若其身見庸于上而此三輩蓄憾於下一朝任閫外之事其蓄憾者皆媒孽者也未及柄用使在旁在側若不知有此人然後可藏器於身以待事會之至則無阻撓者矣亦用賢一道也唐虞之時大臣授官莫不推讓後世庶官初除亦通表上聞謂之謝章謝章之意非但自處不競亦欲朝廷之上聞其人而籍之苟有銓補因卽其人用之亦用賢一道也君子之心甚公天下之人無不可與同進是以必怨而常見人所長小人之心甚私天下之人莫不有防于我是以必刻而常見人所短故愛

才者必惜其短知人者必盡其長小人之才亦有可用者因其偏長而小任之則不棄矣亦用賢一道也凡用賢者善儲蓄是一法如宋人所云儲宰執於侍從臺諫儲侍從臺諫於卿監郎官以江面通判爲幕府郡守之儲以江面郡守爲閫帥之儲是也重氣節是一法如陳俊卿所云氣節者有小過亦當容之邪佞者甚有才當察之是也不枉其才是一法如宣帝知龔勝非撥煩吏故罷右扶風之命復還侍從是也不驟授大位是一法如韓琦言蘇軾遠大器要在朝廷培養之使天下畏慕降伏其人亦老其才而大其施是也開負犯自新是一

法如張說范仲淹所請是也以小事觀大用是一法如郗超觀謝元以屐履當任知必克敵劉惔觀桓溫蒱博不必得則不爲知必取國也善用人者參以諸法天下無遺才矣

去邪篇第十四

君子小人之消長如人心之有善惡用物之有水火非能舉此以勝彼但能積此以化彼耳善之所以勝惡者非事事與惡爲敵而勝之也積道義嚴非辟使不善之端無由入則善常勝矣水之所以勝火者非與火爲搏而勝之也積水潦具綆缶火欲然而水已至斯不爲害

矣君子所以勝小人者非以君子扼小人之吭而勝之也積衆正于朝以禮義相師讓小人之技無所容其間則君子常勝矣善惡相戰於中善常不勝惡火熾而求水水常不勝火小人既進而以君子去之君子常不勝小人此必然之理也解之六三何以曰負且乘致寇至也蓋天下有難竊位者多至於難解之時此屬已據上位若不知戒不復汰除則此屬所行更足致禍亂是以知寇且至也故天下已定不可不清入仕之途古有大患雖去而朝士之氣不甚振揚者途徑未清後患又發若桓敬之武三思也夫大風之行毀壞器物所在皆成

蹊隧故詩以比貪人之敗類言必有所壞如大風之有隧也小人所壞其禍不一凡天下之人心人主之紀綱先王之道義聖賢之學術同列之功名皆其所必壞也不獨壞其條目兼亦壞其根本雖小人之身已去而所壞猶存不至土崩魚爛其禍未已兼以性情無常語言不信使正人不樂近則不肖之心生于中而不自知日積月累其智益工其心益肆瞷然不知仁義之途而任其荼毒無復疑畏雖其黨亦不能保其初終而欲除之以自免其人亦不自安夫肘腋而欲先之以袪患是以至於積釁而遞相隕喪匪直敗人亦復自敗其類如芮

良夫所云也凡小人始進其志未有卽爲惡者詩曰山有嘉卉侯栗侯梅廢爲殘賊莫知其尤在位者自興賢而來皆嘉卉也變爲殘賊則政教之衰也人主爲憸佞所誤其下猶有可冀也冀一旦知其情狀則決去之矣無如鉗固旣堅使人主雖知其奸綢繆愛戀低徊而不忍決雖屈于正論而決去亦不甚力蓋其道諛薰染又有在巧言令色之外者固非一法所能破也亦有治亂之幾所爭甚微適有小人處于其間用其私意微逞一時之志大壞天下之防此防一壞不可復捷雖其人自以身當其衝而束手莫救矣當幾之際盈庭方爭而似

是兩可之言竊發其間似是則近於可行兩可則在事之人皆無怍是以言發而靡然從之者衆亦不暇深慮其究竟此其人但以先亂國是爲媒而投間抵隙不竊國柄不已當事之人不能隨才器使以要錐刀之勤而欲參用邪正以平傷心之恨曾不旋踵而邪氣遂熾正氣益微傾圮潰裂而不可藥矣君子雖壁立萬仞潛爲小人所附託好惡取舍不免默相牽縻未必遂其百鍊之剛而毅然出羣疑之上以信厥志矣自古小人進用幾人以攻擊去位者哉皆奸詭既多彌縫不及而自敗耳否則時局已更乘權者進代謝者退不可久留爾否

則碩果將復剝廬不可逃爾以臣主之權竟不能斥一奸回而必俟其自敗然則郭父老之所陳齊桓公之所歎不亦多乎小人欲掎君子不必露攻擊之形以其身樹敵也借他人謠詠以搖撼之撼之不去又明示穽擭以追蹙之節廉者必自好則以不潔之迹汙之慎重者必自疑則以疑似之端誤之知毒害不可妄加則以詭侮微罔之知謗訕不可相涴則以譽諛巧傷之知激之適成其名則故爲不校以潛滅之俯仰前卻之間莫不仇機毒矢以相激射是以帝舜之言曰朕堲讒說殄行震驚朕師蓋一人變亂是非舉朝之士莫不震動故舜

有四放之刑也漢元帝曰俗人造端作基非議詆欺或引幽隱非所宜明意疑以類欲以陷之朕迫于俗不得專心元帝知此猶聽利口以害師傅甚矣中才之君引咎尚易決斷甚難也大抵小人之于君子不必事事得志也但使出乎我而加乎彼者惡聲醜言散在人世口耳間不令一日間歇不令一處滲漏日積月累自爾綢羅密而傾陷深必有一人焉援其說以相戕皆始禍者得志之日也豈必蔽公隱良毀信廢忠在耳目之前使人得而指擿乎彼君子者何以禦之亦惟自脩而已詩曰肆不殄厥慍亦不隕厥問橫逆增加然後脩省畏懼

動心忍性增益預防而義理生焉道德成焉怨仇之益與師友等矣況天之所助順也人之所助信也此獲天人之助彼爲天人所惡未先自敗矣焉能敗人此又理之必可恃者也爲人主者何可無法處此詩曰舍旃舍旃苟亦無然人之爲言胡得焉又曰君子如怒亂庶遄沮君子如祉亂庶遄已此二詩者人主堲讒之法具焉宋伊戾欲敗太子坎用牲于野加書徵之騁而告公曰太子將爲亂既與楚客盟矣公囚太子太子自殺徐聞其無罪也乃烹伊戾宋高宗初相李綱顏岐沮之猥云綱爲金人所惡不可大用高宗笑曰如朕之立恐亦非

金人所喜也伊戾之事遲疑以臨之則敗宋公不察而遽怒非柔茹之旨也顏歧之事震怒以加之則懲高宗不怒而優容非巧言之義也是以不能勝讒也草野之士欲去大位之奸雖所持者正未有能勝者先事而隕者有之矣亦有操可爲之埶剛忿見于面曰機事不密使小人先發指畫未定此身已及者有之矣又有當搏擊之任指佞觸邪乃其職事然動於有我之私而不能自克淡求萬全之策而當機不斷展轉顧慮旁皇自失終亦必敗者有之矣最可患者初與君子共事已而欲自專其功顧其旁有分功者反內自相疑疑生于內藩

撤于外矣否則屈于公義而非其心之所安心戰於內迹亂于外矣古之君子往往欲去小人迄于不能勝反爲所傷大率由是夫亂人以僥幸爲利譬物之偏重必速離敗其理可克也耽於逸樂必不知戒伺其燕遊狎昵之頃而制其命其機可掎也其去之也無爲過激之論對仗而彈者實當其罪以服其心勿矜獨斷之智必求助于衆賢不必盡與密謀但使吾道旣昌則彼氣必燯不求處乎權要之地以當衝激之怒優游事外視之以無能而天下大勢默操其鍵幸而機事可圖尙不妨陽與之合以入其胸腹埶藉已成固已蹈踐其背掀翻

其屆矣亦有中正坦夷不爲過峻之行而奸人之雄決去于談笑之間斥逐于指顧之際士大夫嘉其有謀天下服其安靜機權尤不可及也其或小人之埶必不可過賢者處此不矜君子之名不與君子偕進介然以有用之身立于物表以防異日稍有變更扶持調護得以爲之道地不使身在事中莫能相救也及其未至激作畢紘綱而收羅之冀其扳援依附或爲吾用至于狂悖不返譬如驅猛獸者絕飛走之路不若開逸出之門彼得生路于望外或不至死于紘中若縱之使前御之無法德不足以懷來威不足以震讋信彼革面忠我城府

不幸處近君之位受害尤烈其餘間遠者亦皆惕然後出危然後安未可謂盡善也易曰大壯利貞大者正也正大而天地之情可見矣蓋君子持權小人失埶此極盛之時爲君子者必正道自處不以此之盛陵彼之衰然後保其常壯也元祐之事人主幼沖聖母臨朝執政之臣適得賢者以大壯之理論之宜乎非禮弗履自勝之謂强乃爾時士大夫莫不競起圖進人人皆有大用之心比黨之譏遂發於同類使小人斥而數之曰是匿情求名者亦與我同行乎何所讓而不共逞焉是則衆君子者不能以正自處深有愧于大壯之理也謙之爲

卦柔順爲外止足爲內柔順者不以纖介之忿而裂其背止足者不以纖微之利而動於欲柔順則喜怒有常止足則進退有命不可以吾道方否遂懷幸進之心不可以吾道方亨遂不爲艱難之慮草野之士未相聞者不憚勤于訪問朝端之上好于我者苟有大過亦當決絕自受職居官以至燕游講習莫不交相勸勉從事敬慎勿使吾身有不直之譽勿使一人有內省之疚即彼黨之中願求依附但不受其佞悅亦不過爲鄙棄以天命自度道義相接而藩籬已峻矣此皆柔順止足君子自處之道也

大臣篇第十五

人主撫有四海獨任一相故爲相者天下一身則不私其身天下一家則不私其家不私其身不私其家則不有其才能不有其才能則不有其埶位可知也不在羽翼朝廷潤色名教要以知大體無他技舉職業持紀綱斯稱其任也上順天子而致諸有道下順民生而使各足以明德格天地以勤勞奠四方以和敬迪治平以恭儉訓主德以謹信倡後人以惇大開上意以忠厚革士風此之謂知大體財以足民爲富兵以薄伐爲威刑以緩死爲恩仕以驟進爲恥其爲德也惟誠與一誠則能

動物一則能成物也此之謂無他技披四方之圖受天下之計條其綱紀而盈縮焉齊其法度而整頓焉使民間清靜甯一雖在瀰扆之側如馳傳而周海內思患預防措社稷於無傾之地此之謂舉職業言動嚬笑係天下輕重浮薄矯僞雖貴必黜忠勤木訥雖賤必敬邀走容悅雖埶必折疏遠掩抑雖微必眷不爲親屬求恩澤不以私意作輕重此之謂持紀綱而最重者莫如輔養君德誦述祖宗格言善政動人主聰聽之心所以養德也說命之憲天召公之敬德周公之陳稼穡戒遊盤亦所以養德也然欲輔君德當先自植其德德也者庸言

之信庸行之謹去欲必盡其力擇善必固其守學問有餘而器量宏深以至誠待人而宅心仁厚此德之本也貴寵盛而持以恭信愛篤而將以順委任專而守法彌謹絕嫌去疑而不敢忽深慮曲防而不敢疏勤勞儆恪而不敢怠應辯敏給不敢先人任重舉力不敢言功輔賢彌縫而藏諸用受職則盡其事失職則去其官願望不賒營措不溢行義而過其君猶自抑損示不敢專也此德之用也嗟乎大位難居大任難勝大鈞難挈大旆難持必其能爲大賢而後天下歸德焉否則近于柔悅斯爲佞矣近于矯情斯爲僞矣近於不曠斯爲褊矣近

于不達斯爲戾矣近于不讓斯爲愎矣近于不節斯爲僭矣近于不交斯爲鄙矣未有能中立者能中立者又未免持寵誤國之譏張禹胡廣之刺也甚矣其難也彼佐天子治天下者其道有二以天下智能爲己智能也以天下安危爲己安危也知能之集在乎用賢小人衆而君子獨無以成正君之功也君子疏而小人密無以爲養德之助也古大臣之好賢也車馬旌旄日陳於郊野求賢者而式閭焉爲之衣以宜之爲之室以居之爲之粲以授之其用賢也近不失親遠不失舉不遺微賤不薄新知咨諏訪問於雅素之中參伍較量於器使之

日延見者孰則推擇必精貯蓄者豫則位署必當無營置後進使有歸戴之念則抗志勵行者無所嫌而不來無植黨怙權之私則愛憎取舍無所眩而不淆昔周公制禮作樂輔翼者衆也子產善爲詞命擇能而使也趙武絕其請屬至公之心也祁奚忘其黨仇忠益之廣也彼數公者作人之志爲國之誠不容自已樂與同道卽樂與同事其天性然也其職分然也張九齡謂姚崇曰君侯職相國之重持用人之權彼淺中弱植之徒已延頸企踵而至諂親戚以求容媚賓客以取譽乃知大臣之門邪正皆在一失所比與小人作緣雖不爲大害然

好惡用舍必有默受其牽持而不自知者此賢者所不免也況乎讒謟面諛以搖蕩耳目勞惑心志乎尤可慮者宰相每行一事必有數輩因緣依附以爲進身之資所以舉事不當衆所同憂相臣亦欲改過而此數輩挾持甚力至于牢不可破亦賢者所不免也又況導引假借冀其出力以搏擊異己乎然謝絕賓客有中心之誠有矯枉之迹古者宰相當國不禁賓游使賢者往往集焉蘧子訪申叔曹參舍蓋公宰相之門安得如是之客數見不鮮者後世中才之相白麻未下門已扃鐍天下至理古今亘法何由至于耳目之前乎且閉門謝客適

足遠高士耳彼望影星奔藉響川騖者非扃門所能止也是以雖絕故舊之迹拒攝齎之賓而懸管排闥自有其人相業之陋往往由此必也見士於素不厭其多取士以器必適於用是謂以天下智能爲己智能也安危之道在乎以天下爲心大功大業不必吾身居之但付授得人指蹤有法猶在己也長于謀者不必居成事之功長于斷者不必矜始事之籌德同則心同心同則功同始不自始以善終爲始終不自終以成始爲終相異適以相濟也相繼適以相延也當危疑緩急之際有所豎忍持重而不可奪者則人主不因喜怒遂成過舉矣

天下利病小臣不敢言者時爲陳說使人主知天下之患不盡小臣所言則慮患之心常密求言之志益切矣國有大難冒死以衛社稷雖探虎穴入驪淵登子反之牀蹈葛羅之壘猶不辭也則四郊多壘之曰少矣愼選端人直士以爲給事御史則謇諤之風不必以身親之而嚮直有素矣以王道致主而功之小者不以竟其局以天德律身而事之微者不以動其心譬若星之拱極輻之支輪與其主相須爲用而不可偏離矣若夫諫官者人主之耳目宰相之藥石也彼方厲其風采此亦藉以聞過扶助翼道皆可相助爲理必欲攻擊若水火去

者不服畱者不安積釁蓄憾兩敗之道也奉臺諫風旨不可也避風旨之奉而折其角趾可乎爲宰相私人不可也畏私人之名而肆其攻詆可乎必也臺諫不侵宰執之權宰執不塞臺諫之口合異同爲一家節水火于一器然後忠于所事也此待臺諫之道也參署之制自昔而已然矣雖周召之聖猶必同心輔政然後鳴鳥聞於郊是以周公雖封少昊之墟命元子就國終其身不之魯欲天下一乎周也召公欲去周公懇懇致其挽畱故杜鄴曰周召忠以相輔義以相匡同己之尊等己之親雖在階檻俎豆之間其於爲國折衝厭亂固已遠矣

後世政府執陵岡不隙末拔劍以逐者惟恐不厲褻裳而去者惟恐不速端溪之事又漸不敢多讓步巨之壘將造航海之裝所稱賢者處此亦未免恤已淡於恤物憂禍多于憂邦所謂和衷者不過以酒解醒抱薪救火重情面而輕國是何嘗思君臣之義顧置參之指乎周召而後武侯二敎史稱公誠之心形于文墨足以補益當世此待參署之道也天下之事皆相臣之事不如羣僚百司以職事爲官守也自顧其身爲百執事歟則當勤謹以受事計功而賦食功成歸諸其長不敢自專也自顧其身爲宰臣歟則當量度羣才詳觀衆志智足絕

羣疑必求助天下以益其智力足戡重任必求助天下以益其能非我無以成而非我有成也任法以裁惡先爲法受惡也此待百司庶府之道也是謂以天下安危爲己安危也君臣之道德業相成得失相依臣之豈弟君之惠澤也臣之果毅君之折衝也臣之忠信君之端誠也臣之靖共君之敬畏也臣之勞勩君之憂勤也臣之抗直君之聽受也臣之寬大君之仁寬也臣之節儉君之損約也匪直歸美於君其相與爲一體然也臣之朋比君之偏黨也臣之傾邪君之昏亂也臣之侈汰君之縱恣也臣之佞諛君之柔暗也臣之貪墨君之聚斂

也臣之讒譖君之狐疑也臣之掊克君之慘毒也匪直歸惡於君亦相與爲一體然也觀秦醫之言君之疾必及於臣迷復之義臣之凶必及於君故君德之盛者澤必及臣臣罪之重者害亦累君也有霍光受遺負圖主雖窮兵黷武後嗣不殆矣有諸葛亮鞠躬盡瘁主雖昏懦疆圉不蹙矣有溫嶠陶侃以持軍旅主雖幼弱寇伏其誅矣有謝安王坦之同心輔政主雖荒晏師徒不衂矣此數君者能任人不疑小人亦不得間之故其功與明良等也其或嗜欲衆多學問靡雜性情偏畸議論滾刻好陵人而上之好以事自爲功行權多於守經名法

之指先於道德以綱羅賢士爲名以搜索疵瑕爲察以左建外易爲忠有相才無相器若束小木以爲柱若蔦小犢以儐轅而破車如此者雖不在奸慝之數然而主德由以怠棄國是由以紊亂民生由以窮困其患與大奸慝等也君子錄臣節而觀世變有以知此地之難居也古之相業多矣吾得三事焉魏相好觀故實及便宜章奏數條奏漢興以來國家行事及鼂賈董生所言請施行之韓琦刪略中書舊例倂之簡要綱目彙次便于檢閱封縢掌固不使胥吏高下眞德秀脩讀書記一編曰此人君爲治之門如有用我者執此以往有德秀之

古法相之典故行以琦之條例可以相天下矣

名臣篇第十六

道德之於功名似有本末然而未嘗不一也功名之與富貴不見異同然而不啻懸絕也志在道德者功名不足累其心故巢高之抗行不屑堯禹志在功名者富貴不足累其心所以慕竹帛則不見筐篋懷匡定則不矜車徒也人臣事君有不易之道有臨事之宜何言乎不易也闕庭之禮不可不盡也致主之忠不可不竭也社稷大計不可不直陳也進必以道任職而後受官退必以義失職則求去恐後出位謀事臣之罪也先勞後祿

仕之經也無善可名必致諸君無功可居有居功之心卽鄙夫也薦賢而已不問黨與仇也去不肖而已不問親與疏也功成位高凡事益愼祿厚寵多每加必辭不自賢其所爲而視人皆不及不自尊其所處而視人皆卑以臣之信行君之義欲制義者不以二信令其臣欲行信者不受二命於其君權宜之制施於君父則臣子大惡也此不易之道也何言乎制事也秉禮翼君足以折强大率衆討寇足以遏亂略國人望之猶望歲也四鄰畏之猶畏三軍也執君之法不避貴戚犯君之怒不敢逃死其職處近不逼其儕或一命而終身或一官而

不易舍越禮之援求鳴鶴之應辭翹車之招畏友朋之謗從命非義也從而不諂斯義違命非逆也違而無上斯逆造膝禁庭之中承寵旃廈之上雖至親不見喜愠之色不但不言溫室之樹也陳説古今應答顧問皆非無稽妄撰勦説取給不但不誤魯壺之對也敷政於外不以武健囂遠人不以陵厲威僚屬不以金璧媚權要不以奇玩奉詔令不以柔巽養奸貪不計歲月而冀內遷也其處常也廉不言貧勤不言瘁忠不言己效功不言己能考論著述以自志其所學以自觀其所行友天下士總以訪求時務知海內利病輕重緩急也其遇變

也毀家以紓國難致死以折奸臣之萌雖自謂貲育卒不能奪忠誠動天地而不欲自白也若夫優游事外不受憂責于世內而匡扶之功更在社稷更有先幾之哲出人意表與賢同功不必同進與賢同志不必同行苟可以退不求進焉不並進故可相續而履道之常不遽進亦可持久而匡事之變同志如天地故有相助之益不同行如日月故無相及之災時易事異衆君子之埶稍衰而吾晏然處乎其外扶持調護尚可用力若身在事中不能相救矣是君子之苦心妙用也所謂制事之宜也事君之道在乎無私不必觀其行事也威儀容止

赤足以觀矣公爾忘私者從容自得營私背公者急遽陵亂詩曰委蛇委蛇自公退食居寵利而忘私者也公孫碩膚赤舄几几居患難而忘私者也輟朝而顧不有異事必有異慮此私之見于視聽者也將叛者其詞慙中心疑者其詞支誣善之人其詞游失其守者其詞屈此私之見于言語者也嘗觀人物之際矣陽在內者內明陽在外者外光陽在脊則脊强陽在腹則腹腴陽之所在人物之所用也故公則有用私則無用所貴君子者貴其有用也其賤小人者賤其無用也君子以道資身猶農夫之資耒耜商賈之資車航若持耒耜而適壇

裘之鄉載車航而行萑苻之埜鮮不喪其所有窮困而返君子出處亦然以迓天休奠民生則爲得所資矣以植權埶通貨財則爲喪所資矣不知道不可行而隱忍求售知道不可行而貶損從俗皆喪其所資者也明於守器謹于觀時擇所宜而後居焉擇所合而後往焉肯以有用之資棄諸無用哉志在行義不可違天下同然之心仕欲立功不可反古今經常之理雖有功也式于義而無取以此知義重于功也雖行義也反於心而未安以此知心能制義也心能制義雖不謀於時埶而是非之介不甚相遠時埶之爲見而於義未安其不可行

遠者滋多以此知義重於時埶也朝有賢臣奸宄寢謀故淮南爲亂惟憚汲黯終周訪之世王敦不敢爲逆此其人皆勝萬夫之勇以此知義重於三軍也義之所在有當改易前事者非矯其失正以善承其志不可憚目前之勞釀異日之患尤不可借紹述之名掣任事之肘也義之所在有委曲相求者程子所云至誠以感動盡力以扶持明義理以致其知杜蔽惑以誠其意即委曲之義也義在顯仁者仁爲法制以綱紀天下麗於正大以觀示天下先天下而經營以轉移天下後天下而受成以靖安天下義在藏用者斂其致主之資晦其成物

之迹不見於語言文字不洩於子弟賓客凝然莫測其端焉義在其濟者如操楫櫂于波濤衆力並舉則舟行加疾若彼先此後此勤彼惰反牽持不進也義在獨任者如荷重負而行危橋中道欲息無可息也中道欲分無可分也顧其旁有相扶者則兩人俱墮矣有巳事當往卽有量而後入有出疆載贄卽有折肱不用先公後私以王事辭家事雖父母之親有時不遑將養金革之事釋衰經而往從此巳事當往也有一事自守卽生一事才智多一念模棱卽滅一念勤勉差以銖黍雖有拱璧之迎不易其操此量而後入也身在下位不能有益

天下得賢君而事之盡其才智功業成而所益大上有知人之譽下無遺賢之嗟此出疆載贄也知時不可爲畏犧繡而憚刻鏤毀形滅性自處無用僞瘖啞以御聘鑿垣墉而謝客此折肱不用也又或守其高節超然自放或道德旣優甘心巨壑不犯人世之難或量已知時適可卑微隱遠不以權埶隣危殆或賦性清嚴蔬食水飲織絇緯蕭以偏激自娛不履薰灼之地雖性分所安各有不同要之不失其正皆可訓天下以寵利不居悟人主以天位難諶其有益斯世與任事之臣同也恩威由己非保家之策也貨財所聚非謀身之計也不可謂

智能取必於上必不安于不取也力能取勝于下必不安于不勝也不可盡詆當世之法歷毀朝端之士稱引古人譏切時事也不可賦性乖戾與物睽絕徒知生事造端之爲害不察隨時變通之爲安有言及利病者一切報罷不以民情上聞也不可强直自遂使人不我與小則不聞其過大則衆鏑所射也鮑魚芳蘭入而自變素絲岐路往而不返不可因正人君子之難合遂舍不從而近從昵比之小人也不可依傍情緣倚藉名位失身于匪人以求片時之通達也君道施仁臣道執法故君有不戮之罪戾臣無不擊之邪慝不可表異同之迹

開附會之路因而崇重所附之人使人不敢議而其身不道之事卽在不敢非議中也非禮枉道而得君者固有之矣非禮枉道而得民者蓋亦有焉不可人懷煦濡因而自謂盛業盛業在道之無弊不在人懷惠也當死生之際以其身居所受之命此賢者之守也當擊奸之任以其身嬰權埶之鋒此賢者之力也經世之學資之以進既言於君以死守之而求其必踐此賢者之信也不以車服采章爲美以其身表儀朝宁潤色名教此賢者之文也正己之心謂之正正人之曲謂之直正己正人皆欲同歸於善此賢者之仁也中和成于平日寬猛

不失臨事見財利無苟得居窮約無敗行此賢者之養也法所以尊朝廷柱亂階故執法之臣有尊主之功有彌亂之勳不以私撓法不挾私憾而怨執法之人此賢者之公也知在物者有命在己者有義無望外之求無道外之得所爲之事無不可書于簡冊告于鬼神愜于夢寐既貴寵矣自處益恭既信任矣執事益愼既親近矣引嫌卻避益虔不幸疏遠矣守一不貳謹其所職而不敢怠皇慶豫之來處之以和拂逆之至居之以靜盛滿之際節之以度名譽所集承之以謙在前者敬之而非趨附在後者愛之而非樹植此賢者資以事君之器

也有道德積中者有才智積中者有學問積中者有誠
慤積中者皆可任天下之事成翼爲之功成謀定議使
國家無頗僻之政輔相職也弼違補闕使人主日聞其
過諫諍職也折衝距難使邊境晏安疆圉不虞不造强
兵之謀不啟戰伐之端慎封守詰戎器將帥職也奉人
主之命執圭而使於以踐脩舊好要結外援忠信達國
命卑讓盡臣禮行于境内宣上德而達下情廣詢博訪
每懷靡及者使臣職也布令承教使民閒生齒日繁賦
役不擾有司職也不見匡扶之迹而各盡其職者善之
善者也弼違補闕而能改臣主之美也諫而不用致身

而去不得已也遭讒見廢捫舌責躬闔門恐懼有可憐之色自免之道也古之君子所謂仕不得志者何其身勞而心苦也行荒遠之地臨罷倣之區歷歲時之久所職者勞勩之事非有宦遊足樂也所抱者憂危之心非有功名足望也歲月易邁少壯逝而衰老臻雖有驅馳之志而無其力猶復縶維於世不惟勢不能去抑亦義不可去以拂逆之極神智俱憊揆度事物皆失其則職事不舉數遭譴怒而他人之乘勢者不惟受其擯斥亦難堪其笑侮又有最甚者人生強壯則從王衰老則待養爲夫衰老不能自養也故聖主推恩姑置從王之子

使養父母於家生則家不從政浸則三年不呼其門事煩民散公家之務日以不勝有權埶者居美官而無事無奧援者鞠躬盡瘁不得休息至於老者失養少者興嗟秩滿求代輒歷寒暑磨勘守候動以歲年無論菽水之歡多不克遂倚門之望莫知所依至有聞喪而不得赴踰時而不克葬者皆一命所誤也不亦悲乎虞世基遣使王通勸之入仕通不應命歌小明以送之爲此故也朝士之表見者議論行事即天下之風氣是以道隆而隆道汙而汙氣和而和氣乖而乖何以言之豪傑之士蘊義甚高中人弗逮由是而之焉天下之埶常近于

激夫天地之理盛夏五月南方之令乘權而一陰生於其中至剛之體以初生之柔制其亢然後盛而不激若眾君子之力聚諸一隅則所施專一無以妙其裁成激則竟激矣無能抑而止之矣其或一代之士雷同相襲不以振迅拔起爲務天下之氣又苦于頽古聖作易坤之六二六五以正陰有位而毗陰之質不能相侵故其氣平而不頽若一君子之行舉以其蹈則截然易曉無以發其高致頽則竟頽矣無能振而起之矣古今事埶往往如此戰國之人苦于强大相陵弱小易斃故其情廹蹙而危掉如拯溺救焚不可須臾待也此時排難解

紛者得其一言而喜揣摩敵情不出數語而中凡溫厚正大堅固長久之畫皆彼此乖睽不能相入蓋人情迫促故功名之路亦以迫促取之其勢然也桓靈之際道喪于上氣鬱於下不能道之使平則必激爲瑰奇爲怪怒此時功名之士皆具有不能和平之性而性情之不平者亦往往必躋于功名潔己穢世狂憤抵觸相望于朝端之上而草野無聞偏至昂藏者更不知幾何人蓋氣化不平故功名之路亦以不平取之其勢然也唐中葉以後宋南渡之餘山川割據綱維分離所處者王氣將盡之地所值者天道架漏之時故功名之士鮮才全

德備者非有餘于此即不足于彼是以立朝必敗壞魁柄經武必蹙損封疆倘非荏苒自廢即其闒茸無爲彼高駢似道不過黄白之誕叟蒱博之惡子而授以大任資其折衝厯難求諸帶礪永存藜藿不采不亦難乎此由運數缺陷故功名之路亦率缺陷者得之其勢然也夫氣運人情皆治化所爲也上所以化民者不出于道之一各隨情所好所好或正亦不足明道所好不正則必悖道矣下所以成俗者不出于道之一各因時所趨從其所趨必至流而不返矯其所趨必且激而過正二者皆足以治亂故必一道同風而後人才始全治可長

久也自古有功之臣皆降身匿迹以避矜伐之名史稱鄧禹勳成智隱靜其若愚是以功多而天下安之若夫矜氣未平雖爵位推遷常不稱其意此人主所不快也又功結人主無異懷豢之豕顧遜同列遂爲惡聲之梟此舉朝所不容也若主若臣愛憎變於中則賢否移於外雖有大功不見其有旣不有其功又加以伐功之憎郤至所以兵在其頸矣彼功成而無後患有二道焉其一存乎知足其一存乎勇退爲人臣者當躍馬委贄之年思與其君共濟天下雖欲辭之不可得也若夫功已成矣不可再益天地萬物孰不在盈虛消息之中而況

人生之才智乎自以爲才智未艾尚可有爲不肯偃息求退一發不效喪前功而遺後累馬伏波是也亦有處權埶之日乘乎至盛不留餘地以自安處夫一朝謝事衆怨皆作因有當闕待暴客荷戟禦猛獸之喻時異事易與共事者非心存鱗甲郎恨起睚眦向之摩切他人者至此不身殉不已也李太尉是也人臣事君未有功可成而不求成身可安而不求安者至于一日者功不足庇其身身不能有其功則爲人所歎惜君子見幾而作常使身有餘于功功有裨於身勿使兩不相顧而爲人所惜也舅犯亦求退而君子弗予以其乘間要君非

超然利祿之外其迹似高其情可鄙也彼蔡澤者傾危之士然而禍福之見甚明則造化之理在是所言亦合乎正道而于天人相感會不誣也此人臣居功之道也天下情態萬狀而至善之極不可易故造次顛沛而善人之心亦不易人君培植善人所以爲歲寒計也道不行而去去就明矣未必盡其心言不用而死其心盡矣未必益于君合衆智以爲謀衷古今而守正君雖不從徐而察之必以爲可雖不去可也以身繫社稷重輕天命去留臨危履險其君患難相依如左右手奸人雖欲害之然而社稷有靈此人必不可害雖不死亦可也盡

臨難而死未必有益天下立功而成則所益大矣如是則死不如生也以死成事其死愈重死而無成者次之以生成事生亦可重生而無成不足數矣如是則生難于死也一死足以扞社稷之難一不死足以釀無窮之禍君子必死之所謂殺身成仁也小人逃遁苟免於其間所謂以國予人也知生死皆無可爲而以死自安者又不與死而無成者同也龍逢比干是也身爲宰輔義之所關已重又不可與生理較低昂也李固陳蕃是也國事之壞不由於我其義可不必俱死其身可不必久存大厦既傾無從更支雖有懷抱可不必求盡雖不以

死著節其身可不必有用伯夷叔齊是也聖人慮患於豫救禍於微不使天下之事至于大壞忠臣死之而無益也若夫可以不死而以死自誓聖人不取也子路是也不擇所爲而以死殉聖人亦不取也宗魯是也死生之義從委贄之日辨之則出處可法死生亦不苟矣晏子不死莊公之難左氏詳載其言與事所以發死難之義例也蓋政不及已可以不踐其難若枕尸而哭或觸杼怒即不辭死矣大宮之盟或觸杼怒亦不辭死矣蓋不從死于莊公而非求不死于崔慶也天地正大之氣即實理也忠臣當死而死所以全其是也所以蹈其實

也生平所爲無一事從乎實理當死生之際而語人曰我必死之此欺人者也又或以責人曰爾必死之是自欺者也自古無放曠逸豫之忠臣無露才揚已之忠臣內文明而外柔順不放逸也艱貞以晦其明不表襮也內之明也足以遠禍機外之順也足以平物情學問不足內何以明言行不孫外何以順君子守道不二則內明外順具在是矣凡憂患至而溺晏安者醉夢之流也卽過于顧慮亦恐病其苦難困而營求苟免既一日之娛失終身之節謀一身之存敗萬古之防亦聖人所不取必內明外順而後取焉明順之本要在無欲無欲而

後心有定慮體有常度也若甯俞櫜饘之日陸贄奉天之時季孫行父當大國之討王孫由于受怨人之鋒此臣道之變君子所不願也

繹志卷六終

竟陵石莊胡承諾誤

諫諍篇第十七

世之盛也人主過舉有限朝之秕政無多無俟乎煩言故亦不至瀆聽道之衰也穢德日滋敝政實繁言者遇事便發不計其多聽者積累增憾必決其怒故亂世章奏比常較多人主覽之比常加怒若周昌以漢高爲桀紂劉毅以晉武爲桓靈臣言激切旣非進諫之經人主優容尤出恆情之外千載一遇不可爲法其可法者臣懇款敷納主虛沖聽覽爾聽言之法宜識其情親狎之

臣多妄悅疏遠之臣多恐懼妄悅則有懷必盡恐懼則所懷未必盡也主綜核嚴急諫官必攻大臣圖得其處主溫仁寬厚諫官敢言人主之過以彰其直實陰爲權臣地以託其身此情之淺者不可不察也凡逆耳者多忠順旨者多私人臣非忠愛不肯逆君非有所希冀于君亦不肯爲佞也新進之言可聽者少老成之言可聽者多新進喜紛更而好搏擊老成義理淺而更事熟也無稽之言易於罔上有徵之言難于誣善故無稽者聖主所擯有徵者君子所資也昌言于庭使人共聞者公也而造膝之言亦有甚公王旦薦準而準不知是也陰

有奏請不使人知者私也而顯言於朝亦有甚私李林甫仗馬之說使衆聞之是也在朝之臣知無不言者公也而慷慨論事亦有不公黨於權勢諒不足而談有餘者其人也職事之內有懷不盡者私也而職所不在懇懇敷陳者亦私宗社之慮出于孽臣之口者其事也患在朝廷者更張搖動所係甚大非原始要終莫能保其必行患在邊圉者宜擇人而任之俾遄往以圖方略若但論列指畫于朝端不見有益也人臣致主之言合于天道則天道爲之助合于羣情則羣情爲之助患其說不義不患其無助也患其志不堅不患其不遂也以溫

柔敦厚爲上慷慨激烈次之博辯廣引又次之至於攖鱗折檻而其爲術窮矣高宗得傅說置諸左右其任不止於諫官命以朝夕納誨猶之乎諫職也古者卽以大臣司補袞之職帝曰來禹汝亦昌言又曰汝無面從退有後言非直命小臣也禹皋亦在其中矣當時所謂昌言者而大臣爲民謀鮮食粒食也所謂無面從者左右斯民以成其德宣力四方以致其養明章服以肅吏治聽治忽以達幽隱蓋海內之事無一不待臣言朝廷之上無人不責以言事也且諫之爲道貴于見聽不貴相逆使天下蒙其利不使天下高其名直臣懇忠而激怒

不若優人巧笑而弭入也諫官攜手而俱去不若微言而回天也左師觸龍在趙潁考叔在鄭未必積誠于平日而能割母后所溇愛返大隧于永誓足稱君子之用心矣禮不顯諫信有之矣然諫章之詞雖不必聞于人而所言之效則天下可共見不可以造膝之名掩塞默之實凡所云弊端未去宵佞猶在皆諫官塞默之明徵也天下詎可欺歟諫有其時有其職非所言而言猶非所默而默也陽城旣爲諫議良久無聞朝士爲論譏之亦不屬意至於賢相之貶率同官伏閤力爭欲相奸臣誓以裂壞白麻痛哭于庭此擇其大者言之小者不必

言也呂祖儉曰朝行聞時事如在水火中不可一朝居使處鄉閭理亂不知又何以多言爲哉蓋職所在言之職所不在不必言也二公之義皆可法也自古無道之君或以佞臣監謗或自聖而羣起和之或設不急之令以㴱入人罪或强詞辯詰以奪正理或勉强受諫終不能平必欲㴱折直士之氣以儆將來至于殺諫臣而惡盈矣衰世所不恆有也有則必亾盍諫臣之死忿怒于主心者少媒蘖于奸臣者多搏獸之犬狐不愛焉其主豈不愛之所以必欲殺之者必非心知其善而棄之也必㴱有惡于中亟欲去之也何也其媒蘖者㴱也天子

之尊不能保其所愛使人以所惡殺之尚何以自立乎是以亾必促也夫以人君之尊一旦聞諫臣之言悚然甚懼皤然改過亦云甚難光武雖得諸鮑永猶失諸馮衍要使其過不留滯於胷中則直言易入故爲君者常知理無不在則聽納之際不施以慢易而覽省詳矣好實德而遠虛譽則居心必誠取人必以實行聽言亦必求實效矣常思己之喜怒不以類事之得失不可追則省覽之際警悟必深莊言上達巧佞自退不煩屏逐斥遣而左右臣鄰莫非忠信之士矣其以諫爲職者亦當議本先王言合大道出入經史有關社稷然後有益于

君父無忝於官常若義理無源探索易盡義理未精執持不堅略舉淺末之指行以固陋之說近小之患雖能言之其實無益於國至于遠大之患非蔽於不知則沮於自匱所以有築室道謀之譏不學牆面之恥也凡進言人主之前列款啟陳不如因事駁正列款者多以報聞見罷託諸空言駁正者猶以就事論事施行有日也漢人就事論事宋人列款言事故漢之章奏甚少多見施行宋之章奏猥多率歸廢閣也爲人主者大事不敢自專又不聞眾論之當否而常至于不決不決必廢弛廢弛既久亦敗壞矣小事可以自專常不樂盡下矜其

獨斷或至失策失策既多積小而成大亦敗壞矣一事有一事之成法朝廷之上大抵依成法以決事雖有臨事之采訪皆以故府爲規模而非此事之肯綮一官有一官之職守朝士雖衆分曹而理不過數人不在其職則曰非所宜言雖有滿朝之聰明實則數人之智慮何以博觀而弗遺且人臣立朝順從而益君者少拂逆有益者多拂逆而損君者少順從有損者多然而君固喜其順從不喜其拂逆也是以文侯懸琴以爲符不補旒以爲戒稱美書傳也且人臣進言有爲畫一之說者有爲嘗試之說者畫一之說不可轉移者是也嘗試之言

可上可下可左可右顧主意然否東西易位以售其私向則道之違則避之其道之也煩言累詞紛而不可擇不擇則聽眩眩則售矣其避之也移此儷彼似而不可怒不怒則色霽霽亦售矣是以小人無必不可聽之言君子有必不能行之說也然欲開言路必禁賄請賄請苟通則諫官彈劾適爲司黜陟者淵毆魚耳甚且相與爲項背諫官發其端司黜陟者居其間各得所欲而罷矣其或英明之主用意過密入人之罪或謂無私出人之罪必疑受賕于是下人窺其微有言責者皆迎其喜怒于內而矜其風采于外名爲弼違補闕實則從欲順

旨矣古之賢王道人以言用其言而顯其身後世則不然不用其言而斥逐焉後世又不然不使以言獲罪而假諸他事以致其罪此人主之過也上古之臣以諫爭盡職事中古之臣以諫爭邀名譽晚近之臣以諫爭得禍患趨而愈下諫爭之名卽逢迎之路也此人臣之罪也李泌請罷拾遺補闕蓋有激乎言之也夫給事御史人主所遴擇也然其人有限也在朝之臣工天下之毗庶有心有口皆足慮事上聞此其人無限也虞廷所云納言者天下之人皆可言而一人領之非天下之人皆不當言而數人言之也以臺諫所言正朝廷之得失以

四方所言察天下之利病當無遺意矣君相議政之際諫官得以與聞得以駁奏或有闕失先事正之天下但覩朝政得宜不謂諫官失職則臣主俱美矣若夫已行之詔令已命之除授從而論列是非天下共歎諫官之激訐議人主之多過則上下皆議焉逸詩周道挺挺我心扃扃講事不令集人來定夫與賢者議國是不取必兼才明事機者可與共議綜世變者可與共議心存敬畏者可與共議長于治事者可與共議人主虛聽則此衆多之才皆可兼濟拒而不錄疑而不信適違其所長適窒其所短則此衆多之才皆歸無用不亦惜乎要以

立說之際後事易於前事雖不用其言而天下之勢日以益泰此人臣所願也若後事難於前事雖暫用其言而天下之勢必有大不可爲者在其後此人臣所不願也所不願而具官焉未必大有益於國也夫羣下論議無所不有循理與從欲其數適相半也循理之言按朝廷舊章達小民幽隱徇欲之言反綱紀開僥倖雖不盡然大率多由此類爲人君者未審將來之利害先觀有定之理欲理之所在常與利俱欲之所在常與害鄰從此之半勿從彼之半則所行皆善政矣循理窒欲不明徒欲博采衆論虛衷盡下者以羣言猥多益生遑惑專

己自是者常持所見與羣臣爭是非相爭之頃小人微用機權人主靡然從之名曰盡下實則專主一說所以盈庭紛爭終出厲民也

功載篇第十八

賞功者國之鉅典也人君操大利以賜天下行于當時即爲福遺于後世即爲道功臣夷大難以奠民生不獨動在王府蓋亦恩及四方故有功必賞所以思往事也以賞酬功所以勉來事也思往事則益圖來事之勸勉來事則能戚往事之終此人君與世臣相須爲治之心也故待功臣有二義其初不可濫其後不可刻天下既

定人君居淺宮之尊有意妄之埶所以功次先後錫予
輕重若多不慊濫恩則不貴靳施則多遺況生平恩怨
豈無在人耳目者下吏迎合意旨隆所愛而抑所憎則
雍齒不侯小輩先遷其如之何豁達如高帝猶須數年
而後定其位次明察如光武得馮勤論次而後諸將始
服所以難也高祖之約非屬籍不王非有功不侯不如
法者天下共誅之唐太宗著令族屬至親不得緣私與
功臣競後先晉襄公行賞死事之孤爲上舉賢次之戰
勝又次之其義皆可法也若襄王賞晉侯較平王加隆
矣平王無二路二服旅弓矢不至于無虎賁三百也以

此知備物之典歷世有加至於無物可加而九錫作焉又致人不知感得之者轉生疑貳而抵鐵劵於地皆積輕之勢所必然也故曰其始不可濫也漢封功臣百餘至于太初未及百年僅存者五皆以子孫犯罪至於奪爵明初藍胡之獄誅鋤萬數書勳之臣得壽帶礪之盟申丹書之信者有如晨星靖難之後子孫猶存又以懼禍之故不敢言襲替事是以孝陵元功延世絕少脫無靖難嗣封踵起其後一代朝儀居西班而稱世爵者閒其無人矣夫禍亂既平人情安肆苟人主不推以赤心略其微過昔時抱薪爇火卽此日拔劍擊柱也昔時跳

坡注壕即此際沙中偶語也帷幄能謀者以多智見疑臨敵敢戰者以雄武生猜位高爵重既以滿而招損代謝乘權更以涼而逼燠子孫有過譴及父祖蒼頭不謹罪坐主伯求饑寒而收恤之未必有貫珠之善諫妄男子行卜於世誰白其爲將相相殘也不幸爲獄吏所困親故怖匿更無膠致刺剟以死爭承者朝士雖衆誰爲臯旛伏闕議及帷蓋奏當既成誅決恐後雖有金版出地告龍逢之冤亦無及矣此霍氏之禍所以萌于驂乘王導之忠猶云心思外濟也遂能浮遊五湖追隨赤松者不亦希乎故曰其後不可刻也漢張良之封未嘗有

戰功高帝曰運籌帷幄中決勝千里外吾不如子房此出入主之意非丞相御史所可發端也爾時戰陣之功平陽爲最然所食萬六千戶耳高帝自擇齊三萬戶以與子房過于平陽矣子房辭之而受留高帝之封子房之辭皆足爲世法也任昉爲梁武詔曰康俗成務義在庇民或運籌帷幄經啟王業或攻城略野殉義忘生或腹心爪牙折衝禦侮或忠勤懋德夷險一致並宜建國開宇蕃屏王室然而梁氏世爵亦復湮滅無聞豈非國祚不延經制未備也哉故爲人主者景風之典既當隆于前而世宥之恩亦不當替於後如有辟嗣罪止其身

不宜奪其世爵又不可聽有司多方磨勘使貧者無力克紹由此降爲皁隸也昔漢臣失封者宣帝愍而錄之有司淹久不復或復以子孫乏絕使盛德泯棄遴柬布章所以有杜業之疏也厥後紹僅三家餘無及焉明世宗悼念元勳下詔推恩而續封者五姓而已固知世爵一褫紹復最難何如使箴尹續子文之祀韓厥反趙氏之田不絕於其始也哉夫人主待功臣固宜無所不厚獨不可授以職任耳史稱光武雖制御功臣而每能回容宥其小失遠方貢珍甘必先徧賜列侯而大官無餘有功輒增邑賞不任以吏職故皆保其福祿終無誅譴

不然天下未定既以盜賊爲憂天下既定又以功臣爲防視天下之大無人可託腹心者將與何人共定太平也賞功之典難於允當而中葉以後此事尤難二雅所載方叔召虎皆中葉功臣聖人獨舉以垂訓蓋深知其難也中葉之時人主行陣未親大臣意見多岐中朝沮抑實繁幕府誇張太甚有此四弊故書勳最難古者推轂之將人主所不御也後世功在邊境猶必借助中人段熲谷盡山空延譽之力也盧植檻車俄至銷骨之毀也人主行陣未親之故也邊將捐軀于外宰輔持衡于内有趣賞奇功者即有慮生啟戎者或曰軍賞不踰時

或曰懲而毖後患望之之對要功萬里之外劉向之訟久控刀筆之前大臣意見之殊也大將破敵不能不有鹵獲近習求索不得則起險膚之訟或微言巧詆或露章排妬吏士未歸蚤已移書詰責昔人有云破敵誠爲大慶臣身更受咎累此中朝沮抑之故也揚威萬里之外往往虛張羽檄矣指渠魁罪人斯得久則猶存隻輪未返捷書飛奏鑿空無人之境沈碑絶迹之川取笑遠人流僞史冊者不一而足此幕府誇張之習也又其甚者功賞未行罪戾已及屈捐命之烈腸爲敵國報仇俾遺寇酌酒相賀戎士切齒腐心其爲絶痛可勝道歟且

立功既難居功尤難李泌對德宗之言千古勳臣所共聞而泣下也周公教成王治洛首以紀功爲言非無意也殷人先罰後賞故制官刑以儆有位迨至末流必有酷烈之禍周以忠厚立國反其所爲紀功之令先於設辟所以變殷法也且開國之初不爲刑書以肅官常但求有功之臣而褒賞之亦可使良士知勸民德歸厚不煩戒敕而狴犴可空獄吏可省矣於斯時也虎賁既脫劒世臣就藩服所云功宗乃文臣之襄治者也後世武臣有世爵而恩靳於文臣非其義也既已列名元祀配食大烝則從享之恩亦非畸屬佐命後世惟以佐命爲

元功鮮及後起亦非義也故知洛誥所載乃記功之要典是以周公詳之也

吏治篇第十九

董子曰郡守縣令民之師帥所使承流而宣化也師帥不賢則主德不宣恩澤不流然其原則有由矣人主好勤政事且重親民之官受職出牧咸得覲見勞問考才器長短稽在職勤惰嚴助久不聞問爲詔以趣之壽王不稱在前賜書以詰之兼以禁綱疏闊吏議公平懷才抱藝無不直行厥志謹身廉平以自致所長此時天下良吏雜然並出矣若百姓任罷日苦官常寵賂滋章欺

諛便巧爲上考，鷙猛殘賊爲強健，先期賦入爲稱職，操金暮行爲補過，安靜之吏見爲風采不揚，經術之士目以迂闊無用，於此時求良吏，是猶閉其津途，屬望輻輳也。故欲求吏治，必以朝廷爲本。然四海之大，郡守縣令之多，既已遠于闕庭，而欲微察清濁，則大吏最爲樞要焉。昔周公誕保文武受命，民仲山甫賦政于外，四方爰發，即其任也。大吏好仁，下皆爲仁以悅之；好廉，下皆飾廉以奉之；好禮好義，下皆守禮慕義，勸不以爵賞，懲不以威怒，此方良吏必多矣。大吏好利，下必貪；好名，下必僞；好刻，必相殘；好察，必相搆。言敝於矯僞，行褻于鮮終此方良吏必少矣良吏既少倡導無術吏以舉劾行私臧否盡易勸懲俱爽以此澄清吏課猶卻行求前也故欲求吏治又以大吏爲本治民之人所操者法度也所扶者公理也大法無取小惠公理無取私恩君子之類爲善之行法之所尊義之所重也小人之類爲惡之行法之所誅義之所賤也君子小人消長之分爲善爲惡向背之幾盡其力以防於微悉其心以養于穉不以爲民事以爲身事不以爲身事以爲君事不以爲君事以爲天事自視其身與天合德則能爲天之事矣則能存天之心矣使民氣安靜不待鐘鼓筦絃而樂民風醇厚

不必五服之屬而親民德端莊不必宗廟之中而生敬官署之側而生敬官署之側而生畏非但塞其竇穴扶其傾隊小事悅人大綱則害人也故治民而民悅者後世之良有司也治民而民忘者上古之良有司也凡長吏到官之後能使公庭之上多事變爲少事有事變爲無事其爲良吏爲清吏不待言矣康誥曰若有疾惟民其畢棄咎若保赤子惟民其康乂欲去惡足矣何必如疾痛在身欲遷善足矣何必如父母保赤蓋以吾精神流通其間然後民間爲之鼓舞爲之戒懼爾民之于上理所不可望其屈法不可得也可以循理而偏違焉民

始不服矣力所不及不能庇焉不敢怨也力所可及而偏靳之民始怨矣昔召伯聽訟甘棠子產傳謗鄉校豈好爲盡下之名亦云可以盡己之處無不克盡焉爾夫民猶體也君猶心也民有願欲無不問諸君猶體有所須心必營之君有失德沴氣必及于民猶心有於邑顑頷必著于體也良吏與民同苦樂者也貪吏與民殊苦樂者也良吏安則百姓安矣教化者朝廷之矩矱廉恥者士人之藩籬風俗者治亂之符節三者相須爲盛衰然其機要不在人主而在有司也風俗之壞不過數端向奢侈則俗壞好詐僞則俗壞多游民則俗壞多浮士

則俗壞簡倫常則俗壞亂是非則俗壞不堪上之徵求則俗壞數者非一日之積也識其端而預杜之則在有司矣其次貴賤之等淑慝之辨不可不明也夫貴賤有定位者也淑慝有定行者也爲有司者淑慝之辨不明因而貴賤之別不重所謂淑慝者由乎愛憎所以愛憎者由乎勢利淑慝亂矣旌別悖矣彼昏不知猶復機心待物盛氣決事機以濟盛氣以翼猛幾何其不大謬也其次民間親戚故舊之訟最不可苟且聽之此風化所由成也孔子爲司寇父子之訟不取速決久繫以動其良心韓延壽爲潁川召郡中長老人人接以禮意爲陳

和睦親愛銷除怨疚之道其爲馮翊痛自刻責以化兄弟之訟田者陸九淵人倫之訟剖決既明使自焚爰書以厚其俗皆以動民之天性而不專恃號令刑辟之效也蓋民無不畏法者法之將壞紕繆居多如繩之將絕不能縛物也有司更加以苟且是引將絕之繩縛難繫之物健者放逸莫追所繫縛者跛躃而已法所以益壞也則莫若就其近乎天性者正之所謂天性者無過親戚相愛故舊相卹今舉相愛相卹之人而至相訟是以不可苟且聽也禹立三年百姓皆以仁遂焉豈必盡仁上好之則爭先爲之所以悅上也而俗從此美矣夫見

諸習俗爲美惡者卽藏諸心爲理欲者也在人者此理欲也在己者亦此理欲也美惡之别以理欲辨之則精以在己理欲辨之尤精心乎愛民可使情欲之私莫不以理行之心不愛民則循理之初幾猶且流漫爲欲況其動於欲者乎宜其胷中有不可攻治之病而淑慝無主淑慝亂于上習俗壞于下矣夫民易治而難測者也耳目不拒號令形骸不拒鞭箠心術之微偏能藏奸藪慝不可洗滌聖王畏其然故齊之以法必使知戒道之以恩必使知慕其用法也痛懲焉以祛前非蹔舍焉以觀改過不痛懲則迷誤不覺不寬假則善機不遂若一

切嚴酷至於法不勝姦威則有之不能使知戒也其用恩也良醫之門不拒病人櫽括之側不拒枉木不以我之全拒天下之偏然後天下之偏無不受全于我非我恩也要使知慕而已矣是以必動其天性蓋天下之理形聲皆有方惟氣則無間有方者尺寸不可踰越無間者幽顯皆可貫通故承事鬼神皆用氣相感而無取形聲天性也者存乎法令之前而行乎法令之中與人相入猶氣之感神也若夫用法之際不使小人加乎君子足矣不在嚴酷也酷吏之名前此所未有始於西漢之初蓋承秦人餘烈亦由其時任俠之風太熾匹夫睚眦

擅若王侯雖天子亦惡之故爲吏者錄其不軌之行舉族論死不爲寒心蓋以除人主所忌遂致激越過中虎冠屠伯叉其因而已甚者也今車書以內莫不畏罪遠法無任俠奸人無豪宗巨憝彼嗜奸必取之風安所施用乎且深刻之姿多具偏至之性事情未洽苛忍必用是以鮮能持平故史家之論皆云暴戾恣睢卒以凶終謂其所治者小所亂者大也董子曰君國之務莫大于崇本本崇則君化若神不崇則無以兼人蓋本源未清則議寬議猛不旋踵而害生不鍾於邪反鍾於正苟能崇本一夫得情千室鳴絃何慘毒之足用哉故曰風俗

之事不在人主在有司也人不安所利而安所習習實爲常雖利所不在亦安而樂之利之所在亦畏而避之聖賢立政度其所安予以所利人苦愚樸作器用以適其情人苦漸詐制禮以返其初意在與之相習故也若驟奪所習授以所利如奪小兒乳哺授以餐飯餐飯者終身之利也乳哺者襁褓所習也需以歲時習見餐飯之美不覺免乳之苦若一旦奪之猶且不堪況奪其乳而所授者乃堇荼乎詩曰彼徂矣岐有夷之行子孫保之言岐山之峻而有坦途可遵猶人君之尊而以便民爲法故子孫永保其基也古之人不敢輕言變法必有

明哲之德於精粗之理無所不昭不獨精者爲之地卽粗者亦爲之地有和悅之氣於異同之見無所不容不獨同者樂其然卽異者亦樂其然然後可奪其久安之法授以更新之制而民不驚顧不讙譁也若計之未審人不能行出之不遜人不樂從概以掠治齊之民有至死而不服耳貪暴之吏往往借不可慮始之說恣其鷙猛不思利害之幾雖難悉義利之辨則明甚所云不可慮始者行義而不可使知也非放利而人不我從也子產取衣冠而褚之使侈肆者不敢服其服取田疇而伍之使兼并者不能侵其疆此豈放利而強使之乃禁其

非禮以從義也子曰民可使由之不可使知之非故爲不測以牛羊用人如管商所云也言反覆開喻猶恐不能盡曉姑使率循號令從吾所爲以免狂奔之失蓋憫其無知非幸其不知也僅可使由故教化宜亟在我者不可不盡不可使知故不忍忿疾於頑求備於小過也若故爲不測之令掩取無知之民俾操下如束濕豈聖人指哉

選舉篇第二十

貢舉之法所以官人官人者所以治人也楊綰曰孝友純備言行敦實居常育德動不違仁故能律己從政化

人正俗若此者斯致治之人也三代與賢尚矣漢初賢良之目猶以敬長上順鄉里肅政教出入不悖所聞爲稱首亾何守令非人故所舉皆謬而其法壞魏文帝易以九品行之既久至于下品無高門上品無賤族而法又壞夫賢良取士何以善謂其所以取人者即所以治人者也九品中正去古已遠然以本州先達爲中正猶有古者鄉先生其論賢能之意然終不如科舉之法歷載尤多者以其所試之書莫非先王之道所試之言莫非明道之言道者治人之本從事於其本故其法最可久也夫古樂感人心移風俗故三代以上學士童而習

之國家郎以此取之周禮大司樂是也後世制科之文用以取士故感人亦淺其移風俗亦易程試之官當以先王中和之理爲論文之規矩繩墨使從事於此者莫不竦動天性之良翱翔禮義之囿薫陶芳澤消釋鄙吝其人固可嘉其事亦可重也今也不然或取流漫之辭或取纖曲之慧或取謏聞之辯又有都不論此但如樊儵所言率取少年能報恩者循素儒宗有意不錄尤可歎也夫貢舉之人欲其明經義也經義果明伊周之業不遠而致不明經義雖有桑孔之籌筴郅都甯成之威猛適足亂天下況區區決斷徵斂之末才乎夫勇力横

擊之士感蔭蔽之恩而欲顯報其主今以道義之名致之而不獲其用者所用非所求也取士之法有初基之制有承平之制一代之初徵聘選舉不可偏廢徵聘者所以羅高節之士選舉者所以達有用之才也有徵聘而無選舉無以塞私門之竇有選舉而無徵聘無以致深沈之養充庶位者不可不任羣賢則選舉爲急當大任者不可不求大賢則徵聘爲重明太祖徵宋濂於金華聘劉基於處州下姑孰而得陶安入金陵而禮陳遇皆不在選舉之列者也燕昭王尊郭隗以招賢秦昭王納范雎於說客唐太宗以條事識馬周宋太祖以上書

知齊賢亦不在徵聘之列者也總之不得其人雖樊英許靖有高名而無用既得其人雖飯牛叩角不嫌自呈此初基取士之法也承平既久商山之老不復憖遺密令之賢悉皆召致年少氣鋭而嚮用者章交公車挾貲懷璧而貿官者私門成市非限以科舉則雜而多端矣此承平取士之法也漢時賢良對策之言天子大臣或采取而行之故名言讜論往往出其中魏相稱引韓義之忠霍光用延壽爲諫議此以對策之言用之非別有薦舉也光武召見諸郡計吏問其風土及前後守令能否蜀郡計人樊顯稱漁陽太守張堪之賢帝歎息良久

方欲徵堪會其病卒下詔襃揚此人主親覽對策之文而施行者也武帝曰書之不泄興於朕躬此人主不泄對策之文使人得極言無諱者也後世策士者以文求對策者以文應連篇累牘要皆無用但聞有犯忌諱而罷斥者矣未有因敷陳而施行者也是以其簡悉可焚也夫對策之人皆四方有識之士所言即四方弊政與民情也不於此寄耳目則所云闢四門者更於何求且居官之人彼此更相左右互爲耳目必有不敢盡言不欲盡言者雖章交公車要皆道諛與搏擊道諛則爲黃霸之虛僞搏擊則爲息夫躬之詆訐雖連章累牘又多

不情其簡亦可焚也夫草野之賢如梅福張齊賢以布衣上書者鮮矣其間至者又皆有故而言有因而至有中人之助而後發若不求諸對策則四方民隱與草野虛公之言皆無由至雖有合宮衢室亦虛名爾文中子曰廣仁益智莫善于問乘事演道莫善於對爲君相者兼采翕舉於對策之時則四方人士何渠不如三代耶

朋黨篇第二十一

朋黨之說蓋中葉以後主威微替士習漸乖舉錯失中公論湮鬱於是賢人君子各從其類相爲引重期于翼正直扶綱維小人不悅遂指爲黨原其初起伺微探主

心不敢樹敵亾何人主不察遽以爲附下罔上臣之大患一切過爲之防而防閑小人之心反緣此多滲漏焉歷考往事甘陵互相詆訾未嘗爲排擯計其後宦官專政賢者不服遂激揚名聲品題標榜牢修朱並先後發天下之大難海內塗炭二十餘年其患中官外臣埶不相容士大夫之間未有操戈相向者也唐牛李之事彼此傾軋垂四十年其時宦官之埶不下於漢而二家之士無一人附以自固者是以賢不肖之分未有所屬張的而射不過當路數人不及天下厥後白馬之慘乃强藩將叛妄設罪辟誅夷天下忠憤之氣非復兩家餘燼

也若宋之仁宗其君不謂不賢法度未甚陵替朋黨之說忽起于士類之相傾亦既稍平矣而戾相作輔招引非類遂至門戶大分更五世而刊名立碑死徙禁錮要皆君子偏受之人非宦官而忍甚於宦官事非叛逆而機深於叛逆卒至羣小晏然顯遁袁紹勒兵之誅國命斬然陰逃文蔚奉册之醜自古黨禍之酷未有如宋者也昔之憂朋黨者或見諸章奏或見諸論議其最切者以爲激人主之怒而空天下之才孤人主之埶而挈天下以與人痛切若此終不能回黼扆之意養和平之福以其所持之說要皆開悟君心未嘗舉士大夫居身服

官之正理以爲箴砭也易曰同人于野亨又曰同人于宗吝道也其此六二之德在彖則亨在爻則吝其說何也蓋君子立朝人之同乎我者莫不得所依歸我之同乎人者未忘有我之私則亨在人而吝在我蕭望之是也鄭朋欲附望之先言許史子弟罪過章視周堪堪誤納之後朋行傾邪望之絕不與通朋大怨恨遂入許史以傾望之此外則歐陽脩近之濮王之議爲衆論所詆喜蔣之奇合意因引薦之之奇旣進遂訐脩以自解此皆同人于宗之過也故爲君子者必謹其嗜好淸其徒類峻其藩籬以人事君而不出於援引後進之私在下

獲上而無存乎攀援依附之志好賢如緇衣而非養交
馳名疾惡如流迸而非伐異爭勝忠於國則同心勇於
義則同行舉筦庫而不交利屬子景前哲而非傅羽依
蘿抗志不失于矯激和衷不墮於繾綣所以免于宗之
吝也撥厥所由皆在政化春秋之義道術政理皆歸於
一以人臣而營私交政理之不一也棄義爲佞棄和取
同道術之不一也泰之六四所謂翩翩相從者何人也
位高者爲之倡而始進者慕之游從賓客復奔走馳騖
於其間刺探升除干說禍福調解異同假借恩威又有
處草野之中亦耦俱竊談道聽塗說某某爲同心某某

爲同彙某執牛耳某樹赤幟誇耀閭里之間眩惑郡縣之吏所以徒類不清蘭蕕並處子曰利口之覆邦家非其人乎昔房植周福之門互相謗訕劉班殷鐵之客不通往來四賢一不肖之詩作遂有朝堂之榜一夔一契之頌興幾致斲棺之禍此豈賢人君子自致不測之罪哉皆賓客之爲害也具卓識者不近亂門勵高節者不入私幕惟淺衷弱植之流然後見利而趨聞聲而附故義無私交所以杜朋黨之門必也大位之老不在謝絕私謁但能不以薰灼致人而以淡泊親人則奔競之徒自不至于其門一命之士以遠大自期者亦當愼擇交

遊各以職事相勸道義相稽自此以外則出乎公門入乎私門出於私門入於公家自無朋黨之累矣書曰人無有比德惟皇作極朝無朋比皆由君德之正此尤探本之言也

辨姦篇第二十二

易曰冥豫在上何可長也司馬道子之謂也又曰突如其來如無所容也爾朱榮之謂也是其爲惡有形故禦之有方終于不保其身天下亦不受其大害若夫爲惡之迹甚隱人主入其術不悟害在天下或數十年之遠甚有及宗社者雖檮杌之史有所未紀雖八奸五蠹之

說猶未周知然而得成其惡者由辨之不蚤辨也小人之爲大慾有侵奪主權者有朘削民生者侵奪主權者市恩於民以厚其勢至其極也攘臂而竊天位於己齊之田氏漢之王氏也朘削民生者固寵於上以盈其欲至其極也拱手而授天位於人吳之宰嚭宋之蔡京也其事不同其於亂亾一也內結宮闈外結同列蠱惑君心以聲色財貨此佞臣之竊國柄者也內箝制中宮外箝制人主興大獄以誅鋤異己此權臣之竊國命者也權臣之始必以佞悅爲媒徑佞臣之終不以權埶爲窟穴不已方其爲佞臣也多方邀寵以市君權權有所歸

則與君爭權以固其寵其邀寵也黙與君合所善者進所惡者逐以君爲悦君亦樂其悦也然而進退大權竊之去矣迨其爭權也則顯與君違使附己驟升而守正不調明示天下以進退之權不由君而由己權移于下君雖欲裁其寵不可得矣此從來奸臣簒竊之術也怨仇必報美官必爭金錢必貪其所譽者未必不爲排擠計也其所毁者未必不爲援引計也其譖人也不必多言一語中微郎淡入而不可解或摘此人之短正以中傷彼人所攻而去者一人所撼而去者數人人主無由知也以平日相毁蓄憾乃微示寛容旁假意旨使相招

附其人苟立節不圍畏威慕埶轉而相從蓋相毀不可殺也得其相從之迹而殺之是爲殺其私昵以此自白人主無由知也其引人也旁引曲說使人主入其彀中而以已意用之不必植私之迹而有樹恩之實人主亦無由知也其攬權也不問位之高下視權之所在則趨而據之他人雖位處其上而權不在焉拱手而奉其意指迨其權之稍去則又因事改制以分他人之權人主亦無由察焉四海九州之奉君所自有也人臣賄賂包奪取非其有者也彼小人者傾內府之藏以賞賜後宮傾外府之藏以資給衞士然後後宮衞士合爲一詞譽

之而賄賂苞苴歸焉以君所有之富貿取非其有之富人主不悟猶謂之忠其交相悅懌者誰之貨財人主之財也其互相貴顯者誰之官爵人主之官也人主不悟猶爲去其所惡從其所好不亦謬乎其未得志也奉行正人意旨倍蓰於他人其既得志也排擊詆訶不遺餘力加以參夷轉徙猶若未盡不惟不畏人言且欲人之有言然後可以誅殺屏斥之威明示天下後此無敢擿發者矣欲沮君子之進無可爲計而與大師於境外以爲時方用兵則不暇召用山林之士也欲報宿昔之怨無可羅織則動搖乎宮闈以爲事連宮闈則疑似之人

皆可周內也多設大獄亦恐人心不服以一獄羅織多
人則迹少而實多用多奸爲羽翼亦恐事幾多變用一
柔從之人處乎要地以除異己勝用無限爪牙矣其用
兵也喪師辱國天下大困原其初止於沮一君子之用
而已其置獄也自小覆大由疏間親原其初止於快一
人之憾而已禁絕野史更改實錄以愚後人耳目立久
任之說斥仗馬之鳴以恐喝朝士不獨善傾君子又使
君子相傾蓋以小人擊君子則天下不服使君子相與
搏擊則操棄置者得以職事不舉之名黜之且是非之
迹彼此各受其半天下後世皆在疑誤中矣欲除其所

忌先使言路攻所善則施於所惡不勞餘力矣欲塞言路先建白使僉議知夫中才之人畏威慕埶不能自固臨以盛氣必且順從因以號于人曰此從僉議而來者也有時引君子共事非相欽慕也知其事之必敗故以君子爲己受過也或以解免前此所譏譖也有時附和權埶以希大位既得大位即微爲異同以求屏黜非能遠權埶也知其望淺不可久據危地但爵秩既崇而事畢矣可以退矣所以不敢大爲矯拂不敢別立門戶小小離岐以自爲地而已其情亦可覩也每國家有善政其黨輒言某公之爲也有不合羣望者其黨則曰不用

某公之言也每舉一事知物議所不可競出巧詐以先爲之地雖有指摘無能出乎揣摩之外而彌縫已周矣無事之時取一信以爲驗故投其隙以來言者之口入主受其先入反以爲讒譖爲忮懻與小人相視而笑矣以繼述祖考爲名其實則附會姦邪復崇重其所附使人不敢議其非而彼所欲爲卽在人不敢非議中矣嗟乎爲小人者若止疾惡善人不戕害百姓正士雖去亦何所吝所可恨者意在行私故爲峻法使民生無樂國埶日頹故備載情形貽厥後世庶幾以相戒也

纓志卷七終

竟陵石莊胡承諾譔

教化篇第二十三

古者教養之法出於一詩頌后稷立我烝民與陳常時夏並言也人之自養在治生聖王則養人以大順大順之風行世天下情欲不盈公私各足蓋有天下者治其基不治其末也斯人各求自養貨財流衍於天下其勢終不能自固一旦有方千里之水旱君之左藏尚有竊指而睨視者况民間積聚乎則不順生亂也何養之有人之教人在爲善聖王則教人以同風道德一而風俗

同天下人心皆正而學有用葢有天下者治其治不治其亂也斯人各自爲教刑名法術與仁義禮樂各用其師說以分爭王庭樹朋私里人心益壞矣則不同生亂也何教之有凡言教養者謹諸此蘇綽論治分教化爲二事牧守長令洗心革面扇以淳風示以樸素使百姓亹亹日遷於善邪僞之心嗜欲之性潛消默化不知其所以然綽所謂化也然後教以孝弟使知慈愛教以仁順使知和睦教以禮義使知敬讓綽所謂教也葢教則古今所同化則聖王所獨也古之教人者仁義以正其德禮樂以和其性文王之謨武王之功以通於治道祭

義五教師氏六行鄉老三物黨正齒位族師比伍閭胥觥撻上所令之謂與下所秉之謂則要使民之身心無一日離此而詩書與師儒皆因是而發明之此教之目也居以定處若黨庠術序閭見一而異物不遷官以定業若藏修息游探討精而身心皆洽取以定制若德進事舉言揚趨向專而用志不分夙興夜寐起居飲食皆學之時鄉國天下皆學之地一身容貌詞氣立朝經緯臨民表則皆學之事朝而受業晝而講貫夕而習復夜而計過以無虛其時居鄉受學鄉大夫居州閭受學閭內致仕之老行於天下受業天下大人君子名師勝友

經生所處不遠千里從之以無虛其地要以遠聲名戒游惰愼陵躐禁誇張黜異端尊王制扶綱常以無虛其事不貴無用之學而朝廷之上鄉黨之間亦不尊禮無學之士其最要者學校之中尊道藝薄功利居其間者莫不以求利爲恥至於四十不敢遠利之志旣堅且定然後許之入官此敎之義也變其氣質雖有剛柔緩急無不造於中正謹其視聽言動不使邪辟之幾自外而入藝種於心課以致知力行知以無所不聞爲其始而有所不行爲其終凡道德性命之微天地事物之變與衰治亂損益廢置先後終始之故考之古以鑒得失驗

諸今以善因革始學之日即習以治人之理使用賢治不肖用能治不能使甄陶于學者不獨文德洽四國亦能用力行陳問號令明肅謀猷濬遠出師以律成功而讓有將帥之才也收斂威儀使容貌莊重器宇不佻優游服習潛移其心志不躐取榮膴矜尚口說措諸紛擾之交而無疑撼也故人才之多凡三公百官皆得其任而道隆德峻者天子亦北面問焉其入人之深雖數更衰世忠孝廉節之義晦而愈明鬱而彌發委裘而朝者折札之命猶足奔走天下舍車而徒者危言折首猶足屈讋暴厲不見利而遷雖舉世皆集於菀而歲寒猶爲

之堅守不與世升降是以禮器雖湮而存乎人心者猶在也雖梗化之人累世弗賓而聲教所及皆順長道以自屈既衰且髦無用於世而越境之大夫猶必咨以典故文獻在兹焉此教之益也要以天子公卿躬行於上威儀維則君之教也纘乃舊服臣之教也凡職在師儒者所處無邪行所存無邪思師資於人益知己所未至應人之求則資諸己者不可乏也是以小大樂從人有定志也教化之患莫大乎人無定志而心馳外慕因遷舉思爵祿因爵祿思權勢因權勢生奸邪家誦六經之言人爭功利之末上之人雖有臨雍拜老虎賁執經之

盛事而士之所志絕與人主意殊甚至主持教化之人即大壞廉隅之人積漸以往天下蕩然禮義不足悅其心官爵不足滿其志財貨不足充其求則浮慕教化之名誤之使至此也古者賢不肖之辨先嚴于鄉校至有屏諸遠方終身不齒者後世師儒之官雖具鄉曲之教絕疏善惡漫無所記勸懲格不可行雖遠屏無庸復施而訓迪實亦未盡厥術也今欲敦敷教實事宜取所云六禮七教八政之屬朝夕申儆又以古人治家之禮睦鄰之法若藍田呂氏鄉約義門鄭氏家範合一鄉之士課以誦習而力行之以方正老儒致仕大夫董率其事

佐師儒所未逮不以興賢多寡爲殿最而以諍訟曲直民風渻薄爲勸戒所攸分昔時書院遺基學田舊業義田疆畝凡在鄉中者皆興復之此解縉之說而後世可行者也學校之中所當禁者天文讖緯耳其餘一切時事所以使博士弟子明習練達以待世用者胡瑗特設一齋肄之今則朝臣奏章七政行度郊廟儀節燕享樂章之類目有未覩耳有未聞甚多所習者寡所疑者多何以平衆論決是非也董子對策謂天之所生不能粹美須教化輔之其說未盡善也粹美之質孰有過于天所生者聖王立教益返其固有未嘗益以本無奈何歸

功教化詆訾天命乎古者役之則爲民教之則爲士官之則爲吏均此人也故不獨教士亦且教民一鄉之中樸魯人多俊秀人少多者無與乎文釆之觀少者獨抗言聖賢之事何怪乎一傅而眾咻也惟使在家之人樸魯無文者莫不教以孝弟忠信俾其從容燕語無非是事旦夕觀感最爲親密然後子若弟之俊秀者亦不墮浮華之行文具之習此先王教化所以必達田野不獨鄉校中也

愛養篇第二十四

古王者之服十二章有粉米焉取其能養人也近民之

官曰有司之牧夫牧知養之所在則彼不知者驅而之焉君牙司徒也祁寒暑雨之咨載諸策命秀民之爲髦士者皆出于農而工商不與焉然則三代所重可知矣易曰鼎養也巽而耳目聰明柔進而上行得中而應乎剛是以元亨耳目聰明者決壅蔽也四方風雨水旱盜賊之事日進君前儲蓄賑救之方日研諸君心則耳目聰明矣柔進上行者流豈弟也民間耕作織紝教子娶婦養孤長幼人主視之皆若一家之事使民忘嚴父之尊樂慈母之親則柔道上行矣應乎剛者羣賢爲之助也人君不親養民之事屬之大臣大臣不爲食以待來

者分職以任天下之賢天下之民由賢者而得養車書萬里朝奉聞而霈澤夕下則應乎剛矣古之養民者以五行爲本五行相生本乎天道人君政足格天使陰陽無愆伏民間之養自食其力而各足不若勸農之詔靈雨桑田之駕有逮有不逮也其施於政事斥山澤之利通有無之貨奏艱鮮之食課五種之殖勉婦作之功榮茂滋碩皆有方略又爲勸戒之法四支常習於勤勞室家不狃於惰慢凡土鼓葦籥迎寒迎暑之章皆人君所奏御而後宣布民間朝夕謳謠以作其氣於南畝使民用己之力食天之產豐亨豫大以樂其生又敎以禮義

使遷善而遠罪立制度差品以定民志禁奢侈奇淫以無靡其財黜有司掊克以長守富自士以上度德而授位有其德者必食其祿所食之祿必稱所須之用自士以下程力而授事所任之事視其力之所勝然後足以生利利生而後可自養也民以力食士以德食力勤者食必足而怠者不能半也德盛者祿必厚而薄者僅自給也民不競所獲而競所事祿不豐於求而豐於德民足於食野無桴鼓之鳴士足於德官無碩鼠之刺此聖世之澤也聖王既遠經制盡廢民不安其生有旦夕之心鮮終歲之計豢糲猶未裕輒為酒醪以靡之婦子食

未充而蒲博之好偏淫奉養不免誶語而媼巫緇錫之費不貪難得之貨無用之器日陳市道而官不知禁菽粟流衍地上無不儲峙以待輸將而竊食其餘如雀鼠耳西成之時里胥催科到門稗販隨其後而居積焉下其訾算以與稗販流衍者一朝盡而無食自若矣兼以犯王者之禁肆圍奪之强一旦罹乎法網則田宅荒蕪貧産蕩絶所以貧也欲勢者輸粟而易官任俠姦人食亾命而貿其死力富商大賈億萬之資寄諸舟車一朝傾覆化爲流塵所以貧也守道之士饑寒不能自克遂自棄於凶德出而爲官必至侵欲無厭使閭里蕭條杼

鼓不息亦所以貧也祖父貪婪子孫習見益甚苟利錙銖死生以之至於掩盜跖之藏居邊關之物竟輸掠之事彼其身之不恤何有貨財亦所以貧也皆由上之人失於經理故至此也且天下治亂家道興衰可以氣象卜之地力有餘生物茂遂者其國不亂其家不貧地力衰竭物產不傷自耗者其國必亂其家必貧故爲國有將盡之氣而調變之功不可緩也爲家有將盡之氣而攻苦之業不可怠也盛世君臣審日星寒暑之度察鳥獸草木之化非以知物候也以正天時和民事也慰勞田家服事之勤道達井伍忠愛之意非爲此繁細所謂

以和平之風消釋朝野怪慝氣也葢勤勞者小人之職其貨財流通室家相慶則君上之澤假令政治既衰王路蓁蕪耕桑雖曰如故而氣已蕭索情已慘傷矣故勤勞非疾苦也盛世則爲勤勞衰世乃爲疾苦至於疾苦則物力已竭民風必哀非賜予所能和輯非威刑所能整齊矣衛靈公天寒鑿池宛春諫曰天寒起役恐傷民公曰天寒乎宛春曰君衣狐裘坐熊席陬隅爇火是以不寒今民衣敝不補履決不組君則不寒矣民則寒矣有君如此民間即不勞苦豈能樂生乎漢文帝曰朕親率天下農十年於今而野不加辟歲一不登民有饑色

是從事焉倘寡而吏未加務也又曰夫度田非益寡而計民未加多以口量地其於古猶有餘而食之甚不足者其咎安在有君如此民間雖曰勤勞自不至疾苦矣故上下相親者養民之要務也天道虧盈而益謙以全理舉之海內無復有貧民不過甲乙之家相爲代償此有遺秉則彼有懸磬也數始於一而盈於萬自一至萬自萬歸一如環之無端知理數之必至者亦未肯以不足易有餘也且天地之氣有時而羸有時而絀當其羸也萬物皆羸當其絀也萬物皆絀民生其間不幸値窮絀之會非饑非寒無以避災屯之氣而合乎天地之正

氣雖黔婁與猗頓同無如何也夫民間衣食之具取於天地所生原不至乏絶所憂者無法度以相治爾王者以虞廷九功佐五行之令以洪範八政象四時之權又有十二荒政以宣乾坤六子之鬱但使天無愆陽地無伏陰君無秕政民無惡俗所生者既遂所有者皆安夫豈有失養者以天下之物養天下之人即以天下之人愛惜天下之物故物無朽蠹人鮮狼籍又豈有失養者遠方所產皆王者之用民間所生民間互相爲用此以天地之美利成王道之平施也貴其珍以表異賢能惜其餘以充滿兩間此以王道之裁成返天地之絪縕也

世俗之說非管商無以裕民不知歲棄其次而淫於元枵則饑虛必見謂才臣之心計可以浮於天時吾不信也又不然者氣之所窮有竭絕之處亦有鬱積之處或有姦利富厚良士饑寒豈可謂天富淫人哉天地之間人之與物皆相生相養無自生自養者鳥獸猶樂其羣而況人類乎政煩賦重民不聊生遂有捐親戚絕人事伐桑棗破釜甑壞藩牆決渠瀆掉臂去鄉里者以爲天下之大當不使一夫無所託亾何一去故鄉浩無所依望恩於人而莫之恤思轉死于邦族而舊逋尚存展轉顧慮長爲流亾而已矣考古循良之治有撫定流人者

有就流人所在募耕廢田者有隨在許其附籍而以主客之戶差其稅役者無返召流人復歸舊業者蓋此中有甚難焉非州郡所專也必也蠲逋負別汙萊弛山澤三者宜得請於朝修渠堰謹隄遏通有無嚴求取勸親睦息訟爭戢盜賊肆災眚八者宜行之以誠庶幾先王還定安集復見於今乎若忿其出亾峻其株累執其父以跡其子執其兄以跡其弟執其姻以跡其亞執其鄰以跡其伍采茶薪樗籍捕輒至人與人爲怨家與家爲仇天地生物之仁幾於盡矣先王六行之教適相反矣書曰祖厥亾出執詩曰靡所止疑云祖何往有心世道

者不忍見聞也開渠灌溉爲利大矣古今所傳兩周相給秦韓互間雙渠交溉二江分流三犀刻於水次兩鵠言於陂中鍤舉而龍見楗下而魚鬱隄閼數十皁流倒爲潢洼水排百里高岸鼓若雲浮萬斛之泉必行千頃之野一石之水當得數斗之泥避崩崖而穿坎變瀉鹵以行稻刻石分界以防其爭表地植臬以測其平游淀澄洗於鯨波巨防矻立於神渚皆載在史簡稱美前編亦養民一法也

租庸篇第二十五

古者公田藉而不稅市廛而不稅關譏而不征林麓川

澤以時入而不禁用民之力歲不過三日布縷取於夏粟米取於秋力役取於冬後世兩稅三限其遺意也先王之法本乎典禮稽諸故事訪於國老度國用已足有餘皆藏之民間不設財賦之官凡虞之九臣周之六卿皆無筦財之命庶土所產多奇異之物則限以厎愼穀土所生雖無奇異而有差別則殊以三壤取民之式書諸史冊銘諸太廟後世子孫侈心甫萌凡司會之臣直諫之士得槩祖式裁之明堂外戶不閉示天下不藏也此先王取民制也周道衰微暴斂者多春秋書稅畝曰初始事之詞也臣甲田賦曰作曰用非始事之詞也蓋

碩鼠衛風也鴇羽唐風也大東周詩也人情之苦甚於稅畝多矣山林藪澤之利虞之旣盡萑蒲薪蒸鹽蜃之屬久且斥入正賦民間服習以爲固然不知其所由來降而益下取天下之賦爲人主私藏至其用之一朝之費當數代之仂莫不過於浮侈竭于漏卮竊於慢藏織造賞賚齋醮土木無日無之而鰓鰓焉憂不足皇皇焉議加賦不思其所加者皆民間朝饔夕飧也古者地有遺利而不見不足後世算無餘策而不見有裕則不知存諸民間之故也又其甚者據亂國之籍以爲成數夫亂國之籍何可據也天下大亂暴斂者多按其籍而責

之則惟正侈矣又有納土請吏者僞增賦額以取悅天子如錢俶所上圖籍都非實錄此因天下大亂其數日增者也言利之臣後先各操其勝如陳傅良所奏熙寧上供歲額增祥符一倍崇寧重修上供格率增至數倍此因計臣媚上其數日增者也以此觀之故籍焉可案也夫絕民用以資王府猶塞川源而爲汙瀆奪吏祿以益度支猶割肌膚而飽盤餐但惡下之有逋責不顧上之有朽蠹但知役天下自奉不顧役天下以奉不急之務且以奉無用之積也水土之產日陳而義倉義助責之民間山澤之利盡取而括隱漏搜伏匿乘傳而行天

下休息戰士所以愛惜民財汰之未精而養不耕不戰之士適足匱乏之民財豐殖物力然後可招致賢士教之無方而聚養交馳說之士適足竭耗物力嘗以古事觀之能聚斂者未必能富國也能富國者未必能安天下也富在筐篋府庫則上溢而下漏富在大夫之家則本顛而末蹷富在市廛則金生而粟死必也富在四野然後貨財流天下安矣理財者不可不辨也力役之征原在布縷粟米之外蓋其爲法以人供役不取代於輸錢是以役法不得混於賦稅之中故不得借役人之名以加賦也楊炎變爲兩稅庸與租調同於取錢庸不取力

而取錢遂使有司先于庸錢之外取人之力復以傭力之名責人之錢役法田賦混爲一致有加無已所以大麻之後爲時未幾庸錢不除力役如故凡熙寧元祐所爭皆楊炎已壞之法也由今觀之租調者賦也庸者役也三者既變爲兩稅矣兩稅之外庸錢不除天下之人明知免役不可信矣何以免役之令安石行之亦復有稱善若吳蜀者倉庫綱運役之最苦自宋以後諸役稍食皆與正賦偕供矣而倉庫綱運顧其重者何以復責諸民間蓋始以庸取錢久而錢自錢庸自庸也後之人又復以錢免庸上之人又復配庸以責錢名以實去實

以名存名實相生如律呂之無窮公私皆借役人之名
以加賦爲百姓者婾取一時之快驟入淺淵而莫覺也
古之丘甲田賦皆寓庸賦中又取庸賦外者也總之賦
外之征必不可雜賦內溢於其外數雖多易去也藏於
其中數雖微不易去也溢於其外良有司心乎愛民下
車而去之立盡旣已斥入其內簿書文案爲據已多雖
良有司不能一旦削去其籍其害始無已也然天下之
事法之爲害有限人之爲害無窮法之爲害人爭言之
言之惟恐不盡人之爲害人未必揚言之言之亦未必
能盡也且害未至而預言則其說鑿空而有不盡之慮

害已至而後言則主者力能阻抑而人有不盡之說故天下之患常以言其所可言不言其所難言遂至難言之害反以有所言益之而其害遂隱已成之患別以一患代受其攻治而此患益滋夫取民者法也不忍多取者法外意也法外之意所以維法一日不謹則法必壞謹之則在持法之人禁絕賓庸賦中取庸賦外而後可望平治也昔之留心賦稅者其得失可略舉也楊炎所變之法凡海內郡縣皆於大厤年中取賦入最多者一歲以爲科率一州自爲一例諸郡不必相同此其立法即非公正之心畫一之指矣迨其行之既久弊端迭出

陸贄疏陳皆知爲斂法矣其後李翶平賦一篇林勳本政書十三篇最爲周緻翶之書具在未聞舉行必其不可行也勳書云使民三十五年而一役又云行之十年則民之口算官之酒酤與凡茶鹽香礬之榷皆可弛以與民然昔人以爲其賦過重恐不宜於後世則勳法亦不可行也元太祖初定中土命耶律楚材更定天下賦稅朝議以爲太輕楚材曰作法於涼其弊猶貪後將有以利進者則今已重矣未幾果稅斂日增楚材極力辨論言與涕俱而其主弗聽夫以楚材得君尚不能格欲利之心況芻蕘乎吳鄧錢布天下賈誼進收銅之說卒

不見聽強藩寵臣猶以塞其利源格沮辰告又況利在人主者乎由此言之書生焉可議國賦也國家必財用不足然後加賦爲人臣者欲以口舌爭之當事者未始不陰讐其言而事勢所迫亦必顯斥其議且國用不足其害顯而近不傷財不害民其利隱而遠爲人臣者引義而爭目前之害談久遠之利亦當身任匱乏之責使人主緩急可恃大臣經營有地此其爲說不更難乎是在爲人主者深長思也加賦一事無論朘削民生但此令一下適使上下相畏而不相親經制一改又使上下相顧而不相安夫國用不足一時之急也上下相親以

求國家自然之利則數世之裕也上下相安以舒國家意外之患則又無窮之計也較其所得孰多孰少亦可知矣有國家者安得聚一世聖賢相與共述先王之制勿輕改舊章動心貨利以滋小人更張錯亂之端也哉

人主用財有其始則約後乃日繁者其約也當思所以可約之由其繁也當思所以致繁之故則由繁而返諸約亦可以意揣矣人主必廢成法而後可多取於民成法一廢猶馭奔馬者中道而去銜勒也人所難測者心也心所受成者法也上之人舍法而制於心人各有心亦將舍法以求逞於上朝廷每下求利之令奸胥迎門

笑語貪吏握手相賀公私之費輸輓之艱物未至國門民已困矣且無論及此也只此求利之心不可昭示天下求利之名不可敷聞道路所以頃王求金春秋不啻責以好利而深究其廢文王之法不克繼文王之體以爲非小失也往時中官養花嚴冬之日納諸煖室以温之一時得花不踰年而槁矣夫水土演而民用也民間微利盡取則水土無演物產必竭如此而天下不亂者未之有也況天下之利不可盡取不惟取之不義蓋亦求之弗得也縣官常自漁海魚不出復以予民魚乃出太守詭人采珠珠遂遠徙後守不取去珠復還乳穴告

盡數載刺史令明而志潔乳穴俄復此亦有天道焉非人心所能屬厭也禹貢之書所重者貢賦也必本山川之形勢庶土之肥瘠合十二州爲低昂以爲田者賦之母也舍田制賦弊必至賦有餘而田不足賦日益而田無從益也承平既久賦有定籍不必問田所在子孫襲祖父之舊蒼頭閭主伯之疏奸胥欺愿謹之儒移易登降於其間版籍雖具有賦存而無田者有名存而無人者有籍載此人賦屬他人者有游移不定甲乙屢更必不可詰者惟司籍之史知之他人不知也一朝責鄉戶以供役則司籍之史故祕其主名以相販賣盈其所欲

而後授以實籍其中最殷富而易輸者吏則取以自入歲責鄉戸抑配以實其郛廓而已矣此皆以賦繫人不以人繫田是以增損出入莫可端倪也必也盡天下之田畫之爲圖圖藏於官副在民家名田之人注於圖下十年而更書之圖則不易本田以覈賦表人以覈田自升斗以往必質於庭有司公平仁恕盡歲時之心力治其縮朒與附贅然後登於札而圖籍可定也然圖籍之始亦難言矣柳宗元曰弊政之大莫若賄賂行征賦亂又曰檢之愈精其下愈巧蓋地有肥瘠則賦有輕重人有賢奸則籍有眞僞計多寡以制賦必漏版盈於阡陌

別三壤以差征必沃土書以不毛甚矣畫一之難也東京之初以度田不實自河南尹以下刺史守令坐死者十餘人蓋均賦猶易度田最難非至公彊力之吏不能取奸黠而窒其孔隙勿使以高為下以有為無以多為少也稍有孔隙必成蹊隧惟廉吏塗其孔隙以絕其蹊隧貪吏則開其孔隙以導其蹊隧監司瞌於民實是不敏也私其脂膏是不恪也如此則監司亦在罪辟中矣東京長吏十有餘人皆坐死大率由此其不敗者倖時而發爾故取民之制必使出於畫一埶家如是編戶亦如是桀猾如是樸魯亦如是坐堂皇如是履疆畝亦如

是令出之後不惟百姓不能肆姦黠即官司亦不得行意指而後圖籍可定也理財總無善策吏良而民富皆善也吏貪而民貧皆不善也管氏輕重李悝平糴耿壽昌常平行之而善者有齊桓公魏文侯漢宣帝以爲君一時之吏無敢倚法以削是以適獲其利其他計臣之策既非先王生財之道愛民之心矣奸吏承立法之敝肆其漁獵入主於此刻者則激亂寬假則容奸或稍知其敝更立一法救之以爲一紙之令遂可奪奸人之魄不知貪吏蠹胥先事而爲之所矣何救弊之有故量入爲出量出爲入禁絕侈靡審擇良吏政之上也有事發

取之事已亟弛其征抑其次也奪下之利破人之積冀以益國用免乏絕亾次矣王莽之末政令煩碎刑罰酷深富者不得自保貧者無以自存聚爲盜賊依阻山澤吏不能禽而覆匿之浸淫日廣盜賊之害言利之終事也不特此也財貨既多爲人主者不能無事非開邊黷武則廣游觀崇宮室萬民之命畢諸長城之下萬國之家破諸叢臺之上雖四方無虞入風從律亦奚取此且從來言利之臣無不受奇禍者桑宏羊隕身覆宗爲萬世盟首固無足怪劉晏在貞元所稱賢者而爲時宰所搆先誅而詔後下不特此也子產有遺愛之名猶以加

賦之故受謗於蠆尾時賢亦卜其亾家何則政煩賦重人不堪其苦輕去易亾不得祀其祖考養其父母依其兄弟有其室家貽害若此無怪乎倡此議者受禍良酷也先王重薄斂不重蠲除取平刑不取肆赦人主不以喜怒殺人丕蔽要囚不爲忍焉用赦不以重斂困人以萬民惟正之供不爲虐焉用蠲漢時寬大之詔下於正月蠲除在先徵斂在後是以民知其極官無所蔽若徵斂在先蠲除在後大率官食其實民受其名而已欲富國者當使君民之力皆常有餘民之餘力生於君之約取君之餘力生於民之各足蓋政令緩急能使物價重

輕裁闊狹而取具不待輕賦而民力可供也峻其期會刻其校勘則損農利末損民利官之事多不必加賦而民力不堪故君民一體先王之政也王安石立法事事歧君民而二之先王之法求當人心而後行安石立法事事責人以必行所以事事爲人害也凡人欲勝則思聚財財豐亦能滋欲財不稱欲能無求乎財不足則欲窒欲彌窒則情彌劇劇以待發能無暴乎夫金氣既勝則士病而中和之德微木槁而少陽之力弱中和微則人失養少陽弱則生不蓄貨財聚於上則天下皆空虛矣凡積逋之弊非姧民頑嚚無恥即貧民饔飧不給者

也有司急于考成默以貧民之逋均諸平民而奸民窺此敢於負逋平民亦效之敢於爲奸是以逋與歲增也又以朝廷數有蠲除未嘗返諸其人也要皆狙時觀變者受之而畏法樂輸者無與焉是使湻良常輸倍半之賦狡猾獨私浩蕩之恩爲法不平故逋益增也又或爲有司者苦於奸民難督別立苛法以補積逋使奸民有所逃遁但使緩諸歲月即有代爲之輸者而其習益固其情益鋭其類益蔓延故其逋又益增也欲治此弊必嚴禁有司默配與其代輸然後一意繩治奸民豈有不克者哉即貧民之逋舉而放之又豈有冒放者哉若夫

水泉池澤在常賦之外故月令特言於歲終不在季秋所領之額又以歲有盈縮不可限以定數恐有司易爲低昂難於詰責故戒之曰勿或敢侵削兆民以爲天子取怨於下此先王綜理之周亦見此種之賦不宜列在戶口也

雜賦篇第二十六

自古言利之臣非眞有過人之智措國計於不竭也率皆强取抑配以奉君歡捷取一己寵任甚有幻詭其名匿故迹文新意取彼湊此敢罔上而無忌憚者又堅忍爲心舉天下怨嗟歸諸人主日以負罪之身攘袂抵掌

無所愧畏理不可勝則劫以勢或售以術以求法之必行是以禍深而不可解也夫天下之財日生者也金鐵之産山者不窮鹽鹺之出海者無盡粟帛成於人者與歲俱增羽毛齒革麗物者不脛而至不問何法行之莫不有利人主不思天下之利有自生之勢誤以爲計臣所經營封殖也而深入其説矣且其爲術也一人主持於上羣小揣摩於下各出智謀以備卒然之詰責稍有敗壞之端其黨蚤已彌縫民間冤痛直士規諫皆處乎其後而人主不省矣所以王安石之學不過使豪民大賈勿專朝廷厚利而嚴峻其罰以齊之酷烈其吏以驅

之其指亦易敗矣然得彼黨世守爲害數代雖有正人君子上書章下莫可如何其所傷殘莫不以九州爲量以數十百年爲期此如富人之家主人不親會計而屬諸蒼頭其蒼頭必紊亂會計之籌以侵主所有商賈稗販之家主人不履舟車之次而聽諸傭客其傭客必大私百貨之利而以酉滯歸主此自然之理必至之情蒼頭傭客所私者主人之財故其術易敗言利之臣所賊者遐方之民遠而莫可叩卑而無可籲是以其術不易敗也盍嘗聞諸桓寬之論矣昭帝始元中曾議鹽鐵榷酤病民之事寬以爲智者贊其慮仁者明其施勇者見

其斷辯者騁其詞而後可盡其情也今討臣以偏倚之見湮羣議之源仁智勇辯格而不進雖使土礫化爲南金瓦鹵變爲和玉沙石悉成隋珠犬羊盡作狐白猶不能保蕭牆之內如劉陶所云也雜賦之大者一曰錢幣二曰鹽鹺三曰商稅錢之名類雖多盡乎輕重而已矣所謂子母相權者蓋物價侈泰則當一之錢數多而難舉是患輕也故利用大錢或當五或當十其數易校是謂以母權子若全用當五當十而無當一之錢民間纖微之物於以析用甚爲不便是患重也故宜於小錢以便析用是謂以子權母單穆公所云子錢當一之錢也

若後世私錢不足當一之數不可以子母論也後世以白金爲幣則當五當十皆可不用但嚴禁私鑄使當一之錢不至壅滯斯可矣盜鑄之禁非法所能盡也但使所當不償所費則盜鑄自息宋以陝西用兵鑄當十錢盜鑄如雲而起改而當三猶盜鑄也減而當二盜鑄乃息蓋銅費僅足相當姦人無所利也程子曰利多費省盜鑄者衆費多利少盜鑄者息此禁私錢良法也從來立法甚嚴而姦民不畏者有司愛銅惜工也欲銅輕而鑄多省工而易成故不軌之民因其輕也益以輕者殺之因其省也益以省者亂之馴至董卓所鑄無輪郭文

字皆求多求省之故民間用錢樂其數之多則不取少也樂其攜之輕則不取重也所以私錢常通官錢常滯治之之法權以銅費使僅相當故非重五銖不可古人所云五銖得輕重之中不及五銖則銅價有利仍多盜鑄爾至其行官錢非盡去私錢不可欲去私錢非平物價不可今以官錢三十當私錢之百八情喜多惡少必取百不取三十也苟禁其取百限以三十則貿易者常陰踊物賈即不至百錢但得四十五十而官錢之賈已默減矣劉巴欲行直百之錢請先主先平物價令民與官為市非籠市利也欲錢之通不得不然原非長久可

行之事所以暫禁私踊之術私踊不作所當如法然後削官平之令聽民間自爲授受誰曰不宜乎然禁絕私錢恐喪貲者多又當思所以斂之陸贄曰錢多則輕必作法以斂之趙開曰楮多則輕必作錢以收之宋高宗論交子會子之敝曰但宮中常有百萬緡遇交子減賈時買之即無敝矣參此數法而官錢可通行也三代以前不以鹽爲賦故貢於青不貢於揚以青近王都也其時鹽之供御不過大官滋味及燕享形鹽餘皆民間利之官不與知漢景帝既平吳楊州鹽田始入漢其臣謂安邊足用之本皆取其中鹽賦之興大率始此其初惟

充邊儲後乃旁及他用明之初載葢倣宋雍熙法久而盡失其故其用不止於餉邊其敝不止於病商矣嘗試籌之天下之鹽所在而有天下之兵亦所在而有天下之廢田亦所在而有蘇轍所云許汝久荒之田至今如故也以兵墾田則恐有妨守禦其人亦未必安於力農以度支給餉竭一方大半之賦僅支一方之兵猶苦不給而田之榛莽者雖募墾令下未見耕桑事也胡不循向者報中之法不必輸邊一隅不必事屬大商亦不必輸於帑藏而後給餉但就兵所居募商墾田就田所近輸粟養兵商自墾之商自輸之爲國者但以鹽償之爾

夫兵者天下不常用之人不在四民之中鹽者天下不毛之地所生不在恆產之內以不在恆產內之物養天下不常用之人哀益平施理有固然不但事勢所宜也唐張平叔欲變鹽法以官賣代商賣韓愈力言不可其最痛切者如云國家榷鹽糶與商商納榷糶與百姓無貧富貴賤皆輸錢於官矣不必與國家交手付錢而後爲輸官也凡計臣所居以爲功者皆略去民間市物之錢而課其交手與官之錢是再輸錢也王拱辰議榷河北鹽張方平見神宗曰河北再榷鹽何也帝曰始立法爾方平曰昔周世宗以鹽課均稅中今兩稅鹽鐵是也

豈非再榷乎方平之言即韓愈指也宋初河東之鹽募輸粟陝西公私便之其後薛向以之易馬則利不在官而歸司市之人故言者謂向壞鹽法而有所欺隱然則以鹽給邊儲昔之良法而以他用耗費鹽課昔之敝政也蓋鹽之利大故操國計者惑於衆口不能直捷立法必迂曲其制使經歷多人人各爲漁獵計所以弊也如所云輸粟償鹽其法直捷而漁利者少恐阻撓者衆爾三代之時未嘗病商賈利民（原稿厲民）管子始作法斂之孟子謂始于賤丈夫之專利或有由也凡商之善爲術者不惜其利以誘販夫國之善爲術者不惜其利以誘大

商此與商賈共利取少致多之術也國家有事更立多取之法一物也稅於所產之地又稅於所過之津一時湊入甚爲可喜然湊入雖多常入遂減以通計之後日多取或不如最初少取矣人主恐有蔽匿則責有司補納補納之資豈能天降地出更當就商取之夫稅輕則商多商多而稅多雖有司蔽匿其所匿亦無幾也稅重而商少商少而稅少雖有司補納其所補亦無幾也故三代以後不可復言去關市之征但減稅通商亦足用之一端也易曰乾始能以美利利天下不言所利大矣哉人主之利大率如是不言利而取所應有卽利也見

爲有利而營之則有謂奇貨可居者利不在人主而在居貨者矣夫以國家之令取銅以當幣以國家之力鑄銅以爲幣但使僅足銅賈即變銅爲白金矣以不毛之地資之以爲貨以不役之人資之以代輸將但使邊無乏食即變斥鹵爲沃壤矣遠方所產得入流通既流通矣薄從發取之但使市無乏商即變末作爲土著矣錢不五銖而淆以輕僞則利歸盜鑄鹽不報中而商有銀輸竈有銀賦則邊儲蕭然商稅不輕湊入雖多常入遂減關吏皆仰屋矣此無他不求美利而求世俗之利其弊必至此也市者商賈之事吏而列肆非禮也自漢武

帝始也其後必有和買之事矣糴者民庶所爲官而糴粟非古也自魏文侯始也其後必有和糴之日矣此二法者宋人行之最爲謬政其源起於有常平之錢以徵逐微利也常平之法耿壽昌所爲當時之臣謂壽昌習於分銖之事不可爲法其後明帝又欲置之劉般對以外有利民之名內實侵刻百姓豪右因緣爲姦小民不得其平明帝乃止宋之祖宗不知大體察及分銖誤以常平爲良法其極流爲青苗後世盛言青苗之非不知常平實作俑也唐有內莊宅官租之制後代瓊林大盈從此而始明太祖不用常平故終代無和買不用官租

故子孫無私藏他若榷酒與鐵太祖皆除之惟以茶易馬尚行于隴蜀而天下不知蓋取馬境外以備邊圉蜀人得貿茶治生番族得飲茶療疾皆以濟物爲心與前代筦利不同也皮革之貢自古有之然取獸之法非可安坐而致七月之詩必伺草木之長聽蟲鳴而知其將衰已而草盡刈乎下木盡落乎上罝網始施于山林猶未可盡取也如狐狸之微可以徒搏獨殺者則即取之若獸之强有力者必俟闔境竭作或參於前或伍於後或掎於上或角於下全以戰陳之法行之而後可强取也人君無曰此上供之獸若縛雞豚焉爾思其取之之

勞則非時之求無饜之欲當稍裁減而雉頭吉光之美風毛雨血之娛窮奇角端之怪中黃賁育之力亦無所用之矣

導川篇第二十七

治水有三義分而道之謂之疏禹疏九河是也去其淤而涘之謂之濬舜典濬川是也抑其暴而扼之謂之塞武帝塞瓠子是也疏與濬有四法紆曲者掘之使直注射者扞之使曲一法也經流所注爲法以去其壖使高不壅卑不瀦則水之去也疾又一法也岸有廣狹狹者甚悍則闢之廣者善崩則遏之然後水行地中兩涘無

慮又一法也爲減水之河汎濫則以制其狂隳突則以殺其怒又一法也疏與濬皆古法塞則始於漢蓋古有決河潰川而無隄防壅塞之文故傳曰治水而防其川猶止兒啼而塞其口又曰善爲川者決之使道善爲民者宣之使言又曰大決所犯傷人必多不如小決使道蓋大川之旁當有餘地以爲受水之區故不汎濫而入人之田敗人之禾也殷天子之都爲河所壞必遷徙避之豈人力不足哉水所欲居不可人力塞也周靈王壅穀水以固其宮太子晉諫憂之惡其反天地之性必有大殃漢明帝詔曰左隄強則右隄傷左右俱強則下方

傷古之持論者皆如是也何行隄之使盡去疏濬二法獨以能塞潰決為功至於大決所傷無限則又役民以湮之無歲不興役以塞決口亦無歲無決口而不興役以其筋力膏澤與水爭地歲有昏墊之憂復有力作之苦胡不講於古法也川之大者莫過於河昔人獨詳其法要之無百年可恃之利於以救時急病灑沈澹災則有之矣禹貢曰又北播為九河此一語者治河之綱領也史記曰禹之治河廝二渠以引之二渠者河沸也河出秦晉之間高而且悍行平地必有敗沸左右皆平地故分為二渠所以免決溢自沸以下至於青齊厥土更

疏二渠猶不能受故復分爲九漢既塞宣房河歸於一自以爲萬載之利人主作歌以侈大其事然以一道受水詎可久安所以宣房塞後未幾復决自分爲屯氏河然則二渠者禹之所導屯氏河者水所自導也於此可見水之性喜分而不喜合矣史稱既有屯氏後兖南六郡無水憂河分而水患減此其明效然前此八支皆湮河身遂隘東郡左右尤被其害郭昌於貝丘開直渠亦分河之義當時安之其蹟已湮後人猶思之不置益信九河之法善也其他論議者李尋解光請因其自決數年勿塞以觀水勢河欲居之當稍自成川跳出沙土然

後順天心而圖之賈讓請多穿漕渠於冀州分殺水怒且以溉田關並請空平原東郡左右之地勿以爲官亭民室韓牧請略於九河故地穿之即不能爲九但爲四五宜有益此上諸說皆本禹貢之義故遠者可經數十年近者亦保數年無患治河上策也嘗以意度之東漢以前治水之法具於班固之書其後三方鼎峙南北分裂河身如故而決與塞皆不見史籍唐之藩鎮稱跋扈者皆在濁河左右淄青最爲下流未聞隣道之曲防也何以混一之代河輒爲害大抵車軌未同急於用兵不暇及水利事河堧之地或左右游波或跳汰沙土時有

瀰溢不至大決且土曠人稀百姓擇便地族處高都沃壤尚苦汙萊未墾況瀉鹵沮洳不過蕃芟藁畜牧雖家於水次可以無患軍府所資指墾田爲質不及於不毛山林陂池畀少府爲稍入率簡節疏目可以闊狹取裁繭絲所不及也否則節使所踞各私土疆強臣自固其圉上下相親爲之有法故功效有成患災遂微乎王武俊決河注王莽渠斷馬燧餉道乃知爾時河隄自若也若夫天下一家河輒爲害者亦自有說五服之內尺土皆其調率不能如向者甾棄地以居水也爲有司者好以興作爲事或以要利或以奏功皆度國之財配民之

力不能靜處而俟六府之修也上以鞭笞督之下以文具應之下㨗多不如法燒蓄常苦不繼客土疏惡兼以築怨鹵莽卒事而功不堅也行隄之使不量民力盈虛都水之司不同朝廷憂勞上下相欺責成旦夕雖有巨山之積不塡精衛之壑漏巵多則蟻穴衆奸胥黠民方且兾其數敗以遂其私是以混一之代輒有河工既有河工輒有河患書傳所載往往如此且又有未諳者水所欲往必非人力所能禦何也水者浸淫之性其所未至必先有浸淫浸淫則土淖土淖則黿鼉鱣鮪將窟穴其中魚鼈蛤蠏又鑽齕之其淺深廣狹皆非人所測識

也人所見爲屹然巨防者在水上者也若窟穴之滲淺在水下者也畚鍤之功能施決口不能施窟穴窒於防之未成不能窒防之已成固有人見爲屹然者其下已不可問矣則以水所欲往其土先淖也所以濱河之處每值大漲之時地有忽陷者或數十步之外水躍出乎地似有怪物焉其實非也土淖而窟穴滲愈淖則愈滲不知其所止水從窟穴出也蓋水性至平亦至悍其所已至居地上一尋者其所未至亦有出地一尋之力但爲土所制而不能出鬱勃之氣固在也水之旁不幸有窟穴穴之上不幸有蛇虺出入之竅憤盈之水從此趵

突無疑矣又有一説焉上流既决下流之水必緩緩則淤墳稍積河身潛高水行至此與昔人囊沙壅之何異在上之水雖流在下之水實瀦上流而下瀦形雖吐而氣則噏形與氣爭噏與吐爭是以愈怒怒磅礴而莫殺必横出矣每聞水濱之人言防將决輒有黑濤如横隴亙於水上以爲有怪物焉不知皆磅礴之氣所爲也觸山之力豈倍薄增高所能抗耶由此言之歲以智力相迫其何益哉惟有聽水所如俾浸淫之處即以居水而隄其兩涯之未浸淫者土新而不淖窟穴必少畚鍤皆施實地上下偕通無磅礴之怒可以數十年無患後此

更圖可也善哉宋神宗曰水之趨下乃其性也如能順
水之性遷徙城邑避之復有何患若神宗者可謂能用
上策者也且以耳目聞見質之往年干戈未戢漢上列
防率皆破壞其時之人排水澤而居者亦不甚苦橫流
此亦可爲小決使道之明徵也欲用此策當使地有所
棄賦有所除然地雖棄而民力紓可以當千耦之耘矣
賦雖除而蠲復省可以當阡陌之闢矣此法之善通諸
天下之水無不可者李尋曰王道公正修明則百川皆
理脈絡咸通偏黨不衷則涌溢爲敗故百川沸騰不盡
關上游霖雨之故蓋所在之水騰踊而上者五行之家

所謂水不潤下也春秋傳曰凡平地出水爲大水若盈科後進何平地之出云爲人主者當引咎自責抑損陰氣凡慘刻暗昧之事皆宜赦斷故春秋有伐鼓之文所以自責寬賦減稅委陂池藪澤之利予民所以消怨咨抑陰威若惜地惜賦而不惜民雖神禹復生未見有良籌也

救法篇第二十八

孔子曰聽訟吾猶人也必也使無訟乎又曰子爲政焉用殺子欲善而民善矣聖王在上立法所以止亂弭亂所以安人是以法度愈明人心愈安欲民爲善不道之

而驅之則民不安不靜以養之而震疊以懼之則民不安不能化惡人爲善人而欲殄絶惡人獨餘善人則民不安是皆快擊斷之私非靜亂之理也先代之制禮經三千刑辟亦三千禮之所去刑之所取出此入彼條目相當靡有龢縮故用刑之道必合天德必就天倫君臣父子之義不可倒置仁義禮智之心不可泯棄淸問審聽及奏當未成察諸詞色之間求諸意言之表動賢有議刺宥必三所以致忠愛也啟刑書而衆占三公九卿皆在皮弁素積同於克謹天戒天子所行遇士師之官則舉虎皮以旌之所以尊律令也其爲詞也貴信而不

貴文獄詞有文無當於造命其讞獄也宜速而不宜畱獄事畱滯爲害不減寃抑其書獄也宜緩而不宜遽緩之須臾以求其生求其生而不得則死者可無憾所以致敬愼也屛除深陷陰賊之人遴選上德通理之吏使天討所加歸於怙亂此外逮繫株送可省則省之勿以一方有獄驚動遠邇於以布仁厚之風順稽古之制所以迓雍和也殷周斷獄不以三微秦爲虐政四時行刑是以孟冬趣刑草艾則罷不以決斷嚴慘淫及三統之始所以奉天時也笞箠拲梏皆有定制五虐之具不陳於寺署斬艾既施而懸首收族必與朝士共議所以示

矜恤也夫獄訟謳歌古人以卜天意非細故也王者受命之符皆積德累善所致至於災異則刑辟怨恨所生故文王之王也以質二國之成勳方興之執後之賢君或齋居宣室或夜起旁皇司寇行戮先爲之不舉以其與天合德故奉天意以從事也古之爲法也議事以制不爲刑書蓋刑書者非以同民情而出治乃矯割物情以從上令也故春秋之時子產荀寅皆以擅作刑器見譏於有道楊賜拜廷尉亦以代非法家固辭其職且曰二后成功皋陶不與蓋吝之也高允曰皋陶至德也其後英蓼先亾況在凡人能無咎乎然世道益降苟無定

法治獄之吏又將舞文以入罪故兩漢以來陳寵應劭吏以刪定律令見稱後世唐宋皆有成律惟元人不倣古制取一時所成之案爲條格條格紛多彼此不等胥吏易爲輕重有司殽於比附三宥莫聞二門遂開故在古今爲最亂古之聖王惡不盡之法以養天地之和而著其理於經以察事類之變其義使法所不載引經而議或輕或重期於足以懲戒爲惡之人而非快於殺人也武帝使董仲舒弟子治淮南獄以其師春秋大義顓斷於外當時稱平焉後世事事取決於律律有必誅之條民無違禮之禁舉世之人盡棄禮不用而逞其奸猾

以禦法但不明犯死法而穿鑿崖穴導達姦邪之路無所不爲使海内湻風爲之盡壞上之人雖欲取之其人反借法以自解貪殘之吏得罪朝廷不可勝數而以事之末敗力能彌縫解釋刺姦之職亦莫致其督責孱弱之家不敢與大奸爲難知幾君子寧忍而避之爲有司者亦無從求其事而詰之探其情而誅之矣其或愚昏之人誤陷大辟又以合於律令而不可赦雖三宥之恩亦無及焉又或觸權臣之怒犯酷吏之鋒越法以誅如艾草菅不憚耘耝畹蘭殄絶國紀亦有操讞鞫之柄不解先王用法大義而惑鄙儒姑息之論異端冥報之説

俗吏便文自營之計一切縱釋有罪更貽民以不安如朱子所云劫盜不死則商旅無坦途犴岸不清則閭里無善俗蠹胥不去則有司無美政尤末世膏肓之疾也必也削苛慘之條重議獄之制俾司聽者執持律令守而勿失不得借曲體人情之說而故爲輕重迹似克私意實虧法也大臣參聽引用經術亦必純正淵深若仲舒者從之淺學曲說瞀亂先王大義若耿育庇覆趙氏以迎合君心者無從也人主於此參以睿慮決以神聽務存萬世之防不矜一事之察其出其入不與臣下相裁成而與天地相參贊如此以往庶免班固五疾之論

矣然而子皋行戮刖者忘痛于定國爲廷尉民自以不冤皋陶之後惟蘇忿生最善以列用中罰遂爲古今名司寇焉此又任人不任法之定論也易曰利見大人以中正也君子爲治立制度以防其僭明禮義以正其心惜物力以養其財課生業以作其怠專一其志不尚奇巧以厚其風夫婦正而後禁淫縱焉父子親而後責悖逆焉君臣定而後誅倍叛焉貨財足而後正盜竊焉地力闢而後料租庸焉廉恥生而後殊黜陟焉禮中有刑刑中有禮而後謂中正也以爲磨礱砥礪皆損一物以利一物者也若必殺不善人以驅人爲善是以所殺之

人爲未殺者砥石也非聖王之指也聖王立法不以舊惡蔽新詞不以淺文抉積惡其事在此而惡在彼原彼事證此事與挾私同也其惡雖大所犯則小援大惡斷小罪與故入同也先儒之言曰刑辟之用激之則淫敦之則一激之者動其利路也敦之者篤其質樸也君子爲治重之以死所以求其生峻之以刑所以重其死人皆以治世爲樂則不宜驚以猛悍人皆以樂生爲順則不宜逆以慘傷此所謂篤其質樸也設詐以防僞用權以懼奸懸賞以誘告密施餌以弋貪婪此所謂動其利路也武王告康叔有殺人取財之罪有不孝不友之罪

有官人玩法之罪爲諸侯者專恃威虐不用天子命亦有罪焉言官人玩法諸侯放命與盜賊逆子同也不曰犯命而曰放命犯命者逆上凡人知其當誅放命者病下非聖王莫能誅也若夫穿鑿文詞顛倒律令非時行部而逮考不急非時行刑以濁亂天氣受牒過多株送被路過於酷烈有凝脂之刺設用機智如鷙鳥之搏行之不足定亂于一時持之不足立法於萬世無以安賢者卽無以懼不肖聖王所謂析言破律亂名改作在四誅之列不以聽者也國家當有世守之法不可因事而更下之人奉定法以從令雖奸猾不敢肆上之人執定

法以防奸雖桀黠不難收若變法以從意民亦乘無定以亂法所變之法曾未幾時而爲害更甚即無亂法者而法中本有之疵漏疊見錯出矣以其非歷載詳定之法乃一時救弊之法也歷載所定之法時有壞端因事正之害去而法仍良如以灰浣垢垢去而灰亦棄一時救弊之法崇朝偶快人情不久更成大忒如垢雖去而水滋復著於物其涴更甚雖有善者更操何術以相濯乎揆厥所由敝在失教不在失刑詔令日下未聞以禮防欲凡上下之情強相維持者禁網而已矣網羅既張飛走皆懼不能恬其性也適足動於惡矣於是飾情假

說以應乎上藏姦府慝以比於下時有所取以張其威默有所樹以厚其援凡所以整齊其民者適足導之爲惡也是以歲月之間習俗屢變放而彌下不可止也爲法之害有二有踰越之害有陵夷之害司憲者謹其踰越而不愼於陵夷必至踰越者多不可勝誅不得不稍弛其法既知其犯法復從而弛之則所執之法已如將絶之繩不能縛物矣是以陵夷也夫論道者不可不盡定罪者必從其實執所論之道以定罪尙謂非其實也非其實卽不麗法矣明知其實而不得盡法故弛法以就之與以非道定罪何異由此言之則陵夷之害甚於

踰越矣且治世人皆畏法而被刑者不絕於世苟羅於告無所逃於天地之間亂世人人可誅雖赭衣半路不能取其什一比肩而遊於世莫非漏網之人論者遂謂治世刑重亂世刑輕葢有激之言亦傷悼之詞也獄有單詞有兩造謠言飾箭皆單詞之屬也無可質成故法可不聽然或有所畏而削其名或身已亾而怨未息或事關天下國家而不敢暴露此又不可不聽也聽之法在乎察其情不必質其成質其成者一人一事之曲直也察其情者紀綱法度之完虧也唐文宗之時諫官言事多不署名論者謂其似匿名書葢詭讓之也然臣官

耳目布滿左右削其名者或亦造膝詭詞之義言雖不可質成當識進言之意若格於例而不聽則入告之路絕矣其在末造部民之於官長百姓之於朝廷不敢顯言而削名以聞此不當引無證之例屏置而弗聽也訟齊民者則窮詰靡遺訟官司者則削投恐後吏道所以衰也所謂疑獄者亦然所謂過誤者亦然所謂肆赦者亦然高帝詔讞疑獄謂非法令所能決也非謂罪麗于法皆可疑凡疑皆從輕也康誥宥過誤謂趨走使令簿書期會偶有不檢是也非處心積慮相與爲姦歷竄入過誤之迹以求免也周官有肆赦乃三刺三宥之後幼

弱老耄惷愚則有赦非罪己定而復赦且非人人赦之也三者之失赦爲最甚詩曰彼宜有罪汝覆脫之夫脫一二人罪猶曰不可況羣有罪而脫之乎光武問吳漢所欲言對曰臣愚無所知願陛下愼無赦而已王符曰惡人高會而誇詫老盜服贓而過門孝子見仇而不能討遭盜者覩物而不敢取皆赦之故張成善風角推占當赦遂敎弟子殺人而黨錮之禍起故先主常遊名儒間聞其論治未嘗以赦爲可用武侯治蜀赦不妄下蜀士歌思猶周人之思召公王通曰無赦之國其刑必平由此觀之赦何福於人不赦何損於仁耶春秋書曰肆

大眚以識失刑廢天討爲萬世戒也

治盜篇第三十九

子曰作易者其知盜乎小人而乘君子之器盜思奪之矣上慢下暴盜思伐之矣二者盜之招也盜何爲者也竊人之財以爲己用也聖王制財用之節使人不得有餘雖欲有餘法不許也所以止盜也末世誨盜多矣貨財所聚人思敓攘以其可欲存焉非與之爲怨也非憎主人也求利之情必至於此所謂乘君子之器則奪之者至也周公作誓命曰毀則爲賊掩賊爲藏竊賄爲盜盜器爲姦主藏之名賴姦之用爲大凶德楚文王法曰

盜所隱器與盜同罪貪暴所至虞度豐資而策取之錐刀之末亦不懲遺則掩藏也求取之私輒威以調率上下相通而保利之則隱器也且不義之聲衆所同惡故姦人懷邪幾幸窺間隙而先動所謂上慢下暴則伐之者至也且教化不明倒置上下毀壞禮誼機變不已起而奪囷奪囷不已聚而攻掠盜賊如雲而大作不亦宜乎班固論姦宄之風成於游俠游俠之風成於四豪之驁上誠探本之論也治盜更無餘法得其根株而決去之斯已矣隨會爲政晉國之盜逃入於秦陳叔達靜居三月盜賊出境此有司最善者其次不能無發發而必

禽若趙廣漢爲尹窮里空舍少年甫謀聚劫而捕吏已至其次發而不禁必稱兵誅之若子太叔取萑苻亦可矣昔賢之論請以豪佽補軍職則可消盜賊於未萌又云籍豪傑知謀之士以捕盜爲進身資又用周禮罷民之法爲害鄉里則桎梏而坐諸嘉石不待既入於刑而後執之其說皆可行若夫招撫其人籍以爲兵李綱亦嘗言之蓋謂天下已亂國基新造已亂則廢法有由新造則尺籍未充若光武用銅馬靑犢之義爾非謂平民爲盜亦許以爲兵免罪也元世祖招二盜主海運明英宗處福賊以縣貳書諸史冊皆見譏後世可不愼乎國

家之敝莫甚於諱盜秦二世漢王莽覆轍可鑒也此二季者盜之始發不過轉掠求食而已二世則惡聞博士之對王莽則甚嚴長史之罰是以臣下恐懼迭相欺謾惟力事上官應對詰責具貣用以救斬斷不暇復謀討擊是用浸廣終於不可制此最無益而爲害更大也凡姦宄之人必有窟穴窟穴所伏必在重地姦人雖易窟穴不易盤庚所云易種也張敞捕廣川之盜蹤迹皆入王宮窮治搜索得諸殿屋重轑中其爲窟穴如此光武之時羣盜大起帝寬長吏之罰皆使以捕討自效惟蔽匿者乃罪之此治盜上策也昔有羣盜聚一處幾百餘

人有司欲往取之議者皆云密戒甸徒竭作而掩其不備慎勿漏師使得逸去有老人曰不然取此有法非衆力所能縛也百人致死以拒游徼勢必多所殺傷宜下禁閒諜使之漏言彼必驚遁以避吾鋒因其遁也亟火其室廬蕩然泯然無所芘依勢必散處他所其儔雖多所居隔越不能相救可分道而並獲也果以此策就禽無敢鬬者有識者曰此漢明帝議禽原武妖賊法也又有一劇盜能呼召數郡之侶一日盜牛失道爲土人所得欲致諸官一人識之曰此某甲也魁宿而金多至公庭即釋之矣相與殺之而以其首獻此人旣死方數百

里間數年無犬吠之警三一事亦可備志一班云

（清）胡承諾 著

清同治十一年浙江書局本

鳳凰出版社

第二册

繹志 卷九……一
繹志 卷十……八三
繹志 卷十一……一七七
繹志 卷十二……二三九
繹志 卷十三……二八一

繹志卷九

竟陵石莊胡承諾譔

三禮篇第三十

禮有五經莫重於祭所以昭孝格祖通於神明也書曰肆類於上帝禋於六宗望於山川徧於羣神此事神之目也曲禮曰天子祭天地四方山川五祀歲徧諸侯方祀山川五祀歲徧大夫祭五祀歲徧士祭其先此行禮之等也祭法曰聖王之制祭祀也法施於民則祀之以死勤事則祀之以勞定國則祀之能禦大災則祀之能捍大患則祀之又曰日月星辰民所瞻仰也山林川谷

上陵民所取財用也非此族也不在祀典牲幣祝號皆有次第如公侯之有等級此制祀之則也目以紀之等以辨之則以裁之或失則野或失則誕皆不可訓也蓋天地之間有氣焉有形焉有性焉天者氣之本也天下之物莫不受氣於天時行則氣至祭天所以宣氣也祭天以燔燎燔燎者氣也用天道也地者形所載也物之有形莫不託體於地資生而形出祭地所以答形也祭地以毛血毛血者幽全之物也踐形也用地道也八者性所麗也性之相屬莫近於祖考莫爭於聖賢性通則神聚祭祖考聖賢所以盡性也祖考聖賢則有嗜好有

酬答祭以饗獻用人道也易有三才焉書有三禮焉三才之藴以三禮表而出之是以常在人倫日用之間此祭義也歷代賢君動作接神必依古聖之經犧牲玉帛雖備而財不匱車輿臣僕雖勤而用不勞每舉盛禮助者歡悦大路所歷黎元不知此人君盛德也下至公卿有田祿者莫不力于農事以奉宗廟方社田祖之祀所以知稼穡艱難無狂惑驕恣之失夙興夜寐保其家亢其宗又以通上下之情逮鰥寡之利此士大夫美俗也先王以禮養人上以美政下以美俗所由揖讓而天下治也自是而降淫祀興焉人主不本神道設教而惟福

之求士大夫不知絕地天通而惟鬼之諂君如漢宣仍修武帝故事方士進用祕祝更興賢如臧文仲猶且失禮宗廟惑溺非族而況夏父弗綦之屬乎凡祭之禮大祀患其不衷小祀患其不節天地宗廟參考不詳以意爲進退則所失更大羣神之祀有可省者有可併者有因事而舉事已卽當罷者祠官徧天下而圭璧斯罄非能通幽明之故也古者祀事先卜所以止淫祀也常祀不卜不在淫祀之列無庸卜也後世灼龜不傳無從決於神故當止乎禮義前此所未舉不必自我作往代所通行不可自我廢知不可頓廢當益愼妄作非謂一舉

卽不可廢襲前人之誤一廢卽不可舉致鬼神爲厲也故曰可廢而廢可舉而舉者存乎義因所舉而莫敢廢因所廢而莫敢舉者存乎禮蓋禮有經義有權禮義所在卽非淫祀也明之祀典有度越前代者省五帝之名息六宗之辨絕封禪之議愼大禘之舉正先師之號定從祀之賢又並明堂於圜丘凡矯誣妖誕鄙褻僭瀆奇衺巫覡諸不在祀典者莫不盡制而曲防之蓋由開國之初大祀議用陶安祫禘詹同齋戒朱升五祀崔亮朝會劉基祝祭魏觀軍禮陶凱凡此諸議又皆安所裁定諸公學有本原時當改制行其所學道由以達不必咨

秩宗於岳牧肆鎬蕞於郊坰矣若夫浮屠老子之祀或順風鼓燎推波助瀾或火書焚廬嚴禁敕絕以至元元玉清青詞素饌不領於聖王之秩祀君子不道也祭祀之禮有告有報有祈告者告成事也報者報往賜也祈者祈後休也其大指則在齋祓其心精明其德以爲出治之本也是以貴於因時貴於備物貴於致美祭不因時以意爲疏數是不敬也供事不豫取具臨時是不敬也苟簡卽事黍稷不馨牲牢不博碩肥腯是不敬也君子祀事有曠則冬不遑裘夏不遑葛粢盛牲牢之具偶有天災不以災所未盛之物薦於所尊災之甚者寧廢

一時之祭以志其譽所以自責而懲不恪也又以爲人之所盡不若己所自盡耕種滌濯袒割之事必身親之祝嘏有常禮節事有常時器幣有定制奠告有常儀供御有定物若此者皆以誠敬教天下而相助爲治也古者歲一祀天有其文而時不可考記曰郊之祭也迎長日之至也蓋三統者人事之始一陽初生者天事之始迎長之義君與民同受其福故行禮之日莫宜於此古今所疑者周公季秋大饗會與日至並行又月令孟春元日祈穀上帝故諸儒持論有子月寅月之義周禮會禮之分又以郊與圜丘爲二事祭天與祈穀爲二郊後

世參用王鄭或三歲一郊或再歲一郊又或一歲九郊又因祀帝之說以太皞五帝實之以今考之周公之時歲一郊天周禮冬至祀天於南郊是也若明堂之祀以尊文考爲義非宗周祀典也何以徵之春秋書九月用郊傳曰用者不宜用者也九月之郊孔子謂之非禮則周公不常用可知陳氏謂掃地陶匏極簡未足盡其委曲故有季秋之饗焉夫聖人者必不以人情豐儉圖度天意豈有因古禮簡質復加一祭沾沾致其隆厚者乎周公季秋之饗其爲尊文考明甚觀其郊用特牲以天爲主也明堂之詩我將我享惟羊惟牛變特牲而用大

牢與宗廟同是文考爲主也非一歲再舉天祀也程朱解此謂一陽初生萬物之始是以祭天宗祀九月萬物告成是以祭帝爲壇而祭故謂之天祭於屋下而以神祇祀之故謂之帝以此解二祭一用冬至一用季秋之義與易天爲帝之指非謂再舉可通行天與帝不可偏之祀也祈穀之祭月令不言兆位先儒有云在圜丘者然旣以上帝爲文則祭從屋下不於圜丘可知又孟獻子曰郊祀后稷以祈農事也是故啟蟄而郊郊而後耕蓋以祈穀爲義則后稷農事之師所重在稷思文之詩是也亦非報天之旨也由此言之孟春季秋二舉別有

意義非祀天本義諸儒之疑皆釋然矣古者喪三年不祭惟祭天地爲越紼而行事故杜預曰常事不卜卜而不吉郊不可廢也禮有卜郊之文先儒以爲或異代之制蓋以大饗不問卜不應有異同也魯郊非禮故待卜吉後舉非天子之郊皆待卜也杜預所云卜其牲日以通禮記卜郊之義甚善故明太祖著令國有三年之喪不廢祀天則知郊也者歲不再舉亦無曠年其時必以冬至其兆必於天子之南郊牲騂犢玉蒼璧禮三獻樂九奏舞八佾是其事也九郊不可從五帝非經義孟春之祈與藉田同既有藉田則祈穀可省天不可瀆也明

堂之饗與大禘同不必常行所以尊天亦所以尊祖考是其義也若夫龜卜已絕無從求其遺法左氏公羊杜預郊特牲有言卜者存而不論此郊祀之制也自殷以上未見有祀地之文周禮冬日至祀天神於圜丘夏日至祀地示於方澤此祀地之始辭亦二郊異兆之始辭周公初至洛邑用二牛於郊祭天特牲而用二牛似乎天地合祭者蓋新造都邑兆域未定一壇之上並祭天地事或有之非合祭所當據也自此以後稽考禮制之書無如詩與春秋詩載祀天之禮無祀地之禮有配天樂歌無配地樂歌閟宮皇皇后帝皇祖后稷無祀地之

文也東遷以後見於春秋者言郊而不及地秦僭用四時亦未祀地西漢之初亦無祭地之事豈數百年來師旅迭興禮文湮滅書缺有間而不可考乎記曰郊特牲而社稷太牢又曰祭帝於郊所以定天位也祀社於國所以列地利也又曰社所以神地之道也地載萬物天垂象取財於地取法於天是以尊天而親地此皆社與地同爲一神之文泰誓亦以冢土對上帝然則自唐虞以來祀地之禮並於祀社故禮文若此乎觀武帝祠后土汾陰匡衡徙諸長安命曰北郊此亦后土與地同爲一神之徵也自匡衡定南北二郊天地之祀皆有載籍

可考而社自有神與稷並列竊謂社稷於地猶日月於天天之功見於日月而日月不可當天德地之功見於社稷而社稷不可當地德王宮之壇不以當圜丘奈何以冢土當泰折乎社與地爲二神無可疑矣所可議者王莽作輔始有天地合祭之舉東京以下分合不一卒無定論元祐分曹而不決也由今觀之並祀始於匡衡合祭始於王莽二始之祭似有天焉而非人所爲何也昔烈山氏之子柱始爲稷祀虞夏以前皆祀之湯革夏正獨易稷祀以棄代柱厥後嗣商而有土者棄之子孫也此天人之朕兆也地之於天猶母之於父也母后臨

朝稱制前此所未有成帝初立王太后始臨朝匡衡適以此時二郊並峙於南北其後母家益盛帝命潛移王莽適以此時天地合祭於一壇信乎其爲朕兆也今二郊並舉更年既久不可偏有抑揚但萬世而後定不可復議合祭以昭地伉於天陰伉於陽之失云爾張子曰地物也天神也物無擬神之理朱子曰古天地定是不合祭日月山川百神亦無合共一時祭享之禮先儒之論如此事會之徵如彼其可棄經曲舊儀遵僞新陋制乎且以太極之理考之天開於子地闢於丑相去亦綿邈矣又天無偏覆地有分土無端引爲夫婦妾稱同牢

之語何鄙褻已甚耶地示之禮擬於天則太伉列於社則太卑別爲一兆乃禮之宜若夫家主中霤而國主社乃今之里社也經所云大夫以下成羣立社曰置社者也不當與天子諸侯所立之社並論傳咸言之詳矣配享之義何也天道闇昧故推人道以接之人道自內出者無匹不行自外至者無主不止祭之有配猶賓之有主也王者尊其考欲以配天緣考之意推而上之及於始祖故以始祖配此殷周制也殷之元王周之后稷土地爵命皆其所受子孫基之以有天位故可推以配天若推而上之不與稷契同基命輒以子孫私恩臚於郊

祀亦非禮也春秋傳曰臣子大受命興王之君受命於天釋此弗配而以私恩行非大受命也王者始受命爲太祖太祖之時祀天不可無配則以尊考之義行之至於太祖升祔乃易尊考之制崇受命之符而以太祖配此禮之正不可易也明之初載以仁祖配尊考義也不及祖德以其非后稷也西漢無配享之議雖匡衡韋元成猶未議也故西漢無配天之祖光武始議郊堯杜林止之厥後當塗祖舜識者皆譏其妄故司馬氏繼起卽不踵行惟唐人有景皇配天之議既不行於當時朱子綱目亦不存其說以示後世葢非信從之典也然則祖

非稷契有大功於生民者必以始受命之君爲配此經義也亦天意也地示之配古無可據之文詩曰既右烈考亦右文母乃祖廟之詩非郊壇之儀也王莽欲悦元后故以高后配地歷代不糾其謬而以爲定制最不經者魏之舜妃伊氏也明太祖深知其謬配天之祖即以配地副禕不登於祇室得經義矣掃地而祭尚矣備物致飾加隆焉可也紫壇僞飾之不再陳也匡衡正之也祭法郊禘祖宗之文先儒皆曰不類漢業特起不因緣堯此一語可決千古之疑後代議禮不復遠祖軒項杜林正之也書曰七世之廟可以觀德所謂七廟者一祖

二宗及高曾祖禰四世也惟此四世之說苦多支閡若以父子爲世苟兄弟相繼者在其間必取義於四世則不能限以四室若以父死子繼兄終弟及皆爲一世兄弟之中或二帝三帝自古有之必限四室則不能備及四世矣况乎周孝王晉簡文帝唐宣宗世數之差更爲疑難其說既難通矣漢元帝立四親廟爲悼皇考之疑更引景帝當四廟之數是高祖以上更有一祖祀於廟中其廟則四其祖則五世矣光武上繼元帝以元爲禰成哀平三君皆不得入廟雖上祀四世而絕三君廟門外其義又難通矣劉歆謂毀廟非禮但當去事有殺祖

禰日祭高曾月祭二祧時享壇墠歲貢大禘終王夫廟有別壇則禮可隆殺後世同堂異室何隆殺之可殊其事又難通矣又言七廟正法可常數者也苟有功德則宗之不可預爲設數然後代之君莫不稱宗遂爲帝者定號旣宗之何所據而不祀四親之外其名又難通矣魏晉以後虛太祖之位以待遞遷蓋有姓已易而始受命之君尚未正位者宋人取王安石說七廟之中旣有始祖又有太祖明初載因之楊守陳極言其誤如此牴牾難以枚舉今欲伸太祖之尊又推太祖之意而尊其祖求定義於萃渙息聚訟於曲臺必也開創之初即度

祖廟太祖爲一域祖廟先立自受命之君以上皆得入焉受命將祔然後更立太廟太祖正位子孫升祔悉從之分爲二廟卽倪岳祧殿之義而易祧爲祖易殿爲廟其名更尊旣居其廟世世不遷其神更妥蓋開創之君必不忍舍置微時之親不祀而自爲太祖數世之後祀事有常繼體之君又安能舍常祀之祖獨尊太祖哉有祖廟以居遠祖之神有太廟以伸太祖之尊祖廟在北太廟在南各爲門垣自有屛攝天子自內而出先至祖廟臣民瞻仰之義皆在太廟異於一廟而分前後殿者尊親兩得祧祔免議而後可通行也東京之制立高廟

以祀西都五帝又立世祖之廟子孫升祔皆入焉世祖之主常嘗一廟之尊同堂異室遂爲古今不刊之典大儒崔蔡馬鄭皆不以爲非此則二廟可據之例也若夫祧毀之義甚難言也元成申貢禹之說席未煖而制又更蔡邕執夏侯之直義甫伸而玉將改大命延長不無兄終弟及之變而世次莫能盡一功德不祧又有進退祖宗之議而去留誰敢發端降格日久前此者一旦有夾室之遷坎室既盈後此者誰爲栖神之宅此在開創之初必不能預擬國恤中葉以後事變始生一朝大議當前遺文靡據決非臣子所可擅言雖欲就會稽訪虞

喜謝譴責若匡衡擣椒以爭配享登僕而告妖夢焉能得所哀哉古之帝王志存抑損不敢崇其私蓋謂崇私之害甚於廢禮雖祖宗之祭猶有所限以示四海九州之奉非一家私藏也後世之禮欲天下統於一尊是以尊尊之義上及下及旁及無有不逮故家無不入廟之祖子孫親媚無無爵之人古今時宜不同其禮制亦異也古之廟制外爲都宮內各有寢廟別有門垣人主一日之中徧祭七廟九獻萬舞之節備舉不惟人力不堪誠意解怠恐日昃亦不逮昔之儀節不可考矣明世宗十五年九廟成二十年九廟災此五年中天子自祭乎

臣工代祭乎抑祫則天子蒞則臣工乎若以臣工主蒞
天子有不入之廟矣奚取數之盈名之恭耶故同堂異
室起於東漢明章之間至今因之不易也大禘之禮所
祭者始祖所自出之一人而以始祖配之一祭一配非
祭羣祖也合羣廟主而祭者乃祫也祫有三年一舉者
有一歲五舉者異宮別垣故三年而祫同堂異室故一
歲五祫禘非五年不行禘不更立廟即祭於始祖廟故
不可數行也明禮無禘而有祫四孟歲除五饗是祫也
祧殿之主歲暮一合饗太廟亦祫也禘則太祖以來皆
未行也世宗始行禘禮德祖以上無可推求立皇初祖

牌位祭畢燎之禮之變也皇初祖之文不見於經有識者疑之伊川曾以義起朱子有設虛位之說祝詞有初祖考妣之稱或亦當時所據歟記曰王者天太祖諸侯不敢懷魯之有禘得祀文王謂其爲周公所自出所以寵周公也與天子之禘不同若推始祖以上至於名字無可考者輒以始祖所自出祀之亦禮文所不載也漢高祖至宣帝皆令郡國立祖考之廟京師又立廟於陵旁無所謂太廟亦未嘗合祭也夫疏遠卑賤不可承至尊之祀後世不立郡國廟韋元成正之也漢之祖宗日祭於寢月祭於廟時祭於便殿寢日四上食廟歲二十

五祠便殿歲四祠又月游衣冠出有車騎過於頻矣宋太祖定制歲以四孟季冬凡五饗而止典祠之勿黷宋太祖正之也出告反面鄭注但告祖禰程子謂至藝祖廟合羣主皆告牲其一牢有此二說焉禮所云父爲士子爲天子祭以天子若高光受命而王者也非謂繼統爲後者亦可以天子贈其私親故漢悼皇考宋秀安僖王皆不用天子禮其皇立廟京師睿宗躋於武上當時之失也祧廟之主有毀有瘞魏晉以降之失也別爲祧殿合祭則陳之倪岳正之也開元始爲九廟范氏非之然而明之九廟猶用唐制也一祖二宗與高曾祖禰之

外更有二祖不知所據何名此不可不詳也光武上繼元帝則成哀平兄弟也八主不入兄弟之廟使有司侍祠於禮可議晉元帝肇祀江左惠懷三帝亦兄弟也從春秋尊卑之義在廟不替溫嶠正之也義重大宗降其私親南頓君以上就其園所立廟光武可法也君子將營宮室宗廟爲先庶人無廟故祭於寢建始殿祠武帝魏文之失禮也漢殤帝以嬰兒不入廟祠於陵所其後沖質二帝皆同此例春秋子般子野不書葬義或近此公主之祔太廟陰室之有四殤晉之謬舉也宗廟郎遠有祧而無立春秋武宮煬宮非禮也然而世室屋壞

則誰之過古之君固有勤於構築倦於薦享者有崇飾致美快非禮之觀瞻者方其作之也不憚夷山爲平增阯爲隴及其既成不過中使上食宮人隨鼓漏陳嚴具而已久不省視久不繕修致棟宇摧積垣牆傾圮此非有司之過亦不可諉云天災乃子孫不敬祖考也尊親之道有隱諱之義先君之體猶今君之體也黜呂后於園以薄后配食高祖光武之失也齊僖公尊崇其母爲之臣子不敢明正其失必以宗廟臨之而後貶焉故曰禘於太廟用致夫人必以外之弗夫人而見正焉故曰秦人來歸僖公成風之襚以此益見光武之失也后稷

主毋家祀非祀毋家也封其地故主其祀不與莒人滅鄫同也祠官祝釐歸福人主不及百姓漢文帝下詔禁之其事可法也左氏四月之雩爲正萬物待雨而大故龍見而雩也穀梁九月之雩爲正毛澤將盡人力將竭舍是不雨則無及矣故九月而雩也周之九月爲夏七月二說非異其神有二也四月之雩常祀也其壇曰雩宗者是也九月之雩非常祀也旱則舉之其神則所云應上公者也夫禱雨之請或先種植或當結實故先儒云三時皆有禱禮無雩祭惟四月龍星昏見始有常雩耳穀梁發重請之義謂三時之禱既不見答則吁嗟而

請之干神之怒失已之讓蓋不得已也不至毛澤將盡人力將竭不可行也此言其理非謂周田事之用必待九月也愚謂旱而請雨非雨必待請而後應蓋憂民閔旱若湯宣之不遑寧處則沴氣可消也今日月星辰山川水旱之神春秋二祭有常秩矣水旱之禱當即其壇以祝史之禮請之禱於老子之宮祝用巫覡失請道矣程子之說亦然且雩祀之禮不獨山川百源當致告也凡百辟卿士有益於民者皆當告之觀孝婦能致枯旱則雩祀亦當及先賢也

古制篇第三十一

雖有三代之良法不可行於今者千百年之後制度不相近也雖有漢唐之良法不可行於今者千百年之後利病不相因也何言乎相近也井田變爲世業今則猶之乎名田也封建變爲郡縣今則猶之乎牧守也賢良變爲經義今則猶之乎科舉也因世業而科稅因牧守而考績因科舉而作人講求至當者行之弊端已見者不可行也何言乎相因也府兵之制既壞不得不招募彍騎藩鎮之禍既熾不得不設轉運使副海道之運既艱不得不綰轂會通所以賦民養兵參伍任吏版牐利漕講求至當行之弊端已見者不可行也濟川者不必

遡源後濟各隨地而問津焉刳木爲舟剡木爲楫順水之性而已矣三綱爲經五常爲緯順人之性而已矣以此推之坤乾小正之遺書再用以治人心未必有忠質之效弓矢車馬之餘智復用以制器利用未必有昔人之功若夫品節頗詳綜理猶密惟近代差可考焉文獻以不遠猶存簡策以收羅仍在欲知人主得失則有君舉之書欲知當時是非則有諸臣之復庶民之逆欲知風俗輕重則有里巷謳謠物價貴賤有嗜先古之學者必能言其初制有爲近古之學者必能言其絕續與其變通孔子豈不能言黃帝以上事而刪書斷自唐虞損

益獨舉夏商以相近也蘇頌乞詔史官采新舊唐書日進數條以備聖覽亦相近也居今而欲善治亦取制度相近利病相因者損益用焉已爾凡制作在天下與氣數相終始與人事相推盪非一人一日所能致也皆先有漸靡之端而後有必趨之勢不自改制之日而後見焉其相近也久矣其相因也微矣或因或革帝王所不得已也是以西漢之時貢禹毀宗廟匡衡改郊兆何武定三公豈三人能始其事亦以漸而然也然卒屢改屢復紛紜不一何也與時不相習也若最近而可因者莫如本朝故事魏相作輔條奏漢興典故及鼂賈仲舒之

言呂大防爲相推廣祖宗家法以進此其爲益更勝遜
稽異代也夫時王之制即道所寓也遵時王之制是尊
道也尊而美之行道而悅心也何必上古之制而後無
弊哉制度之學所以難成家者誦習未能兼備原委不
甚明悉又節目繁多學之無法則勞而鮮功或執古戾
今或舍己從人往往不衷而廢夫人之立身高名顯功
皆可驟致而學問不可驟致作史之家紀傳易成而表
志不易成諸子之書未能貫通於前符合於後故常反
道立論以文其疏皆有愧於通儒也古制雖不可行亦
必詳舉衆說博稽數代以備談經術若貫珠焉王者必

制時巡之禮蓋以道德大同民生熙豫普天之下莫不作觀故就而見之以答其意且以貴賤觀用物淸濁察民風奢則教以儉儉則示以禮亦不可國至人見恐為煩擾行在止於四岳若經過舊都則宜求功臣之後而紹其封傳曰先王卜征五年歲習其祥不習則增修德而改卜動則先置止則交戟淸道而後行淸室而後御離宮不宿便時而入國所以重宿衛也所至之處諸侯皆有湯沐邑所以尊禮羣辟其其止舍藁穀之費尊羣辟者重其禮共藁穀者恤其私天子隆禮其臣諸侯亦推恩其民可知天子不忍煩費諸侯諸侯亦不敢煩擾

黎庶可知所以爲盛世良法也然而虞五載一巡成王十有二年一巡世寖近而期寖疏蓋知其事不易舉也有去國踰時之供億有涉危履險之悚息有撙銜騑轡之勞苦有袚服荷戟之震驚有敵國盜賊之窺覦是以行諸道路必有警備前有變異則舉旌以示戒又必以祖考之主載諸齋車朝夕請命所過山川百神莫不祭告以此見天子一出而祖考神示皆離其次以相從亦所以節慢遊也何必逢盜蘭池受困柏谷長吏以不辦被誅民庶以煩勞生怨而後希出乎三代而下惟漢章帝最善詔書所載至今稱焉不得借時巡之名開八駿

之端元人北辰居所之諫㫖足法也封建之法始於黃帝盛於三代天地之間人必須養養必資物物生於天地取以人力力之强者多取之無厭力之小者寡取之而常無以自守每爲大力所攘奪是以不可無治法聖人非能使人君之長之也天下自不可一日無君長耳先王封建萬國有屏蔽宣化二義屏蔽者扞禦於外以懲不恪所以安上宣化者敷布德意以廣上仁所以逮下合衆輕戚重集衆疏爲戚明尊卑則有會同察治忽則有黜陟使四海之內天威不違咫尺臂指不相蹊盭宣九重詔令捷若桴鼓載一人惠澤均爲雨露故易曰

地上有水比先王以建萬國親諸侯言人情無間若水比地也後世逮下念少安上指多至於秦人以爲借資衆力何如獨操太阿守尉監令天子予奪署置而中外之勢莞於一尊自是以後盡用秦法雖儒者持論自云撟一時所偏重然無當施用則一也何也封建之廢久矣欲復行乎以不學無術之子孫宰制兆民族姓姻婭布滿國中彼齊民者安能宅其宅田其田乎萬一海內風塵告警誰能統一旅匡王國者安上逮下二義兩無取矣郡縣行之既久亦有大敝上下不相親愛但以文法拘縶爲之主者捐事實以養名爲之民者幸縣遷而

亟去卒有水旱道殣相望而有司不加恤卒有寇賊城池自夷而官署不獨存不寧惟是平居攘取匈奪亦甚難堪而欺慢矯虔渙散瓦解豈非無道之尤乎所云安上逮下皆不足恃亦可見矣安見其獨愈也夫治天下之制雖聖人豈能驟更哉承敝易變因其積漸而已矣如封建者古今異時權安危校苦樂實體人情不抑之以從王制其必不可行不在乎文獻有徵也夫人情所不堪君上之令不能得於下事勢所必危父母之恩不能保其終下被其災上貽其憂非盛治也漢列侯皆家京師文帝始命絳侯就國未幾守令行縣遂有身自披

甲家人持兵以見之事夫人臣衷甲見天子吏豈禮也哉豈非懼不測之禍因而蹈不道之機耶由此思之功臣居私邑危如累卵信矣且漢之諸王尚有憂讒畏譏聞樂而泣者況臣僚之葭莩乎厥後列侯雖多更無一人就封者豈非懲絳侯之事與中山靖王之對皆昧死陳請不敢遠離闕庭用招疑謗人主閔然爲之削除此令也哉東京高密膠東之屬皆疇以戶邑食其租稅所封采地不過名號而已爰及唐之初基食實封者亦止給繒布然則封建之廢久矣自漢至唐皆存其名焉爾最後太宗更欲世襲刺史長孫無忌等皆慟哭陳其不

堪至云蘧遠闕庭有如遷徙覆族之禍旋踵見及馬周論政亦云子文之功不掩欒黶之惡毒害見存之民勢必割恩已亾之臣由此觀之雖人主崇厚以公天下爲心而世臣勢危懷不自安之計儻君若堯舜必不忍行郎臣雖禹皋決不敢受又何論利害耶此封建所以長廢而不復也古授田之法見於諸書者不同而公私田之解尤難詳校朱子亦云盡其大不必盡其細師其意而不泥於文也大率以公田分配民家民治公田或不如治私田之專上稅公田或不免於私田之侵以民家共治公田勤惰不同力作止不同時人我不同心勢如

連雞不能共貫其法皆久而必敝也魯宣公稅畝亦有二說有云案行田間擇其善者取之不問公私田也有云公田之外又稅私田什一要之皆惡政也孟子定以井九百畝中爲公田蓋參酌助徹之間以救暴君汙吏之敝而當時未之行矣夫以官田予民以民田還官出納之際繁而難稽兼以世臣舊家敢於專地而暴君汙吏亦復慢其經界故春秋之大夫有以爭田起訟者有以奪田造亂者則田之不官久矣秦漢以後九州之大制於一人守宰數年輒易土壤之肥磽陵谷之變易生齒之登耗不可勝書即書不可勝校田亦不能復還於

官官亦不能復授民以田其勢則然也董仲舒大儒也知田制已壞非官所能稽故立法以限民閒之田勿使太多孔光何武議以三十頃爲限然皆不能行也晉武平吳定王侯田宅及男女占田頃畝多少魏孝文釐考古制次第舉行而均田之法不久亦隳唐之初定適值周齊大亂民皆棄田祖亾子孫不能嗣祖父之產鄰里不能任比伍之家素無田者又以武人刺州賦役煩重不敢名田是以田盡歸官唐遂得以口分世業大剖之然天寶之後口分世業亦復壞矣周世宗得元稹均田圖慨然嘆曰此制治之本也期以一歲大均天下之田

然亦未遂張子厚欲私行井田一方是殆不可賦法大政也豈有王制既定儒者輒以意更之鄉曲不驚異有司不糾舉者哉夫限田之指不過抑豪强兼并耳兼并之害因天下平治既久而後有之執法有司桂後惠文治之誰敢不服非天下所由亂也天下之亂生於兼并者少生於貪汙者多兼并之人非持法之官也其害人也官能制之暴斂之人天子之命吏與命吏所昵比者也害之所及雖天子不能禁也於此而言限田何異乎盜者竭澤而漁主人猶惜其釣餌毋使妄投也雖孟子處此必不復行授田但使民之治生得以力作經營自

給上之人不以虐政奪所有則衣食足生齒遂矣故井田不如限田限田不如去貪汙苟無貪汙無變今之法而天下已治矣古者士大夫之田以奉祭祀爲主自奉養次之故不能越禮制而使之多然亦不必多也果欲行古法以裁今世莫如教以禮義倣古采地之旨俾人以品級授田則踰制者無以自立於公卿之間並復楚茨信南山之風稜其儀節習其度數以移易其性情使人心風俗常如先王之世雖連阡接畛無所用之則埶家之田自少民田自多矣然爲此說者迂疏之誚歸焉安望其信從耶獄有肉刑云自禹始其除之則自漢文

帝始也先儒謂秦廢古法獨存肉刑以濟其虐雖微文帝亦必有廢之者然士大夫之論猶有二端班固陳羣劉頌衞展傅幹曹志則曰死刑重而生刑輕吏人慢易之怙終不改常至於死何如去其爲惡之具以絶其原孔融周顗桓彝王敦蔡廓皆云末世人生不與古同犯法不盡自取不宜投之以殘棄更恐形旣殘毁心益安忍且在上者亦不宜有慘酷之聲聞於天下歷世相承有此二說最後朱子亦申陳羣之義要歸於不可復行也蓋古者用禮教於先則從化者多其不從者必不可化者也故殘其支體不爲虐教化陵夷民昧德義惟欲

是耽惟利是視所云穿窬之盜忿怒殺人男女淫佚吏爲姦贓之類宜服肉刑者無地不有其人無時不聽其訟聽獄之人未必有伯夷之廉定國之平也若盡執而刑之誠如孔融所言四海之内當有千八百紂也且謂之宜生卽當全所生之具肢體不具不可爲人貰其死而毀其肢其與幾何況自漢文以來人安所習歲斷殊死不復驚恐驟聞將截肢體必遠邇恫疑狼顧脅息如飛鳥走獸之在獵藪非所以安天下也今四等之辟亦足盡天下罪狀矣犯法滋多非刑輕也大憝得逋苟免之門其餘吏爲寃抑更多受取久繫株送瘐死莫問雖

無當死之罪而有必死之慘何必肌膚刺剟乃云楚毒哉且律令既定各有科條今復增設一科既不可專就死刑中取數條議輕又不可專就生刑中取數條加重埶必於死生之間各取數條當以宮刵劓刖之名是舊在死法者今爲縱舍有罪舊在生法者今爲慘毒太甚矣何如不用肉刑之平也古者要荒之地罪人所居也郭璞曰役無賴子弟驅不逞之人聚諸空荒四維將以扞固牧圉退未絕其上窟之願進無以塞逋逃之門未見其利也故知五流三居後世亦有難言況肉刑耶陰陽五行之理通於政事堯典義和各司一時是也古天

子季秋之月班來歲政令於侯國故有告朔之禮所頒之令文無可考呂氏月令大抵三代遺法而頗采秦儀將以頒諸季秋然秦人未能行也漢人陰陽月令之學兼舉易卦以配時月大抵與不韋同所受故高祖令甲四人各職一時以司天子服御文帝施惠行賜罷卒祠死頗非時節鼂錯奏言其狀則知當時大儒皆通此學不獨魏相李尋也至於東京章奏鮮不舉易卦五行以正時政之失故班氏作藝文志曰陰陽者流出於羲和之官也蓋其爲說謂天地變化必由陰陽陰陽之分以日爲紀五行之精是爲五帝五帝所司各有時也人君

順時行政如春施慶賞夏省刑獄秋講武備冬謹畜藏之類則能出滯養微肅化固閉以致天下之福若政令逆時如春興兵戎夏動大獄秋行封爵冬發大眾之類則有凝冰反花裂乾撼坤之沴爲天下大禍魏晉而下此學廢矣葢王弼說易參以老莊其旨溺於幽遠學者漸不達乎陰陽而月令之學不復施諸政事是以罕能言之竊以後世行政古法尚有存者如秋而講武冬而論囚其事固在也胡不取月令之書及洪範五行傳論斟酌宜於今者凡人君起居飲食慶賞刑威無不稽諸天時奉以從事不如時令者議臣得以舉奏於以防嗜

欲於上息勞瘁於下亦過半矣且以衍義和之學於不墜也先王之心公平正大故其待亾國之禮隆以三恪之名來朝則客之其在國也典禮文物皆得用天子之制以備一王之法不使至於無徵天子有事宗廟賜以膰肉三恪來弔王喪王答其拜列辟莫能同也其禮止於二代更不上及若武王下車封黃帝堯舜之後但不絕爵土不在作賓之位也爾時爲三恪者亦能謹其服命不以得用舊典生僭擬之心遵守常法不以社稷巳墟存怨尤之志其來朝也不惟侯度克謹凡從行之士莫不選擇與俱故能相其君舉動中禮威儀可觀王朝

所以加隆至於愛慕畱連惜別依依則終無猜嫌可知矣梅福曰存人所以自立也繼人所以自塞也秦之繼周此道遂廢是以身危子殺厥宗不嗣武帝始封周子南君哀平之間亦有紹嘉承休之祀以通三統漢之先世猶存此禮書載微子之命詩存白馬之篇聖人之義見矣古有受降之禮其君面縛銜璧大夫衰絰士輿櫬百姓男女縶而別受降者釋其君之縛受璧而祓之焚其櫬禮而命之祓其社申其官守數其俘不斬伐樹木易置百官遷徙人民也蓋古者亾人之國所以禁暴除亂故不自處無禮降而衰世齊侯滅紀葬伯姬之殯晉

執虞公修虞仲之祀猶有先王法焉是以亾國之君先祀不廢懿親猶存相與安於義命雖無田橫之勇決論者亦不以爲罪也世臣之禍至春秋末幾徧天下此勢之極也勢之極者其事必變故春秋以後凡世家之强者不能安於爲臣率取而自有之其稍弱者雖能廢置出納其君然日見侵削迄於君臣皆爲人役也齊與三晉强而自取者也魯衛宋鄭弱而自斃者也强者既自取必痛懲其惡不能復置世族弱者勢既不振旦夕救死亾臣虜不暇焉取無禮於其君乎故世族之害訖於春秋後此雖襲之不能也秦楚燕在當時各自爲區政

教風俗大抵不同諸邦其置輔也由余取於戎百里奚舉之牛口之下孫叔敖得諸海濱沈諸梁起方城外之縣尹皆以疏遠登上位其既得位也孫叔求封瘠壤葉公致政歸老下邑四貴既執國命而羈旅之士一說奪之如振槁耳故三國皆不受强臣之禍夫以篡奪取國者齊與三晉也不使勢族執國命者秦楚也燕事無聞大率類此觀其後世妄擬堯舜之禪必其先代無脅君之事是以不知其不義也此七國者皆自操利器不用世臣天下大勢歸於七雄不亦宜乎然而郡縣之置由此起矣嗟乎宋地者先王良法也末流爲世族必盡廢

采地強宗乃息此先王令法所以至於悉變而成其爲今昔之不同也王者初基神人易聽功已成矣因而升中於天無所謂封禪也秦皇漢武信道不篤以爲不死之奇術必存乎封禪於是因方士爲主人而作石檢玉函以侈大其事既非升中告成之指又失神道尙靜之義且古禮靡稽率以己意施用復恐見譏通儒慳祕其事使無從議之甚矣所失非一端也司馬遷作封禪書班固因之以爲西漢郊祀志胡廣非之謂當去鬼神仙道之語取韋元成宗廟始末實其中然後得史法識者韙焉光武初拒羣臣之請後感讖文復行之其臣馬第

伯記厥事但舉道路險峻升降疲苶之狀盛德大業未嘗一語及焉蓋寓微旨以諷諫非無故作也魏明帝雖拒蔣濟猶使高堂隆草其儀則知中才之主皆有侈心竊以人君爲封禪所惑者不過二端一則誇其盛美一則覬其久視倘破此二惑將不禁自止以爲功德待此傳耶則秦皇立石讖悲繼體漢武登封厄成三七五松表其風雨祕牒疑存古今方丈石檢更受他姓之函無字豐碑重鐫異代之刻信乎盛德之事固無藉此也以爲不死援此求耶則沙丘鹵簿襍以鮑魚茂陵吏卒遽磨刀劍橋山識其高冢猶紿人以衣冠陵谷紀其變遷

甯久駐於丹藥摠之鄗黍荆茅南鰈北鶼以人主之力莫不易致一旦綴衣出庭宮車晚駕無如其不可諱也信乎延年之術亦無藉此也且就所居而託饗奚取出震之方因吉土以致慶何必天孫之宅兵衛倥偬不堪彼蒼日監扈從紛多未免萬國盡勞所以長卿負誚於遺草梁松獲譴於誣神雖管仲陳難致之物袁宏限得爲之時皆不若王通之說無所眩惑也明之無封禪也七十二代所不及也讖緯之書古所未有張衡謂成哀間所撰良有由也其說曰前乎成哀者若漢之取秦功亦大矣未聞先有此讖西京大儒以道術名家者所櫛

引多矣亦未舉讖劉向校定祕書九流無不備矣亦未及讖後乎成哀者若王莽篡竊漢之大禍永建復統臣民所共慶也讖中無此二事前乎此者無是書則人無由習後乎此者事未萌而書莫能知是以知成哀間好事者爲之也亾何光武初基佈其書於天下一代人士無不誦習桓譚不信擯棄盛世賈逵附會致位通顯所以名儒碩輔持論簡策之中奏陳黼扆之側無不舉義及此至於治歷之家亦引緯書爲徵甚矣其惑也袁宏之論謂聖人暫用神道以一衆志若卜筮吉凶者是常用人道以經綸致治若考績亮工者是圖緯之書所言

奇怪妄異不惟非人道亦非神道也魏孝文詔皆焚之信道之篤過於光武矣嘗疑世祖本紀郡國所上祥瑞輒抑而不錄然而朱草醴泉鳳皇黃龍之屬業備見矣不知當時所云抑而不錄者又何物也讀五代史王建世家亦不足貴矣

建置篇第三十二

都邑之制定於一尊兩都並建非貽厥之謀也宮室之制法乎天象離宮徧於海內非天極之體也易曰王居無咎正位也言其地則天下之中其義則萃渙之道武王南望三塗北望嶽鄙顧瞻有河粵瞻伊雒毋遠天室

營於洛邑而後歸宗周蓋武王或有遷洛之意而時未遑故定居鎬京不復議洛洎事厥後殷民不靖成王以洛邑處之鎮以大臣故命曰都而其微指則猶[illegible]綏以文教不置六師凡胥伯小大多正莫不以殷士爲之此中或有深意非後人所測但以後事觀之元人上都之外更有大都備官以臨之循兵以威之既有耦國之形又有不掉之勢故燕帖木兒乘此利器遂懷異圖雖神器所歸不違世嫡而不利孺子兵纏魏闕亦未盡弭患之道也故曰兩都並建非貽厥之謀也天之垂象三垣鼎峙紫微其晏息也太微其聽政也乃內外二庭之異

名而天市則巡狩所次事已而去非久居之所也嘗疑宣王朝諸侯東都不聞考禮正刑而以會獵爲名啟晏游之端非講事之義隋氏因之狹小長安離宮徧海內人主爰宅無常馴致唐之二帝往來殺澠間幾循覆車之轍假令天寶不亂必有夢江都之好者矣營之既非役鬼成之不以居人獨使茂草滋其蔓狐兔育其類誰何吏卒擊柝而守異物白首中人欲獻而望翠華豈吉祥之徵乎故曰離宮所在而有非天極之體也建都之旨恃德化者爲上據險要次之故班氏作賦以爲險阻四塞不如平夷洞達萬方輻輳此重德化之說也關中

所以可都者非謂地之塞陋俗之勁悍正以土厚水深民氣強毅堅固導以禮義不見利而奪課以職業不見異而遷於以維持鞏固成數百年規模無以易此晉地亦如之但幅員稍狹不如秦之廣衍也婁敬不以禮義維國本獨論形勢厥後王莽之亂潰於其內祿山之亂隳於其外宋武遡流曾無藩籬之艱屈匄睨視終遂驍雄之願輓輅之言烏可信乎畱侯就事論事亦未盡撰道之旨也人君所居必以眾大言之陰陽水泉之形郊社朝市之位園陵寢廟之基人心風俗之固皆非可旦夕具也又當使倉卒有變閉關自守百萬之眾可呼召

而至豪勇之士散在民間皆吾將卒長轂之車上駟之馬布在郊坰猶閑廄也倉庾之積府庫之資隱賑於閭閻猶帑藏也鉤陳之衛百司之署所以拱帝車明王制一事不愜皆亂之階若土薄水淺物華氣輕漕輓艱難會同偪側地卑而決水可灌勢陵而王氣易竭皆非天子之居也至於避寇遷都尤爲失策蓋寇戎所迫入事倉皇若更去其舊都遠適新邑經營達觀未必如往日詳審也結構樹置未必如平時完具也要之我能往寇亦能往加以人情不固國勢未張守禦乖方揵閉疎略社稷未安而事危矣春秋之義備遷帝丘則惡之以爲

城郭堅固人衆强盛孰有過於故都者避寇他往非長策也厥後陸贄之狀蘇軾之論皆本乎此高宗渡江金源入汴亦不易其言也田狩之義取乎講武事非以從禽也甯闢其地自爲一區不馳鶩稼穡場圃中所以重惜民力不奪民食也古者民多地狹惟山澤之間乃有不殖之地天子諸侯闢除此地以供田狩之禮傳曰鄭之有原圃猶秦之有具圃言有常處也又曰公狩於郎言非其地也狩非其地則害農傷稼不待言矣雖辟除此地使民不稼穡未嘗不樵采弋獵故文王之囿芻蕘雉兔皆取給焉若自爲一區而民不敢犯即行旅亦當

避之又奚取鬬地哉且講武與從禽不同爲講武而簡車徒未必即田獵也爲田獵而戒車徒未必皆講武也其是非自在眾口不可掩也爲禮而出眾所同是天下後世從而是之爲欲而動眾所同非天下後世從而非之以此徵主德焉且苑囿既廣必當破人田宅壞人家墓破田宅則室家靡依壞冢墓則人鬼皆恫是宜興悲反爲樂耶凡旌旗車馬之屬爲戰守祭祠則可陳設若盤遊狎玩雖陳其物不足爲觀美也皮革齒牙之屬爲軍國用則當取財若遊戲燕樂雖取其財不足爲華飾也故規表南山斥佉陸海皆謂亂政即時開錦帆私設

更衣亦必叢譏最可憂者天下莫大之害以人力挽回尙殺其半若發於忽然人力無施則害氣全注於身小爲震驚大爲隕敗遊獵之事無患者其常也有則必發於倏忽故褚亮曰强弩一發未必挫其凶心長戟纔揮不能當其銳氣言猛獸之爲害也司馬相如曰中路而馳猶時有銜橛之變則枯木朽株盡可爲難言馳騁之生害也春秋之義不以尊者親危事是以先王制蒐狩之節不時則曰傷農不地則曰傷物不軌不物敗度敗禮爲戒甚嚴所以防危也天子有靈臺以候天地諸侯有時臺以候四時非登高遠望也是以天子外屏諸侯

內屏大夫帷士簾皆以自蔽而不涵民間謂之有度登高遠望使民家浣潄微事不可屏蔽是泄慢之漸也泄者泄宮闈之嚴慢者啟慢易之端且一國之中宗廟社稷朝宁皆當尊敬顧乃築臺而頫視之縱情任欲不顧禮義孰過於此先君築不以禮終不免子孫之毀折既以惡事貽子孫又使子孫暴揚先君之惡兩者皆失之矣人君之義不當使執役之人終歲受役於官取其與天時相準季春命之季秋休之雖啟閉之務猶欲從時而況觀游馳騁乎城池之役雖不比宮室臺榭人君所自奉然要以愛惜民力為本築城以保民而疲民於版

築則非其道矣故晉之彌牟楚之艾獵築城有法左氏詳諸傳中示所倣效惟無戎而城築城絕遠之域則不可耳詩詠太王遷岐於灌莽榛蕪之區斬艾闢除以爲都居皆由民庶日繁所居漸拓以次爲之而不勞以喜趨之而無怨若一朝徙都令下驅其民入山谷贏糧露宿拔木以豐其居雖聖人不能止其勞怨也若夫都會之區宮室臺榭猶可因於前代即不能舉過多者去之亦可就故有者安之若狹必求廣樸必求雕省必求餘無必求備誠恐人不見德令問日減雖象天極爲居亦不得比稱茅茨土階矣

禨祥篇第三十三

占候之指有疇人之業有儒者之學疇人之業有習有不習焉不可以知知也儒者之學則有方名有區域有典志有義理有補救有調燮雖不盡其業可以格物致知求也祥瑞之說聖人未嘗不用如河圖洛書不惟寶諸東序猶復深求其理著爲易與洪範但恃此而怠於自修則不如變異足警省也聖人樂修省而惡懈弛喜憂勤而戒逸豫是以災異則書之瑞應則祕之占候之書雖有差舛誕妄之失要歸於恐懼修省不必一事自爲一應而敬畏之心則一也春秋之義人有徵而不著

其姓名事有小而不記其本末然而雨雪冰雹草妖木怪不以微而略之不以常而忽之而況日月之薄蝕大地之震動乎仲舒向歆潛心殫思推求天人相與之際其旨深遠要皆有補於世非後人所可駁正所當駁正也善哉荀悅之言曰天人之理括於三勢三勢之變撮以兩端三勢者無所召而自至有所召而後至雖召之亦不至也兩端者有感無感則同在彼在此則異也三勢兩端變化參差自然交錯以其交錯也而異心橫出放蕩反道之論作非天人之理也以愚觀之災異在前玩而狎之則一物爾敬而畏之感動觸類警省懲創則

天人之學在焉但藝術之士不能知天言其一端未必究全理言其彷彿未必觀精微且其人於天地萬物消息盈虛之道未嘗深觀雖稱引經義皆襍讖緯僞說非復傳紀本義安能敬順昊天爲王事之表耶故必經學淵深如董如劉而後可言天人之際也變之大者無過日食春秋所書其義有二一以示治歷者有所考一以示遇災者有所懼雖行有常度君子不敢以爲常也春秋書日食三十六據舊史也歲有二交交或不食不應二百四十年食三十六如是其疏也此非日官失之即史官失之也又有當朔不食或失前後者歷家失之非

食失也自郭守敬以後儀器精密食皆正朔無前後二日之食則知前此之失推算之疏矣正陽之月災雖重餘月未可忽也十月之交夏之八月非正陽也若爲災不重詩人胡爲致憂歎乎又案謫在庚午食以辛亥言惡氣先侵久而不退更與交値其體始虧是以有亾國之咎不應二百四十年止一惡氣也非史墨故不知耳又有食有不食如杜預云然則當食不食亦定數也何以歷家算其食不算其有不食耶日食之變有爲陰雲所掩京師見之四方不見者說者曰君身所失禍在內也有四方皆見京師不見者說者曰百姓屈竭人主不

知禍在外也司馬光曰天下皆知獨朝廷不知其災當更重矣當食不食或亦如數端所云在乎不可盡知之列若以爲人君盛事而盈廷賀之則非遇災而懼之旨倿諛者不可道以非聖之言也若夫日光摩盪目之熒也五行志所不載也日食修德月食修刑然而縱舍有罪不可謂修德赦有罪而使奸人僥倖不可謂修刑也地動者陰有餘也天裂者陽不足也京房曰臣事雖正專必震地動者臣道太甚也春秋傳曰地震者陽伏而不能出陰迫而不能蒸蓋嘗驗之陽氣弱而在下陰氣盛而在上且陰偏陽太迫不能奮出而爲雷霆又不能

滃鬱而爲雨是以排擊震撼動搖於內也雷之體亦然一陽在二陰之下而得天地之正氣故能奮出羣陰以其出也發而爲聲則動體在外人在氣之中而不知其動也若陰之方壯陽之方鬱且適值天地之戾氣不能發而爲聲則動體在內人皆託乎動體之上是以知其動也今釀家之有釜鳴也婦人孺子之所怪而君子以爲理也以大釜盛甑實以秫稻麴蘖又以小釜冪甑上寒水注之覆以盆爇火其下小釜之水不令溫溫輒易之可謂陰迫陽矣所以氣在釜中奮而欲出旁爲竈所制上爲物所壓力不能撼竈與物因激越而爲聲故釜

鳴也善釀者火齊調適必無釜鳴之怪善治者陰陽爕和必無地震之怪非如日月之食其交與會有不可逃之數也春秋雷變者二大雨震電書失時也震夷伯廟僇隱慝也南宮極震除黨惡也隱惡非法所得也尊貴非罪所加也人道所不及則天震之所以止亂也星隕者民散也搖者民勞也孛者惡氣所生闇亂不明之象彗者除舊布新之象彗有篲孛不明也辰星光直指而體甚長有竟天者法爲兵革星墜於地則石陽氣隕墜不待破塊而深入地猶龍不見石也不爲餘物而必爲石猶山名也陽之所結與鐘乳同是以皆有餘氣隕墜

之氣不通於天是以無復津液其質硌然其爲變也高者失勢下將干上也風者陽在陰外吹而噓之以散其所聚也有蜺有蒙有霧皆陰雲之類也非風何以散之雨者陰陽之氣鬱蒸不洩而下降也雲而不雨下蒸而上不固其氣上洩不能降也虹非能止雨也氣不密固而發爲色象亦氣洩也冬雷則春旱者陽氣發洩太蚤其力必微陰爲陽所衝力亦不固以不固之陰畢微弱之陽宜其不成雨也故冬雷則春旱也不能蒸爲雨則必激越爲風故旱氣雖能興雲往往隨風散也雨乘虛而墜則重在上猶輕及其輕而凍故爲雪也雪必六出

者陰之數也朱子曰太陰元精石亦六稜天地自然之數也凡雹之類皆有所侵脅也陰氣暴上遇雨而成沴也霰亦雹類然以陽薄陰非犯上也春秋不書霰者猶月食也夏霜者兵象也無冰者冬暖也刑罰刻急當暑而寒政治縱弛當寒愈燠一失之舒一失之急失於急聽不聰也失於舒視不明也故五行志視不明則無冰聽不聰則恆寒也木冰者疑陰之氣盛少陽之力微長老謂之木介介者甲兵象也人君嚮明而治者也其有遏德罰必見於火火者離之體火得其性猶嚮明而治也正氣鬱而不發邪虛焱而橫生則火失其性嚮之者

反爲災故五行傳以爲火災者變法之沴也變法而棄舊業舊則人情鬱抑虛僞熾生皆火祥也是以火作比屋延燒者象害起於微而所及者廣苟非備豫有方雖千室之邑可俄頃盡也更有火不延爇飛著四遠焚非一處者象民方安處而上以非望之禍集於不意之中也星孛於漢鳥鳴於社天之垂戒猶欲其可救也子産不禳於火前而禳於火後蓋天譴不可僥倖求免又不可不告改過也此君子之用心也物象之怪非有物使之然氣之先見者也應行而見非見而能爲害也董仲舒劉向父子析其類言之非直爲災沴立說也人所不

能盡言託之天象則無罪當時不可明言託諸往事則無罪人主深宮之中常有五人者執簡記過於其側若五行之為沴者是也又將有人焉因是以宣布於外若詩妖服妖之類是也又有海內不逞之徒因是肆其毒螫縱其凶惡若雞禍羊禍之類是也雖欲不戒懼不可得已物怪一有一無其恆有者以人事勝之姚崇分道殺蝗得除惡之義不恆有者修省謝過而已若禱祠厭勝是瀆天也人君好微行棄貴之徵也置私田失土之徵也好賤人之業就下之徵也命名不稱其類召亂之徵也士大夫朝會失位降替之徵也語言忽爽其度歌

並不當其時衰疾之徵也風俗狂慢變易節度則爲佼輕奇怪之服怨謗之氣發於歌謠則有非言之物而言宮室將空則怪物入焉怪氣降焉人之所惡其氣燄足以取之則妖言作焉妖動興焉此皆人事之失非天災也若夫平舒之神遺璧滈池告以祖龍將死龍者水族也是年有東海射大魚事水物之神自相告語何居乎秦皇之祥晉之妖夢播說於秦秦人執其君而不疑阿童渡江晉之喜吳之憂也其謠不興於晉而興於吳乃知吉事無兆兆皆凶徵也凡言災祥者皆歸咎國家而守土有司不與焉夫風雲山川草木蟲鳥之變連州歷

國者其咎當在朝廷若發於一圻之域一境之中應在有司而已不關朝廷也春秋之法有爲天下紀異者有爲一國紀異者是以梁山沙麓應在天下隕石退鷁應在一國穴鳥巢居竟禍不及青土茀漢及辰火祥更延水墟以此爲成周之愆戾不亦誣乎惟穀洛之鬭犧雞之尾然後釁生王室以其在境內也夫修省之禮敬天之學無人可忽而況宰制人民社稷者乎若夫雲氣之占不與七政同七政麗天者也故當主分野若雲氣高者不過數百里下者或不及占法遠近以所値地當之故虹指倚彌應在秦豐漠北赤氣占在突厥不以所發

次舍繫諸天也

繹志卷九終

繹志卷十

竟陵石莊胡承諾譔

兵略篇第三十四

兵者古司馬之職王官之武備也唐虞以前尚矣經傳所載所以容民畜衆言得衆之道不在兵力備伏也又曰伏至險於大順以此毒天下而民從之蓋兵者危地故謂之險不得已而用之故謂之毒如毒藥之治病不可恒服者也聖王之師恭行上天之罰克終前人之烈救民水火之中詰姦暴之害謹內外之辨是以反道敗德畔官離次威侮五行怠棄三正者則征之率遏民力

率割民生民欲與之偕亾者則放之暴殄天物害虐烝民爲天下逋逃淵藪則伐之間國家之不靜蠢動胥伐則破斧缺斨而誅之其或戎狄内侵驅之境外而已不窮追也既來庭矣旋師而亟去之要以禁暴戢亂保大定功安民和衆豐財是爲武之七德德以施惠刑以正邪祥以事神義以建利禮以順時信以守物是爲戰之六器其於吾民也讓事樂和愛親哀喪而後可用也其於敵也德立刑行政成事時典從禮順不可犯也不爲是征所以正歲之月不可以稱兵兵戎不起不可從我始蓋聖人不驟用其民於死地必馴習既久而後使之

亦不輕棄民於死地必勝於廟堂而後用之故曰善師者不戰善戰者不陳動之以仁義行之以禮讓司馬法是其遺事也齊自管仲得政二十年中未嘗出大師於境外陽穀之會桓公端委搢笏而朝諸侯諸侯皆喻乎桓公之志晉文公始入而用其民作被廬之法一戰而勝受策命爲侯伯二公雖迭爲盟主不過蹈利修備顛倒其敵以求欲速之功不克存先王之意先後智謀之士相與輔佐其君者撫弱耆昧以務烈所則有之矣若夫惟德動天無遠弗屆若伯益之讚禹傳說之省躬則莫之及也降而益下丘甲田賦蒐狩治兵大閱之禮皆

失其正民生日以狹隘而使之滋酷孔子傷之而曰胡簋之事則嘗學矣軍旅之事未之聞也孟子居戰國之時不得已而言兵惟以不嗜殺人止當時善戰之虐而救百姓于死七篇之中屢致意焉天下諸侯有不義而興師者必欲返之于正己問人之有罪問己之有德雖有其德苟無其罪不以伐人雖有其罪苟無其德不以伐人上有安寧之憂下有生養之樂其國不可伐也賢者孤而遠去謟諛近而日親百姓危而多怨其國可伐也此問諸人者也非天吏不可行師猶非士師不可伐有罪也此問諸己者也自此以後功名之士非孫臏吳

起馬服安平之説不克貧之以顯庸於世於是狙詐之家儼然號于人曰不戰而屈人兵王道也荀卿獨曰仁人之兵不可詐也然其説孤立於世天下莫聽由今觀之一切善戰佳兵之流皆身誅戮於前國滅亡於後而伊尹太公相其君造攻鳴條鷹揚牧野其祖宗則祭於大蒸子孫受命文考永世無替禍福若此乃知孟荀所言不爲誣矣魏相明於事君之道深慮用兵之害故其言曰救暴誅亂謂之義兵兵義者王敵加於己不得已而應之者謂之應兵兵應者勝爭恨小故不忍忿怒者謂之忿兵兵忿者敗利人土地寶貨者謂之貪兵兵貪

者破恃國家之大矜人民之眾欲見威於敵者謂之驕兵兵驕者滅五者非但人事乃天道也近古之論大率取衷於此故史家有盛德在我無取於彼之說又有審黃石存苞桑之頌也王通生隋之末季遼東之役慨然歎曰天子不聞伯益贊禹之詞公卿不聞魏相諷宣帝之事禍自此始矣李密見通而論兵通曰禮仁信義則吾論之孤虛詐力吾不與也又曰强國戰兵霸國戰智王國戰義帝國戰德皇國戰無爲天子而戰兵則王霸之道不抗矣又焉取帝名乎王通以後兵事盡變三王之師儒者之論不能大有用於天下廟堂之上樽俎之

問談說可聽者施諸行陣未必非膠柱而鼓瑟也昔漢成帝時任宏次兵書爲四種一曰權謀以正守國以奇用兵先計而後戰者也二曰形勢雷動風舉後發而先至離合背鄉變化無窮以輕疾制敵者也三曰陰陽推刑德隨斗擊因五行之相勝假鬼神爲助者也四曰技巧習手足便器械積機關以立攻守之勝者也凡五十三家而司馬之法不在焉兵者凶事一方有急四面皆從兵氣一動其類相隨而至小則介蟲爲災大則斬木揭竿而起又常以用兵致亂以養兵釀亂古者秋而講武順時令之肅殺也今者秋而講武畏弓矢之解膠也

其情異矣古者克敵之後散財發粟以與士民今則籍府庫珍異錄子女玉帛而緘縢之上以輸朝廷次以頒將士其事異矣夫文止戈爲武反正爲乏師出不必反者也戰不必勝者也故有敗而愈强者有勝而遂弱者有百克而卒無後者語曰繁禮之君不足於文繁戰之君不足於詐天下有亂非兵莫定前事之所爲後事之師也是非得失之林成敗强弱之本安可不討論其理以視厥後以貲一旦不得已之用乎兵有義有暴義者民之父母也暴者民之盜賊也義者國之爪牙也暴者國之膚剖也仁者愛人而暴君殺人是以伐之義者循

理而亂國滅理是以取之彼賢君者正心者也正身者也正綱紀者也正民俗者也四正之名布於天下有不正者莫不服焉賢君之守國掠其野不可得而獲其野固已攻其城不可得而下其城固已施其閒不可得而入其君臣上下固已三固之迹見於天下環而攻之曠日持久勞費多而利益鮮莫不自廢焉賢君之行師也出必以律動必以義征必以名伐必以罪修備而已不至用戰也戰勝而已不至多殺也受命而誅生既死則無所致其怒故敵國有喪廻師而不伐執言以伐人自反不可不直也故義所不克乘墉而弗攻兵未舉而先

責其詞詞苟屈伏則兵可已矣雖有猛將強卒不入無釁之國雖有重賂不登叛人之黨敵雖有間不因叛人以取城邑不擾農事不斬祠木不殺疾癘不獲二毛不俘人民不誘臣妾不攘牛馬不殘墳壟不焚廬舍不匽井渠不可乞師於人不可以師借人不可出一師爲兩事不可中道而別伐一國降不可殺奔不可逐地廣大不可狃敵國之患不可虞師不可踰時而不罷功已成矣改弊政釋罪累旌死節禮賢士發倉廩偃武修文釁車甲而藏之三綱兵之大本也報德兵之大利也從王兵之大順也救患分災兵之大仁也不貪兵之大正也

不使小人加乎君子兵之大防也若此者義之屬也好戰之君乘人之敗而滾爲利伐國無義而人不服無名妄動而衆不奮一歲數舉而師不戢役久踰時而士不罷與人共約而好主怨與衆同伐而獨挫強邑人民毆馬牛斬樹木壞宮室當其隧者不利井堙拔鄰國之地以居叛臣爲邊將小吏而興師聽降民誣詞而興師爲賞戚邀功而興師爲中人言賞而興師爲匹夫報怨而興師爲奇琛珍禽不至而興師利人之幾乘人之危而興師得志於此妄意必勝於彼而興師不以天道相恤而負禍修怨亂無已時假塗於人而人苦之若此者暴

之屬也兵有主客有攻守攻守異宜主客異制客兵利速戰當爲法以撓之主人利持重當爲術以挑之敵之始至也思慮精專志氣銳敏未可干也宿師既久攻取無成力疲意阻計不復生然後從而擊之鮮不勝焉郭子儀曰客深入利速戰緩之自當攜貳是也彼方欲速戰此復挑之以僥一朝之功失策之甚者也陳餘李密是也圍之始合也人情危悚因其危而攻之可瓦解也遲之又久初之震懾者已而鎮定初之疏漏者已而嚴密初之怯懦者已而壯果故昔人曰勇可習也既已深入重地而復怠於急攻使主人得以固其守備失策之

甚者也桓溫枋頭是也用兵之道自戰其地與戰人之地不同自戰其地者必生之兵也戰人之地者必死之兵也必生者易遁必死者難御所固然也客兵利速戰者也有時入人之境堅壁而守數挑戰而不出此其意何也謂夫主人自戰其地未有久而不怠者也避鋭而擊怠然後可必勝也王翦是也主人利持重者也客之營壘未成亦可阻隘而擊之所以奪其氣也奪其氣而後可固守也所以安衆心而杜內亂也張遼是也然客兵亦有怠時深入鄰境子女玉帛取資於敵將有晏安之樂士懷思歸之志此遺之禽者也齊人所以殲於遂

也善將兵者又有易主爲客之時以我懷土之兵納諸敵人之腹吏士相依以軍中爲家將帥爲父母不能破敵成功是無歸路也田宏正所以絶楊劉韓信所以陣背水也詐敗以誘之俾其空壁逐利別以奇兵襲據其營此韓信法也劉裕所以取臨朐張須陁所以破涿賊也堅城當道姑引而去之使城中之人幸其無事上下解弛然後迴軍疾攻則解弛之餘兇懼倍常因其兇而攻之城必下矣沛公所以取宛也去國遠而行道險其糧車必自爲陣主人深溝高壘以當其前別後間道襲其輜重彼必困於無食無食必退然後襄兵而擊之必

大勝焉敵入吾境吾亦以他道入敵之境失利於此取償於彼旣足相當彼若迴師自救則士氣已奪進退失據勝獨在我矣敵人積粟所在吾能取而有之雖懸寓他境我則主也耕稼旣熟吾能芟而夷之嬰城而守者反資轉運於他郡則彼且爲客矣此客主變化之妙非庸流所測也兵以正合以奇勝奇正之用莫如分合合者正也分者奇也知武子曰吾三分四軍與諸侯之銳以逆來者於我未病楚不能矣伍員曰若爲三師以肄楚一師至彼必皆出彼出則歸彼歸則出楚必道敝賀若弼曰以廣陵屯兵番休往來使彼人初見設備後以

爲常及大兵南伐必不復疑又使沿江時獵人馬喧譟及兵臨江彼猶以爲獵也范蠡侵楚以誤吳李泌以三地縶四將皆以奇取勢以正成功分合之妙也一陣之間亦有分合曹操拖袁紹官渡以偏師燒其糧車糧車軍之大命也並力取之是以破支軍之勢即有破大軍之功矣此一陣之分合也一城之中亦有分合唐討澤潞澤人常分兵大半潛伏山谷以俟官軍之疲然後四面雲集官軍常以敗此一城之分合也一戰之頃亦有分合鄭與燕戰以三軍軍其前以潛軍軍其後燕人與前軍戰而不虞後之見襲越子爲左右句卒乘夜譟進

吳人分以禦之然後三軍潛涉當吳中軍而鼓之此一戰之分合也善用兵者敵以合爲勢而我促之使分以分相持而我蹙之使合蓋不宜分而分之則兩地之勢皆弱楚之三軍所以爲黥布禽也不宜合而合之則猥積而無用苻堅百萬而自相蹈藉也歸師勿遏也然主將無謀士卒膽落可因其歸而取之曹操所以遏袁尚之歸也相倚爲强急之則益堅緩之則自二公孫康所以送袁氏之首也此盛兵攻險彼據扼而守之力足相當也别以偏師斥入其腹不惟險不能守腹亦不能固郭崇韜所以決自鄆入汴之策也此奇正之妙也善用

兵者擇要地而據焉一將當道雖有百萬之師不敢過也畏我之扼其吭也雖有捷徑他岐不敢踰越畏我之搗其背也漢駐敖鞏楚人不敢越洛而西太原未陷粘罕不能渡河而南地有所不守而敵人不能攻也陣有所不合而敵人不敢近也成師以出不可久頓堅城之下又不可遠求濟師此雖抗而不服必有畏而輒服者取所畏而服者以張厥勢則不服者孤立矣道里之迂直非所論也屈突通守河東唐由韓城渡河而避河東文天祥守平江元由常州趨獨松而避平江大勢已敗孤軍不能有為然而未易取也吾寧避堅而攻瑕瑕者

破堅者瓦解矣此秦王伯顔用兵之法也兵有正道有間道由正道者少由間道者多漢高祖鄧禹唐高祖入關皆不自函谷苻堅宇文邕取鄴皆不自河內鄧艾取蜀不由劒閣唐莊宗入汴不自德勝宋琪言幽燕邊事不自雄霸皆間道也孔道即其門戶間道披其閫閾故間道之師常易取勝所道之中有關隘以當道必有微徑以越關劒門者蜀之險也由益光取捷徑至清強與驛道合則出劒閣之南矣王全斌以之淸流者滁陽之險也由山背抵西澗浮水而至城下宋太祖以之函谷者秦之險也關左有谷謂之禁阬黃巢即關倉卒忘守

齊克讓潰兵自谷而入一夕之間灌木壽藤踐爲坦途獨松百丈幽嶺三關浙西之險也然不守多溪則三關不固黃天蕩之間有老鸛河故道可通秦淮兀术鑿之以避世忠者也郢之南有藤湖上游舁舟入湖可越治城而捷出於唐港伯顔破竹席地而盪舟者也沔口可扼漢別有沙蕪以入江有饒風關以蔽洋漢別有祖溪間路出其背以瞰饒風古者車戰故有必不可越之險今騎之與步雖千仞之危峰百尋之絕岸繞霤之固羊頭之阸皆可跳驅而入也若夫雲中和林左右窺瞰塞外用武之地莫過於此魏之太武元之太祖皆都此以

兼并天下固其宜也正兵之弱不足當亂兵之强然未有亂人聚居久而無變者善用兵者棄爭地不取而擇偏壤以居可以休兵養士以待亂人之變故鄧禹不取長安而取三郡姚萇不收咸陽而收嶺北二八之謀若合符節此擇地利之一策也兩軍相距尺寸之地必爭棄平易而守險舉數百里之疆委而去之非計也但不可獨處爭地何謂爭地當孔道而富厚堅實者是也必也別置一軍默與當道之兵緩急相應以成犄臂之勢若李光弼之在河陽此擇地利之一策也以一郡受兵而大將堅壁守便宜時出輕兵絶敵饟道待其攻取既

疲糧運不繼而以全制其極若周亞夫之在昌邑此擇地利之一策也江皐浩渺設險爲艱洄洑猥多亂流不易彼此相持下流潛以一軍控制上游使敵人糧運艱阻進退顧慮乃制敵之奇若張興祖之在錢溪此擇地利之一策也步利險阻騎利平曠不善用之以騎兵陣險阻使長鎗大戟納諸狹隘士卒雖多皆若束槍槊之無用又或精甲選士不陣平曠而棲諸江湖之區舟楫之上艄舸各進不復相關巨艦連舫不可角逐如將搏擊而縶其手足哥舒所以敗潼關馬援所以困壺頭也此不善擇地利者也兩軍相持匿形聲而不見此必有

深謀伏奇兵以爭利也兩軍相遇不攻其所忌而遊衍於不急之地此必伺吾之怠突而取之也以形相示如不見其形以聲相懵如不聞其聲此必覘吾之情俟其隙而乘之也吾兵勢非果壯也而斂戍以相避此必伺吾之置戍從而覆之也險不可攻也忽焉若有所畏者退師數舍捐地數百里此必誘吾移營前進然後以奇兵襲吾之險也若此者皆不可不爲之防也善用兵者深入危地先成壘而後移師恐爲敵所遮也不以多陵少恐其爲誘兵也聲言及此所志在彼或東或西不名一處使彼奔走應之奔走之間可以知備禦之虛實八

情之苦樂矣不起大衆但以輕兵撓之使在我者易出而易入在彼者氣盛志盈必大發以相應數大發而力竭一不大發則我獲其利矣以我邊外之軍引入腹心之衆我無宿舂之費彼有奔命之勞一二年中必得志矣敵本先發吾以計緩之使先發顧在我敵人之計尚未定也吾乘其猶豫促之使彼雖有謀而不能精彼所恃者重兵在外吾以間道襲其空虛設策運奇以疑外人使之往來覘伺不敢輕進則吾功已成矣故以計相傾者豈必萬全而後動哉但使我知爲之敵不知我能爲之敵不能斯萬全矣驃布雖有上計而不能用陳餘

雖有李左車而不能用曹操知袁紹必不遠動而以閒取劉備崔浩知宋人必不能圖北以其閒取赫連韓信破齊李靖擒頡利皆因其講和潛兵掩襲雖有酈生唐儉不遑恤也事成之時何嘗不萬全耶若夫陰陽五行兵家之小道也歲星所在其國有福越得歲而吳伐之非越獨得歲也歲在星紀吳越同爲得歲而天道利後起吳人先發是以福歸於越禍鍾於吳此又成敗之理在禨祥之外者也有相救之師有相荷之師有報仇之師不懷晏安救災恤患以從簡書攻其所急於此以解圍於彼此相救之師也不審師之所向不揣事之所宜

匍匐而往救固爲俱靡而已此相徇之師也數千里之外求救於朝發兵而往赴之輕行五十里重行三十里歷月踰時而後至雖得取勝而所獲於敵者曾不足藥傷補敗所謂報仇之兵非解圍之用也齊管仲晉陽處父相救者也魏公子之初志相徇者也陳湯之論段會宗相報者也善用兵者攻城未克外援急至苟不能摧破一師焉能敵兩師哉援兵無城可據破之差易也赴人之急其情必怠破之又差易也法宜迎而擊之不使得合唐太宗擊建德不使至洛陽與世充合埶也王猛擊援洛之兵卷甲而破之滎陽不待其至洛也劉曜不

扼虎牢而石勒自賀步闡堅據西陵陸抗不攻城而先敗楊肇肇敗而城陷此戰勝在外摧陷在內用兵之定埶也兵埶之變常在俄頃之間非明者不能見也非斷者不能行也非勇者不能奮也以速爲神以審爲固以後發先至爲奇兩相倚者離之兩相離者決之堅不可破者孤之懈者乘之心不固者駭而走之有腹心之疾者擿其隱而直抉之示之以懼所以驕之且以藏吾勇也示之以短所以怠之且以運吾智也散不可並羅則爲法以聚之整不可輕犯則爲法以亂之近者示之以遠實者誤之以虛仰攻不足者馳下有餘混戰之中有

以疑敵之耳目可微取勝也攻城未可驟拔則致之使野戰勢必大戰不過小勝大城未破不取小城旣耗兵力又費守禦也與其搏戰不如絕餉與其並進不如迭出用少莫如致死致死莫如去長兵而用短兵合少以禦大先克其主則從者必解約結而來攻先克其亂則整者可潰決機兩陣將雄者克如牆而進埋根者勇必爭之地先據者勝相當之氣後衰者强擊淺入者搏其前不如襲其後擊潰兵者縱其前然後可大獲其後也彼軍雖勝而部伍遽亂收掠自恣更可乘其亂而擊之輜重相隨有劫略之憂然善用之亦足餌敵而輜重仍

無遺也納萬人於死地不可驟擊稍開以生路則可擊矣敗軍之將不必盡俘縱之使往所過郎吾先聲矣依草結營陸師之易火者也連艦接艫舟師之易火者也刑政既亂可以披其腹心不必略其枝郡奸臣主兵可以虛喝取勝不必窮吾兵力滿志而去者擊之必大獲焉小城可取而不取所以分其力也取之則敗卒奔入大城而助其守矣國有不可取者取之則獨當邊患縱而舍之使其人自爲守猶吾守也地有不可取者取之則彼無係戀棄而予之使其人首尾牽制適足疲之也敵人已懼不必往擊俟其來而擊之則以逸待勞用寡

如衆矣岐路所在未知敵之出何途也策其所必往以兵邀之所不出者可無備焉非長於料敵者不能敵小懲而不知戒將有大敗在其後也其國可伐也用騎兵者勿逼敵壘使騎無所展足誘之戰於廣遠然後盡騎兵之長爲亂之兵倉卒舉事守土之將以順討逆不憚倍道趨利出其不意必當離散離散可成擒也烏合之寇勿使速鬪以遲其鋒法當持之以挫其銳彼策非素立心無定志稍縱緩焉恇怯必生計略亂作戰守莫定分合互異不能不畏義不能不慕利也以此之憒乘彼之驕以此之齊陵彼之散皆必勝之兵也其或行伍不

整壁壘不固囂譁不戢疾行而喪列過險而亂次輕窕而易驚自戢其地各顧其家咸有散心莫有鬬志勢之所重而以輕師當之勢之所輕而以重師當之師衆而無統令多而不一衆聽而無上臨陣而易慮挺身而蹈危逐利而入伏彼此相推爲鋒而莫肯先無成算而浪戰有所恃而不設備聚衆於一處而不能分師屢勝而不戢徵兵太雜而勢孤役久病於外而不恤寵貴在軍而不習事大將有二心而欲危衆求功前擊後解而無鬬志舍水陣山其汲可絶阻淖自固藉葦可度與强敵隣棄其家而遠師者可襲而取也三軍之氣非一人所能

鼓三軍之心非一朝所能固成軍以出人有立功之志一旦卻退志衰氣盡雖欲再用不可得已凡退一舍者百舍之幾也棄一城者百城之媒也此必敗之兵也戰勝之道有論理者有論勢者輕利僄速之卒有時不爲用堅輡鋒慘之器有時不及刺固塞險阻之樹有時若振槁嚴令繁刑誅殺莫必其命有時而身爲獨夫惟由禮義忠信而後賞罰明於內威武暢於外此論理者也立國有大勢人心有定形形埶所在異類可使同心非誅殺所能拒形埶所去舟中皆爲敵國非恩賞所能留此論勢者也故兵不可觀也觀則不戢不可黷也黷則

自焚鑿凶門而遣之自始出師至於振旅必以嚴終不敢觀之義也勝敵而歸告其完而已告其至而已不築京觀不銘彝器獻俘受馘掩骼埋胔愴然動於心焉火之盛炎水之盛衝所傷不止兩陣之間君子惡其暴而不仁不敢黷之義也勝敵之後有志滿而驕者傷敗之餘有創深而懼者懼者有以自立驕者難以復用以此言之雖欲黷不可也用兵不解必有偏重之勢此智計之士所不及防也人情不安足以致亂而亂之所生絕不在人情意料之中此刺姦之吏所不能詰也以此言之雖欲玩不可也王者以兵取天下而以禮善其後無

禮不可守猶無兵不可取宿重兵於內其弱也隸市籍而雜傭保其強也譁閭里而驚宮闕宿重兵於外其強也尺符召之而旅拒其弱也疆埸微駭而星奔天下之事非形格勢禁所能善也當以道義維持之興兵誓衆之事亦有性情之正理欲之別於此見理之無所不在而性情之正者可以大有爲也是以聖人之敎貴仁義而賤勇力故建都不依險阻習射不取貫革蒐狩不空原野以爲吾所以安天下自有先王之法而不恃此末規也所以養兵不用而天下之大固已自爲正矣

軍政篇第三十五

記曰班朝治軍涖官行法非禮威嚴不行故王者治軍必本於禮猶干戚不可無柄劍戟不可無鋒刃也任將之義有八選賢德一事權尊體統寬文法宥罪過絕讒慝豐賞賚全終始而後責以成功詩曰赳赳武夫公侯腹心先王化行俗美之所致也又曰有嚴有翼共武之服先王中興之所簡任也蓋以折衝厭難勝於無形有以才能服人者有以謀略服人者有以德量服人者有以威望服人者皆大將之選也三代以後安社稷者惟曰絳灌秦漢以來稱賢將者必曰羊陸所以建賢德也跪而推轂登壇而授鉞軍功爵賞皆決於外用機用閫

不幸於中兵未出境進退在君兵既出境進退在將不以內臣指麾軍事不以大臣節制命帥朝士阻撓者出而遠之小臣異議者謫而隷乎其幕千里之遥機務之密往來奏報不踰旬時趙充國以戊申日上疏宣帝以甲寅日報命所以一事權也師之爲卦一陽居中而所向莫不順從有登壇之象上下五陰或在其前或在其後在前者分左右而道之在後者夾肩背而推之無敢當將之中道而特立者有軍行之象古者三公主兵則司馬爲之副唐以太子爲元帥則副元帥即大將之稱也軍中不馳天子按轡而行介冑之士不拜以軍禮見

所以尊體統也便宜發郡國騎士承制補軍前幕職不請於朝而釋脅從機會響赴先發而後聞開府庫行賞而免覆校分合進退君命有所不受易曰左次無咎未失常也謂夫知難而退勿拘常制所謂寬文法也素服郊次不以一眚掩大德距躍曲踴舍之而弗殺將吏貪不愛士爲萬里而伐不錄其過所以宥罪戾也雖有謗書一篋不以間克敵之功雖有咸陽王之稱更遣妻子如鎭雖有擁姬抱子之諧卽使待罪幕下以間執其口責以報忿除害捐殘去殺而不責以免冠徒跣稽首請罪所謂絕讒慝也春夏行賞旣以大賚百官而軍帥武

人更於立秋受賜是一歲再三沐恩膏也又以軍市之租郡國之權皆資幕府令募驍勇爲爪牙私死士爲間諜所謂豐賞賚也勝敵而歸以歆至之禮勞之受命祖廟錫以圭瓚秬鬯土田附庸作祖考之彝器以遺子孫所以全終始也夫文武之士不可偏重偏必至激文武交激非國之福也用張浚江淮不如用諸關陝用李綱建炎不如用諸靖康用殷浩邊圉不如用諸令僕用違其才違其時違其地其失一也不建賢德之過也王莽不與兵符文帝咸取成旨德宗決策九重繼韓盧而責以獲禽縶手足而試諸攫搏不一事權之過也欲遠高

克而自棄其師欲沮李綱而撤防於寇讎故憤歎發於閭巷邱墟及於社稷不尊體統之過也上功幕府一言不相應文吏之法必行勝敵而歸奏愷飲至未畢蚤已移書道上詰責吏士案驗鹵獲使賢主拊髀而思邊人拊膺而泣遺寇鼓掌而笑不寛文法之過也甚者大將在外讒言在内雖竭命克捷而以功高蒙戮或斃鋒刃或殞鴆毒不絶讒慝之過也以張燈設宴爲放散官錢以行打算法爲稽覈侵盜以鳥盡弓藏謂弭後患不使怏怏者爲少主臣遂致一妖僧之獄興元功自投於牀以死勤事猶被誣罔之讒亾者藁葬生者待罪是以間

關險難之臣無不傷其類也不豐賞賚不全終始之過也此任將之末規也然大將成功又在人主與宰相爾趙充國屯田之議非魏相保任於內宣帝樂盡其說何由奏績乎夫采薇以遣戍出車以勞還杕杜以勸歸先王曲盡其情使人忘死以忠上也世俗之論皆以顛倒駕馭爲先推誠置腹爲後舍文武之正道襲孫吳之鄙言不幸臣奸頗遂跋扈遂生幸而主術旣售偏聽自智將漸及於盈庭雖弭將帥之患更啟上下之伺將焉用之古者擇於先任於後苟得其人盡禮使之已爾趙袞所言萬世法也賞罰者軍之大政也有在朝廷之上者

有在我陣之間者在朝者一代典章也故府舊章前人成例合者不可渝異者不可私也在軍者三軍號令也作一時士氣事已不必用雖死者不可復生亦必忍而施之雖竭府庫資之不必憂其不繼也在朝者不可不慎故彤弓之詩藏之以示其重將之必盡其誠侑之惟恐不速狄臣千室瓜衍之縣金石之樂之半皆以頒賜不幸而死則有國殤之卹求死者尸而三襚之坐引者而哭之御輪三周犀軒直蓋以寵之遇諸道路不畫宫而弔雖童子焉能執干戈以衛社稷則以成人葬之諸侯之尊死王事加二等於是有以衮斂此制一定卽爲

舊章即爲成例是以不可不愼也在軍者不可不速故曰賞於祖戮於社昔之人君有可法者公田之入移爲賞賜是謂爰田以貿一憤絕纓盜馬之士稱其所欲以貿一奮師人多寒巡而拊之可使若挾纊以貿一歡昔之人臣有可法者爲者則已有者則士不自居也破敵之賞悉分吏兵無所留也射中百步之外不復責以斬馘中傷破體者功勛之上懸首帶級次之血染甲裳者不必數級而後定功口不言勳者代其論敘皆所以使之踴躍也不以其時則受賞者賈怠旁觀者於邑是以不可不速也敗軍之將古人有必誅者有不必誅者楚

殺子玉子反春秋書之所以著喪師之法也城濮之事君欲退而臣欲戰戰而敗敗而不死不可以立國楚雖惜子玉安得貸之邲之戰有違命之先縠既在爰書未有舍先縠殺桓子者苟先縠既當違命之條而又當桓子以責帥是責以義非殺以罪也苟義可責則賢亦可議然則桓子者確然不在可殺之例非直劊子玉而免之也大非川之敗罪止削除是以吐蕃愈熾廣川之敗諸校士卒皆赦不死未聞一人有桓子之功者此之謂失刑富平之戰曲端已死而詐立其幟以懼敵人敵人曰聞曲將軍已得罪何給我也此謂晉再克而楚再敗

也若夫死事之賞仁人所不得已也既已無可奈何求其孤而字之字其孤而寵異之忠愛之心悼喪之念非爲未死者賈勇也如爲未死者賈勇是以前事之子市後事之爲父者也其心不可問矣兵者安危所係國之大事也故御兵者軍逃亾有誅犯階級有誅離部伍有誅失主將有誅不死同乘有誅期會差晷刻有誅殺降失陷避敵激叛皆有誅將戰之頃爲衆設賞爲已設罰趙簡子之令也軍中不馳而使者馳斬其車左軵馬左驂以徇於衆司馬穰苴法也杖鉞而令偃蹇噆嘍者執而戮之雖中使懷赦不敢宣焉事已行罰雖有失律之

凶歸命天子不敢自擅專誅於境外以明人臣之義助亂之人雖能歸正免死爲幸不宜更賞臨陣就擒者形埶既窮不能爲惡姑貸之生全以銷其兇悖克敵雖曰盛事然君子爲心不欲以不仁之事標名後代故魯克長狄經不書獲楚勝晉師不築京觀所以廣仁也若夫君子小人之辨似無當於戎事而易辭戒之武侯表陳之李綱復申言之蓋其喪師辱國有不可勝言者尤軍政所宜愼也春秋不書南蒯之叛而書公子慭奔齊不書陽虎而書盜竊寶玉大弓不書侯犯而書二子圍郈不登叛人之名以崇國防此聖人示人討叛之義也成

王初立周召爲相道德一而風俗同順逆之理宜在人心然而東土叛亂猶有謂不當致討者甚矣人心不同國是難定也周公不惑羣言大誥天下率師討之以杜狂狡之萌故其詩曰周公東征四國是皇然則叛而不討無此國法所當議者寬嚴出入之間善爲張弛而已矣春秋傳曰緩追逸賊親親之道凡在親懿之屬者引此義以從事則不傷天性楚莊王思子文之治國也曰子文無後何以勸善凡先世有功德者引此義以從事戮其有罪反其邑爵使辟嗣之子孫賴前哲以免也非此族也更無可議滅者夫叛者逆節也兵者凶器也以

逆節之人擁凶惡之器非其死黨必有憤心宿兵險要示以形勢聲其罪狀以明逆順之理存不赦以待首惡寬羅網以容脅從使慕義者改圖迫脅者自安必有拔起逆節中思自洒濯者雖繞塹以深其宮大戟以峻其牆猶可拾而取也蓋不令之臣天下所共惡也已則犯上而求人免已不亦難乎是以方抗順自張不知家隸擬其後也漢彭寵唐劉稹元擴廓皆如一轍也內地有亂皆由武備廢弛姦宄竊發萑苻急捕鋌而走險耳專任一將責以成功可不煩宵旰而績已奏彼潰壞無已者任將之過也然而任非其人之失少不專其人之失

多何也將帥受命鮮不志在撲討無奈身在事外者微功圖賞以招降之說進遂使君心不固有縱舍罪人之志杖斧執鉞之權默移於彼夫片言矣殊不知納降猶可從而招之非策也閫外招降猶可特置一使以招之尤非策也善禦寇者順此長道屈彼羣醜不善禦寇者兩龔不去將用斧柯則招撫之計誤之也謀國之道不賞邊功寧相之長慮也不撫强寇大將之忠謀也不募義兵弭盜之淺計也不借夷兵戡亂之永圖也不寵降將安邊之勝算也何以徵之漢之郅支雖曰成功然矯制發兵事不可訓必以宋璟爲法段潁附會中使不足

法也故曰不賞邊功宰相長慮也廣明之亂宋威失策於前高駢受紿於後皆以議撫之故是以胡世寧曰舊撫者不剿再叛者不撫新起者必撲滅於微持此三端官有定守民有定志而後賊可平國可安也故曰不撫强寇大將忠謀也元之羣盜皆以義兵爲名雖得察罕猶苦不能奏功餘適足爲亂矣故曰不募義兵弭盜溪計也唐之回紇雖有定亂之功然以儲副之尊或拜馬前或罵幕下傷威損重天下寒心亦云甚矣況乎一陣之間主客錯處戎夏雜居陸贄之論萬世所當戒乎故曰不借夷兵戡亂永圖也六朝七得河南地終不克有

侯景一逕建業爲墟宋以長淮假李全而屬二趙以鎮壓之任又陰掣其權不能乘機殄滅是以至於跋扈故曰不寵降將安邊上策也此五者立國大誡也若夫以一隅之地抗天子之師者必有防守之費賞勞以悅其下之費畜馬之費且有誅殺以防內亂重斂以給征繕日嚴不解而境內困矣人情怨矣雖時有侵掠難積易耗以通計之常若得不償失此必敗之勢也所以討之罔功者握兵之將養寇以自封隣境之師玩寇以自重人主聰聽不衷每誤入招撫之言將帥持權不一或制於盈廷之論所以功欲成而有敗之者寇將盡而有延

之者夫環寇之境豈無天時慝伏百姓不足於食豈無循兵衆多司農度支告盡豈無疆場之上偶爾勝敗豈無萬全而動遷延歲月如此情事一聞於人主則櫜甲韔弓之念勃然而起苟廟算有定存不赦之志將士輸忠盡撲討之職凡此上所云數端皆置不問定無不成之功也二寇連兵必有氣力强弱志量大小之别先擊小弱易於奏功且孤强大之與所謂斷匈奴右臂也然而兵强志大者方欲赴人之急以自侈其有餘直來決戰則腹背受敵攻吾他郡則徒舉牽制名曰攻一路實則敵兩路也先擊强大彼弱小者必且習於觀望憚於

挑禍幸於無事雖近亦不敢援名曰兩寇所敵一寇也楚莊王曰弱者吾威之強者吾辟之是使寡人無以立於天下魏武舍張繡而擊呂布周祖舍京兆鳳翔而取河中皆得先後緩急之法也

武備篇第三十六

古邱甸之法不可行於今矣近法之中有籍民爲兵者有募民爲兵者籍兵之法自宣王料民已非善政後世薰目毀支以避役如之何可復行也即欲籍之若李德裕二百戶取一人則充伍者少若李抱眞三丁擇一恐用民者太煩陸遜部伍東三郡人強者爲兵羸者補戶

此馭盜之法非所以馭平民也凡民願爲兵者多游惰無行無事之時往往犯罪若許以從軍是爲犯法者逋逃藪也且旣募以後習於戎旅廢其本業此曹不坐食以終身則輟耕壟上以規四海風塵爾夫漢之出征多用募士當時募法不傳今欲定其善法必有事乃募事已卽罷方其應募卽與定約成功之後隨時遣散使應募之始卽刻縱遣之期一日凱還策勳書勞給賜不以失伍爲喪業否則若漢之從軍奮行者官過其望以適行者不黜其勞先有罪者得以從征自贖後復有罪不得以告身自免庶乎國法軍行兩不相害也昔賢之用

民兵也方募之始則有差擇焉既募之後則有教練焉教以講事度軌昭文章明貴賤順少長習威儀廣仁義賤勇力出則同心入則殊尊卑也教之以順天明從君命經德義除愧恥也故蒐狩有禮勞賜有等止步有度左右有局先代之兵所以親上死長不相離畔以其教之素有此具也後世練則有之教則未也如太原精卒昭義步兵青澗射士爲之將者頗知第其能否習以行陣此練也非教也然亦卒稱當世之冠定人主之亂而況能用先王之法乎且兵之資扞衛者久必驕其以充行陣者久必弱晉悼公訓勇力之士時使所以防其驕

也楚莊王日討軍實而申儆之所以起其弱也故射而挽强者不足以當中的槊而洞鎧者不足以當致死桀石而投人跳濠而注坡者不足以當奉法令親長上此練兵之義也古師旅之制善矣雖其文昉於周書大抵三代以上皆然行陣之中無終身爲兵者取井里之民從力役之征然必審徵發之數謹更代之期慰藉以送往歌詠以勞歸使役有定制人無苟免之心歸有定期家無久曠之怨又以再朞爲度厚集其衆以防秋先後二戍交錯道路得以達其音問公私之事兩無廢焉且車皆公車徒皆公徒卿爲將帥兵類武庫罷師而歸釋

甲力農而無轉餉之煩自是而後國祚修短不同短者旣不足采所可采者數代而已漢有踐更之卒無營田之兵材官騎士散處郡國有事則以虎符調發然漢法出征多用募士及義從弛刑其發騎士郡國亦希矣豈非井田旣廢邱甸之法亦與俱廢乎貞觀兵制內以十六衞畜養戎臣外開折衝果毅府五百七十四以儲兵伍上府不越千三百人三時耕稼一時講武有事則承檄奔命所謂府兵者也李林甫爲政大壞府兵之法於是始有彍騎彍騎又廢而方鎮之兵始盛鎮臣擁以自强不受節制於天子天子始自置兵以中官將之天下

爲之益壞藩鎮之勢益張延及五代而愈酷矣宋兵制有四一曰禁兵居京師以扞王室而遠戍邊郡亦用之二曰廂兵居於諸州時與禁兵參屯其餘不甚持兵專服勞役者也三曰役兵司漕輓管庫工器之用四曰民兵有部曲無營壘散處民間非軍興不擅行總之軍無常帥帥無常鎮所以革五代之弊也蓋計井甸出車徒周法也郡國各有兵京師虎符發之漢法也置府立衛如陸贄杜牧所云唐法也以天子之兵遣戍縣鎮驕而不可使懦而不足用宋法也故昔人之論謂宋之兵最弱也明代垂三百年武臣未聞跋扈朝廷亦不困於養

兵其制亦倣府衛而已矣天下大亂爲兵者多耆定之初專土而抗命不可勝誅也投戈納降則必受之旣受之矣雖積甲山齊與之符傳而歸鄉里可以旦夕遣盡其願爲兵者居以府衛隸以卒乘授以田疇不數年而爲農夫所以柔其氣而馴習之非不知終無用也取其僅足平天下之亂不至生亂爾非不知武備或以田事弛也取其足以自食不待竭天下以食之爾以爲吾所恃以爲治者別自有在而不在宿兵吾用兵以禦亂亦有用有不用不恃此然後立國也詩曰四牡騤騤旟旐有翩亂生不夷靡國不泯蓋車馬旌旗之象震動一方

速戢寧之爲幸如其不戢則延及天下雖以全盛之天下未有用兵十年而不別生事端者也未有養兵二三十年而不貧者也唐元宗之時天下之力困於多兵幽州未亂而國計已虛矣此秦越人望見桓侯時也其後德宗亦因養兵而加賦加賦而民怨所以强藩益堅須兵益多天下已潰而養兵之費尚未艾也今使人樂爲兵之利則不可罷兵使兵有坐食之安則不可屯田是二事者必於開國之初行之武王來自克商歸馬放牛高帝卽位五月下罷兵之詔耿弇甫破張步十餘萬衆卽日遣散光武卽位七年天下未盡平也罷遣輕車騎

士材官樓船及軍假吏復還民伍此善罷兵者也唐高祖既平山東即置屯田并州以省餽運明太祖得康茂才以爲營田使兪通源墾田兗勤特遣他將督責之故明初之兵勿敢不田者此善屯田者也葢天下未平干戈未戢人不自有其生乘此之時免其行陣勞苦又且與田以耕武夫健卒喜於休息雖奪其所安而樂從事苟疑百姓未盡服猛將有異志而宿兵以鎮之凡屬戎士皆得衣食縣官此制已定然後人主居深宮之中與三四文儒謀所以罷遣之或一旦納諸農畝冬則持戟禦寇春則服耒力田武夫悍卒非其所欲不爲潢池之

弄必有沙中之語矣懼天下之亂而不罷竭天下之力以養之必有一日焉養之者不繼御之者不戢至於决潰四出而後爲此事之究竟也郡邑初定惟蕭何計戶口轉漕之法最善若按籍求之則逃亾者衆抑配生焉覆校者紛侵盜熾焉其弊易生而難防也轉餉之便莫過於舟浮舟江淮河漢者無論矣其險且難者如太原之師漕虖沱石臼武都之師漕下辯興洋之師漕金均蒼梧之師漕零桂冀州之師漕淇水白溝柳河之師漕平虜泉渠安南漕禺廣皆昔人已試者天下之水莫不可漕但湍石之險塡淤之阻得其人則通非其人則廢

苟能訪求故迹參以今埶但得不至糜碎視陸運之勞不啻稍減唐置淮潁水運是已然之效也其或宜稻之地行劉大夏收市法即運亦可省董搏霄陸運至今三百餘年未聞有再行者大抵不可盡信也若夫出征之軍餫於所征之地其事尤難朱子言之矣以一夫運一兵之食僅可支七日即以三餫夫食一兵仍當以十五日班師則可一日不返則無食矣趙充國云一馬自負三十日食爲米二斛四斗麥八斛此之爲數以人力舉之用以致遠非二十餘人不能勝也今以一馬負二十餘人之任又有衣裝兵器倘可乘之以戰乎若別用他

馬又須自負食馬益多而食益少矣且唐蒙略通夜郎朝廷所發千人郡之所發至萬餘人十倍詔書而朝不知知之亦不敢詰非郡縣濫發轉漕負擔其勢必然稍不如是則乏軍興矣轉餉之難若此昔之賢臣所以敬慎顧慮不敢輕言用兵也兵埶好合惡離不可因多備而分戍疆事一彼一此不可因地遠而移鎮分戍太多則集兵不厚易爲攻劫鎮將在此寇發在彼奔命不及未知鎮之所宜據也善禦寇者擇要害而屯之使有隱然之望則不必移鎮先未至而禦之無使得志而去則不必分戍矣守城之法如敵未至不可驅民保城廢其

田作我已疲矣彼未引弓是自敝也尤不可設械防敵適以自阻如梁之堰淮一尺之流費萬人之力命宋之決汴敵人未限援兵之路先絕金之曲遂塞門內兵比出外兵已覺南唐施利刃拒馬囊蒺藜布地周兵望而知其怯也此庸人之拙謀也春秋無召陵方城不能守江漢六朝無豫雍二鎮不能守江左不扼渦口清河不能禦北舟唐無三受降城不能守朔方無籠竿城不能蔽鳴沙蕭關之道無杷頭峯舊壘無以壯天德振武形勢無伏羲城則莫制大度清溪之阻無禦武城不能控榮經周人不據五門則淮南之津濟不絕宋人無盱眙

壽春不能守淮無襄樊劒門不能守蜀無仙人關和尚原不能守劒不移城釣魚山不能守合州慕容超不據大峴之固先零不杜四望之隘呂布不塞亢父之險延敵入腹坐待攻圍師未破而埶已敗矣

名將篇第三十七

用兵之道先審其義禁暴誅亂所謂義也將在軍中則觀其律號令節制所謂律也審義者定全師之勝觀律者決一將之勝也名將用兵從衆欲疾奔利欲密節會之期雨雪之夜風霧沙礫干支不吉之辰成功之所資也擐甲而趨不聞人馬之聲將萬人之衆如將一人岐

徑間道一旦若從天降間諜不及知進止之會與將列潛刻士卒不請所向雖赴水火可也對客談笑萬衆遄集擒賊斬馘獻凱轅門左右尚未知燕飲奏伎中坐而起行酒慰勞終夕懽暢坐客未闌而大將已斬關克敵矣其合戰也勃然震怒援枹而鼓之敵情自亂伏甲道旁不驚其前驅而突取中權則主將失措部曲皆靡矣以精銳之兵載羸弱之旗而出羸弱所處忽易之以精銳則敵入之諜適以自誤彀弓矢而微發之度及其中堅也然後鼓全軍而注射焉則無匹矢遺鏃之費矣兩陣既交士卒皆坐敵在百步之內然後突起志氣一新

敵人值之若猛獸之出於懷焉有不備者乎得其一瞬之懈而彼已敗矣我已勝矣其行軍也荷鍤贏糧從軍百役之士皆有地以處之安置營壘部統行陣匏料勝負甄別器能皆有祕策良法以遺後人一日之積一宿之衞一次之舍垂橐而入汎滌而出不知爲師之所處也其用間也直致之不若曲致之以我間敵不若因敵之間又不若使敵自爲間也其用智也必匿其形必默其聲形聲著於境內必生異議異議存乎中所向皆猶豫矣形聲見於境外敵必先我而修備或覆我於計中或掎我於計外而機械橫生矣無事而修備者政之所

忌也善爲將者民閒居處田作遊覽樹藝之所莫不可寓修備之意內政而寄軍令亦其一端也邊境遊獵校練旌旗譟讙戍卒更休往來紛披聚散使敵人觀之習以爲常不復措意一朝大發以相攻猶以夙昔相待展轉刺探則兩陣旣交莫知所禦矣陰陽家所避就有默契於心者不必令人測所自也星辰雲鳥之祥不以令眾懼巖縮無常也假神道以喻眾志人不以爲怪設詭詞以安眾心人不以爲誕愚士卒之耳目而用之不以爲欺激士卒之怒而用之不以爲紿皆匿形藏聲之道也軍謀定於帷幄雖朝臣不得知與寵臣謀必洩其情

記稱桓公謀伐莒堂下執事者知之謀伐衛宮中覩貌者知之皆爲幾事不密夫漏師於敵不可也漏師朝廷之上營陣之間其可乎善爲將者不漏善將將者亦不趣之使漏也閒居無事注坡跳壕洞革挽强之法與衆肄之椎牛擊豕優童舞女之玩與衆共之得選士而用不問所從來參佐皆將之所求非有求於將者也有求於將者退則將之所求者進矣兵已勝矣殘寇不足利也不以趨利乘勝入不測之域善守勝者卽善盡敵者也常勝而不敗敵斯盡矣斫營者主兵之利也地道者禦客之奇也決上游以水之徙泉源而涸之設疑城假

樓以誤之攻圍之上策也致敵以怯待敵以整强敢以亂狙擊以衰持變以正應卒以常威不必言更當持之以敬敬其謀猷敬其軍事敬其將吏敬其卒伍敬其敵國敬勝怠則吉也攻取之大埶勝乎三軍之鼓勇三軍之鼓勇勝乎一將之奮呼將苦而士憤者雖危必勝將逸而士媮者雖强弗勝上下相習人自爲戰不在學古兵法也善爲將者使敵人旣分而不得合旣前而不得卻旣進而不得肆自匿以誘之彼莫能窺自旌以懼之彼莫能逼自卑以驕之彼莫能悟因械於敵因力於敵因間於敵因糧於敵不若因將於敵善用降人則因將

於敵矣凡入堅而探虎穴者皆善用降人者也敵入吾境吾亦以他道入敵之境與敵異道而各有所圖必不以一郡受圍匍匐趨之而出其後也卒之我叛者執之無益也因而間之使敵自除之諜之見獲者殺之無益也因而誤之使敵自疑之因敵之險以爲已固因敵之謀以爲已功無所往而不困即無所往而不勝矣爲將之道勿幸兵柄以自重勿以小忿而開邊勿奏小捷以邀爵賞勿體統尊而防衛疏勿越境而過聽勿嫉偏裨之賢而抑其功勿自入財貨不與士卒同有無也營壘未安身無就舍卒乘未食不忍先嘗勿散車甲於山野

以避譴責勿以萬人性命易一官勿竭國力以幸功名詩曰既敬既戒惠此南國言不忘敬戒則師之所過不爲郡縣所苦又曰不留不處三事就緒言軍行疾速不翺翔於道路且部伍森嚴不擾農事也有以簡易馳名者有以嚴重馳名者方略不同而各有其功將之賢也過城邑山川必登望高陵大澤規畫指度皆成營壘畫地爲圖聚米可觀悅禮樂而敦詩書習傳記而親學士錄往事可師者於座右積之既久牆壁皆格言也通知四夷之事深觀敵情預刻制勝之日將之能也齊人欲伐魯忌卞莊子不敢過卞晉人欲伐衞忌子路不敢過

蒲老熊當道臥貉子郴敢過縵胡突鬢燕頷而鶚瞵者將之威也禦雲梯以火器梯著火則焚禦鐵椎以大筏錐著筏輒去禦犀象虎豹者一矢落象奴再矢披象鼻使之股栗返而自躪禦水寇者塞其梁滏罥其檝擢寇如束槍槊禦連艦者其維筰可燒也重樓可以禦土山長壍可以要地道布幔可以撓衝車或縋以連石車遇石可碎雲屋木廬鋒莫鋭焉掘火隧當其前則所轢必陷也以裳裹首而敵以亂奪纛而舞而衆以奮交縛兩芻爇其四端使火益繁衣敵之衣而警夜者莫辨火牛灰馬其出無窮火栰士狗適足相當道里遠近險夷之

勢莫不夙知勿以迴遠遷延俄與敵遇將之智也形勢未固雖有君命不可處也所向必敗雖有君命不可往也百姓未信雖有君命不可欺也營壘既合警備方設雖有君命不可啟也守其便宜固其猷略雖有君命不可易也受命而出不問家事朝拜詔而夕就道曾無辦嚴之日謙退不伐常與同僚相避羣坐論功獨自屏處盡敵而返絕口不言軍中偶違節制再三申令不相啟奏所以求定大事也握兵於外詔至即發雖遭讒間不敢顧望有所論奏不盡從可輒私自喜人主不我疑也所職者軍政不敢與言出位之謀所專者閫外不敢預

閫宮府之計同列共事能者居前不復問官爵之崇卑名號之輕重也將之忠也戰之日爲已設罰爲衆設賞挨行槍礮親授矢石衣製杖戈立馬行首出行載道則忘其家城頭張幄則忘其親陣前韡刃則忘其身非是時也舉必貴謀動資持重不以三軍之命矜陷陣之名至於克城獲都市不改肆將之嚴也戰陣不利意氣自若方整厲器械激揚士吏不幸而遇敗衄則明罰思過效變通之道於將來考徵勞甄壯烈引咎責躬布所失於天下厲兵講武以爲後圖是以民忘其敗將之勝概也多請園宅田池以自託於人主豪傑歸附致之行在

不以自衛兵多糧足分之諸將而無私功已成矣勿求更事位已極矣勿怠始進之日畏法如觷畏義如栗愛賢如植愛士如蓄畫國家之力以殉一戰暫勝而元氣立盡者雖能之而不爲也將之小心也陸賈曰將相和調則士豫附趙充國之功魏相之公也石雄之功李德裕之斷也狄青之功龎籍之舉也岳飛湖湘之功張浚之任也元戎稟成算于帷幄宰輔道王猷於中外將校致死力於節閫戰勝歸功能於吏士非有私也各盡其道而已矣若夫段熲東西羌之捷王驥麓川之功皆有中人之助然後動而不括雖銘於鼎鐘君子羞之其或

善待卒伍而驕於士大夫禍常伏於士大夫愛敬君子而不恤小人禍常發於小人躁動輕狂者謀慮必淺無禮於人者待敵必疏突入降賊之壘親蹈羣盜之柵非大將法也原野厭人之膏川谷流人之膏點茶染木以充賞賜鬻木榷油以取微息折券交貨以希其位漢武越中兵端發自莊助胡之兵端發自王恢二人皆不得其死天道神明人不可獨殺三世爲將道家所忌況發其端以取功名將所不屑爲也方略雖多總之以不殺爲仁力戰爲勇居功爲智尊君爲信衛身爲嚴故曰仁智信勇嚴缺一不可此論將之準也若夫書傳所載欲

試其術而殺無罪之婦人兵權在握而斬其君之寵臣以令衆入敵之壘得其軍號而鞭笞其將卒營壘數百里皆用降卒先聲下之不以一矢相加凡事之不可行者古猶今也記事者過甚之辭不足深信也

興亾篇第三十八

帝王受命各隨其時隨時之義大矣哉要其不可離者道也天時地利人和所以造邦也三者不同同歸於順忠質文所以成俗也三者不同同歸於安其事同效殊本同末殊所以用之者異爾興亾之理初起決成敗之幾既定審長短之數習治傷始亂之萌習亂嘉始治之

績初起之埶當明逆順既定之規在立宏遠始亂宜戒履霜始治宜圖濟屯具在前志不可不察也君子之學欲天下長治久安措諸不傾之地是以往蹟成敗猶必究其得失思其振拔以指示後人要以取法天道則順乎陰陽求盡人事則不離仁義如是而已矣其餘雖有成敗亦不足道也凡混一天下者或以其德或以其功德盛者好生爲心平政爲務修身爲本知人爲明天下一日未定即一日不敢自安功高者除天下之亂據天下之勢官天下之賢散天下之利非但無罪之人不以膏原野即九服大定而省刑薄斂之心無日忘之葢不

欲斃以鋒鏑亦不欲斃以苛政所以能混一也割據一方有一定之謀不暴露兵革不耗折財貨不損傷甲士但使敵入吾境攻城莫能下掠野無所得略地雖疾其勢不可長驅曾不旬日必退師矣若此者韓白不能入也即偶入之寇賈不能守也雖未必拓境亦免疆場之蹙所以能偏安也其或有功而輕敵功成不善息民力盡而用之不戢求得欲從屬厭未已是以戰勝而終危形安而埶動若此者雖欲混一不可得也兩國相持未嘗怠怨也未嘗怠戰也未嘗怠幾也在此者上下晏安有釁不能乘有備不能修在彼者君臣上下指畫狙伏

以伺其隙齊桓公東向而怯而莒人敝晉獻公夜不安寢而號人危及其慮成而後動計定而後戰偏師入境全局震壞矣或論安言計動引聖人而强梁者已獨操其柄或智不過人而欲坐收天下之敝而疾驅者已先移其顛若此者雖欲偏安不可得也屯難之初仁義之名聞於天下天下引領以望其來掃除以延之入傾聽以從其令歡忭以樂其生如闢大谷以納泉植樊援以育獸自然而至無所勉强此百年無患者也雖無仁義之名然兵力之强誅賞之果亦足劫制人心使之慴伏强圉震撲鞭箠指麾如猨之于羊也所不如古者更宜

養兵以鎮之養兵既久其國必貧患在數十年後而不在目前也亾國之土地拔以予人亂世之府庫散以資人人之需食者與求爵者莫不奔走趨役依附恐後苟無仁義忠信以固結焉一旦人情渙散莫可維繫不過數年世局又當變矣此三勢者皆能取天下而貽厥有遠近則國勢有修短其最上者耆定之後道德典型維持世運禮義廉恥甄陶民風待士以禮則久有其士養民以仁則久有其民務本力農使生意充實氣化日盛至於二三十年教化浹洽人心雍和疆場無犬吠之警閭里無調發之事耆年闕負戴之勞稚齒薄紈綺之好

是以長有天下也以小人加於民上以無藝之征取民宮室臺榭棄舊而競新酷法峻刑刀鋸目弊居其間者無論尊卑貴賤皆有自危之心皆無樂生之志戴目而視傾耳而聽以規域中風塵之警入其境則勞役多而休息少田疇穢而橋梁壞小人歎而君子思所以有亂天下也黼扆之上自弛魁柄魁柄一失必有所歸或歸宦豎或歸權臣或歸敵國歸宦豎者人心最憤君子遠引敵國間之以啟其疆草澤因之以發其難歸權臣者羣小之推戴發於軍中謀臣之指畫定於暮夜雖有杖節死義之臣呼賈逵而矢心引列燭以自照固爲俱靡

而已無救危蹶也歸敵國者土地不能厭其欲貨財不能充其求名號不能慰其心資日殫地日蹙然後直舉其國所以有亾天下也上下三千餘年間削平禍亂定於一統者僅及千餘年他皆强者兼弱盛者陵衰易姓改物數見不鮮甚矣其亂也人情不安足以致亂而亂之所生絕不在人情擬料之中聖賢不言延祚奇術但知安民正理我欲如是先俾天下以如是則祚必延矣我欲如是强天下以從我延不延未可知也我欲如是必害人而後能如是或害他人之民或害吾民其促速則一也三代以前尚矣創業之君得性情之正明理欲

之分與天合德故能克當天心乃眷西顧此惟與宅上帝臨汝勿二爾心此天之從人也天下莫苦昏昧賴人主之知以明故樂得知者而往就之又爲之竭思慮盡謀猶以益其知也莫苦殘賊賴人主之仁以保故樂得仁者而事之又爲之捍患難除姦宄欲長久所事也天下莫危無以相治賴人主詔令條教悚動覺悟故樂聞仁智之令教而服行之耕作織紝非王澤不成比閭族黨非王教不親居處食飲非王仁不安積聚穡藏非王之法令不能守百年期頤人皆有之非王之化日不能畢父子兄弟相依非王者宇下不能固此人之合天也

是以天下之人各慎其身人君之業益固各愛其上奸臣之志不行自三代至春秋雖流爲十二其法猶存也六國之君有仁心而不克自用有可以行仁之資而不知所用終歲務勝不休而卒爲人所勝其故何也闢地廣土詘强國而長諸侯惟以大其聲色財利之區在人者未可卽得糜爛在已者以爭之又或退處匿形狙勝敗而收卞莊之獲其進其退皆爲利非爲義也遷延歲月局勢且變其資以爲强者有一旦非我資者矣又有他人之勢偶成則在我之勢日絀者矣秦之興也據形勢席威烈役使仇讐而制其命橫絕天下午道而搤其

肩臂踞其要脊又值六國失計爲羸弱姬是以强者愈强而至於有天下及其亾也任法太過斬艾日聞人情既不安矣又廢三代定主之制歲更易其長月改署其令故民心易於思亂易於爲亂有自草澤崛起者此三代以前未有之事也李斯爲始皇畫策務在因瑕釁而遂忍之戰士之難格者以賂劘之謀士之難間者以劒刺之皆忍之之計也以忍成功亦必有忍之者焉秦基未毀而李斯誅矣太史公論秦受命歸諸天助非美其得天也謂夫仁義禮樂皆棄不用而能與湯武同功故歸諸天以明其非人道也焉有人道弗得而可爲君子

觀其二世而亾是天終不可誣而帝王相傳之道法爲不易也自秦以後帝王之興雖有懿軌終不及堯舜禹湯之盛是故中葉以降政教陵替天之所亾不必盡如桀紂也方其興也才權數計實有過人者天下大亂之時五常盡廢嗜欲流行草澤市廛有擊劒扛鼎之力不過攻剽爲姦其有慷慨震發奮起一方者亦皆好亂樂禍雖在兵戈擾攘之中而子女玉帛盈乎左右迨其事敗則拱手而讓人與倔强而不服皆使人爲刀俎已爲魚肉耳有王者起知天道利後起則盤桓居貞必不發發知人事利有德則施仁仗義以救人於水火知濟代

在得人則拔謀臣於行間捐土地以賚戰將三顧草廬一見捫蝨若濟川之有檝也必不與人逐鹿相競於一彼一此而無成算於胸中也以土地甲兵之力行仁義之事實則以仁義之行濟土地甲兵之強也有城而不取其意則盡取天下城而後快也有亂而欲定其意則在定天下之亂而臣僕其人也以為與人相競如兩騎並馳未有以相先也於是反其所為彼急則此寬彼暴則此仁彼譎則此誠彼不能及則吾踞其勝矣猶未已也以為控御失宜則事我之人還為敵國其事未可知也德之不修雖天下大定而蕭牆之內仍有隱憂其事

未可知也是以雄略內斷英武外揚左顧右盼汛掃宇內而大亂已除矣天下已安矣與聖王同功矣其在中葉也大將統兵所以固閫唐之河北累葉不庭統兵之將授之士也參任宰輔所以防姦宋之奸慝接踵不已參任之法滋其蔓也綜核以肅紀綱一人竊權紀綱皆其私勢臺諫以擊奸慝一奸當道臺諫皆其私人積漸既久陵夷之理已具儻非命世雄姿再造區夏其他中才以下雖有片長小善同歸禍敗不必幽厲之釁而有赧獻之災矣何也其基命者淺也又其甚者始以簡質爲治者簡質積而朴茂生朴茂積而勁悍生末流之弊

至於不安在上始以文飾爲治者文飾久而枝葉生枝葉久而奸巧生末流之弊至於不安在下如有不軌之奸生於其時知下情不安而輕移其上矣六朝五代是也陰去宗族翦伐知勇爲子孫措諸不傾然而宗族既盡知勇既盡本根之庇薄矣是以微有失德其臣即具禍心二三支壘之上不必有宋萬之力羽父之威壇坫之上挈神器與人不惟不以爲恥亦復不以爲懼養子健兒奮技擊之力跋扈之威叫噪部伍竊取委裘安坐而享之亦復無愧蓋習見所以得之者不義故知其所以失之者不爽也此朱子所云三綱不立衆志無所統

繫而上之人亦無所憑藉以爲安也文中子曰天下崩亂非至公血誠不能安苟非其道勿爲禍先又曰天地有奉生民有主即吾君也聖人錄多方之書以明倡亂者不惟犯人主之禁且賊古今通義逆天地元命葢殷之餘民聖人原未嘗以義士許之借先王餘澤之名倡亂於下竊發於大定之日其爲惡逆夫復何疑所以不即誅夷諄諄致告者聖人之仁也仁不可妄施誅不可數貸聖人著之於經爲後世戒所以止亂也夫鍾會亂蜀蜀人不能有爲遂人殲齊齊侯無害於伯大埶旣有所歸雖使遺黎蠢動部曲亂法猶不害其定國也葢好

亂者人心之私有定者天下之公也且大勢既定而復倡亂天心亦惡之矣竇融曰自起兵以來城郭皆爲邱墟生人轉於溝壑存者非鋒刃之餘即流亡之孤若復再寘於亂是使積痾不得遂瘳幼孤將復流離庸人猶且不忍況仁者乎若其樂禍而惡定神器有歸而竊發以此保身亢宗吾未之聞也

繹志卷十終

繹志卷十一

竟陵石莊胡承諾譔

凡事篇第三十九

凡天下事知其所以然而後盡其所當然不能盡其當然者由不知其所以然也爲子必孝爲臣必忠爲官必愛人爲士必愛行所當然也父子之道君臣之義無欲害人之心無穿窬之心具於有生之初是其所以然也如見其當然而已情欲偶熾所見皆當然也揆於所以然則矍然自失詘然自止知其當然又思其所以然則有必爲之善有必不爲之惡矣當然者事物之理所以

然者天地之心盡一代之事可以觀物理合數代之事可以見天心天心者爲善之基也天下之事有可必有不可必凡責已以修平物以恕此可必者也功而見賞德而見報言而見從行而見是此不可必者也可必者不惟有成亦能補敗不可必者不獨無妄之災亦有無妄之福若聖賢之論必以由乎義理可必由乎智巧不可必故凡以人爲政者從俗可也自爲政者非道莫從從道之事銳敏迅疾則有功從俗之事安徐重固則無侮賢者不察得失於事後而察其必可者也可必者守而無失不可必者輟而弗爲也人盡可爲善人不盡爲

善也爲雖不盡不害其可可則無不能矣假令不可無望其能若其未能何以知其可不可也可者其才也能者其力也爲之而後能如不爲未必能也不爲故不能如其爲無不能也能之與可不同不能與不可亦不同凡君子者操可爲之才赴以爲之之力者也凡小人者可爲之才不殊也何不力於正而力於邪則有殊耳是以初不甚遠久乃迴絶也凡身世之事有安於命者有式於義者安於命者知求之弗得避之弗可避也式於義者可得弗處可避弗逃也二者之辨當問諸心孔子何嘗不仕爲行道耳田騈何嘗不隱爲求名耳問心之

外又當權其輕重義理重而進退輕則從重舍輕伊尹是也義理不精是非頗嚴義自有重所重非義也陳仲申徒狄是也事以義輕不可爲也不以所害之重就所舉之輕也事以義重不可避也不以身名之輕害義理之重也凡少不可陵長賤不可抗貴邪不可害正似不可亂眞物之序也天性之親降於義合之疏最美之名絀於可見之實出乎此者宜乎彼應乎彼者慊乎此物之節也序之與節非無故而然也度之以義平之以心心之所安而有害於義是意氣與情欲相羼而成君子不以爲序也義之所蹔而有違於心是時埶與道義相

迫而起君子不以爲節也度乎義而無歉即乎心而無憾則人己兩盡矣古人爲善不過守禮禮者人道之所共也無此低彼昂甲是乙非是以州里遐荒皆無二心以我之同從人之獨是失己也以人之同從我之獨是失人也禮無失己亦無失人非求無失自不失也又必當其物必當其所物也者名與數也所也者地與時也嘉禮野合非其所也丈夫行婦道非其物也彼聖賢者天道所在以人事從之而不委於天人事所嚮以天心決之而不徇於人取裁於禮而已矣不裁於禮如置器不安而多所維持終不可久也人之舉動合禮與否由

其七情有正不正十倫有備不備也七情中節十義純熟則好善而惡惡好廉而寡欲無不合於禮矣七情乖刺十倫辟違善不知好惡不知惡義當前不爲而利是趨雖欲行禮終不肖也不獨此也凡好言人過好擿人短利人之有災者非其性偏惡亦由七情十義生而有缺陷故居上則陵其下居下則傲其上傲其上也則曰守正不阿刻其下也則曰責人以義皆居心不平爲之也詩曰豈不夙夜畏行多露常持此心豈有失禮之愆哉凡天下之事必有定體必有變態君子思其始思其終者舉其體也思其復者極其變也事機未接心與理

會心與理會者以義理養其心也事幾既及理因慮審理因慮審者由不定以趨定由不同以歸同也風氣所至不能不開而聖人因之若風氣未至雖聖人不能開也物無常動必有所止或擬之而後動盡人力求濟而後合其所當止値其所止雖聖人不能復動也禮之與權相須爲用埶處極重則禮不能定而權足定之仁之與義相須成體去義最遠則教不能正而法足正之權所必用雖智士不能易也法所必用雖仁人不能貸也以地圖察山川不盡險阨之形以伯樂之書駕馭不盡銜策之能不以治病爲藥而以處方爲藥雖鵲緩無可

紀之功也是以終始常變之際不可不致其思也聖賢學問有同有異天與火之性同火與澤之性異以同爲正者類聚各從其彙羣分不易其方不同所以大同也以異爲正者同其所當同異其所當異同乎事人而異於自治同乎守正而異於放利同乎趨事而異於居功同乎爲學而異於求名同者所以明道也異者所以辨惑也中和者發生之氣含中和而近偏勝生理不暢是謂枯楊之華中天者日之權令去中天而行西陸權令既謝是謂日昃之離故天下事皆不可離中道也十干戊己爲中過中則庚庚者更也故凡事之過當即僞也

行之驚愚即愿也近乎拂性違情即戾也古者葛溝而楊王孫裸葬古不修墓而趙宣不閉延隧安得謂非怪乎青天白日奴隸亦知其清明震驚百里不喪匕鬯庸得謂非正乎賦予於天者雖氣有昏濁而清明自如受程於道者雖命有吉凶而安止則一事雖動而應事之心原靜也迹雖繁而投迹之足無多也躁動輕移必至前後左右皆無所依以一心營二事以二心營一事其終必爲私所據而作止皆謬隨六二曰係小子失丈夫六三曰係丈夫失小子凡狃小利趨近功行小知而大經大法棄之如遺所云係小子失丈夫也凡慕高而舍

下尊位重名趨走恐後執鞭欣羨隱約篤實之士日交臂而失之所云係丈夫失小子也蓋隨則公普係則偏私不出於隨而出於係小子丈夫皆不可也知此可與審同異矣卑者之患不可以及尊春秋兩觀之災不以及雉門也不以尊者親患至美好之事差可親之春秋雉門之作可以及兩觀也歸美於尊親目惡以卑外不爲私也受責於尊者不可以無罪解說於人爲尊者受責亦不可以無罪自解說也此君子處尊卑之道也人皆好善而惡惡惡也是以喜譽而惡毀今喜譽而不遠惡是不勉其所譽而蹈其所毀也惡毀而不遷善是不自

慊所好欲人反所惡也是以毀譽之虛聲掩好惡之良
能也謗言之來尤人者必遂非罪已者必改過譽言之
作吾不以實貿虛必不至以虛亂實甚至末俗必不見
諒不如直以自誣而天下後世皆知其揭日月而行也
此君子處毀譽之道也凡是非之論皆取有益於我非
以較量他人較量太寬或失則濫較量太刻或失則狹
皆有害於我何損於人君子非以我方人也取於人以
益我也萬物所仰望者聖人從而敬之萬物所不服者
聖人因而責之通賢者之心使不至壅塞折不肖於萌
使不得恣肆若惡事既成而後戒之責之於義雖得於

心已傷君子不忍也將祈於見是而天下不以爲是將祈於見非而天下不以爲非雖有私愛私憎不得不屈而從公若不爲公正所屈卽亂人也此君子定是非之道也凡息爭寡怨之方自責而已矣自責者天心也與人爲怨不必得志於所怨之人也矜而容之天下稱寬平焉見慢於人必思所以致之以我慢人於人絕無損於我絕無益也凡以事傷人與以言傷人其致怨一也言譖於人與事譖於人其遠怨一也君子不乘人之衰而快其宿憤非惡名之不令也惡其與性違也此君子平怨惡之道也凡受德於人論其心可也不必竟其事

施德於人如未竟其事亦不可自誣其心衛風美木瓜言無德不報也無德不報則民有所勸爲受恩者言也若有德於人則宜忘之傳曰私惠不歸德君子不自留焉爲施惠者言也晉文公逐衛侯而立叔武使人兄弟相疑君臣相訟放乎殺母弟尸大臣衛之大小臣工駢首而死者數人君子端本持議則罪不在衛侯而在文公也喜怒不類怨咎滋章禍蔓於人快意在己順事恕施之道不如是也此君子處施報之道也世有惡人如毒蟲之螫草木無惡草以肆其螫則必及嘉卉故天心不忍必使惡人亟受其罰羿善射逢蒙從而殺之崔杼

弒君慶封夷其家蔡侯般殺父楚靈王誅其父子元載固奸臣而誅輔國朝恩則非載不可逢蒙慶封楚靈王元載非秉義以除惡者也如毒蟲之相啖也所啖者盡則啖之者亦盡矣君子擇人以正責己以正所以止亂也居身不正不能治人非止亂之道也必也改過以正其身身正而不正者皆受治焉然機會不相値是天心猶未定也有伐人之德又有可見之天心則機會不爽必咸無疑此君子決事幾之道也幼主母后之時中官之燄決不易撲也迦維濯龍之好通乎上下攻異端者必不能遂也苞苴筐篚遝於朝野敝衾瓦器必不能容

也禽獸食人食土木衣人帛則儒飽朔饑不能免也不幸值此安時處順而已矣强與之爭非身世福此君子處衰亂之道也不以人之義命從我之嗜欲惡其無以明道也不以我之義命從人之嗜欲惡其無以拯世也衆情所快之事而幾非在我操縱由人人之望我雖切我之自處有分踰我之分悦彼之心必不可也德所不及不享其贄無澤可以及人不敢受其愛戴也不以我之矜氣除天下害氣恐相助益甚也不以我之忿氣當天下銳氣恐不能克反爲大憂也事近乎亂者去之而後爲治迹隣於汙者矯之而後爲修若循其故迹而稍

損益焉益甚其亂與汙而已矣不近宵人然而不必惡也常有不可犯之色則其人自遠不仁之人有時不可甚惡恐其激而爲亂則所傷大也有逆命而忠於君順父而陷於惡者有愛其人適以害之惡其人而爲箴砭者故曰不在順逆以義爲斷不在憎愛以道爲貴也若逆探他人之意以爲未必誠然因思所以逢迎究竟所逢者非其意徒自處於無禮自處於不智君子不爲也不奪人所利亦不能禁人之利人也不能保其終則不必有其始既有其始則不可不徇其終無使力不能庇還爲人害也忠於謀人適以自爲當取其忠不必計其

自爲志在道義適以幸免危殆取其慕義不必計其幸與不幸也以重厚待人以久遠望人至於歲晏而復定其去取則吾之私意偏見以事久論定莫不返於公正矣人謀既臧可以保天命攝生誠密可以延壽考遺子馮重繭衣裘鮮食而寢是以必不爲令尹何變常蓄毒藥誓死不辱是以終不與枚君子之遠恥辱不必問諸人亦不必聽諸天自處於必不可受則受焉者寡矣勇於服義者有可乘之埶而弗乘明於悔過者有可遂之名而弗遂居不必擇地取諸足以勵不勤者藏不必取固取諸足以媿不義者埶不必取重取諸足以戒不恪

者度可事之君而後委贄焉度可從之求而後告匱焉度可受之賜而後拜嘉焉度可任之事而後任職焉雖顛沛窮約不利賴於凶事不求助於凶人故內不失己外不失人不居定傾之功而欲全無傾之勢故事前不見所益事後始服咸宜不惡卑而蹠實惟畏高而蹈虛如涉川然淺深各有其宜不患深而蹠於下患夫漂浮於上而顛趾也此君子所取法也爲仁義而自爲者無自爲之心不復爲仁義矣義始而利終者無終事之利必不爲義動矣有求而致恭於人不得爲行禮也取非所有以與人不得謂好施也以人之國而加恩於俘馘

不得謂行仁也揚人之美而有依末光之心不得謂好善也人心不同卽孤立也舉事不盡其慮卽欺也貶道以媚人卽辱也職事不恪卽罪也以威力制人使不得盡其倫常之道卽不祥也智所不及聽命於神道所不篤問途於術卽居身之恥也與賢者異議非有私也賢者得罪而持此求進不肖莫甚焉免一時之咎無大惡也一時既免而終身委曲以覆其迹辭過誤之名得爲惡之實愚莫甚焉不矜細行非小惡也以爲小惡而嘗試焉卽大惡矣倫常輕而嗜欲重大惡之的也以爲常情而習安焉必有大不祥以隨其後非第被以惡名而

已也知其不義而爲之不謂過誤也頻頻蹈非積而不
改窮理之功安在亦不得謂過誤也天資一定終身不
移不得謂學問也平居論議所言皆道從容應務所由
皆禮倉卒之頃忽焉喪其學力本來氣質纖毫未改亦
不得謂學問也南面之君事得自專爲人所使爲不義
不得謂非自爲也人所難明者心心所當避者迹心雖
不至迹已及之不得以迹爲解更云非我心也人之處
下有必不被之澤必有甚不仁之懷情安忍而志陰慘
懼其不可堪也不勝己私而欲任法裁物遂致倫常不
終事使不順左右前後皆吾敵懼其不可久也已無德

義謂天下必不我親在己亦不能親人己好疑詐謂天下必不我信在己亦不能信人凡有疑於人者皆其不足於己雖州里不可行也居官無罪好進其罪匹夫無罪懷璧其罪人服其勞我受其成事之必不能遂者也趨利則居人前服勞則居人後人之必不相容者也受責於人曾無戒懼之心知其禍未已也患難在躬而所言所行不近於道知其難未艾也嗜欲之事莫或阻撓更爲門庭之憂牀笫之間迷謬尤劇恐致庚宗之禍事之小者矜仁而市義事之大者斂怨而滅德功已成矣元氣盡斵皆身世之憂也此君子所日戒也春秋之義

尊者諱敵不諱敗親者諱敗不諱敵言尊者雖失勢不二其尊也因其失勢而稱敵以抗之是有替上之心故不可不諱敵至於敗者事之偶失者也雖曰至尊猶恐甘扈違命商奄允蠢亦當自懲其過於尊無替猶可不諱也親者肌膚之痛莫不相及戰之既敗必有毀折痛其重傷不忍言也苟可匿諱猶若無事是以諱敗然自我言之則曰至親其在人道相衛則有匹耦苟匹耦之義不可盡廢則違志之念亦當知止是以不宜諱敵也惡惡疾始善善樂終之義亦然義在懲惡故有惡也於其初而疾之勿使怙過後復有善則去其迹以見惡事

之不可蹈也義在勸善一有善則終身記之雖昔之惡亦爲之諱也此皆凡事之衡量也

立教篇第四十

人雖性質美而心辨智必求賢師而事之擇賢友而友之自天子達於庶人師友之益無不同者故君子莫患於自足莫病於自棄莫痛於不聞道莫苦於無良師友揚子曰師哉師哉桐子之命也天下待教於一人非獨受教者之事主教者之事也惟正道可以教人稍涉偏私卽有損於人也教不枉而後有益稍自貶損以徇於人之不能卽有損於人也抑之者誠而後應之抑之不

誠非求益者也淺則不入深則相距亦有損於人也非聞道之士不可以教天下性者道之根株胚胎也師所以成性也道者天地之符璽旄節也師所以明道也禮者道之經緯蹊徑也師所以正禮也聖人之書禮之城郭都居也師所以述聖也人有性不自知如至寶藏深淵而不見師則識其精氣者也有道不能由如去國既久而閉其塗師則授之符傳者也有禮不能行如遊五都之市不識百貨良楛師其爲之質劑者也聖人之書如九成之臺嵽嵲乎千仞之上先登者相望而獨不得其階師則陛而級之扶而掖之者也故君子之教不陵

節者也其有言也無不盡其無言也無不與不枉材器不失機候不費詞說不易規矩此君子教人之大端也蓋不循節次則妄意高遠有不切於身之病有言不盡有行不與何以知事物之理充滿天地流行聖人之身也枉其材器何以檃括從繩失其機候何以贊微出滯不能免於詞說使習於口耳適足窒其聰明不能守其規矩何以堅信從於孤立之中絕外誘於橫流之日一堂之教受益有淺深一人之身領略有蚤晚聖賢不但如一雨潤木一風吹萬而已更有斟酌化導於其間如教赤子以步趨尺寸之地不可强致如安寢而至於夢

寀一息之調不可有意求也寬以俟之微以相之和以來之悅以動之使學者容貌詞氣動靜俯仰皆其踴躍親善之意而後與師無間也人性皆善故樂與同其好善性本無惡尤諄諄引之以去惡是君子教人之指也何居乎可以爲師可與受學也所貴乎師者知博而不雜行修而不怠氣淸而容肅年耆而踰等三綱五常之所出河圖洛書之所在若然者雖在千里以外猶擔簦而往從况其邇者乎受學之士性情端愨思慮專一踐履篤實才調敏給應對詳審容貌溫恭好學而不倦造次必由禮有埶位而不挾若此者師所亟求也雖在千

里之外若比肩而進況其邇者乎其或記醜而謬行孤而堅齒尊而德薄義理辟而不衷誦說陵而不貫枉道而徇人曲學以阿世祇欲博其徒從豐其枝附峻其壇宇作其聲價以相稱譽以相詆訾以相薦揚以相掩抑也若此者雖北面事之去之惟恐不速況其遠者乎其受學者或性情傾邪志氣昏惰踐履浮薄思慮馳騖爭氣見於面諛聞塡其胸有所挾而來有所誘而去徒欲遂其依傍竊其品題隨其聲咳拾其餘棄儼然號於人曰此遊某先生之門者也資其學以取高位旣得患失遂操入室之戈依阿人主而流害於天下若然者鳴鼓

而攻之倚門牆而麾之況其遠者乎道者人所同得也善者人所固有也同得則不可絕諸函丈之外固有則不俟索諸糟粕煨燼之中所以古人爲學先以自益後以益人立教雖益人也所以自益也示人以塗徑己亦弗敢踰越也鼓人以志氣己亦弗敢怠皇也開人以覺悟己亦不得不思索也施於人者卽可責己行諸己者卽可教人一切取於平實以大道爲公而非私其所獨優焉使在人者知見深淺皆得自盡吾因以自識所未足使在我者輕重詳略緩急皆迎乎其人之機候揣摩攻治皆中乎其人之病痛故曰不獨益人亦且益己也

若以己見裁物强人相從一言一行皆以長其驕心軼氣無益於人無益於己古人不爲也古之學者必嚴其師敬其道也守其道也用其道也敬其道所以治身守其道所以治事用其道所以治天下惡習可化不必拒也惡質可易不必棄也有驕氣者教之以禮有失禮之愆者教之以覺悟拒絕所以爲誘掖也攻擊所以爲指示也憫其陷溺嘉其慓悔閔之者仁也嘉而與之則義也又恐精爽在人久曠則枯鋭氣在人不鼓則竭於是立其限程課其懋勉警其弛易稽其屑越怠惰之戒與倍師等又恐聽之既易其氣易驕人之太驟其退必速

故有取於扣鐘之義以一春爲一容春者擊也容者稍停以待其聲之盡而後更扣也曾子曰學者行於道路其有父者可知也其有師者可知也此言觀其容儀可以知其本也兩漢以來一切超世絕俗之士或鵠立不羣或龍性難馴徒以不遇孔子祗得成其偏至以經術名家者挾閹媚之術取人主高位獲希世寵榮而其徒亦無慕焉乃知王政之世無窮人教化之側無顓蒙聖人之門無曲士非惟教化之行乃後生之慶也學者知所嚮往則能擇師於蕪漫之中學力有得然後知前人所已至與後人所由以至也傳曰經師易得人師難求

馬融可謂尊矣程頤可謂嚴矣王通胡瑗可謂樂易矣東京桓氏父子兄弟代作帝師史謂桓榮之學本乎爲己是以若是其顯也

取友篇第四十一

詩序曰自天子至於庶人未有不須友以成者親親以睦友賢不棄不遺故舊則民德歸厚矣是故獨天不生天地交而物生獨賢不成人道交而德成施薪均火燥者先然平地注水濕者先赴物各從其類又各從其利也君子之友仁義相輔勳業相助道行則相慶勢微則相恤急難則相扶彙征王朝偕隱隴畝不以夷險易貞

不以初終渝節不以貴賤殊心不以死生易志諸父諸舅皆可爲友不論行輩也故總其大端其指有五取善以相益也進德以相輔也存誠以相資也誨過以相戒也聞見以相廣也君子或責人以善或取善於人皆以爲己而友必受其益責善而不爲己行汙而督人以修是好詆毀也取善而非爲己面諛而躬不逮是相與爲名譽也爲己求修而責人以善其人亦深思其意以求當吾所好是責善之益友必受之矣爲己求修而取善於人其人亦樂吾虛己而爲善益勸是取善之益友亦受之矣故曰取善以相益也君子求友所以爲道德之

助也不能使道益明德益進則彼此俱有愧其名故忠
告者一時之益明道進德者終身之益不大變其氣質
但一節一目受其琢磨猶無益也詩曰出自幽谷遷於
喬木言其可上而不可下也所以爲相輔也不以不誠
自處不以不誠待人其直諒也可以濟父兄子弟所難
言其專一也可以樂好勸善遷所默損逆耳之言久必
深思其意篤實之貌甚可薰陶其心所以爲相資也聞
人非議則致其誠敬以請所失之故而改之告以有過
則愉色相承折節相謝銳志相從惟恐不盡言不盡意
也有爭氣者不可與辨理有溢志者不可與共學有市

心者不可與同事非憎之也爲其無可相益也故曰誨過以相戒也斯道顯晦係乎人物盛衰人士衆多講習浹至然後知道義之無窮人士寡少固陋鮮識獨居無輔繩檢弛而怠慢生心志塞而邪僻進矣古者王事之節稱詩書焉越國之歡詢典故焉和平之音卒君貺焉合一代人士以觀古今物理物理不隔故人士益親雖曰同時之人而有奉爲典章者有奉爲師保者所以廣其聞見也天下俗薄朋友之道先喪以今觀之信有然矣夫君子之友擇善而取之知其失德而遠之職所當進之言委婉以道之久不相見微抑其學力而思所以

進之是以出處語默不同而其心則同也其氣則同也今之爲友者久不相見恨攜手之無期既相值矣寒温之外益以佞諛嘲謔連茵接迹把臂差肩莫非此指未聞攻其短鞭其後也未聞咨其義决其疑也如未相值而已矣又或浮慕於此而厭棄於彼故有進由埶合退由衰異者有恩爲情使義緣利輕者有刺過意賜書詞不半紙者有悼川瀆並决游豬蹂稼者又其甚者始則相扶急難已而報者倦矣施者未厭由此更成隙末五交三釁寍非箴砭乃到溉方抵几而怒人不亦傎乎然交道之不終也以過失相規而得疏辱者少議論相違

文字相正鮮不以謗怨終其故何也朋友道喪人自爲方不能相通人自爲志不復相成其視友之不善若秦越之不相及也彼於我何有我亦於彼何有隱其失而伺其敗是以不見可怒也惟其議論文字有過也微物情未深者不察而誤抵其巇朴直自矢者不安而顯爭其非飾誠請對降心相從者百無一焉其餘噂沓背憎往往見告矣惟君子而後可方人惟善人而後受責世路險巇難平未必自我頓平人情欣厭難克未必以我故自克故朋友有過微諷而已不宜憤激或遠言之或微言之在彼聞之不怒已事而思知吾心之懇至則猶

可改也若夫此既峻責彼亦遂非兩心固相離矣而嘵嘵不已寧非損怨益仇乎至於情日以疏迹日以暌我之有善不能及於彼彼之不善無可浼於我惟以恆情聲接不至遐棄不加惡聲此但以行路相待不在倫常中矣孔子於原壤蓋友道之變聖人之權也禮者天下大防也祖括之日登木以歌又爲鄙褻之詞則防壞矣防之將壞則當治之治之不能姑且諱之以爲防猶在也愈於大亾且窮僻一老不爲名教所關故可爲之諱非惜其人不以人道待之也君子所欲正者有職位者也有名譽者也思以其說易天下者也人主待以授官

後進慕以成俗敗節踰檢以疑衆志不得而不斥責之矣所當諱者隱之以存萬世之防不爲一人所當責者斥之以儆幾微之惡不爲一事孔子登木則若不聞曾子數子夏之罪向戍尤獻子之室古人處友如此也一介之士而與公卿友不可近其勢利勢利者凶德之聚也乃有失勢相依亦復不免以其未忘乎勢也勢如赭堊近斯涴矣鮮能潔出矣同一相好而貧賤之好也易於見短富貴之好也易於見長同一相惡而貧賤之惡易于決絕富貴之惡尤多含茹此其故何也勢之所在低徊而苟且勢之所去徑率而直遂彼人在官之日情

貌疏遜吾不以詬責而內自省警彼入去官之後情貌如故吾往往不慊于心而多所不堪以此觀之何異乎幻師之呈伎乎此雖反覆之變態猶是冷煖之常情更有險詖之徒既相怨矣猶復親密不已鷦斯羣聚總是未忘齮齕移栽相近惟欲便於傾擠此則末路之極不可不防者也故君子獨處之日多旅遊之日少羣情靡然之際必有獨立者焉羣情激越之中必有獨間者焉羣情追隘之處必有獨紓者焉交有二道有上下之交有儔侶之交凡屬儔侶者以求益遠損爲重凡屬上下者以忠埶樂道爲重總之皆輔仁也易曰麗澤兌君子

以朋友講習言講習之益互相資養若兩澤相承灌注流通也言足聽而行足從近所畏而遠所易則有砥礪之益日進於高明而不自知也以貴致之不以賢致之其密也流于相狎其疏也至于相怨則有漸染之汙日滋其塵冥而不自知也詩曰忘我大德思我小怨大德者何聞堯舜禹湯之道見忠信敬讓之行也小怨者何禮節之疏言辭之謬也今人論道不求相資敦行不求相助所責者禮節之疏所詰者言詞之謬雖欲免谷風之誚其可得乎且初既強合後亦苟絕一諂一瀆是強合也不以失義相棄而以失利相棄是苟絕也此朱穆

所以憤歎劉峻所以切責也君子爲學必尚友古人而後有益延陵高子臧之風長卿慕相如之節此昔人之尚友也同時之人鄉閭不相近也會聚不可常也談説有所難盡規誨有所莫致故竭忠者少受益亦稀至於古人求諸書卷則旦夕可親也觀其議論行事則道義之天府也能自得師而非外慕也誦言在彼感觸在此無所致其怨怒無所私其取舍是非之衷折於衆論成敗之迹著于往籍入其室者無浮游之情升其堂者皆風雨之好願爲執鞭實由夷惠之風芬若椒蘭更兼薑桂之益皆曹耦所難尚友所易也是故交遊雖多大抵

損益居半若尚友古人則有益而無損也

人道篇第四十二

聖人於人如天地生物各從其種類性情而不私焉處己爲人其心一致推之天下無不得其所者是謂道也不稱臣之美而薄其君不稱子之美而薄其父父爲子隱惡臣爲君受過以此處君父之間無不宜矣交以修好敬以全交好于我者望之不深盡心于我不必竭其所致爲人所依必全終始不中道而棄之其有怨尤不及後嗣不紊班爵不虐幼賤要盟不致逃義曰逃以此儔伍相聚無不宜矣小之事大從舊典而不失大之事

小敬逆來者而恤其災患會而相期地主有致餼之禮聘而相過主人有野餽之儀其有譴責尊大國而罪已不爲屈也以此慎四隣之交蔑不宜矣昔貴今賤者以疇昔之禮待之雖升沈有異弗損於往日尊已之尊亦通諸他人而尊其尊其親我也褒之其威我也抑之非其故舊則隆殺以遠以此處物我之際蔑不宜矣不臣寓公而臣其子孫羣居五人則長者必異席公庭之士飲射讀法之事可以賓禮自居否則必從臣民之後以此合州閭之聚歷有司之庭無不宜矣夫禮也者順也禮也者稱也順則人情不失稱則物理無愆故君子於

權貴相接以禮而已禮之所在往來酬酢必稱其施問遺贈好必正其名語默應對必恭以巽必誠以平磬折委蛇所以協人之情容貌釆章所以自成其光在人者協其情在己者成其光遠而不疏近而不狎不拒而絕不撓而折則彼此皆有禮矣世俗之士謂權貴之前不可抗迹陵也不可等夷施也寧絀勿伸寧俛勿仰常恐一失其意雖以無道行之猶足爲人害於是厭尊毀列以免人世之害嗚呼自處積輕之勢猥以積重予人又焉知禍福之所底乎夫上下之交自古有之不自我始也禮之所在相與世守亦不自我始也無所欣羨於其

人而後可抗迹於其人若尙有所欣羨迹未可抗也所操以自律者過乎世俗之所其尊而後能忘世俗之所尊若未有以相過雖矯情相忘未能忘者自在也禮者公共之器人己所取則也越於禮以責人必有難厭之欲以隨其後至於難厭卽不得以無禮責人矣越于禮以奉人必有難供之物以爲之終至於難供卽不得以有禮事人矣人己之間不惟居心宜平抑且道本不遠故施於人者卽可律身行於己者卽可訓俗責己過深待人以恕視己與人猶有間也處己以謙成人以倨是謂人之多僞不可誠行也以己不審禮不式義而謂人

皆然是以己之不潔浼人潔也君子貴道之平不貴責己淡也貴道之誠不貴謙己而倨人汙己而浼人也蓋以富貴驕人者天質最卑者也所以待之固甚易也彼倚勢相嚇此漁然其若忘也彼盛氣相陵此悠然其不怪也彼猶稍有人心焉雖不樂其相校也必恥其相忘也蓋校者有物以相觸忘者若無人在側也求其所以爲人者而不得然後不見其可攖者而校之苟忘之而不恥又何必校之以相當乎凡禮所不至而驕人者適自表其無禮不足以病人必有一日焉爲禮而屈始知向者之驕爲甚妄也有道之士心無好惡故所存之心

莫非大中情無淫溢故所發之情莫非太和中和盈于中而發於外常欲勸人爲善望人改過其勸善也止于足以勸之而已其改過也止于能改而已非求逞于其人也是以在醜不爭於人有益不惟無怨於天下且能使天下多賢蓋聖賢者心之分量也道之體幹也不以聖賢誨人未嘗盡我之心故不足入人心不以聖賢期人人類相與之道未盡即在我自期之道未盡也與人交相治必先盡己之誠而後可盡人之能以人受治于我不啻愛惜其所善尤必愛惜其所未善或即其自責而責之或即其可責而責之或即其自異而異之或即

其自恕而恕之或即其自更而更之有累而後進者有一舉不待再者累而後進欲守道之篤也一舉不待再欲從善之勇也以禮義裁成天下不以禮義鐫削天下如赤子學步長者必為之提攜孫子與路人無以異也氣質之偏習俗之汙能誘掖者誘掖之能含容者含容之交道將絕不必惡聲相加怨仇相對不必操刃相向君子恥人道未安不恥我志未遂也悅其人而相親其終必至於爭簡於禮而常接其終必至於怨惟褻可以納侮惟禮可以防褻惟疏可以遠累惟敬可以交疏故君子相接以禮其相悅也亦謂其能行禮也亂人不可

近也貪人不可近也佞人不可近也受亂人者必將有亂受貪人者必將我貪受佞人者必責我以佞過此以往無不可親愛之人矣若夫怨仇之事君子宜明其義焉夫天地萬物無不歸於盡者言念及此人世仇怨反覆莫不如東風之解凍矣故凡無益之忿貴在能忘有爲之忿貴在能忍無益而忘之非求寬大之名也有爲而忍之非昧戴天之恥也無益而不能忘有爲而不能忍快意當前不思卞急之非與人共事獨賈傷心之怨矰弋滿前而不避蹊隧被野而狂觸既失並生之情又不終臣子之義君子奚取哉蓋怨可平也亦可搆也乎

則速訖搆則不知所終叔出季處有自來矣急公而能平者也敵惠敵怨不及後嗣慕義而能平者也惟公則能忘私惟知則能畏義明則彼此相信恕則彼此相諒禮則守尊卑上下之品節義則審時勢順逆之宜適六者平怨之要務也故曰賢者敬而無失不賢者損怨益仇惟賢者能致不賢非不賢能致賢也相與親比非一人之願亦非一家之福是以倡和禮均不必曰誰爲發端誰爲從命猶有低昂之迹彼此禮均泯然無迹無不平之憾矣德不及人者自度其德而先退力不如人者自度其力而先退屬在親故者無失其親故而先退蓋

强弱小大之形親疏隆殺之辨亦天所定自知不能遣天即無嫌降處卑弱也爲人君者勃鞮頭須之憾猶之可忘爲人臣者子儀朝恩之隙猶可不校蓋所惡有甚於怨所全有甚於修怨者雖欲不如是不可也

出處篇第四十三

人之生也自桑弧蓬矢以及入學鼓篋父母之心皆欲爲世用也俊造之士旣不以力作事上即當效其智能許時主以驅馳蓋君臣之義無所逃而然然而有德無時并渫不免行惻有時無德世冑尚淪抱關強與相競未見其可君子之爲學也潛而未見則以勿用爲德躍

而將飛則以及時爲義鴻漸吉而歸妹凶考槃樂而小明悔故有內外隱顯之道焉且見幾而作幾非能迫人也成器而動器非能善動也古之君子起畎畝而親見策草廬而馳驅釋版築而霖雨杖馬箠而竹帛此出處之正記功宗於元祀者也太公避紂從周陳平去楚歸漢張良棄景駒而從沛馮異獲巾車而翼光此去就之正披荊榛而善擇者也伊尹告歸君奭求去子房辟穀鄴侯還山功在斯人身返林壑出處語默兼盡所宜可謂既聞其語又見其人矣揚雄曰爲可爲於可爲之時者從爲不可爲於不可爲之時者凶故夷齊立節而閭

問百世四皓定儲而返駕千里子眞不詘王鳳仲元見
重李彊薛方貞而不諒蔣詡好遯不汙若此人乎皆足
激貪厲俗崇身抗志君子所貴也然而傷廢棄者輒舉
義於孟荀談遇合者方引類於范蔡晉之烈士羞行乞
而憎自致是以餓於翳桑趙之相君敦故舊而恤窮交
不難捐其侯印由此觀之亦安知人情之所嚮哉總之
治世之君以卿相之位驅策賢德故以見用爲美及物
爲功有并收勿幕之義以山林之樂優崇高尚故臣行
其志主有嘉名亦蒹葭白露之旨由此觀之道德雖富
學問雖深情志雖芳明哲雖優仍以天道與君德爲本

夫有德者己也進之退之者君也成其功遂其志者天也三者參合然後去就道明出處義全也君子之仕也德施者也及物者也道濟者也下賢者也敬慎者也守正待時者也不私所從者也益上之譽損下之憂者也君子之處也能自修治者也能樂艱貞者也不犯難行者也以寬居中者也德盛而能靜修正而立命者是而去非使三才五常皆得其所者也其商榷進退之間也自處甚高待人甚卑非中正也自處甚狹待人甚嚴非中正也自處太高見幾苦不明決絕物已甚用意苦不忠厚君子守身有定法體道有大權行權者生物之仁

守身者自克之勇也箕子陳道則可爲臣則不可子思爲臣則受爲友則不受苟鹵莽而處猶鹵莽而出也方其處也居巖谷而志五都處隱約而馳赫奕矯情自異不能安卑賤希道慕大鄙夷無能之稱道其出也不以義合郗超自託於幕下日暮途窮主父自放於倒行急急求進南宫不違於載寶皆有媿於君子也君子之爲學也無虛浮而不適用者無襲取而不慊心者身之所往必以道隨道不可離身也道之旣屈必以身隨身不可離道也不爲時勢所激而失其常不以道義旣優而犯其難積義爲富非直堪其事也且以勵其操納溝爲

恥不惟自任之重而道德既優亦足廣其才也不以立談取卿相爲榮而以伐檀不素飧爲義不以白璧十乘錦繡千純爲富而以鳳之高岡鴻之平柯爲安不樂夫拱璧之迎而樂夫見善而行聞義而勸若是者何也所以行道也用者道之通也舍者道之窮也有道順命無道衡命不使命之亨屯操我之進退君子有一定之進退非天所能奪也況君相之權力乎且勢位者傳舍也居之者掃除也往事者筮龜墨食也歌於斯哭於斯或以繁昌或以危氪則存乎其人矣子產初欲殺而後誰嗣初之欲殺可以見高位難居後之誰嗣可以見居位

有道譬諸水火焚溺之中欲起而救之無所操持而往欲何爲乎有所操持棄之而往欲何爲乎直己守道是所操也枉道失己是棄其所操也旣棄所操則身爲虛器區區祿位寧足恃乎昭明曰道存而身安道亾而身害也世之盛也萬物與聖賢並通及其衰也雖欲不棄去不可得也遯之六二中正之德也執用黃牛似乎偏於退之一途而不能變通然時當隱退則變通者非中而固執者爲中也古之賢者功成身退至於人主不舍寫象以思雖主眷未衰而其人已遠矣同榻其臥固請還山雖身居闕下而心已遐矣三揖而進一辭而退其

所持之禮也然而將去之頃從容不迫君臣之義藹然進退之際泯而無迹視其人則離世絕俗觀其心則寬裕自得有時樂物之通皆以保己之固也易曰觀我生進退劉向一生不能得之於人李廣一生不能得之於天以此自觀則可以決進退矣君子觀天地之化而識陰陽之消長知貴賤之迹逝而不可畱榮辱相隨俯仰相易如朝趨朝市及暮而散理有固然無足怪者吾身以內所爲長且久者不在乎名位過人也是以安於貧賤安於淡泊安於固陋與天地爲盈虛而無所凝滯也與陰陽爲消長而無所徆畱也故曰有鳥有鳥則飛於

天有魚有魚則潛於淵天者衆所共見也淵者衆所不見也而同謂之藏者物各止於其所而天下莫得識之知道者之默默亦猶是也彼希世求用隨踵而跂者非傷於褊急而不宏則淪於汙賤而可恥剛果自遂必喪不訾之身委蛇從俗必移不拔之志先幾之哲未超然事外克亂之才復憒然事中爲學雖久而出處語默尚無定見可恃一旦因事感發勃然欲起見有翹車之招惝怳不自持矣即堅守不出亦不過欲標泉石之名意在名耳非能與君子絜情志也且末世而有盛名機之至危者也當途之人或伐賢以立威或倚賢以自重伐

賢者擇蘭蕙而摧之倚賢者點白璧而汙之君子未嘗與世爲仇也而名之所在嘗與身爲仇鹿生於山命懸於廚君子生於隱遠縶於樊籠豈不甚可畏乎古人生於亂世亦有相招爲祿仕者由敖由房之詩聖人猶有取焉夫賢者而爲伶官不恭甚矣然謹持其所執之器與同事之人趨蹌喜樂於其間輕世肆志之意不敢幾微見於外則聖賢之徒也若慷慨不行其道故以輕世肆志寄其不可一世若此人者淺之乎爲丈夫也君子奚取焉君子之隱也隱其德也收斂退藏視之渺然小也其小也所以混於衆人之中不使物色及之也志存

乎千仞之上則廓然大矣大者天之道也君子得全於天是以能成其大也語曰賢者辟世其次辟地其次辟色其次辟言夫辟世則無以託身辟地亦難於將家惟辟色辟言可庶幾焉辟色者不欲接見當路之人也辟言者不敢議論當時之事也段干鑿坏而遁雲卿中宵而逸此辟色之義也徐幹託古人以見意阮籍訪時事而皆醉此辟言之義也釋其上而居其次亦辟藏之義也君子道德既具而後可言命之窮通故窮通之感自孔孟而外不可概存於心當自顧爲何如人苟其人有益於世而或爲蔽匿或爲棄置然後可形諸文字若屈

賈是也人則里巷之人技則錐刀之技窮乃固然通則僥倖雖有挫折第可自慨於私家不可嘵嘵鳴詫也且君子用世如元氣生物至一無迹雖功在天下而其用自藏出而匡亂如以陽克陰以水救火皆逆操而濟順者也故時當晦昧其用更彰聖賢之隱顯不以升沈論也彼嘵嘵鳴詫豈能與於此乎

繹志卷十一終

繹志卷十二

竟陵石莊胡承諾談

取與篇第四十四

辭受取與之道通乎上下貫乎小大天子不言有無諸侯不言利害有國之君不息牛羊錯質之臣不察雞豚冢宰不修幣大夫不爲場園士不服商賈卑者之物不可以瀆尊上苟踰此道人皆賤之所謂通乎上下也大者山川土田附庸其次宮室車馬其次冕服彝器衣裳劒佩其次金玉玩好其次粟米布帛最少者觴酒豆肉出此入彼皆有辨別有是非有界限所謂貫乎小大也

凡貨利當前猝情而自許者未必當於義也深察而自疑則義之所在也有所不取爲廉分而施之爲義蒙袂輯屨不受嗟來之食是自處以廉而絶人以義非所辭而辭者也爲窮乏德我而委曲以副其意非誠心與直道也非所與而與者也與人爲亂昭其賂器以示人春秋書曰取郜大鼎於宋納於太廟逆王命而助不順接我以利而我入之春秋書曰齊人來歸衛寶叛臣竊君邑求食而寵以備禮春秋書曰盜傳曰盜所隱器與盜同罪非所受而受者也諸侯時獻天子天子有辭讓而無徵求求賻求車求金又求彝器是天子之失禮也汶

陽之田魯舊疆也恃大國之力而復取之雖曰故物與取非其有同惡非所取而取者也辭受取與之義廢天下無善治生人無完行何也先王尊卑上下必有等威服食器用必從主人親疏厚薄必依倫次往來報答必求宜稱國法禁拾遺惡民以無分得也侈心一動百慮皆作各以勢力相脅持機械相鉤致廉恥道喪亂獄滋豐至於不可勝誅則爲上者亦遷就其法以從一時之宜陵夷既久人心日肆至於保邪廢正竊取其土地人民幷與仁義聖智之名而竊之其黷貨之徵者猶以千乘之相易淫樂之曚席盟主之威假羽毛弗歸求一裘

一佩一馬而辱兩國之君受叛於外盜作於內皆以禍其國敗其軍蝕其名義亂其法度何善治之有哉民間化之亦皆爭利棄義樂禍輕怨嗇施好奪苟以私己爲心不知是非遂至親戚之恩薄朋友之道喪男女之時失家富子壯則出分家貧子壯則出贅一身之中一家之內所以自利者誣上行私不知其所終也故鄙語曰欲富乎忍恥矣傾陷矣絕故舊矣父子別籍異財矣所謂亂世之君子不改其度者蓋千百之中未嘗見十一焉何完行之有哉凡貨財之用有三一爲賦稅二爲禮儀三爲衣食過此以往皆朽蠹也武王遷鼎義士猶或

非之孔子孟子區區於取與之間周詳委曲以開道後人蓋富者幅也如布帛之有幅也幅不可越越幅則患生君子惟其幅也故兢兢裁其有餘小人不爲之幅故悵悵日憂不足天地爲道常損有餘以補不足人事相接常斂不足以奉有餘於此莫爲之幅必有狃嗛嗛之食墮冥冥之節者矣夫錙銖之費積於無用則爲貭籍散於有用則爲道義附益於有餘則爲棄於地也補助於不足則爲平其施也吾嘗試之矣春潦夏霖渠鄖皆滿無所受之不得不溢爲決潰多藏而無可受其散去亦猶渠鄖之決潰也未幾旱暵因之流金爍石草焚土

枯愚者悼喪悔向時所餘不能留之以至於後然當其未決之時不知留於何所且即此焚燬之時苟可餬口何必故物昔人有云縱我不得他人何傷此書傳所傳誦也夫貨財者天地流通氣也聚於一家使氣不流通不可謂仁聚於一家必有意外之患聚於一處必有不測之憂攘之使聚以徼其憂不可謂智且物性必貪而妖邪之物尤甚故利之所在妖必隨之不幸而聚其利因觸其妖觸其妖則必逢其禍矣石崇之家炊飯爲螺豈非妖乎齊將求金而閔王不與臨淄既破五國入齊而爭其金豈非禍乎凡貨賄通行之世未有遂已者也

必大爲殺戮大爲翻覆使民間蕩然颯然蕭條萬里豈惟貨財無所自出即生人之類僅存無幾而後貪心始息民志始定君子觀其始事憂其終必至此也或曰羅而致之將以快一時也過此以往雖復失之亦不吝惜不亦可乎曰悔而散之則可失於檢察而忽焉以散是以盜易盜也焉可謂積而能散耶夫非所與而與謂之亾非所取而取謂之盜亾之與盜其爲不義一也且鹿臺鉅橋武王雖欲不散積之既久必有散之者乃天地自然之理子孫不能守與其身不能有焉置是非於其間耶縱觀環堵之室蕭然楞然無一物可散者是眞能

散積聚者也魏獻子聞屬厭之說而辭梗陽之賂今人貨財當前能以屬厭爲心終其身無貪冒之病矣遇故人饑寒自當有所脫贈不必問其何如人也然有施之不報者有施之即報者有薄施而厚報者總不必置胸中一置胸中則市井之行矣然施與之際亦難言矣慷慨好義自謂輕財賢者必不受嗟來之食所欲受者皆鬻賣指使之流猶棄諸糞土也故輕財好施只可爲諸隱微之地若古人淸畏人知可也嗷然號召於人瞷然督責於世皆惡德也以己所餘形人不足亦市心也故爲殷勤實無損己之心尤儉人之肺腸也所施之人亦

當以可不可辭受之有可受之義不必辭也無其義而啗我以利是使我棄義也徇我以欲是使我敗禮也我所當惡也不知惡而好之君子不爲也君子不樂受人之惠非直惡傷廉也畏其有德色也畏其有市心也畏其適與窮乏會而無以報也有德色則不堪有市心則難厭施而無報則非禮也傳曰報者倦矣施者未厭施而不報不可也報而厭苦之亦不可也求其報施適當彼此兩快者不亦難乎君子畏之是以卻之于其始若夫尊者有求於下下之人猶在可從可違之間必其求不以道拒之有辭者也不可以使人也

慎動篇第四十五

君子曰生非一氣之化也長非一物之任也成非一形之功也故有正亦有邪有禍亦有福然而衆正所積福無不及衆邪所該禍無不逮欲遠禍而膺福非趨利避害也在乎居正去邪已爾全身遠害之道緘口一也孫言二也戰兢三也知幾四也遠慮五也謹威儀六也教子孫七也努力自修無忝前人八也容不肖九也有才不用十也言有招禍行有招辱之道專利一也殺善人二也僭侈不安其位三也專行無上四也不臣五也剛而多犯華而不實六也克己不能如禮而責人以正義

七也與細人爲怨八也不蚤辟害後雖悔而無及九也身處困危爲惡不已十也文中子生於亂世其言居身甚詳大指不好名不好動不多事不多言樂聞過知愧畏寧宅平無爲勿處險邇奇也樂賢者而哀不賢也善于諷論使言之無罪聞之足戒也天地之間凡有知識之物微若禽獸以饑餓死者百無一焉接踵而死皆貪餌者也道路之間死乞丐無門者少死懷璧越鄉者多封狐文豹之災人皆有之申侯專利不厭聽怨人之誑而美城其賜邑雖殺非其罪君子以爲理之必然不在乎事之是非也物聚於所好故慶封致富不難利旁有

倚刀故慶封殺身不免石崇家富於財不得不結納權戚以求免一時迨其翻覆不可救藥陽處父剛而多犯華而鮮實與之處者知其不免而速去之王磐廢姓之裔不屏居自守而遊京師長者用氣自行多所陵折伏波將軍爲之寒心故欲遠害者必遠利欲安身者必安道也人之生世莫不有忿鬩之情鬪怒之勢賢愚恩怨計較甚明者其終至于不能自勝所值莫非危途義理不如人時勢不如人強與爭其低昂其終至於必不可爭而爲衆鏑所潛擬矣世亂讒勝民多邪辟君子苟可容身不必責人無禮大小強弱之次亦天所淆故飾城

而請罪古人以爲禮强大不知自貶弱小起而逆施皆見其禍未見其福也王謝其詣郗超日旰未得前坦之欲去安曰不能爲性命忍須臾耶若夫忍柔曼之欲則可甘澹泊而有終身之樂忍剛直之性則可容不肖而不兆天下之憂虎豹蛇蝎於人未嘗即肆噬搏未嘗即肆毒螫初之見人皆卻避焉或不即避毆之亦避焉不幸不及避然後噬螫之害始及於人而網罟刺劉之患亦不免於其身此人所不願也亦豈物之情乎至於盤中之蠅非有害人之能人亦非甚疾之然而毆之不去縱之復來至於厭惡之極鮮不麋其軀蛾之赴燭依於

其餤婉轉而不釋再四旋繞以墮於脂膏爲期故有所慕而欲啜其汁則爲嗜膚之蠅有所附而欲依其光則爲赴燭之蛾凡天下之嗜人者與附人者其翻覆之際皆足殺身而已矣君子明哲保身不貴懵懵之福憧憧之活也持身不可變姑孫言以辟禍禍至不可逃盍先去以明幾小宛之卒章旣温恭矣猶懷危墮之懼旣小心矣猶有隕墜之憂防患若此患何自至哉患之所乘有起于纖微者有得於出反者人我之間最恐有隙隙旣開矣必決裂而竟其際愛憎之端最恐有跡跡旣存矣稍指摘焉必成其構塗其隙剷其跡則在乎能忍矣

夫愛憎所在根株未去萌蘖必生澹而忘之所以削其株掘其根也觀今日所以苦人即他日所以苦我雖有爲惡之心不敢遂矣人已怨矣勿更激之雖有必逞之志亦稍殺焉古之君子柔巽於暴俗所以保天命也曾仲連遊心物外顏斶自娛璞中陳寔獨弔張讓荀爽貽書李膺庾炳輸忠王室江湛免難二公羅綱雖張吾之坦途自如不亦善乎人之居世不可有名不可無望名者我所求也望者衆所嚮也有權力者敢害人之有名不敢忽人之所望故見忌於人者可以遁身見重於人者可以保身櫟社無用於世而求美蔭者爭託焉鵠的

示人以難而操弓矢者爭射焉孝章有九牧之歎李邕懷二劒之鋒其已事可觀也且防身之道巧詐不如拙誠劉向所記放麑啜羹之事范史所稱有餘見疑不足取信者亦足觀省矣凡喪家亾身未有不以驕恣者也驕恣者人所怨怒也人含盛怒極怨而其耳弗聞其心弗慮則其受禍有深而不可測者彼之恣驕此所禱祀而求也肘足接於車上而知氏分矣愼動之行有四觀損益之理善剛柔之用明禍福之倚伏守敬戒之要道是也高者有崩道也下者有壞道也雷有時而乘乾虹有時而侵日萬雉之城中天之臺可以爲墟抗志氣肆

身體矣一旦劫戮困餓伏死牆壁擁妖冶奏笙竽沈湎日夜矣轉盼爲人臣僕三后之姓於今爲庶十干十二支相配而有孤虛宮成則缺隅衣成則缺衽爲夏屋者不成三瓦而居之損於前者必益於後損于身者必益于世損於人者必益於天損其所有必益其所無此損益之理也兩剛相鬭也兩柔相避也木之仁也禽鳥依之土之摶也稼穡殖之莫鋭於金而鍛鍊相尋莫固於石而鑱劖相加拂吾意而色見於面此甚易也怒加於人而欲其相忘也不亦難乎方其怒也如水之湍激不可禦也迨其已發如挽東逝之波而浩嘆無策也方其

怒也如矢之既彀不容不發也迨其悔也如質的之既破而不可復完也以强陵弱雖不義猶或有成然以不義與强而幸勝者必恣爲不義而不知止雖强不能遽亾而不義足以速亾也此剛柔之用也境外之功已成而操文法者方始輪奐始就鬼神之瞰方興枕簟之安而妖夢之作燕飲之樂也而亂籩豆喪威儀匪直儕偶相搆蓋亦君臣爲虐總之樂往哀來勢尊禍速所甚欲者期之而不至所不欲者不期而見及故政由甯氏已卜九世之災芒刺在背皆懷曲突之謀此禍福之相倚也片言可釋積忿不已吾心先不平也睚眦之害相仇

無閒吾必欲求勝也怨之相報也莫知誰爲主客事之相因也不知誰爲初終人情皆危己不獨安人情皆懼己不常泰人情已危決不以危而甘自斃也況其已懼決不以懼而戢其害之之心也但處其上卽思抗之但據其前卽思蹶之仁人處此其心廣大寬平其言温厚恬愉其容整齊和穆才不足勝人而量可勝人智不足庇身而識可庇身行階厄者尚慮飄瓦奔車之上必無仲尼此敬戒之要道也聖賢憂天下之亂而人類胥盡故凡爲亂之事怙亂之情既亂之象將亂之幾與夫造亂之故弭亂之策處亂之方救亂之道莫不備舉示人

何言乎其事也觀其在位則使人不以道用人不量力政事皆亢厲而人心不愜號令皆鴟張而民生不靜閭里之間不必舊有仇怨而戕賊必致若虎豹蛇蝎不可以理喻也朋友之道廢故讒譖日聞上下之義盡乖而訛言競起隱暗垢汙之行徧乎民間而法令不及討此爲亂之事也何言乎其情也亂世之人其心塊然與血肉土石同爲一物恩愛不知恤道義不知尊悻然嗜利趨死而無所避世已亂矣不知其可憂不知憂亂則所行莫不造亂君子憂之顧誚讓之甚且中傷之此怙亂之情也何言乎其象也其象不忍見也始之以煩苦繼

之以蕭索終之以愁慘煩苦之時民力不堪然上所徵求其力尚可供也蕭索之時雖欲供之不得矣凋殘之感或見諸呼籲或見諸嗟怨至于愁慘則生理俱盡不復知事有是非身有利害引領待斃而已矣且車馬旌旗苦不靜也蕩析離居苦無所也戍徭行役苦不息也荷校株送苦不絕也此亂世之象也何言乎其幾也盡一世之士言不合道謀無經遠又且百物凋耗不布於地民不得食勤於食者人鮮一飽處衰經而笑樂棄職業而放蕩閭里諍愬不問是非物價重輕不論美惡不獨大事足致禍亂即小事亦足致禍亂也此亂世之幾

也聖人有憂之故示以致亂之故以爲天之命人無有不善惟人自棄其性天心亦不救焉孔壬戚羣無不以皇父師尹爲囊槖褒豔女謁爲奧主此致亂之故也避言避色無吪無聰以混處於隴畝求容於雜羅不幸所行違正一念悔悟萬善從此生焉如夜氣旣復可爲生生之本是處亂之方也民之有憂軫而恤之士之有德爵而使之擇大賢以爲政非道德之士不用也所行皆導人爲善不臧其心志使陷於惡此弭亂之策也上觀天心而承之以敬一言一動常若天命在側一出一入皆有天監相隨以此自盡卽以此誨人但使莫不信從

即挽回氣運之機而貞下起元碩果復生在此時已此救亂之道也昔之賢者以壺飧之德及道路之士以男女之私貸其從史所施不過一人尚獲報於衆人中況一世盡受其賜乎故曰德無小而不報怨無往而不來君子樹德除怨惠利兼覆則可行於天下矣亦救亂之道也道路之險聖愚所共也順逆二境亦聖愚所共也處險而濟化逆爲順則存乎人矣晉文公趙襄子善於出險矣猶未得其道也必也處危難不失其正故能感人心於和平周公有焉因恐懼而有法則雖戎疾而益光大文王有焉厚下安宅以相從於憂危之中公劉太

王有焉此皆非趨避小智也所以應變者得其道也

庸行篇第四十六

聖賢所謂道者不離乎日用之間也凡冠昏喪祭鄉飲酒士相見謂之六禮貌言視聽思謂之五事飲食衣服事爲異別度量數制謂之八政道者本也六禮八政五事其事也本固不可不修事亦不可不講習各得所宜斯謂之道矣君子之相接必可畏也必可愛也必可則也必可象也端正廉隅不爲傾側所以爲可畏平易近人人必歸之所以爲可愛輯柔存乎外省慾存乎內所以爲可則行者有其可止止者有其可行行止不失則

動無不善喜者有其可怒怒者有其可喜喜怒不失則色無不善語者有其可默默者有其可語語默不失則言無不善所以爲可象天下無遑遽之大儒無敧斜之端士折旋中則必不爲偷薄劒佩在身必不爲媟嫚穆穆皇皇臨下之容也雍雍肅肅事上之容也濟濟漆漆祭祀之容也端謹信實鄉黨之容也詳審安舒發揚明盛會朝之容也果毅嚴肅勃然充滿軍旅之容也愉色婉容戲而不歎事親之容也和厚易直節制遜讓交接之容也敦厚凝重步履之容也挺直弁速道路之容也從容條達温厲有度言語之容也衰冠正襟燕坐之容

也羸儽幽思哀絰之容也舒泰和悅容之常也震悚莊栗容之變也父兄之容寬大子弟之容謹栗尊長溫然欲就卑幼斂然欲紲周官曰保氏教以六儀詩曰朋友攸攝攝以威儀蓋君卿大夫之子則設官教之里巷之間朋友相正而已君子容必稱其服言必稱其容德必實其言行必實其德不稱其服詩人維鵜之譏也不稱其容叔孫茅鴟之諷也不實其言周子虛車之喻也不實其德易卦輔頰之感也容貌之愆二或失諸伉或失諸卑伉者悖亂之象卑者衰替之徵也哀樂之失二或爽其節或悖其理可憂之事而居之以爲樂可樂之事

而憚之如有憂是謂悖理悖理者喪志也喜樂之情見于拂意之時拂意之情見于喜樂之時是謂爽節爽節者兆憂也筋骸無檢束則形體散亂不整欠伸跛倚皆散亂之狀也形氣散亂則志意乖張不定眄援歆羨皆乖張之事也側聽者心之邪也謾聽者心之馳也志偷者魄不壯也其哀甚於行偷志倦者氣不守也其病甚于形倦聖人敬有餘敬哀有餘哀中心之誠也此容貌之則也先王法服其義有四檢束身心一也表章威儀二也辨正尊卑三也象其道德四也又施以袺禬聲以佩玉章以裼襲文物以紀之聲名以揚之規矩以擬之

權衡以稱之端莊者不即鄙褻寬博者不便趨促古道爲志者不與流俗同行法度文身者不與市井同好容非服不表著服非容不宜稱皆以存君子之心必不爲庶人之行懷細人之志也惰游失業之士鄉里屏棄之人則別異其服使知愧恥蕩樂放縱惡拘檢人之性也若盡弛檢身之具而益其放其形放其心與之然必有燕褻廉隅淫佚神志者故人主不冠則不見正士與正人君子相接不可不服其本服尊長之前不當辭禮服臨乎臣民不二其服新造之制詭麗之組不可服也其燕居也德不盛者不可盡其美色之尤者不可被其身

世未太康不宜爲極盛之服以禮物身必不爲燕惰之服可以錦尚絅不可以帛裏布皆衣服之則也易之有頤所以明養也頤之爲義求養於人者皆凶養人者皆吉居動體皆凶居止體皆吉然則以道養人不私其恩膏以靜自處不動於脂澤斯養正之義也故所養之人不可不賢雞鳴狗盜則非賢矣養之之道不可不正豕交獸畜則不正矣所養之物不可不擇饕餮無厭則不擇矣所養之等不可不辨靡衣玉食通乎上下則不辨矣推而廣之命令政教平而無傷亦養人之道貨財資用普而無積亦自養之道也若乃物產當前不顧其安

但取甘美嗜好物誘於外情動於中不能持之以禮過從貶損與細民其胼胝極其侈僭與王侯競赫奕賢者不厭藜藿而霑玉斝於朱門拾殘瀋於侯鯖公卿雖曰下士而權輿不遠其初白駒興刺於終皆失養道者也古人燕飲之樂始於烝衎鬼神賓養耆老親敦宗族觀省威儀習學禮樂取其和暢不取豐盈儉而且和天下焉有不治哉否則縱耳目之欲極物采之觀相競以文相尙以僞人心從此壞矣陳饋八簋古人以爲盛饌今以此餉客客必不悅主人亦慚其不腆尋常燕好率用十有餘器是用古者公侯之豆數也先王事事隄防人

心兔首瓠葉三致意焉不特此也又制官刑以儆之首禁燕樂次及貨財而後謹賢不肖之辨蓋燕樂不禁必至黷於貨賄貨賄不禁必不能澄清流品是以先王謹之至於鄉曲之飲尤易愆容止迷晝夜諺曰酒入舌出言可怍也必也會聚有節終事能敬去號呶惡習求溫克懿範日晡而即事燭跋而請退朝貴相聚有酒則飲之有公事則議之勿爲戲謔勿爲觴政不使檀卿起舞觸次公之狂蘇相徵諸中宏肇之隱也謹酒之義見於詩書丁寧告戒以爲非小德也此厥不聽必非小失也矯情以防其過守禮以制其心省愆以救其失積理以

定其天而後爲酒德此飲食之則也事長之禮不可以勞勤之事强之不可以不急之務煩之不可以浮華之業溷之不可以勝負之迹較之不可以技藝之末齒之雖己之才能可喜而當長者之前不可誇示以爲聲譽也當揖者揖當拜者拜坐起旋辟皆有法度不可爲非禮之謙恭俗態之逡巡非公事而用狀牒非職業而勤請問煩長者對答與磬折皆非禮也魯之爲俗少長有禮道路之間幼者扶老者而代其任老者亦受而不辭俗既澆薄長老不自安與卑幼相讓斷斷爭辭故曰魯道之衰洙泗之間斷斷如也故少者之禮長者不必過

辭惟薄俗則必辭之梁松之事可鑑也侍君子者知慮昏濁欲進於高明智次窒礙欲游於宣通才調樸鄙欲資以敏給術學頗纇欲造於純粹舉事僨敗欲底於克成亦在乎聽其論議觀其行事象其禮儀法其志趨而已矣放言不戢者無德以實之也匿情不泄者無德以將之也邈然厭聽而語不可了作色相喻辨說不休無德以自重也對答不辭讓論說傲其儕偶無德以自持也以己之膚說錯雜長者之言長者竭其誠款而不能信無德以受之也如此者雖日遊君子之側所得亦無幾矣此侍尊長之道也居處之道以安土爲樂以卜隣

爲美作室者不取華靡美在堅固居室者不求歡娛在長久先世之宅不可改易仁厚之里不可他徙未築室而先爲藩牆先爲樹植未成寢室而先爲門庭道路常苦不克落成桑道茂曰人居而木蕃者去之蓋木蕃則土衰土衰則人病也爲君子者尤不可無德而大其居亦不可有令聞而美其室無德而豐屋伯廖所以危曼滿也有令聞而美室向戌所以箴孟獻也蓋奉身之具衆所共瞰者莫過於屋故豐之上六以爲極盛之戒此居處之道也所貴卜隣者無易乎呂氏之約矣凡修身正家治生勤職之事舉以相勸凡無益之好浮僞之

行鬪訟之習比匪之黨舉以相戒又爲之明韋行謹造請修燕好齎贈遺使冠服有辨道路有儀疏數有宜報施有節至于水火盜賊疾病死喪孤弱貧乏寃抑之事必相救助此居鄉之道也饋遺之物易得則不貴難得則不繼儀不及物則不享操之失其儀將之失其辭則不文受盛禮而有怠容埶重器而有慢心則不度人不我與而强求之則不義也物繁重而以約舉之所獻者尊貴則以婉致之卑者之物不敢瀆尊上也貴者之物不可瀆高賢也往來酬贈損己而已非爲彼貨利也故不以己所賤者遺人不以人所乏者利人皆以殊乎市

并之心也卑者遠來主人雖不在芻米之饋亦當不乏之敵者相過主人有致餼之禮受饋必審其故有可受之名不必辭其實求索之風何以折之辭之以禮而已矣春秋之時有以官長之命貿取民間小物而主人拒絶客亦謝過其事皆可法也此饋遺之辨也名者生而有別之稱人之有名父所命也父没之後名不可更臣雖欲更君不當聽君欲更之是爲奪人親所名爲失禮也袁愍孫居班次之首不得不更無嫌而易名不可也然君世子之名則必避之雖古法有不嫌同名之説不可行於今也父母之前子相名也雖弟亦名其兄君之前

臣相名也雖子亦名其父父之子子命之以名所以教義其不義者不可命也義之所在行之即爲禮凡天下有禮者皆以行義也有義有禮可以治國可以隆家反易禮義則害家凶國之徵兆見矣平正司法者莫過於天養物均調者莫過於地故屈原名平以法天字原以法地是有義有禮也晉穆侯命子使人稱道不順不可以行禮施于政事而民聽生亂是無義無禮也古者名以正體字以表德君父之前相名朋友之前相字貶責書名斥所重也褒厚顯字避所諱也應字而名謂之貶應名而字謂之褒宰咺書名所以貶也儀父書字所以

襃也功勳之臣俱以字氏其家孔父有死難之勳嗣君即其字爲謚以旌異之由此觀之命字豈可無義耶諱名之禮自父至高祖皆不敢斥言庶人父母蚤死不聞父之諱其祖無可柰何有廟以祀祖考有故老以訪問則必諱也諱多則難避高祖以上親盡不諱有事於高祖不諱曾祖以下禮曰大功小功不諱則朞親之諱可知韓愈作諱辨證嫌名不諱也春秋譏二名爲其難避也一字爲名言簡易避所以長臣子之敬不逼下也故二名不偏諱祖父之字不諱故古公亶父見於周公之詩儀禮饋食祝詞有皇祖伯某甫之文又其據也古者

入國問禁入境問俗入門問諱私家之諱惟不避於公朝故宋人有以私諱觸長官之怒者論者不以爲非禮范獻子有失禮問名之事深以自尤今士大夫間不行此禮語言文字輒有所犯恬不知怪甚失鄉黨之誼且貽固陋之譏奈何曾不講求也此名字之義也與人言者當知避其先世之惡子孫有所言於人亦當諱其祖父之惡故華耦失言傳曰魯人以爲敏明君子所不與也兒時所好即異日所長賢知之士所成之德業也棄好種植他日遂爲農師管輅喜覩天文異時卒以此見長故教童子者必以誠朴方正曲禮甚詳其事所謂蒙

以養正也待僕妾之道不可狎昵亦不可殘忍明太祖謂馮勝曰自後役人俾得從容足衣食無窘迫自然効力陶靖節曰彼亦人子也宜善待之此待僕妾之道也田佃之家古人必以禮遇之甫田一詩備述上下相親之事蓋農而曰勸不可怒也故詩曰曾孫不怒農夫克敏此待佃客之道也先王待人無不溫厚和平蓋以天地之間皆勞苦以相生也我之晏安有爲之拮据者彼不拮据則我不得晏安故體道者不敢以己所不欲加物不敢以物所不欲奉己也此皆庸行之大端也夫正容體齊顔色順詞令人生大學問也過此以往皆末節

爾正君臣親父子和長幼人生大事業也過此以往皆浮文爾聖賢身無二事事無二適日用飲食奉成法而行造次必於是總之以曲禮少儀呂氏鄉約朱子家禮司馬氏居家雜儀參用之使纖微曲折無不盡善而後無忝於爲學也世固有道味未深學力未厚起居奉養偏過人者不足深幸也天道忌盈益謙過其量者造物必概之少而逸豫老多窮困盈虛之理也人必道尊德隆然後奉養可備否則深自減損以稱厥德勿使爲造物所概受人愛敬亦然德之不稱愛敬雖隆心之憂也洒埽應對射御書數之事可身親者不必盡委僮僕暮

齒微勞亦可休息心氣門隨手楗器以時滌亦足收斂身心也以此推廣之可也

繹志卷十二終

繹志卷十三

竟陵石莊胡承諾談

父兄篇第四十七

顔之推曰同言而信信其所親同令而行行其所服禁童子暴謔則師友之誡不如傅婢指揮止凡人鬬鬩則堯舜之道不如寡妻誨諭故君子家法雖備乎聖賢之書猶必申以話言如施衿結縭再嚴父母之訓耳孝之小者鄉黨稱良士孝之中者朝士稱篤行孝之大者則達乎天子矣故天子之孝以士禮通之所以爲至德要道也內則所載皆天倫樂事也牀幃之前子婦肅雍孫

稺怡豫環佩衿纓紳鞸綦履翼然立於其側匪直昧爽爲然其爲晨昏也復然其爲冬夏也復然和順從容之意油然自生如草木甲坼而萬榮爲父母者視天下之樂無足易此矣疾痛疴癢自爲抑搔不若孫子之快也行步疾徐中乎節奏不若諸幼之扶持也飴蜜旨甘瀡瀡柔滑槃匜沃盥敦牟履杖時所欲而進之不如溫以柔色之爲悅也爲人子者和豫以爲容敬愼以趨事聽聽以承訓先意以迎歡竭力致養守身歸全下堂傷足懷數月之憂夙興夜寐存缾罍之恥不貽其所不受不瀆其所不安致其尊不敢褻致其敬不敢渝致其謹不

敢殆有所營爲榮辱其親之念頃步弗忘此孝子之志也其或供養及時戶庭相依無王事不遑無異方悵望無饑寒生離無罪戾貽憂無期逝不至貽憂無號呼求養不得請於君相而退自傷悼不比於人此人生之幸不可取必於世者也若夫恆舞酣歌燕遊偷肆淫朋比德貪叨忿懫汙漫突盜寇瑣詭僻行之堅言之玷否則庸鶩劣下不見取於人親老窮苦無一日之養否則妻子不道不能裁以大義使遂其惡皆貽憂之道人子所當戒也事君以道事父以義命有所不從而不名爲逆諫過以微致微以敬敬而不入怨艾懲創無所容其憤

激性之所近意之所鍾生則承順没則思慕器物有禰藏焉有展視焉幼賤有常愛焉尊長有常敬焉劬勞胼胝人之所憚孝子處此若有餘力詬厲扑責人所難堪孝子處此若有餘思將順匡救人所難工孝子處此若有餘才故曰孝子不匱非直不匱於心常不匱於事也事親之道終於立身立身之行愛敬而已矣凡親九族平政治惠鮮鰥寡澤逮黎庶皆愛之屬也居上不驕處下不亂謹言慎行恪共明神皆敬之屬也伐木殺獸必以其時豈必有濟於天下亦云愛而已矣不登高臨深不苟訾苟笑豈必有益於天下亦云敬而已矣常以愛

敬爲心則所行無過以爲下則順以爲上則明以治人則有用以立德則有本在上之人不必更有敎令在下之人不必更有學術以此二義博觀而近取比類而知方愛敬在此感化在彼上通神明下徹物類若鐵炭之相召桴鼓之相應也尊貴之養嚴父配天貧賤之家啜菽飲水苟義所自盡其致美一也修身潔己不愧藜藿穢名浼行有慚黼冕苟內省甚嚴其無忝一也正考甫之業歸美弗父何苟能身之所履不近非道其義皆相通也季子之感臯魚之哭苟能貧賤不恥守義恬淡其理亦何憾也父母之於子愛之在心不在其事使之以

事不在其憐導之以道在乎服習不在相强羈丱成童必就師傅居處與偕必擇仁里朋友講習必求良士誦說討論必務正學臨財取予必尚辭讓役使僮僕必多慈良居官服事必謹廉隅父母之心未嘗有棄子也子孫不受教所以教之者無不至也鄭師克蔡子產獨憂子國怒之賢父之心不以其子智略爲重以醇謹爲重也馬援教子務在敦厚周愼而戒輕薄浮華王昶命子悉取渾默沖虛俾其顧名思義不敢違越又言輕貴者不可法而濳守者可法性行不均得失相參者不足慕涓粹履道内敏外恕者宜慕陸遜曰子弟有才不憂不

用不宜私出以要榮利若其不佳終必取禍顏之推曰父子之嚴不可以狎骨肉之愛不可以簡簡則慈孝不接狎則怠慢生焉由命士以上父子異宮不狎之道也抑搔痛癢懸衾篋枕不簡之教也柳玭曰祖考忠孝必爲名門子孫驕奢必爲覆族德行文學根株也正直剛毅柯葉也慈孝友悌忠信篤行乃食之醯醬不可一日無也金谿陸氏酌先儒冠昏喪祭之禮行於家故其家道之整著於州里房元齡集古今家誡以爲屏風諸子各取其一日置意於此足以保躬凡此諸賢莫不有益義方而況兼善乎父母於子雖有惡未可棄也舉以示

人不可盡言也春秋傳曰父母於子雖有罪猶若不欲服罪然禮曰子放婦出而不表禮焉左氏曰石碏純臣也大義滅親杜預曰明小義則當兼子愛之朱子曰人倫之間若無仁厚之意則父子兄弟不相管攝矣諺曰搏狸之鳥非護異巢噬虎之獸知愛己子後世律令亦有五服相容隱之條義蓋如此末世教衰人不知禮狀其子孫失道如搏寇讐如傳爰書君子傷之掩耳不欲聽也故曰君子以兼愛望人父以友悌責人兄非直崇長厚也端本之道也不可得而假合者兄弟之謂也人情莫親父母莫樂妻孥而兄弟兼有之惟妻子可以行

意其於兄弟則有不可直遂者此節文所從出也故兄弟者匪直親愛之府蓋亦道義之門是故其常也致美救乏賀善弔災祭敬哀喪無適而不自盡其變也死喪相求急難相助外侮相扞憂娛苦樂無適而不相恤此先聖教人處兄弟之道人無兄弟其孤特也都非人情所堪人有兄弟其驩娛也亦非妻孥所勝賓客燕飫非此不暢歲時伏臘非此不歡王化雖微而壎篪之和亦足自裕此先王誘人以兄弟之樂所以常棣之詩其志切其情哀委蛇漸次曲盡人情以竦動其良心使樂聽從所謂雅頌之音感人者深也聖人處人倫之變不失

義理之常非有意爲此也其心常平其氣常和隨所感之情因而應之久變而忽得其常則喜其常不更虞其變也雖未必驟致大順其所消融亦過半矣不以小忿廢懿親不以家釁告閭黨不以齟齬絕天倫不以不報靳平施不幸而有閼伯實沈之憾至於死喪則釋怨而盡禮不義其行可以不與其勢不啖其利而無相絕之道蓋人倫親疏之分即此心自然之天則也予以自然之則則無有餘不足之患此所以不失常也春秋書天王出居者同氣至親不宜有難此人倫之變世道之憂故雖天子之尊必凶服降名以自貶損是以謂之有禮民

間兄弟所以至於相殘者莫非讒邪爲之顏之推曰譬猶居室一穴則塞之一隙則塗之庶無頹毀之患如雀鼠之不卹風雨之不防壁陷楹淪無可救矣僕妾之爲雀鼠妻子之爲風雨甚矣哉人有妻妾而假合之端自此而始假合日益隆天屬日益替此不可不慎也

宗族篇第四十八

族之爲義歡喜相慶急難相賙死喪相卹有無相通疾病相養親愛愉悅而獄訟不作生人之樂王化之盛孰過於此然而闕伯實沈之釁不絕於時因而教猱附塗之刺徧於天下且聚族而處者大率氣類不齊性情各

異求索太煩尊卑相軋是以近而不相得則怨怒隨之鮮能以親愛終亦其勢然也行葦既醉頍弁三詩親親之道也周家忠厚仁及草木故能內睦九族外尊事黃耇養老乞言以成其福祿殷勤篤厚藹然肫然故爲族姓者感恩誼之隆願以福之駢臻德之高明既有賢子又有賢妻所生又賢一唱三歎眞切懇至信其爲家人言也至于樂往哀來悽然傷懷勉以卒爵俾終一燕之歡以此卜祖德之隆焉以此覘後來之慶焉天下之家若此天地無戾氣四海無凶人矣太和之氣充盈兩間人受此氣自然動盪薰蒸故其相與輒相期以吉祥相

慶以福祉、君子則思致福之原、故君子之福能自得之而不盡聽于天也、記曰、福者大順之謂也、大順者仁厚之風也、帝王以此居心則仁厚見於天下、父母以此居心則仁厚見於子姓、仁厚所在百邪遠矣、衆善生焉、未有仁厚而天下不治者、未有仁厚而宗族不昌者、所以爲百福之原也、故宗族之燕歡暢而不爲湎備物而不爲奢祝頌而不爲諂謚美而不爲佞、先王立宗法、五世之內冠娶必告、死必赴、有所維繫統屬而不至乖離也、程子族人遠來則大會其族以合之、雖無事猶月一爲之古人花樹韋家會法是其所取也、本先王立宗之指、用程子會食之法則無離絕陵犯之事矣或問於予曰獨子可爲人後乎應之曰母弟之子爲兄後禮也繼祖者大宗繼禰者小宗獨子之伯父宗子也以獨子爲後是繼祖也獨子之父支子也以獨子自爲後是繼禰也合祖繼禰舍大宗繼小宗非禮也程子曰禮長子不得爲人後若無兄弟則繼祖之宗絕亦當繼祖禮雖不言可以義起正謂此也然則獨子之父可無後乎應之曰小宗無後當絕何休言之矣古者小宗絕不爲立後惟大宗絕則以支子立後邱文莊公取之矣且不有攝主之義乎攝其宗祀待以歲年獨子復有餘子然後以一

子繼大宗、以一子繼小宗、孰攝之、必至親者攝之、孰爲至親、莫親于己之子、出爲兄後者也、一世再世至三四世、皆可攝也、後世禮義不明、人以無嗣爲諱、不肯顯立同宗之子、甯潛養異姓之兒、春秋書莒人滅鄫、垂戒後世、或族人利其所有、藉口獨子不爲人後、遂以羣從之子攘而取之、名號所假、祼獻几筵之前、血氣所通隔絕廟門之外、迹若有後、而實絕矣、鬼猶有知、能無莒人滅鄫之隱痛乎、是在有司聽茲訟者、深知小人之無厭、宜以義禮裁制、禁羣從之攘取、明繼祖之大義、庶幾革貪昧妄、鬼神若欲和調衰世、苟徇無厭之情、終非通義也且立後之禮、必得賢者則無降爲皁隸與若敖滅宗之患、是以鬼神馮依又在德也、詎可聽人攘取耶、記曰別子爲祖、繼別爲宗、有百世不遷之宗、有五世則遷之宗、百世不遷者別子之後也、所云大宗也、宗其繼高祖者五世則遷者也、所云小宗也、何以昔宗之而今廢之、蓋諸侯之子爲大夫者、宗子世嗣其爵、支庶皆得食采地之入凡在氏族中、無論親盡未盡、冠昏喪祭、皆告始祖之廟、廟在宗子家、故必宗之、是以百世不遷、無世祿則無廟、無廟則冠昏諸事不告宗子家、故大宗廢也、小宗之法、因高祖廟所在宗之也、今世無廟、神主所在卽廟也吾高祖主在五世長兄家，五世者三從也，雖長兄亾而子孫世奉其主，屬有祭告之事，必于其家告之。是以宗之至於吾子，則爲親盡之祖矣，不往告矣，故其宗以遞遷。今聚族而處者鮮矣，五世之主不祀一處，屬有祭告，恒苦隔越，不得不別立位於所居之寢，禮所當告，無復至宗子家，故小宗亦廢也。然則宗法之廢爲日久矣，葢與世祿相因爲絶續。有世祿者，不可無宗，無宗則食祿之人無所統屬，奸邪不軌與游惰失職雜處賢者之列，莫可分别，其患甚大；無世祿者，雖欲立宗，不得其維繫之具，則與路人無異，彼奸邪不軌游惰失職之人猥以宗子維繫之其患亦匪輕也且大宗之子行輩常卑有如童昏無行辱及其先奚取乎奉以爲宗冠娶妻必告死必赴也哉故程朱亦本世祿言之不及庶姓也

夫婦篇第四十九

夫婦之義上以事宗廟下以繼後嗣故昏禮主敬敬則克終克終則成物之道也克終則延世之道也六禮之接皆主人筵几於廟而拜迎於門外日月以告君齊戒以告鬼神爲酒食以召鄉黨僚友所以致敬也贄見婦於舅姑舅姑饗婦以一獻之禮奠酬亦所以致敬也父母舅姑以敬先之內外大小執事之人莫敢不敬矣少

子幼婦所見無非敬者莫不自處於敬矣有父母舅姑之敬而後可訓內外大小之敬有內外大小之敬而後可訓少子幼婦之敬其始能敬終身無不敬之日矣嫁女非難娶婦爲難嫁女者具資幣遣之而已娶婦之家內外大小不可不敬慢易媟越雖冠冕之裔吾必謂之委巷矣恭敬儼恪雖農野之子吾必謂之學士矣易曰君子以永終知敝終而不敝在乎敬焉爾古者男女氏族皆擇德焉非崔盧之謂而鍾郝之謂也新婦入門以高山景行致其慰勞其世俗之情哉故凡議昏者小大不偶非禮也尊卑不偶非禮也少長不偶非禮也不必

避焜燿取清貧但微察其先世士農之家子孫朴魯親戚相依數世之益也游惰之家子孫狙詐親戚相聚數世之累也亦不必舍其邑里遠之鄰封他不具論第以中饋言之婦人隆父母家其天性也嫁不越乎邑里內外中表燕好常接雖有隆替疏數不見其迹若獨饗鄰封之賓必有不期隆而自隆者異同之見一啟舅姑子婦皆齟齬其間非所以道迎和氣也若夫女之尤者非其人不可近非其德不可近深山大澤實生龍蛇天下至言也擇壻之法亦不必大遠人情如詩所云蹶父之事必求壻家土地肥美物產殷阜然後以女字之亦足

見經術之義求始不在人情中也昏家而論貨財儌儈之行也聘婦而求贅壻臧獲之心也古之行禮者納幣一束束五兩兩五尋此貨財之則也秦人家富子壯則出分家貧子壯則出贅賈誼謂之惡俗秦之行戍也先發贅壻賈人後及市籍之民則知贅壻之風黷貨棄禮彼俗亦賤之久矣且以女待男非所以養廉恥先配後祖非廣嗣繼宗之義婦已歸矣而非其家是無歸也三義皆失焉事之最悖者士大夫之家確乎不可行也古者男女既成苟非國家有故未有過時無匹者桃夭摽梅獨紀聖人之化亦以著男女之及時也世衰道微政

煩吏酷有軍旅供億之警有徭役匱竭之患雖有男女而仇匹非時所以綢繆采綠諸詩於其喜之深則知其曠之久又有可歎者先王教人必使知儀家之道而後爲夫婦知成人之道而後爲父子一夫一婦庶人不乏於室妾媵有數侯王不踰其制故女子守貞信而惡非禮男子重伉儷而賤淫奔末世政教既衰柔曼之傾意恣其所欲貴賤無等取女過度諸侯妻妾以百計豪富吏民畜歌者至數十列屋而閑居者既衆苟合而輕棄者亦多馴致政散民流誣上行私而不可止民間怨曠既多求匹非時鄭音好濫淫志宋音燕女溺志而風俗

壞矣又有蚤昏少聘不解以禮自閑男子耽樂無極女子席寵日驕始則委曲順從久且互生厭棄燕私既析忿恨遂深求爲路人不可得已家人之義明內而齊外明內者好惡不偏也齊外者威儀不瀆也君子齊家先正乎內以己視人則己爲內以身視心則心爲內正己者所以正人也正心者所以正身也古之育女者既與男子皆有胎敎於未生之前迨其成人則有師傅保姆之助珩璜琚瑀之飾威儀動作之度其最備者更有詩書圖史以爲勸戒其在家也男女異長自爲伯仲示不相離也今之敎女者鮮矣既嫁之後處閨閣之下闈闥

之中慶賞刑威文告意指所不及也非男子以身爲刑于將誰取法焉文王之化及于婦人女子莫不知道義之重而忘其私昵此必男子儀刑有素足以爲法也易曰家人利女貞非女自正正之者男子也家庭之內稱引綱常教導禮儀凡勢利傾險之言不出於口喜怒有節動止有度凡僭忒瀆嫚之行不見於躬父兄子弟妻妾奴僕之前莫不如此所謂正也若冒於勢權貪於貨賄没於廉恥爲害於鄉鄰得罪於君國雖其事不與妻子相關要皆失儀刑之道亦所謂不正也至於謔浪笑敖嬖妾所喜伉儷所惡儀家者所最忌也中饋者陰之

養也畜藏者陰之利也儀刑者陽之倡也嚴厲者陽之壯也庶人之家勤謹治生備物餉客公卿之家丈夫積德累行以致爵位婦人能循法度不失內職至於祭祀之時終事有儀少女能敬而益見其德之盛他若君子行役獨處而思猶必勸之以義勉之以正則男女各盡其道矣匡衡曰婚姻之理正然後品物遂而天命全由此觀之匹耦若非其人品物必有不遂天命必有不全此終身之憂也人世不如意之事未有非其自取而牀笫之間爲尤甚雖成子姓猶未知其負荷與蕩覆也晉獻公滅其國而嬖其女魯莊公釋父之怨而娶仇人女

以終事觀之甚可危悚最小之愆猶不免恥辱焉靜女之詩其婦人相贈而不知羞其君子誇詡而不知諱衞之淫婦既爲人所棄不自咎失身而責士無信君子讀此而有慼焉政傾俗壞至於如此生其時者賢士無良匹孝子無貞母則君臣父子兄弟朋友之所行亦可知已司政教者宜豫爲之防未可謂男女之私而忽焉孔子司寇三月魯之道路幾于文王之化夫文王之化不可求者婦人也詠之者男子也彼皆不犯非禮矣善哉先儒之言曰色出於性淫出於氣君子持志以御氣所以止淫縱也且情之不能已繼於義而自止以義止情

勝忌情者多矣此先王之澤孔孟之學也婦人不妒忌則子孫衆多不獨多置妾媵也其性情之中和德之仁厚律身之莊敬皆凝福之基也未有福大而子孫不衆者也性辟戾則不中和行安忍則不仁厚專房闥則不莊敬皆薄福之事未有福薄而子孫蕃衍者也媵女淺事春秋書之明妾媵之制不可廢也所以廣繼嗣戒專寵乃以不曠之故任情而動持身無禮至於息允微弱骨肉離乖綱紀廢弛禮度敗壞則祖考之罪人人道之怨耦乃知一人有子三人緩帶書傳載之以爲美談不亦宜乎陰陽之氣感欲其專應欲其至不專則氣不聚

不至則精不凝不凝不聚故不能成胚胎也又必問其正與不正時與不時情欲之感無介乎容儀燕私之意不形乎動靜所謂正也董子曰新牡十日而一遊於房年漸長則以次倍之禮曰雷將發聲必戒其容止所謂時也正而且時所生之子亦必得氣之正而邪氣頗類不與焉如嘉禾靈草麟趾鳳雛自有蜒埴必非庶類之感召也大夫以上不再娶有嬪御以治內可以不娶也大夫以下或事舅姑或承祭祀或主內事故不得已而娶今欲杜吉甫伯奇之禍能如曾參王駿則大善如不然不假名器猶爲得之溺情寵授而不知節終爲釁尤

不可測已朱暉云時俗希不以後娶敗家者此之謂也

帝王之道不窺人閨門之私不聽閫中冓之言士大夫杯酒鄉曲喜談燕私爲笑樂原夫不敬伉儷是以至此有識者正色拒之不爲過也士大夫不嚴出妻之禮是以育女無訓取婦無擇儀家不講求其法女德無極何所懲而不爲惡焉夫以義合者不義則離故程子曰妻有罪出之何害但語言之間不可令彼曲我直自有含容之意則可爾春秋内女之出必謹書之所以敬愼重正終始凜然而情欲之私不得行乎其間也紀叔姬出而未嫁夫家復請歸葬春秋不削其事亦所以示法云

祀先篇第五十

祀先之禮、有義有儀、講求其義、所以一此心也、服習其儀、所以律此身也、愛敬仁孝之謂義、品物度數之謂儀君子有過人之德、義之所發、無不摯至、是以鬼神日監在茲、此先王萃渙之道、先儒思成之指也、祭之為義、莫重於志、志清則物嘉、非甘芳之謂也、志慤則物重、非寶玉之謂也、志順則物時、非鮮新之謂也、以物之馨香屏除內心之邪慝、以物之貴重消釋內心之鄙賤、以物之時宜節宣內心之和平、故春秋重志、志敬而節具、謂知禮也、為宮室以居之、設木主以象之、陳玩好以娛之、薦芬響以悅之所以達死者之志也聯親疏敦長幼以職事序賢能以禮誼逮幼賤以燕飲合宗族惠澤洽遠邇所以達生者之志也祭之日賓客修其容子孫榮其事擯相詔其節文學士大夫於此觀禮於此道古主人更無他念盡其誠敬而已矣祭也者人道之常也思慕彷彿人道之愛戀也饋奠祝嘏人道之綢繆也忠信誠慤人道之敦篤也能盡人道而後爲君子能爲君子而後能事上使下祭也者所以養事使之德也所以教事使之學也講究習熟於平日安行蹈節於臨事爲學之本務也不可得而久者父母之養也天地萬物莫不相禪

無盡獨父母之歲月不得有餘於子子之愛養不得有餘于父母一朝悔其不足終身無望其足矣故父母之年方其充然有餘子乃童稚不足自盡及其竭力耕田供爲子職或稍被一命差致菽水此時父母之年已若竹箭奔流不可追矣子路曰枯魚銜索幾何不蠹三復斯言何痛如之終天之訣一絕毛裏之屬焉在惟祭之日始一相通旣苦爲時甚暫又恐居心未一若復慮事不豫比物不具終身無相屬之頃宜揚子有豺獺之戒梟魚有在野之哭也天地之間無時非理與氣流行不息然於賢者論道德之旨則當置氣言理蓋氣有昏濁

理皆純粹仁義禮智之性君子不謂命是也與衆人論幽明之故則當置理言氣蓋理本大段相通氣則一綫不假鬼神非其族類不歆禋祀乃氣之不可假借也天地山川古先聖王聖賢之類是理之相感也要以承祭之頃止當言氣如天子祭天地由與天地之氣通諸侯祭山川社稷由與山川社稷之氣通蓋天地生萬物山川出雲雨萬物徧乎天下雲雨澤乎一方天子功如天地諸侯澤如山川故可云相通也洪範庶徵因乎五事人之貌言視聽思與雨暘燠寒風相感亦氣相通也祖考之氣雖散而有子孫相屬則氣復存祭祀之頃子孫

心志專一則氣聚而祖考之神亦聚故有感格若非其祖考氣原不通此之心志雖聚彼之精氣別有所屬何由通焉薀嘗譬之猶是人也有執贄而見者有款洽而語者有一揖而退者有終日相見若江河汎梗適相值而已者接覲之時稍有不當人我皆有憾其於鬼神亦然匹夫焉可對答帝王然帝王欲見之則亦可對答矣有精神相嚮也諸侯時見天子禮也然天子不開宣詔殿門未許通籍忽焉闌入則爲罪人精神原未相嚮也故諸侯決不可祀天地大夫決不可祀山川士庶人決不可祀非族本無精神相屬忽焉致其薦獻如之何其

能感召也祭祀者杳冥之事宜先求其理有迹甚杳冥理實粲然者祖考之來格是也有形雖陳列理則幻妄者浮屠老子之宫像設儼然者是也學者理之所在以心求之則爲仁人之饗帝孝子之饗親理所不在求之以心汎汎悠悠不能相通然猶無得無失若專精獨好必爲鬼神所憑而疾厲生矣先王制祀典但使渙散者聯屬幻妄者杜絶是謂知鬼神之情狀既不爲氣之所屬更不必言有其相屬之理若深求其理則天下之爲物者其理皆可相通必有狡獪之巫覡值惑溺之夫婦借相通之理以實狂妄雖明哲君子莫能勝也然必不

可曰吾之氣與浮屠老子相通也與魑魅罔兩妖狐厲鬼相通也亦爽然矣凡陰陽之理陰非陽不立故以子孫精神聚祖考精神而後有所憑依若精神不聚神必不假故孔子曰吾不與祭如不祭也若子孫不賢神亦失其所憑故傳曰神所憑依將在德也至於祖考賢者必能求福於天以祐其子孫詩曰文王陟降在帝左右子孫賢者亦能光大先靈以受福於天詩曰燕及皇天克昌厥後此何與於非族而受其狂惑哉鄉人禓孔子朝服立阼階存室神也存室神者欲神依己無恐也由此觀之巫祝之流不可號吪於家恐致鬼神不安怨恫

斯作祀浮屠老子之神於寢非所云敬而遠之也且神在宅爲中霤在野爲社故家主中霤而國主社中霤之神家之常祀也今世不修淫及二氏妄矣愚俗之事二氏非不虔也禮居祖考之上食甘桑門之餽至於廢老者供養減賓客俎豆宜若凡事惟謹者然而嗜欲未訖也心志未防也惡幾未悛也貪墨而殫財者奢泆不已棄所餘以飯其徒斂攘而籯金者殺越未厭哀所剽以豐其居鬼神曾不譴責亦未嘗默誘其衷使遷善改過鬼神非有妄也禍福之爲妄於此徵之矣夫所謂鬼神非世俗所云也天地之間凡有可見之迹象皆鬼神也

以其有所栽培有所傾覆則謂有性情有生長收藏以及物有君焄蒿昭明悽愴以及人則謂有靈爽有變化生成則謂有功效其實杳冥無形所有者理爾理之爲體實有是無妄者致鬼神在天地亦實有是而無妄但遠之而愈有卽之而愈幻者也尊之爲理則益神求之以事則爲物者也虐而求助者亾之徵有而更祈者失之兆非族而事者喪宗之祥中才之人戾氣滿前恬不知怪而杳冥之物反惕然戒懼惟恐譴怒則何爲者耶古人毁淫祠者眾矣未聞鬼爲祟也知道未眞狐疑芥蔕久之妖由人興不曰此心未寧而曰鬼神見譴漢哀帝

是也賢者深知鬼神即可祛淫祀之惑深知天下之理即可祛鬼神之惑也古者天子至于士皆有廟見于經傳者夷伯游氏是也王珪不作廟四時祭於寢爲有司所劾太宗立廟愧之世亦以儉不中禮少之故唐世家廟爲多宋詔三公立廟而有司疑難其制惟潞公廟成温公作碑載其制度頗詳世所準望也攷潞公爲相請建家廟事下有司時蘇子容爲禮官議曰禮有田則祭無田則薦是有土者乃廟祭也有土則有爵無土無爵則子孫無以祀是有廟者止于其躬子孫無爵祭乃廢也故必參合古今之制依約封爵之等級錫以

土田然後廟制可議若猶未也請考案唐人寢室祠享之儀用燕器常食而已以此觀之作廟之事非請於朝經禮官駁正不可行也雖有世官而無世祿亦格于無田不祭之例不當行也是以祠堂通行廟制寖湮也忌日者君子終身之憂也古人叔父之私猶踧踖焉況父母乎朱子黲巾素服以居不御酒肉不樂不列夕寢于外墓祭之日哀省三周再拜洒掃而後祼皆後世法古者郊禖爲祈子之神蓋祭天於郊以先媒配謂曰禖者神明之也其儀以元鳥至日牲用大牢此天子之禮今民間不可祀天而祈子之祀猶可義起盡於春分設祭

主人夫婦望空祈禱用家庭常祀之儀祝詞奠告歲一行之或疑其太疏則參以每月朔望其禮稍殺但告神而已否則告諸祖者之主而已今民間祈子之祀輒歸二氏妄誕甚矣未有能正之者

奉身篇第五十一

人受形有生卽有治生之累寒而欲衣飢而欲食爲嗣欲室戴天履地幼學壯行而欲仕雖曰附麗以生要皆生之累也累之所及與生終始譬如窶人子有所假貸於長者窮年迄歲奉其所舉之責至老且死尚償逋負入地若隨事取償亟燔其劵不更舉責長者之門則是

人者可優游而終天年矣人之生也以中年爲界中年以前處乎日增者也割情去欲逃諸人事外聖人未許也中年以後血氣日衰形容日瘁親愛不常在左右憂喜得失逝而不留多矣彼造物者旣許我以日減可減不減或中絶而復續以有限之身殉無涯之役甚矣其惑也譬良田焉春夏之間封殖嘉穀鋤去稂莠惟力是視誰能禦之秋冬之際戒以零露申以嚴霜不惟稂莠不育即嘉穀亦不再殖矣善乎田豫曰年過七十而居位譬猶鍾鳴漏盡夜行不休是罪人也嗚乎冥行不休者人罪之年過不知止者天奪之矣石季倫金谷非不

麗也乎泉草木非不修也田江南之夢抽旖旎而抑兒首非不樂也東都車馬漢陰冠蓋非不赫奕當時也覩山之登臨東陽之歗歌非不稱道後世也至觀後人弔古之感與天地無終極反怪昔時行樂何其暫也假令無此樂則亦無此感矣子夏貧衣若懸鶉人曰子何不仕曰諸侯驕我者吾不為臣大夫驕我者吾不復見有道之士不當如是耶形氣所美而有弗得吾爲之悵然性情所共美而形神未接者吾未悵然也事理所共而有弗能吾爲勃然事理雖固然而天機所本無者吾未勃然也苟能去此悵然勃然之心物與我各有其美能

與不能亦各有所能也山林皋壤志在避俗者樂焉未嘗避之而自不近俗不更少一展轉乎爵祿名譽性斂約者多所不勝焉如其不勝而自不營不更省一堅忍乎以黃白與棗栗遺羣兒羣兒取棗栗不取黃白也以海錯與粢糲遺飢人飢人急粢糲不急海錯也三世長者知衣服五世長者知飲食深山窮谷之人不行此以養生也千石之鐘萬石之簴隱隱耾耾如鈞天廣樂並奏彼擊轅叩角未嘗不樂其樂也治生良苦者手可搏刃奉養備至者跣必藉地奉身不求贏餘則居心亦少係戀內境既清外物皆退聽矣勢利之好痛自降伏能

使重者漸輕迷者漸悟不惟勢利不能入即日用燕器亦隨其取足無身外長物之健羨矣一介之士恆舞於宮酣歌於室始進之日窮奉養之樂聚貨財之好莫不殃禍隨之故易之爲書自乾之謙十五卦初六之象無全乎凶者獨豫之初六直言其凶不許以補過以鳴豫也初六卑位也懽豫佚志也豫不可鳴卑位尤非鳴豫之時以其反道而行爲已甚矣聖賢教人誘以無窮之樂警以終身之恥勸乎日進之功驗乎昔賢之事俾其天常定其欲易足其心無競其所奉莫非義命也蓋度形而求衣量腹而進食此口體所須也其紛多猥積者皆在

口體之外者也然則庸人所較量者皆長物耳曾是君子而不能忘情乎況乎勞苦愉佚今之所遭向之所去何不可釋然公卿侍從此之所矜彼之所倦何者謂之確然知所遇之無定安之而後可知所好之非我忍之而後可且人之本心原無欲者也天下之物皆非吾所固有一旦相値何所容其欣羨何所容其厭憎固有之心守而勿失亦不覺苦難不覺矜奇是以君子身無二事事無二適日用飲食莫非淸明之氣何脂膏之好焉苟道義旣輕俗情必重或矜己所有或羨人所有世味彌深心彌不愜美溢於外神危於内貧賤之喪德猶富

貴也富貴之喪氣猶貧賤也去彼取此不亦宜乎亦有初辭榮膴後極泰奢者蓋由辭榮之時非能樂天未免憤世苟憤激未能盡忘則藏私尚有其所一念微動終身所守崇朝而盡失之蓋由義不勝情識不匡欲故至此耳故治生非能累人也但隨才稱等不妄爲趨舍斯可矣又有不止此者明君在上人樂其養闇君在上人樂其貧樂其養者備物也樂其貧者備德也備物者天下皆泰備德者未能忘憂此又在境遇之外者也

養生篇第五十二

甚矣有生之難也有陰陽必有動靜有動靜卽有屈伸

有屈伸即有生死況乎五行交運變化實多人生其間以形體之微入大鈞之冶內與嗜欲相搏外與陰陽相戰身非木石安得無壽夭獨值其堅且久者不亦難哉孟子夜氣之說蓋養生上藥也人一日中勞形苦神之事皆足傷生幸而嚮晦晏息形體希靜精神凝聚故子刻之半元氣復生酒色過度勞役過度元氣微弱雖得晏息而子半所生亦復微弱不能勝旦晝之戕害故養生者不可不葆全夜氣或取法天時或節省嗜欲或防六氣之淫或避人事之煩或積道義以自作元命凡天地之氣順則和競則逆陰陽之爭死生之分其相競時

也一歲則二至爲重一日則子午爲重於斯時也遠聲色愼舉動減滋味息神志以避沴氣所謂法天時也物所以養魄也理所以養魂也貧賤之致物也難故常得全於理富貴之循理也易然每受累於物魄强而魂衰者壯而驟蹶魂强而魄衰者疾而不死所以務節省也陰陽風雨晦明感于人者人莫能避也定其形固其精安處其神雖在六氣中常若遊乎其外故六淫不能侵也君子朝以聽政晝以訪問夕以修令夜以安身作則象物而動息則申儆而備又聽樂有五節致味有五齊煩而不舍皆能生疾及時舍之則節宣矣故人事不可

煩也仁義忠孝長生久視要藥也廉謹退讓全身遠害良方也好學克己老而不倦不使吾身有日昃之象雖非卻老之術而有後凋之實循理而動造化在我所以作元命也天地之間生物者皆和氣也鳥之伏也微暖相煦是以成雛若火炙之則燬草木之榮薰風相蒸也暖室焚檳則驟花而遽枯故易曰保合太和乃利貞禮曰播五行於四時和而後月生也人身亦然所以盡性命之大期亦在乎養和而已矣有道之士胷次灑落翱翔千仞事物喧囂鮮不卑處其下而塵累不及其上存於中者惟有太和之氣更無餘念安得不樂樂則生矣

先王以禮樂治天下欲使有生之類皆得其和故有食飲之禮有房中之樂皆爲之節以養和也任昉曰神明在襟屐候無爽體道爲用蹈理則和此養生之要也聖人愼疾而已禱祠祈禜非所事也病之作也因血氣壅閼血氣不能無壅閼猶行路不能無險阻險阻所在御者下推車蔑不踰矣養生之道調攝爲本調攝偶乖減省飲食屏絶嗜欲抑止思慮靜以待焉遲三五日則正氣通邪氣退矣蓋三日者以時紀之甲子之半五行已周至五日則全周矣五行旣周偏輕偏重無不調適是以疾無不去易所云七日來復者以衡言也衡者天地

自然之變歲在壽星而衝降婁故知魯多大喪陽氣起子衝午故知南國踧王中厥目皆以衝言也七日者與始事之日相衝是以必變病在人身亦復如是久而不愈者服藥誤也蓋醫能治疾不能操起居之節藥能去疾不能扶元氣之衰不幸品味偶乖適足致病不能愈病故呂誨廉希憲皆以醫諷諫實至理也至於方士之藥尤不可近方士之藥多主金石金石爲物性多酷烈一入腸腑爲禍多端如擇之不精合之失宜則粗礦燥熯傷人醇懿孫思邈云藥勢有所偏出令人藏氣不平故郝處俊諫高宗廉希憲規元祖李東陽斥李廣韓愈

志李于及邱處機去髓添草金盡貯鐵之喻皆萬世炯戒不可不慎又且藥性燥烈服之不已必致性情卞急喜怒無常其爲伏戎尤不可測唐之中葉屢以此敗臣民所不忍言也天地之氣正則通偏則塞人氣行則百脈皆平故容體端翔若敧斜跛倚必氣有不貫也養生家必端坐蓋外體端翔百脈亦平也道家收視返聽取金水內映也蓋木有榮枯火有生滅惟金堅不耗水流不窮故養生者取之金鑠木凋死期將至故美色動魄芳香悅魂若遇道勝之士皆下品也辛酸二味本乎金木木主發生酸則收斂金主收斂辛則發散二味與五

行之性相反必非養人者也必用其相反以伐病故不可多食也用藥處方皆劫去彼藏之氣以益此藏此藏旣益彼藏潛虧矣比來漸悟一法如某藏偶傷則以稻米煑薄粥稍糝腥血爲滋味各如其藏用之俾米氣入藏爲養腥血引米入藏庶幾有益於此無損於彼周禮疾醫以五穀養病是其義也卦盡之年元氣已竭所以視息人世者飲食之氣所延爾如人雖無產業資本或爲工匠或爲傭作或爲胥役隨事取給尚可粗足衣食不至乏絶但不可奢用幾奢用而不乏絶者老而必衰者血氣也神明在人與日俱長不當衰也神明之衰皆

欲害之故有血氣未衰神明已衰者則知神明之衰不關血氣君子寡欲以養其神明百年期頤而清炯如故也死生之際人所難言然以意觀之如一絕深之澗卻當一躍而過非有甚難人苦負荷重擔不能輕舉跳躍所以艱難宛轉不勝其憊有道之士能使所負之擔逐歲減除至于老之既篤而此身輕矣輕則易於飛騰只如踰一絕澗一躍而過神志自如又如一片瑩淨之冰光明洞澈煩氣薄之消融而已纔有一綫未瑩卽有渣滓留著器中不能如彼消融物欲未淨愛戀相牽其狀何以異此否則負手曳杖逍遥行歌反席未安而沒又

何留滯焉人有病革之時生平所爲不善歷歷自道世俗或以爲鬼責其說非也葢不善之事平日常負疚於心特以神能守氣故祕於心者不以語人至於將死神氣欲離神不能控持其氣心所伏藏逐氣而出非有祟也所以平日收斂身心納諸義理爾時必不散亂也

繹志卷十三終

繹志

（清）胡承諾 著

清同治十一年浙江書局本

鳳凰出版社

第三册

繹志 卷十四……一
繹志 卷十五……四七
繹志 卷十六……一一一
繹志 卷十七……一六七
繹志 卷十八……二五三
繹志 卷十九……三四三

繹志卷十四

竟陵石莊胡承諾譔

經學篇第五十三

經者因古聖之事明先王之教者也經者常也尊卑上下陰陽剛柔天地常理也民彝物則典禮命討人君常事也善善惡惡樂治憂亂生人常心也褒貶予奪重內輕外三代常法也經曲常變履中蹈和物我常行也常道明而人心正常道行而才德全故匡衡曰六經者聖人所以統天地之心著善惡之歸明吉凶之分通人道之正使不悖其本性者也故審六藝之指則天人之理

可得而和草木昆蟲可得而育也易始宓犧書首唐虞詩紀文武之德春秋東遷之後禮之因革損益雖百世可知凡一經終始皆天下大關鍵非苟而已也習學易矣而思理淺俗占筮煩瀆淆於九師之旨雜以焦京之學否則察而不衷以穿鑿害正理如未嘗學易也習學禮矣內心未清外體未肅否則品節度數雖詳其心則馳日暮人倦不暇深思禮樂之意如未嘗學禮也習學書矣冒次淺狹不能經遠能經遠矣不能精求帝王之心法記問汎而不切如未嘗學書也習學詩矣性情頗僻詞氣暴慢否則溫厚有餘不斷以義愛憎溺而不明

如未嘗學詩也學春秋矣譏之所伏昧而不見意之所是陷而不知不能屬辭比事以明大義其所褒貶無先王之法以正其謬是非瞀亂下情犯上紀綱反倒置矣如未嘗學春秋也故曰善爲詩者不說善爲易者不占善爲禮者不相或失則愚或失則誣或失則奢或失則賊或失則煩或失則亂未可語爲學之事也易之爲書卦者言人之有是事也爻者言人所居之位也一事而六位殊焉六位之中剛柔各有所宜吉凶悔吝於此而生事有定體人有定位吉凶有定象此易所謂辭也事以時而遷人以位而異吉凶以德而易此易所謂變也

因事以觀其位因位以觀其人因人以觀其德此易所謂占也君子無事之時常取易之所謂辭者習而玩之使其理粲然意中知天下之事千變萬態而歸於一致如日月風雨雷霆寒暑有目所共覩非杳冥不可見又以漸相及非一旦猝至者所謂觀象玩辭也迨其身在事中卽知所以處是事者合於某爻則吉合於某爻則凶或先凶後吉或先吉後凶擇其吉者從之其不吉者及其形之未成也而急改之則爲補過爲知幾所謂觀變玩占也文中子以革之初九自處此豈揲蓍布卦而後謂之占乎蓋于有定之中求其無定所以示天地之

理變動不居而本來固有之性稍放恣焉未必不流於陷溺一時偶値之險阻非不可以人力濟者於無定之中求其有定又以見天地之理莫非生物爲心而人事之險阻皆其所自作雖利害生於情僞之感吉凶生於愛惡之攻悔吝生於遠近之相取而天地之心自始至終生生不已生生之謂易也知其無定可以破壅礙之見知其有定可以絕支離之說此學易之旨也易所以異術數者以其能補過也旣知其過則改悔之心已動從而補之固易爲力然不可無所依據故聖人作易示以吉凶使知所趨避而濟其智力所不及卽卦之象可

知己成之吉凡行合乎象之吉者即無不吉也從而占之可知將來之吉凡動合乎占之吉者亦無不吉也蓋吉凶之相勝非並立而相爲勝敗也持正以操必勝之權偶有不正亦必力返於正不可狃於晏安凡事委棄而自處不勝也蓋世有必當任事之人人有必當任事之時當其位者於是非相雜中精求有是無非之理於成敗欲分時深思有成無敗之策此乘時當位者事不容諉諸他人也內陽外陰曰泰損上益下曰益此事之定體也九五爲在上之大人九二爲在下之大人此人之定位也所謂易之序也當居而安之者也位猶是位

也家人之象則以五爲正位於外之男子二爲正位於內之婦人此因事而位易者也體猶是體也剝之六三則與君子並受其福夬之上六則惟小人獨當其禍此因人而體易者也所謂辭之變也當樂而玩之者也以正直之德居君子之位是謂人當其事險難之事濟以君子之德是謂事得其人皆所謂當位也凡易曰位正當者無不吉者也君子而藏小人之心是謂人褻其事小人而居君子之位是謂事褻其人皆所謂不當位也凡易曰位不當者未有不凶者也乾之上九龍得亢矣旣知其亢所不恐懼自抑損者非易也泰之六四小人

同心以陷正直知其相陷苟可維持善類而不冒難立朝使賢者有所芘依亦非易也推此類言之無其兆則當戒懼於平日有其兆則亟補救於初幾非但取徵驗而神明其術也此易所以異術數也易者天地之吉凶也以意說易是謂以管闚天未有能合天也解說倒置吉凶亦倒置吉凶易位趨避亦易位是教人以陷阱爲坦途也以門戶爲羅網也其害更甚於無易故易不可臆說也二帝三王之書多故奏對號令奏對人主之前號令方州之內非明白坦易則聽受率行者弗曉此立言之體也唐虞三代與人主圖治者皆以見知統緒生

五百之期積其誠敬忠愨然後進說故言皆本於道道皆本於心其敬天勤民禮樂教化典章文物之類莫非傳心之旨孔子生於其後又從而芟夷繁亂翦截浮詞所存皆宏綱機要人主之軌範顯明簡約而可舉行雖字句奧衍熟讀爾雅無不昭晰合而求之一篇之旨析而求之一句之義後人謹師之爾詩之爲書天子采之諸侯貢之太史藏之取其感也先王教澤行其人皆得性情之正以正遇正則能感矣先王教澤不行閭里風謠大率流于放蕩作者不能由乎性情之正學者未能忘乎先王之思以不正遇正則亦能感矣感乎正者可

以經夫婦成孝敬厚人倫廣教化美風俗其不正者使人知流湎淫辟傷害彝倫毀裂防檢壞亂心術穿鑿禮義之不可爲也亦同歸於正矣或教化雖不正而先王餘澤未遠斯人善善惡惡之心不以汙上反而自傷疾今之事以思往昔其言有文焉其聲有哀焉則亦足以正得失動天地感鬼神也孔子删詩凡無益之辭削而不錄餘則善者固載惡者亦載蓋詩也者聖人以誠動物者也感以積而遂深聲以滿而後發是之謂誠物爲誠所動莫能自固是以讀之而喜躍尋繹之而和平移易性情而不自知不強人以不足就其有餘者而道達

之故有快心之樂舞蹈之趣也先有其德而後從事於詩則性天所動時出不窮德日新而用日廣卽使先無其德但能潛心於詩以俟性天之忽動引伸以盡其致亦能溫厚爾雅恬愉深至所遇皆亨嘉之境所行皆坦蕩之途也風者風也寘而能入披拂而可親也賢人君子知時之不能不變而不忍其變之至此也知舊俗必不可復猶不能已於懷也是以咨嗟詠歎如風之寘以入也雅者正也聖人之言聖人之事天下所取正也與下之人言懽忻和悅以盡其情告於先王恭敬齊莊以發其德天下之大經大法具焉人事之大得大失著焉

至於變雅亦皆時政之大端賢人君子雖有憤世疾俗之情而無反道悖義之指循而行之可以正身推而廣之可以正俗是以謂之雅也雅聲者天地之正氣也風則天地之噫氣也幽王失政正氣微而噫氣作故王國之聲雅降爲風也頌者容也三靈未順其容瘮黷人物未康其容黯澹必也盡其精白之心集其和平之音使戾氣全消民風盡樂雜念俱除士習皆湑而後爲學之所止故以頌終焉詩之美刺何以必出於諷諭也君尊於上臣卑於下諂諛則不可直諫則近謗故誦美譏惡以諷刺之至於幽厲之後天下俗薄人倫道喪閭門之

內鄉黨之間其恩禮皆不固苟有忿恨則棄絕之不復溫厚悱惻以相諷諭而求其改悔以此推諸朝廷之上諷刺之旨當亦盡廢不獨王業既微史官失職不能有所論載矣孔子曰我觀周道幽厲傷之猶以其詩存焉故也禮之爲書聖人旣竭心思焉以物揆我而無不會嘉也以我始物而無不曲盡也法之所禁者大爲之防義之所安者事爲之制故學其書者有所可據有所可守據者如胥史之據文案守者如將校之守封疆也修文而不修意則王者之令日替習儀以亟而遺其本則士大夫之習日偷華實之辨亂於上天下乖錯之氣必

結於下美好之物竭於外人心不正之端必滋於內聖賢教人自周旋俯仰洒掃應對以至輔世長民莫不以禮而道德可純天下易治矣傳曰聖人有明德者若不當世其後必有達人謂學禮也故孟僖子知孔子以正考父鼎銘卜之韋孟傳詩禮於楚而郊廟之制卒正於元成盧植學爲儒宗而諶撰祭法藍田呂氏關中言禮者所推一代皆稱其家範葢其爲業文字繁多原委綿遠非可涉獵取名必積數十年之功而後綜其條貫故其遺澤不一二世而遂已也君子按其器識其物存其數立其文具訓於蒙士安知無一日焉反本復始盡用

先王也哉此王通所咨嗟而不忘也禮之敬文也樂之中和也詩書之博也易之精微也皆可循文知義惟春秋不然義隱於文中指繫於事外多於羲畫而無陰陽可見之體詳於孔壁而鮮俞咈相商之據襃貶同美刺而不若四始之抑揚法象同天地而不若三禮之昭著夫是以讀者茫然指歸莫測說者紛然是非靡定也春秋未作之前國君惡先王之法而去其籍魯秉周禮典文備物史官有法孔子因以成其書以明周公之制以盡天下之變因興可以立功就敗可以成罰日月可定歷數朝聘可正禮樂備列人道以明天道而襃貶予奪

洒其中之一節爾以可見之事測不可見之心使爲惡者無所逃就已成之事原其不得已之意使爲善者有以白熟于其旨則好惡自公是非自平君父必愛其臣子而天性不傷臣子必不得罪於君父而以疑似之道義陷溺厥身也討惡人以明道非有憎于所討也貶善人以明道非備責善人如世俗所云也不賢之害道人知惡之必不與同行賢而害道恐人不知其害反以爲道必與同行矣聖人憂之是以雖善人猶有貶焉實與而文不與也若夫戰伐之事所害尤多是故春秋之法雖善其偏戰不若善其不戰主客先後之間予奪見焉

今人去孔子遠矣，所可詳者三家之傳也。經文太簡，庸

得不據傳以通經乎？三傳之中有例焉，有義焉。義例者，

虛以待事，方以齊物，上下比以從宜者也。義例所在，不

敢徇我見之私，而後與聖人無私之心庶幾相遇于萬

一。若不以義例裁之，一事自爲一是非，如銖銖而稱之，

寸寸而度之，不惟無以合聖人之心，且恐緣是以誣聖

人之言。三傳者惴惴不敢誣聖，故不敢以私意亂聖法，

一歸諸義與例以自律焉。穀梁子曰：聽遠音者聞其疾

而不聞其舒，望遠者察其貌而不察其形。此無他，遠蔽

其明也。生乎後世而測孔子，亦遠而無所見矣。先定其

義與例然後可揆度諸事不定義例概以己意測度此游夏所不能而況諸儒乎雖三傳之中亦多矛楯要之各自爲義以彰大順因時制宜皆足濟天下之務學者深思詳記以待施用不必較量異同也左氏發傳之體三而爲例之情五公羊穀梁每持一義更數十條皆可相通若一事自爲一義善惡紛而取舍亂潔己自嚴者側身蹐步猶恐陷於惡言僞行僻者假借依附皆有以自託於善其弊使賢者不能以功覆過不肖者得以逃遁轉徙於其間此大失春秋之旨者也故宋神宗曰春秋未易可通漢儒亦少有識見者正謂此也

史學篇第五十四

文中子曰聖人之述史三焉其述書也帝王之制備故索焉而皆獲其述詩也興衰之由顯故究焉而皆得其述春秋也邪正之迹明故考焉而皆當即其所制之事而思之究其興衰而勸戒之明其邪正而是非之過此三者非所急也故作史之法吾必以班氏爲宗所謂愼覈其事整齊其文也讀史之法吾必以呂氏爲宗所云先識體統後求機括也太史公作史記盡紬金匱石室之書而所據者尚書春秋國語世本戰國楚漢春秋爲書者凡六以六書爲幹餘皆枝葉班氏作書自天漢以

前皆用史遷之文此後則劉向馮商揚雄所撰皆一代大儒而後書可信也後之作史者當以國家實錄爲根柢而輔以名臣奏疏論議禮官謚議正人君子所通行狀所表章人物此皆信實可據之書也他若野史之類恐多不實不可盡信宜知辨焉然實錄亦難言矣唐太宗欲觀起居注褚遂良朱子奢止之不從宰相不得已撰次以呈所書六月四日事語多微隱此日起居注郎他日實錄是實錄有微詞也韓愈作順宗實錄當時謂其煩簡不當序事拙于取舍穆宗文宗皆詔史官增定而李漢蔣係皆愈壻也適在顯位故改作者難之韋處

厚遂別作數卷是實錄有二本也章惇蔡卞謂神宗實錄多誣遂加考問一時史官莫不貶責而攸等遂施改易是實錄有改本也明太祖實錄凡三修而後成焚其草禁中副本藏文淵閣是一代實錄未嘗與衆共見也凡疏留中者例不得登實錄所以謝鐸檢章綸復儲疏不得輒歎息泣下曰綸疏動萬言竟一字不傳何以示天下後世力請於總裁竟不可得是實錄所不載者嘉謨嘉猷無從蒐羅以此觀之實錄焉可盡信耶行狀諡議論讚表章之類爲文者既非六經古道紀事者亦非遷固大義如韓愈欲誅奸諛於既死發潛德之幽光李

翔欲使富貴而功德不著者無復聲名於後貧賤而道德全者當使烜赫無窮其說善矣然文士之習未除則意見紛多臧否任意苟善惡之實纖微未當則含冤泉壤抱慙簡策者後之視今猶今之視昔也古者諸侯之國各有史記脫有存亾猶可互相參考脫有曲直亦可互相檢正今則一歸桂下此外無從附益故官卑而節高者概不表章往往失傳程子所以有循良寥落之歎也史家所重者經制也王隱述作多而經制少論者猶有憾焉李延壽之書司馬公恨其不作志使數代制度沿革皆没不見然則紀傳雖詳而典制太略亦缺陷也

史有三事紀聖朝功德述忠賢事業載姦回醜行故孫樵曰宰相升沈人於十數年間史官出沒人於千百歲後是史官與宰相分挈死生權也蓋史官之權唐人猶毅然爭之宋則默然至胡銓論其失職者四一則人主不當觀史而記注必先進呈一失職也宜立螭頭之下不當遠在殿東隅二失職也獨立後殿不立前殿三失職也閤門以無班次拒之不得直前言事苟欲有言必當預牒故往往屏退者多四失職也然則史官失職自宋始也作史之法當使帝王之道燦然可見天人之心通達無間定衆理之極勿使紛多令人靡所適從陳萬

事之序勿使雜亂以誤人於當幾雖在亂世不善之事良多而秉道懷義不乏絕於時乃天地生生之機辰在剝落猶不訖斬記事者不可不爲綴緝也凡所論議經古今而明大略不得以私意感激自寫悱憤發抒意氣無關萬世大防也里巷傳說之事不可盡信必徵諸國家典章如信陵君答冠諸侯不過出游客之口本不殊里巷之言惟有高視卹典以爲徵則史家作傳不爲委巷此亦節目之大者也國惡有諱必微其詞則不害義或旁有所見愈不嫌深隱其文蓋愈深而實愈彰則義不害矣不然宬官諱之野史傳之後世據野史而以小

惡爲大惡則欲益反損矣恩怨之事雖若甚微然往往纖細必載蓋使後之君子敬小慎微有所忌憚不敢爲惡也若夫太史公爲三代世表詳略互陳其詳者用孔子作春秋紀年正時日月之義其略者用孔子序尚書略無年月或頗有亦多闕不可錄之義蓋史家凡例未有無所據于前一旦獨創者也史法以雅爲正不雅則誕妄媚笑不知紀極史遷不載黃帝以上朱子不取南北二史甚譏其不雅也杜預曰左氏之文或先經以始事或後經以終義或緣經以辨理或錯經以合異舊史遺文略不盡舉非聖人所修之要故也然則史家所載

但以治亂興衰及言行大節爲主此外行文之美不過先之以首事後之以終義錯以合異緣以辨理而已不屑屑爲前人作年譜家傳也此作史之法也一代之體在寬雖一二事之嚴不害其爲寬一君之體在嚴雖一二事之寬不害爲嚴此統體之說也國之盛衰事之成敗人之邪正皆當於幾微疑似間察其所以然此機栝之說也統體者治事之法察其偏勝與流弊則可以立大中機栝者補救之方補救前史則可懲戒後王凡大端得失載諸典冊者忠佞奸貞自不可掩而是非之定論亦灼然矣興替邪正坦然可見而才智之增益亦優

然矣不宜摘出篇中一義一句以證其全體翻其成案此讀史之法也若夫作史之弊誠如劉居巢所云者史館之官置局斷處愛憎不一筆削互爭既不可兩存其說又不可專用一家埶必遷就其詞爲二家騎驛所以格天之業遲疑於聚訟之管鷹鸇之擊寬假於彼我之懷賦性仁厚者常欲假人羽翼學問深刻者輒輕用其斧鉞不能盡符五經之指卽不能契合聖賢之心雖矢公矢慎而大指已乖盡失古人面目矣況心志乎古者天下之書皆上太史片言隻字無不萃於石室後世既入史館而後求書天下輶軒所至幾何其不遺漏縹緗

所聚幾何其不高閣不幸行狀未通後嗣頗微縱欲蒐羅無從可得至于隱德之士賦性孤遠洗耳沈淵尚恐不愜其意安能致諸青簡更有已往之代文獻散佚倘欲尋求則非亾國之裔之事而易姓改物者之事也脫或淹久不收羅風雨水火之災而不可復具則曰天子失官不云挈瓶失守此二蔽者記錄往代所同病也又敘述祖父之事而與子孫其立於朝褒貶予奪易致怨謗故魏收始有穢史之譟後有回互之譏又其甚者身死之禍可鑑也且作史者皆授指監修而監修與史官互相推避莫適授簡苟有愧心之事必不令史官直斥

脱在疑似之間必不以己受責爲人受過可知也此二事者纂修本代所同病也故史通四十九篇史家要書也又史有三長之語至今以爲篤論云

著述篇第五十五

記曰作者之謂聖述者之謂明聖人不居作之名不辭述之事居作之名亟于著稱非道也辭述之事怠於居業亦非道也聖人之心不操而自存賢人以下操之而後存著述之業所以爲操存也易曰天地之大德曰生聖人之大寶曰位何以守位曰仁何以聚人曰財理財正辭禁民爲非曰義聖人之情見乎辭其大指準此而

已矣天之所重在生故開導生人使各正其性命人之相治以位故匡拂人君使不失其崇高君能愛人而後可長守位也故進於黼扆者寬猛殊施總之以德化爲先刑辟爲後財之所在人必趨之故施諸命令必以崇儉務農爲先至不得已而禁民爲非懸諸象魏申以訓戒皆使不陷於惡古人著述之旨莫非宣天地之化匡人君之失守位而愛民理財而禁非也舍是無所爲著述矣是以取則天地歸本皇極禮樂法度皆可昭然示人森然裁物示人者人共信之裁物者物共尊之秉公道執大義儼然受人尊己而不爲泰如水火焉偶乏之絶

一日則無以爲生矣存古之善政使不墜正風俗之衰使不淫匡帝王之統緒使不亂扶經訓之微使不晦申先師之指使不惑明制作之本使不失恐人心不明寡見無卓參伍辯難使義理有所歸不得辭嚮導之責闢異端之塞路使廓如也取聖賢遺書析而解之雖有苦難深隱之旨莫不求諸平易簡直言其常也所以明天下之有義言其變也所以明天下之有權以吾言代爲之說以吾義代爲之宣而後經緯不爽踐履皆實奉詔著書明治亂之源詳得失之故以備黼扆之觀省稱引典故必原始要終以類相從年經月緯珠貫而絲組之

千載而下若目見而身折旋其間俾斯人學之不勞求之有得則非談說之助而賢人之業矣不敢訕上者君子之義也不肯危身者君子之智也有患之言君子不作不俟作之而微其詞以避患也所以政治雖惡而暴强之俗有聖賢之言以約束之則不敢放恣所謂五經之錧鎋六藝之喉衿也鄒衍莊周訾聖人而撓世事以爲號令則不雅以爲章奏則不法以道風俗則必蕩說之猖狂不可訓也墨翟許行谿刻離奇好獨行以自異貴儉則忘禮兼愛則忘親不明天下國家之權稱不可訓也蘇秦張儀逢迎人主之意揣摩敵國之情捭闔將

其才智而不以君國爲事苟得車騎輜重擬於王者則幸矣此傾危之說不可訓也惠施鄧析其心甚察而不順於理其言甚口而不適於事放諸六合之外使人惝怳驚顧崇其所善隱其所蔽乘人之不習而恣其妄不可訓也申韓鞅斯謹持法令必行賞罰謂厲嚴峻則政化開布恩賞則政化塞使親戚故舊不相假貸視民如牛羊而用之日親譬擊劍者自刑砥物者虧己道之奸而治之蠹不可訓也老子之說勝驕以畏持盈以謹爲君爲相亦有用以致治然其所志一切柔退自處清淨相尚去聖棄智專務無爲而失聖賢居敬勞謙之道不

可訓也呂覽淮南依阿世俗之好附會禮義之迹所言皆文而遠於信所舉皆典而遠於經博辯詭詞羨漫無歸略法先王而足亂世術不可訓也王弼何晏放曠之說以心與迹爲二則迹之所安不顧其心以道與事殊則事之所趨不問其道禮樂法度別爲名教之區而不必用以治天下視聽言動舉非此身所急而不必用以檢其身所以其身其世皆受其害不可訓也傳注之家雖本六藝然而便詞巧說破壞形體幼童守一藝白首然後能言文繁而用寡不可不擇也史籍之書彌綸天下之務錯綜古今之事以多知故雜多愛故贅博聞習

事而誠或不足自昔病之不獨今也且自唐以後其爲書也率爲小人竄改許敬宗改貞觀之舊蔡卞削元祐之籍秦熺焚建炎之草以此推之僞説滋多不合人心不用聖法不可不擇也聖賢之書義所當爲之事事所當爲之義名以命之詞以達之不愆其名不沒其實無失其倫而已矣舉世不好毅然爲之雖悦之者少咻之者多躑躅於仕路檢括於當途而爲之不輟也世味不濃胷次不狹好惡有常稱道不亂無聲色貨利之好無車馬遊畋之煩無仕宦朝參之累無鄙情贅行之玷無浮屠老子之躭廉靖樂道不交世務專積思於經術言

其所志不言所未志言其所行不言所未行此著述之人也

文章篇第五十六

古者登高能賦山川能告師旅能誓喪紀能誄作器能銘皆可以爲大夫鄙陋無文者君子所羞也然文章之士易爲虛華以天下國家爲說者不過託諸空言以窮神知化爲說者往往涉於元虛其餘雕蟲篆刻益無足取故聖人以艮之篤實加乎離之明照而著文明以止之義所以節其繁縟不以奇淫蕩士君子之心也賁之六爻文所取則位之高下年之蚤暮其象皆具焉初九

者位之卑而年之稚也自責於下不求衆見發光匿采使人不得窺其際有舍車而徒之象文之始也由是而往則自內達外從己及人之業六二下位之主也主持文柄於下者當率其疇類相與洗滌昏翳使文明之美宣映天下若但私己自旌則貿夭湫隘亦不得謂文矣九三之位漸尊是大臣表儀朝端對揚休命操持衡鑒風化天下者也萬象鼓舞入有名之地五音繁會出無聲之境所謂以潤澤光天下也又恐狃於淺近則爲日昃之離故以久道進之六四近君者也近君之人不第以文采爲工人望之賁如矣自處覺皤如也亟求下位

之賢相助爲理則文章之事不必自我優爲而應務有餘矣六五者人君之文也人君之文與臣下不同不患不極文章之觀又以敦本尚實爲得其體恤人出於至誠行道本於人情自作元命延利萬世帝王之文也上九者位之極年之耆也不與後進之士矜其鞶帨反本還朴歸於無色猶夫山之高大不過土石爲質然而烟雲萬狀潤澤千里蓄以義理宏深識力堅定是非明確成敗周知所以爲文不在光耀而在篤實故曰上九白賁無咎也君子有賢人之德而位在人下無所施其才智於以修潔其身洗濯其心有賢人之德而位在人上

內順外溫通萬物之理於以徵諸威儀發諸事業誠在中者氣自和德之盛者器必重內之文也敬之所在必將以禮禮之所行必有其物外之文也至精則光采四照至粹則溫潤可親文之至者也君子爲文仁人之心也智士之用也言之所是後人因之可以治安天下言之所非後人引之可以判斷大獄其盛大也若天地之發生茂育無不遂也其蘊蓄也若萬物之收斂歸藏無不密也文以相錯而成其失也多智而雜惟君子能不雜文以悅人則近於佞以勝人則近於藝惟君子能不佞與不藝也君子者四德具焉者也憂世以爲心善世

以爲法扶世以爲儀導世以爲則懇懇乎懼人之不聞道也惻惻乎其與人以生也皇皇焉其拯人於危險也望望焉其思古而復也是憂世之心也彌綸天地之道考鏡得失之林志在春秋行在尚書節族明而統紀詳是善世之法也以正人心爲本以廣教化爲務諄切豈弟如檃栝礲錯之裁成乎物是扶世之儀也緼乎其益人也憬乎其益己也井井乎其有終始本志也昭乎其繼天立極也是道世之則也小人反是縱横滑澤而不由中態色淫志而不入道希通慕曠而不踬實旁引稗乘而不徵義爲害而已矣尊四德屏四害爲文之善者

也文章之美可稱於天下不可進於人主之前不足言文也興王之治有可訓法者亾國之政有可救敗者君子爲之盡己而極慮焉水行者表深陳其失道所以表深也助徽者表僞示以良法所以表僞也辯論義理析而精之以進善於所尊禁於未然助之補過可以取泰于否易昏以明亦足當忠臣之諫矣即器物而銘之切而不指勤而不怒有恐懼之心焉亦足當夜諷之職矣章奏對答所以垂法制也反復開導之端見諸說中温柔敦厚之氣溢諸言外所言萬世之害也得其說而反之即萬世之利也是以文之善者五禮資之成象六典

因之致用君臣所以炳煥軍國所以昭明讀之端莊味之和平道義之心油然生矣其不善者視之則芬葩按之則淫漫讀之而躁競味之而傾側非辟之心勃然起矣好異者識不周也好博者理未富也好新者聞未融也好難者趨未定也好侈者守未卓也若夫詖詞忒志陷心蕩耳仁義微焉法度泯焉連篇累牘無尺寸之用譬指虛囷以求粟張敝羅而弋鳥有損無益者聖王所禁也文可懸國門不可進黼扆君子不爲也昔之爲文者衆矣吾安所取正乎屈原有取焉纏綣惻怛不能自已之意有以增三綱五常之重也陸大夫有取焉奉詔

著書明乎秦所以失漢所以得文武並用長治久安之術班固贊高祖與蕭何律令張蒼章程並稱也賈誼有取焉深謀遠慮異世舉而行之可以弭天下大患陸贄有取焉武夫悍卒得其一言作忠勇之氣而濟人主於艱難董仲舒有取焉明王道述禮樂使後學有所統壹徐幹有取焉治心養性能不悖於理其得於內者又能信而充之以想見其爲人其所是非則託古人以見意當時無所褒貶劉向有取焉說苑可以輔教也韓愈有取焉以六經之文爲諸儒倡隄障末流反刓以樸剗僞以眞也陶徵士有取焉馳競之情遣鄙吝之意消亦有

助於風世也至誼與贊論天下利害未然之事有如數往斯其尤善者歟天地之氣發而爲聲者如雷與風皆能入人之耳而感於其心故震之象曰恐懼修省巽之象曰申命行事皆言感也然風雷不可狎處其於人爲有間又風雷之聲激而爲怒肅而多恐故常不足於和惟金石絲竹匏土革木八物之得人而成聲者可以旦夕相親又且奮動由人調適由人疾徐廉肉可以悠然意會裁制成節故物之感動人心莫善於樂而感人以和者亦莫善于樂也雖有樂之感人者有人之感樂者其爲感則一也然樂工不能言其故惟通識之士能言

之詩也者通識之士所以寄其情思也故樂之失傳不能不繼以詩其聲響若相嗣也荀子曰詩者中聲之所止也昔人論詩或取詞旨清綺英華灼爍故有曹劉古拙鮑照義皇以上之説或以思致幽軋聲調哀澹爲工故有謂窮然後工者其於中聲不猶遠乎夫中聲者風雅頌之謂也凡性情之正感人之深者皆是也故爲詩者大之以廣教化厚人倫饗靈祗告幽渺徵國祚存亾辨人事得失使閭里風俗由以達上聖賢情志由以格天世態變遷由以傳後其次則目前儔侶之人晨出夜歸之事有觸卽至之心造適而笑已事而思俾陰陽寒

暑四時之候不同而同歸於和勞苦愉逸終歲之事不同而同歸於泰山林臯壤衣裳劒佩所接之人不同同歸於交遊而事使然後足嗣中聲而不淫於五降以下也若多述典故極意柔靡敷陳釆章雕琢胸臆較量清濁與世俗末流矜其失得皆詩之陋習也

絳志卷十四終

竟陵石莊胡承諾譔

雜說篇第五十七

天地之氣先有象而後有數然有象則必有數也其始陰陽耳既有老少之象必有奇偶之數故昔人之論卽龜不出洛馬不負圖但有義禹神智亦必因氣測象因象識數矣天地有必然之象數是以形於物體而爲圖書人事有必然之吉凶是以雖枯殼朽莖亦具徵兆學聖賢者能於人事所在淸明凝聚以天地之心觀之必因義理以知得失因得失以知吉凶不待揲蓍灼龜而

後知之亦由夫氣必有象象必有數也治曆之法履端於始舉正於中歸餘於終皆取於星者也星麗於天天體圓故在天成象者皆圓圓者合三而成以爲規也居民之法畫爲九州并爲九區皆取於土者也土附於地地體方故在地成形者皆方方者揲四而成以爲矩也故觀於地可得治天下之法立法有定而治道行觀於天可得人物所以生之性兼覆無私而人物乃生也氣本虛也動靜相感不能不聚爲形有形必有對待其對待者必相反者也虛實聚散其名也愛惡屈伸其情也男女少長其形也皆相反之謂也此相反之理滯於物

情必不能通遂有相與爲仇者合乎太極未有不通者此之相反非私也性命各正不可假借飛潛動植智愚賢否各正之性命也此之相通亦非私也合而成能離則兩傷君臣相須文武並用不可偏廢者也其相反也非兩無以見一是非並立而後眞是者見君子小人並立而後君子見也其相通也幽明之故治亂之幾無不相召焉人身思慮一動即默授於氣凡同有是氣者即能感通故人心隱微之事鬼神或能知之此幽明之相召也又如密室焚穢煙凝氣結風無由入煙無由出出入之戶盡啟風通而煙徐散矣故至治之世有風動之

象者正氣通而邪氣屏也此治亂之相召也天地之間凡成形者皆依於氣故以氣爲聚散若未形者何所馮依惟以道爲依歸耳氣之聚散絶不可恃此不俟深求也未定之事惟其無可馮依故君子所爲皆依諸道有以自信亦有以自立其盛衰得失亦不受制於氣也水火木金土形也相爲代謝則氣也故有醞釀凝聚亦有解散渙釋雖貞下起元其來不窮而乘權者進謝事者退亦旦夕不可畱也仁義禮智則道也常在天地之間人之歲月有限故道常爲主人常爲客以道觀人如逆旅主人之觀過客以人觀道如舟行江湖指點山峰之

名也君子於不可畱之中知其可久之道故無形之道確然見其有形而事事皆取法焉如陰陽交而爲泰泰也者地在天上也以形言之無地在天上之理蓋言所交者氣也氣交錯故凡屬氣者皆交錯五行之運陰陽相間是也形有定故凡屬形者皆有定五行之序先無質而後有質是也觀乾坤六子之德而天下之事皆知所處矣陽之爲用有動有陷有止往以任天下事爲動所如不合爲陷安其所不遷爲止此皆乾之徤德三子各有其一也陰之爲用有入有麗有悅感之於微爲入相依成體爲麗相和爲心爲悅此皆坤之順德三女各

有其一也六子用而乾坤不用故老者退休少壯致力必也坤猶半用乾全不用其不用也正所以尊之也石有花水有溫物理之相錯也火待用而後有體水有體則有用陰陽動靜之別也水火用氣故常爲神元所憑金木成質故常爲形體所託有無虛實之理象焉一身之中用不必偶體必有偶用不必偶故輕重有時道之所謂權也體必有偶故輕重低昂持平不爽道之所謂經也陰克陽陽不克陰水克火火不克水小人害君子君子不害小人故君子有恥則諱之有怨則忘之厚施而無報不以爲怪也君子處小人中固爲逆境小人處

君子中亦爲逆境君子處君子中國爲順境小人處小人中亦爲順境以此觀之順逆二境不足定人之高下各乘其時而已矣凡稟陰氣而生者得陰時則興失陰時則廢稟陽氣而生者得陽時則興失陽時則廢然而妖鳥夜鳴不擇四序龍雖變化其形體亦受制於氣故不能無雲而御天惟德則不可圉也以此觀之有節制者賢於無節遠矣日者至陽之精正陽之氣故一晝夜之行不羸不縮與周天之數適相當月與陽爲偶而義不可抗故暫合而即離最遠而光始全也又不可不受質於日故既遠而復合君臣之禮夫婦之節於此乎取

之邵子天下治亂地氣南北之語卽易所云數往者順知來者逆也葢自復至夬自北行南者也所行皆東南發生之位發生者順也故天下之治由之自姤之剝自南行北者也所行皆西北剝落之位剝落者逆也故天下之亂由之律之生亦然黃鐘至中呂皆下生下生者順也自子至巳之律也甤賓至應鐘皆上生上生者逆也自午至亥之律也下生者皆三生二有數往之義上生者皆三生四有知來之義也人之眞火生於至陰中養生者取爲金丹之祖以生生不已之機在是也天地之氣亦然冬至一陽生於純陰中生生之機亦在是故

治歷者取冬至爲歷元義本乎此而周公以治歷明時取象澤中之火亦此義也古者啟蟄而郊龍見而雩始殺而嘗閉蟄而烝祀事之節候於草木昆蟲取之取之地也日中星鳥東作日永星火南訛宵中星虛西成日短星昴朔易農事之節候於日月星辰取之取之天也農事屬陽祀事屬陰也羣祀之典常以二分之月舉之其義何也蓋二分之月律則夾鐘南呂天地和聲也寒暑之中天地和氣也昏之中星鶉火元枵子午正位也日度所躔壽星娵訾之次黃赤二道交會之舍也庚季才曰日出卯入酉居天之正位謂之二八之門於此時

致祭所以薦中正之德和平之心也敬其事則命以始格以衷則取其中先王命祀之義也二氣五行之理凝而注者爲精虛而運者爲氣精氣結而爲人故在人之身者無不以二五紀數體有左右性有剛柔此以二紀者也體則五官者是性則五常者是此以五紀者也二五之分本乎太極故天下之道皆貞於一體有匹耦而心惟一形有四支而元首惟一此以一紀者也天下之道統於三才人之一身知行有三等性有三品達德有三少壯至老其候亦三此以三紀者也在人者不外乎一之三之二之五之而其道總歸於一爲物者其類有

萬其形其性又不可悉數如蟲有百足鵠有九頭也故人常取少物常取多取少者儉而易足取多者貪而無厭少者貴而多者賤自然之數也君子貴其所貴小人反其所貴亦自然之數也且一之三之二之五之終古固存天下之常道也人物所由以生也萬盈數也物不可終盈是以必變離散死亾蛻化皆變之屬也常則生生存存變則離散死亾蛻化君子樂其常而哀其變達其變而守其常小人喜談變異好易典常故君子不朽於天地之間小人身未死而質已喪矣遂多與變人而物者也協一處常人而聖者也聖不遠人遠于聖者非

人也直物焉爾天地萬物之理人皆乘其不常者以爲有而欲指其既有者爲有常亦甚愚矣人特迨其已變者爲無窮而日乘其無窮者以入變不及知矣故古今之事必非以爲無常者所能善亦非守其不變者所能宜君子所以貴聞道也道之可率由者莫如先王之理而先王之理又或病於承用之未精天下最脃懇者莫如人情之至而人情之至又或累於事勢之已成故君子持論不敫於善惡既分之後而讜諸未分之前不辨於已然而辨於將然委曲以善此一事亦無害於他事者是君子論道之苦心也物之生也彼物將盡而後此

物乃盛錢幣以佐金粟琮琥以代陶匏二物之相濟皆一物之消息也物之盡也氣運潛耗之而後人事乃顯奸之山澤之利日減於一日禽獸草木之生歲微於一歲然後王者之苛政作焉人事之更張卽物理之盈縮也治平之世日月光華風雨時若寒暑不愆人生其時所稟皆天地正氣故爲善者多衰敝之世寒暑失節雨暘愆伏日月薄蝕人生其時所稟皆天地戾氣故爲惡者多自古治世少亂世多故正氣少邪氣多君子少小人多蓋理一氣分理弱氣强氣分力强則理不能盡御乎氣氣亦不受控御於理故聖父不能得於子聖君不

能得於臣也今以一父生數子其狀貌不必盡同此理一氣殊之徵也形既殊矣氣亦如是理之各具者亦復爲氣所囿而不同如其面周公康叔與管蔡同生食我越椒乃子文叔向之繼體此理與氣爲之也日之方中萬物盡覩既昔之後月光猶皎星河亦粲氣之正而精自明也若曀曀之陰淫淫之霰日月無光珥晛交作山川當前不見氣之邪而精爲掩也人心亦猶是氣不昏邪則羣私退伏所以思慮精潔志意皎潔而成其爲聖賢衛武公九十以上猶爲睿聖如日雖向晦而星月昭然也私欲誘其外私意橫其中日有損月有虧正氣微

而邪氣盛少壯之時智慮昏竭語言諄諄如八九十者以此主持天下事能不悖謬乎又或明於此而闇於彼仁於此而刻於彼皆由邪氣充塞正氣底滯故精不貫精不貫故知不周如陰霾既甚雖晝猶昏間有日光下漏雲間非純離之體也且氣之邪者無不返正非有物驅除而後正也天地之氣自有闔闢一闔一闢可以反昏濁爲淸明所以萬古無長夜之憂故掩翳以氣掃除亦以氣人有終日無事似乎溫粹純雅一旦有事不免躁急氣未平也與人爭論始而循理終則尙氣此氣之驟盛亦不盡由心也所以然者心猶放也故聖賢之學

務在養心假令一日之中嗜欲分數多於義理則氣反爲主而神明皆聽命焉氣之暴厲者必引其心而之躁氣之頹靡者必引其心而之怯故心之養也必以氣平爲驗氣之平也必以養心爲功心無失養正氣自復正氣既復而掃除廓清之力大矣易曰參伍以變錯綜其數凡天下之理莫不有參伍錯綜也既有參伍錯綜必非空虛之謂譬諸一日之程吉行五十師行三十必不可無聚落有聚落卽不可不隸城邑有城邑卽不可無君長有君長卽不可無賞罰有地無人則虎豹魑魅居焉有人無政則侵暴搏噬起焉聚落相接君長相比賞

罰訶相御則人安其生聚落寥廓君長星離賞罰無所係屬則人不安其生由此觀之人物相生相養皆有取於參伍錯綜者也謂之空虛則是無參伍錯綜也彼異端之學與聖賢殊者虛實之間爾其爲說也借靈爽於鬼神而誘人以信從若舍鬼神而爲言人無信從者矣天地之間皆理也以事舉之不遺一事以物舉之不遺一物求以文字口說止覺其虛試諸躬行或是或非察諸人情或從或違乃見其實爾蓋之中人見爲虛空然皆氣之充塞無不實也五行之精上爲列星乾坤之氣下成男女皆理之充塞無不實也充塞人之前後左右皆

氣也而可見者爲土充塞舟之前後左右皆氣也其可見者爲水充塞人之前後左右皆理也其可見者爲事氣密而固故能載形日月行空中而不墜也理密而固故能御氣龍有四德而潛升在己用之以時也聖人制作充滿天地皆實理也人之學之不憂其不備也一切舍此而求助鬼神背本忽實先儒比諸投畀之三良有以也凡爲學者非以爲文也爲窮而不困憂而不衰知禍福之原而心不惑去情欲之私而智不昏使藏於心者方正宏闊不狹小幽暗也人但見其所見不能見所不見通其所及不能通所未及與言崖谷之危不覺其

掉且栗行乎崖谷未有不掉栗者也與言波濤之洪不覺其阻且卻行乎衝決未有不卻阻者也與言岐路之惑不信其迷且陷行乎岐路未有不迷惑陷溺者也故學不貴知而貴行行則夷險淺深備見之矣無其實而有其說若潢汙之生萑蒲也其澤枯者所生亦槁矣學有不如意者三處僻陋之鄉寡典冊之文一也或以窮而廢業或以事而廢業二也制於時勢相阻限於貧窶不逮三也過此以往未有不可學者也學以力行為上論說次之力行者道義之室廬論說者經籍之傳舍也室廬陋而傳舍豐不得為我有也室廬遠而傳舍近不

可由我息也洞犀象者非冶中之鐵磨礱之力也成犧象者非溝中之斷斧藻之工也語人曰吾片晷而趋千里誰能杜吾口捫吾舌屏吾喙窒吾瑕凡論說亦猶是也郎之以輪蹄捘之以次舍則百里之遠猶必窮日追暮僅然後至力行者乃學問之輪蹄次舍也詎可誣乎進而不已垤可成巨琢而益精璞可爲寶百川學海水之志也崑崙岷峨之水不朝夕至海也千雲蔽日木之才也徂徠之松新甫之柏非一寒一暑所煦也善不可罶聞不可滀倦不可弛成不可耽以已之勤當人之敏何論說之有哉學術有正僞事功有是非因其所明通

其所未明求其合於義者而後爲眞是因其所應有求其所本有識其義所由然而後爲眞知彼俗學之知則有二蔽見古人之一端不覩其全自是不輟因以上測知學之說而誤以記問也知善之說而誤以小道也知道之說而誤以元虛也知中之說而誤以闒媚也知鬼神之說而誤以幽渺也此如易所謂童觀者童子之觀大人觀其車服儀從不能有所取益也俗學之蔽童觀之謂也理在天地粲然畢陳聖人舉以示人即不爲人而有言理固在人心也小智之士見道不明知人亦昧指天下之闇人誤以爲聖賢而謂理所從出或慕爲執

鞭或倚其門牆此易所謂闚觀也女子踊棓而闚客中闈醜行也俗學之蔽闚觀之謂也聖人之理人物皆得所安所安者人物之性也各得所安所以盡人物之性也人物皆盡而理始全求諸所安而人物之性始盡至於盡性始可言有眞知也然講求義理要當以我爲權衡我之權衡止十銖加以十有餘銖悅然不可校也聽人議論有千百乎我者若悅然難校全於我無益也張子爲學既得於心猶必授之詞章以自識既能成詞然後舉以斷事既能斷事然後所得益沛然若此疑於不敏要之以我爲權衡稍有未慊不敢自欺欺人是以跬

步所至必求踐實也凡學所以去蔽也至於義精仁熟而後蔽可盡去又必省察克治以去本原之蔽而後隨事之蔽可盡去也聖賢所謂蔽者非暗昧之謂聰明才辯其蔽更大其蒙更深以假借爲學者能去假借之蔽不能去眞切之蔽以纖悉爲學者能去纖悉之蔽不能去廣大之蔽凡人之蔽生於矜氣與浮念凡灼然可見之功皆矜氣也凡身世不急之務皆浮念也矜氣未除交臂而失師友之益不能自反也浮念已盈終身不窺聖賢之門不知自責也勿以偏人自韙失所取衷勿以片善自譽張其蔀覆勿以求名太急佐以捷得之術勿

以虛名求逞於人使操虛名以應吾之求者得常據吾勝也放言止於行畸行止於禮矜氣浮念爲之頓盡則蔽去而明全矣言之及此敢自耻其不敏乎凡人所以見稱於世者非一事之行一曲之事遂赫然稱之也庶事之得一事之表也此人之心彼人之符也其稱之以此其信之不以此信其所習見也信其所常聞也因前事卜後事因後事徵前事嘗一臠而知一鼎之味非信其一臠也窺一斑而識全體之豹非信其一斑也信一事而昧其餘者不知人者也矜一得而忽其餘者不自知者也君子不貴赫赫之名不求多能之事其有名也

與無名也若浮雲之過也人無不當學者而居官之人爲尤急蓋應天下之事不可無學勝嗜欲之私不可無學居官之人其事至也繁矣其物交也衆矣凡治亂興衰天人品物皆事變之目也凡飲食起居交遊玩好皆嗜欲之助也事變紛而難御嗜欲盛而難平是以須學最急也有剛强之力而後能守道有勇猛之氣而後能遷善日進其德日堅其志而後可云謹言慎行也不進不堅何謹慎之有哉土木之偶而已矣凡有利必貪有勢必慕有寵必遷有折必沮皆土木之流也聖賢教人教以精義教以守約約必本於精精必由於博不博難

與吏事不精難與論理不要難以服行皆居官之累也且不精則病在庬雜紛而不貫常以多自愚不約則難於檢察華而不實常以僞自眩聖賢於此不使因固陋而取給庬雜因庬雜而自遠檢察五常者學之最約者也道心者學之最精者也以此爲學可以出而仕矣性有定體者也時有不善反乎定體者也人之所爲非天所生也孔子相近相遠之說其旨最明孟子獨言性善是最上一層語爲中人以上言之不可以語中人以下所以不免爭辯也若告子之說則難通何也孔子言性言習明是兩途一途是性一途是習若秦越之不相及

也告子曰無分混性習而一之使爲惡之習可以誣性是雖通也又以知覺運動爲性性者理也知覺云者氣也以氣爲理則視天下之理皆不殊乎氣子孝臣忠皆一時知覺運動所爲偶爾如此非復自然之理是啇臣之惡乃有生之氣勃然而起不問何人皆可概施比干之忠亦乘乎氣之所之延頸受刑與荆軻唐雎同耳又以食色爲性夫甘食悅色雖有同情而禮與非禮一庸人辨之稍知自好者尚不食非禮之食悅非禮之色正當舉此以徵性善奈何舉此以徵不善耶且云事親從兄皆外貌爲之非中心所安此末世敝俗安可舉以論

理荀子曰妻子具而孝衰於親嗜欲得而信衰於友爵祿盈而忠衰於君誠有之矣然皆積惡之家無道之世習俗使然未聞孝友之門治平之年人之無良至於此也凡此諸說皆未完備皆未賅實至於完備賅實必歸正理此正理所以能伏邪說也古今論性有三說質樸謂性是一說也性者嘉名也與命同稱成善以繼則質樸之說非也善惡並存是一說也五穀者種之美糠粃不可云穀芻蕘稗乎則並存之說非也惟三品之說猶爲近之故韓子亦從焉然越椒揚食我之流豈乳哺之中即欲食其父母若梟獍乎亦不然矣及其旣有知識

生長富貴之家親師友日少所與遊者莫非便辟側媚是以日遠乎正馳騁猖狂而不自知若在農野之子或不至如彼所爲此正習之所成豈可歸惡於性耶孟子之指如天道福善禍淫而言天德者則曰淫者禍之亦所以福善也人君賞善罰惡而言君德者則曰其罰惡也亦所以勸善也不惟理不外是而訓迪亦在其中告子則曰意在禍淫故其福善也少意在罰惡故其賞善也少不惟語不可訓且誣天誣君也其人正勝邪者持論常爲正立說其人邪勝正者持論常爲邪立說其故何也亦以蔽於所習也人之生世有自然之樂乘太和

之氣而受百年爲己分覲戚相愛隣里相保君臣相求物產相養雖在貧賤隱約皆可安坐而致此一樂也致和窮理使天下之大無物不能明照其知靡疑其行靡礙存理去欲使累心皆盡天機自暢其適然而適者亦不知其所自來此一樂也以吾之一身納諸天下中不見有可自多者悠然有餘之意受天下挹取亦不見有所不足故可不染一物亦可兼收萬物更無參差異同以生其牴牾此一樂也人世憂樂之故亦難言矣口體之養升沈之勢其爲不如意者十常八九又或拘縶維持四方雖曠蹙蹙靡騁否則志大願廣雖役御萬物猶

怏怏不稱其心此庸人之憂君子不屑也楚王登強臺而望荆山左江而右湖以臨彷徨此亡國之樂君子不爲也嵇阮竹林之游劉畢芳樽之友馳騁莊門排登李室徇一身之樂遺天下之憂君子亦不取此其人何足與言憂樂之正哉其在賢士之列者公侯卿士既以任大投艱不獲兼山雌之適夭屬至親又以劬勞鞠育而無所辭其悲憫在位者刑渥巨園增其憤歎感時者垢俗仁人抱其洛嗟此其憂皆得性情之正者也顏氏之子操瓢與簞會參歌聲若出金石天下國家之事求其辭之不得夫既已辭之矣一巨一壑恐其願之不遂夫

既已遂之矣然則有與爲樂顧不樂乎此其樂亦得性情之正者也知濁世不可屏人而娛也故薄遊於畏途又不可忘機而處也復察義於幾變又恐爲人所窺故植大節以莊恪又恐至於已甚故易剛直爲柔順此徬徨憂樂之際而賢不善之目未知所以自處也雖然君子爲己不重爲物不輕天下皆憂豈能獨樂天下已泰聖人猶憂如是憂樂相尋何無已也必也先天下之憂而憂後天下之樂而樂其得聖賢之心乎處事之法有當用天道者有當用人道者親疏定於有生此天道也尊卑淆於有位此人道也人道勝則重尊卑天道勝則

重親疏朝廷以爵序鄉閭以齒序家庭以服序卽天人之義處事之則也天道勝者以天性爲重義理次之故君子辟內難人道勝者義理所在不得不抑其天性故君子大義滅親也若天性必不可已則當去人從天孟子論皋陶執法舜當挈父以逃人道必不可干則當以天從人程子論衞君父子皆不當嗣先君宜更擇他公子使主社稷而身從父此二事而天人分焉各有所重者也管叔之惡幾危社稷方其未畔不得逆料其惡而棄之以至親荷重任聖人之至公也此天道勝也及其既畔犯王者之法而自棄於凶德故天討所加寘諸重

典此人道勝也先事而疑之其智雖工其義則悖猶之乎不智也畔而不誅其恩雖隆其義亦悖猶之[illegible][illegible]仁也此一事而天人分焉時有所重者也天人之際不明則仁義之施全悖其舉事有不可勝悔者矣易曰屈伸相感而利生情僞相感而利害生相感一也利害參焉何也屈伸之感天也如春生秋殺莫非物之利也情僞之感人也如旌別淑慝賞慶刑威有利與害者也感以天者順之則吉逆之則凶感以人者凶其自取吉其自修也宋神宗曰譬如河決壞產民不之怨人決之則怨矣河之決也屈伸之感也人之決河情僞之感也此亦

以天人之理決事機之得失者也大道之行不能無明滅兩時要以常有接續即不永絕終古一代之天地一代之人所共維持也一代之人所以維持天地之事即百世以上所謂道而百世以下與衆由之者也一代之人所本以維持天地而得成其功者即百世以上所謂德而百世以下與衆得之者也維持之具不同而所以維持之位不一其有功於維持者則一其因時而奏功也則又一是皆道之一也聖人薄事功而尊道德非以道德阻塞事功之途而專美三代以上之數人也以爲天下撥亂之時少釀亂之時多釀亂者人心不正爲之

人心不正不可教誨而返於正也往往大殺戮而後轉聖賢不忍其至此也故嚴於王伯之辨略其事功獨言道德盡洗一世之利欲以從事於高明不爲邪慝所塗涴而至於陷溺使各安其君臣之義父子之恩可以淑慎其身訓廸其子孫至於數百年不見兵革之慘是爲車爲航以濟窮途也此聖賢之至仁也蓋後世事勢必不能爲三代後世所守之法必不能如三代之法若無聖賢道德之說維持其間則易與爲亂不如三代之天下數百年而後亂也詩曰天作高山太王荒之彼作矣文王康之言天但能作爲爾所以治其荒穢者則太王

也太王但荒之而已所以措諸安且久者則文王也詩
書詳述文考之德略舉翦商之功所重者可知也蓋功
名因世變而成道德則萬古不易有不易之道德而後
能爲因時之事功若僅爲因時適足釀亂不能撥亂此
正聖賢所欲拯救也萬物雖有形聲而所以爲生之理
皆藏於至密中天地雖生萬物所以生之之理亦藏於
最密中人之情欲無限默受制於天所賦之命與其所
不言而同然之性是則所以別於庶物者亦藏於密而
不可共見者也人君所以治民雖懸以科條申以號令
章以爵賞威以刑辟而其精神相感亦藏於至密然則

天地之化人君之德皆以藏於密微爲深著於迹象爲淺發於觀聽爲浮格於性情爲至致其深至去其浮薄天地與聖人一道也粲然耳目之前彪然史冊之上皆非其邃也齊桓公申曹昧之劒而天下服其信晉文公伐原以示信大蒐以示禮納君以示義天下諸侯拱手而受命焉以其急耳目而求顯見故身甫逝而人莫思也聖王爲治政教寬平規模宏遠無赫赫之譽生其時者從容暇豫無急遽苟且之情子孫承之莫不憂深思遠民間風俗亦皆質樸堅强不憚勤苦治生勞瘁事上即至中葉以後傷政治之衰而不忍疾怨其君思聖明

之澤而無叛棄之念以其初藏之治湛然深厚而藏用者密也凡天下之理可大莫如和和則發生發生則可大矣可久莫如樂樂則安固安固則可久矣人樂其生雖天災不能促其齡物養其和雖嚴寒盛暑不能傷其根故聖王爲治使人樂其生養其和不必有赫然可紀之績也知前此之不善改更於彰施之際不如潛消於密勿之中慮後此之難久申而警之使人無怠不若默而行之使已無荒詩曰夙夜基命宥密此之謂也聖人教人凡天下國家之務未嘗聽諸造化必以人事斡旋其間惟靜可勝動惟常可勝變惟仁可勝暴惟誠可勝

僞靜者有所不動而動不能違也常者有所不變而變不能違也仁者有所不殺有所不生而生殺莫能違也誠者不逆不億而巧僞莫能遁也其力爭於至靜至常至誠至仁之間所謂以人事斡旋也凡天下事其合乎道而可久者皆禮節也皆王制也不合乎道而不可久者皆情欲也皆意見也先盡常禮徐觀變態是賢者也先嘗以變態不能遂而後返於正理此中人之能改過者也知其動之妄而假諸義理以濟其欲義理所在亦有獲其利者但此人以妄動興事必不能成即或有成亦必已受其累人享其功若夫性不近道其情必遷將

蠱之氣其節必促眾人皆知其妄已猶遂非不改必有大敗隨其後也聞見塡膺莫非偏倚者必非端士也議論風生長於語變者必非正人也仁道不遠棄之而任智者必非吉德也況天下之事定體可以理求變態日生難測魯昭公之謀國也憤公室不張思所以振之此定體也至其舉事以淫婦發其端以小戲發其端以胥人發其端則變態也定體雖偏猶在理中偏之所發不復在理中矣子家子始終知其無成亦定體也至其流敝適齊而困於齊適晉而困於晉又變態也定體雖病猶在意中病之所遷不復在意中矣動於理者猶有不

虞之變況其妄動違理者乎非所困而困又何尤焉蓋舉事有意氣有機智有義理有時勢意氣最無用用則必僨而無成機智相傾可一發而不可再試義理雖微不可違也時勢之不可詭者亦義理也吳王之反漢也謀之三十年周亞夫勝吳決策於鄧都尉數語正之勝邪其疾也如響豈憂不濟若之何棄理任智也易曰龍戰於野其血元黃蓋言彼此相抗各不相下是以兩敗俱傷也世之亂也先以大水繼以大師大役而盜賊竊發小人犯上之害生焉蓋君人者不以生育長養爲心專用肅殺以求勝於下是陽失其職下而侵陰之位行

陰之事也故陰亦不安其位上而乘陽或顯與之角或隱竊其權皆傷害之道也如月光既盡轉能蝕日是以聖人惡之夫陰陽之理常若相爭然亦不可偏無無論有道無道皆不可去一存一也聖人不能使陰之不長且盛也而議論行事常致其扶此抑彼之意蓋扶陽抑陰在人則爲自然之性在天則爲自然之道是以大惡在身遇事人爭擠之大美在身遇事人先成之此自然之性陽居盛夏而主歲功陰伏重泉而養根荄此自然之道也然則雖聖人不能扶此抑彼因其自然而已矣使小人自知其道雖太盛而必衰自不敢爲惡使天下

後世皆知小人之道必不能勝君子亦不敢助之爲惡矣此聖人之功也凡存亾禍福之理雖以貞淫決其報亦以形勢卜其期小人相聚各有陰賊之謀如其自相啖食則大亂之道也天常假手於强梁之人以除之所以止亂也彼强梁者勝人愈多危蹶愈速所樂彌衆斂怨彌繁所以釁猶未作旁觀者竊瞰所有如慶氏方張陳文子擬取百車之木矣夫利人之幾何時蔑有故僥倖以逞者再試必敗無禮加人者終必及身雖不即敗歲星既周無不敗者閒嘗親見亂離備觀强梁與微弱弱者先盡强者亦隨而亾以其皆不由道故莫能自免

古者入境必假道過門必釋甲入國不馳大國過小邑小邑必飾誠而請罪焉此之謂順天也昏亂之時小人不順大人不德不順者逆節不德者危機天將棄小以壅大盈其惡而厚其罰所以小人速亾大人亦不免終於小大俱喪也夫君臣上下小大強弱皆天所淆也天旣淆以不一之分又統以兼覆之心觀天之道以自居卽當以兼覆之心處各足之分勿以強大陵弱小無以弱小抗強大於以求宗社安寧身家休祜勿爲天心所痛也所貴君子者非幾甫萌亟返於正使不善之心止於內則不善之行絕於外矣猛省於語言文字人情物

態中卽以省悟所得施諸日用飲食待人接物以奮勵之志求助乎義理卽以義理旣深益助其奮勵曾子曰十目所視十手所指詩曰相在爾室尚不媿于屋漏屋漏之不愧不可見也手自指視之處大端無愧則屋漏之中不堪獨對者少矣言必求過人者浮華之志也行必求勝物者驕忿之習也所知所能見於覿面恐人不知者小人之態也心之放者體必傲志之怠者欲必生器無可受者量必盈哀將至者樂必極言以稱情爲智行以踐實爲仁讓而處下受益必多美之所鍾天地之藪澤也蘊於內者宏若九州之曠深若九淵之潛形於

外者肅乎其如秋也斂乎其如冬也使人知我不如以我知人以我知人不如我之自知使人愛我不如以我愛人以我愛人不如我之自愛以己觀人見其面不見其背也登高而頫視前後左右莫有遁形道義也者立於最高之地者也以道觀而得之亦以道觀而齊之高卑榮枯其致一也行修而見困曲不在己行汙而見辱咎不在人非笑相及橫逆相加乃善惡轉關之幾修省畏懼增益預防義理生焉道德成焉非笑之益與切磋等矣有發而不中不怨勝己之心天下之事無不可爲有百川學海必至於海之志聖賢之業無不可成有日

月逾邁若弗云來之恐則已往之失無不能改將來之過必不復蹈矣援輪扛鼎搏虎抃牛力之過人者也烏獲任鄙能之寒谷成暄春叢零葉説之最妙者也鄒衍能之君子雖居亂世獨立而不畏死生富貴貧賤不動其心不幸有過如疾痛之決去雖賁育不能奪也不可爲之事絕之弗爲必不嘗試爲之僥倖其或成也非所宜言緘之弗泄必不嘗試言之庶幾其無尤也岱恆嵩華山之高大者也古今無崩阤之患梁山沙麓俯臨大河託基者淺是以崩爾君子積學於躬舉事無悔亦猶是爾旅之爲卦不獨羈旅也凡非居之所安而爲身所

必託者皆旅象也有在上之旅焉旅之上爲離居上位者柔而得中順乎所近之象是離象也有在下之爲旅焉旅之下爲艮居下位者止乎其所不過望於人是艮象也明乎禍福之幾而以其所止從之是以艮從離之象也內之三外之六皆不吉者旅之位不宜在上也三陽皆不吉者旅之德不可用剛也齊桓公使敬仲爲卿敬仲不受得不居上之義荀子云迫脅於亂時窮居於暴國則揚其美諱其惡隱其敗言其所長不言所短有不用剛之義所謂得其道也陸機自知羇旅入朝不宜居朝士之右固辭都督是矣又恐首鼠致禍起而受之

是居上也嵇康處魏晉之際名士鮮有存者而以性烈才儁至於箕踞待客是用剛也所謂失其道也晉公子出亡在野而鞭路人取災之道也子犯止之是也其曰天賜幸中爾此聖人取義於旅以旅教人之義也人之精神與天地陰陽相流通故晝之所爲夜之所夢善惡吉凶各以類至先王建官設屬以占六夢獻吉夢贈噩夢要使人知敬慎也劉向曰妖孽者天所以警天子諸侯也惡夢者天所以警士大夫也故妖孽不勝善政惡夢不勝善行嘗近取諸身而驗之晝之所爲清靜端肅或氣體節宣得宜夢中莫非嘉境若晝之所爲昏昧不

壺偶爾疾病在身夢中莫非惡境夢境嘉惡不盡關吉凶也血氣既衰即多惡夢蓋以一身之中水火不能相濟故見諸夢寐率多缺陷拂逆行乎坦途忽焉入於榛莽笑語敦好忽焉戟手相向惆然人類也忽焉化爲異物皆血氣底滯使然也形之所接莫非實境夢之所見莫非幻象物交於晝者不知順逆所自來夢交於夜者安知吉凶所由至故噩夢者形神之自相警省也非有妖夢而必踐也是以左氏之書不貴占夢也所謂七日來復者以衡言也人身憂喜之事與疾病加減莫七日而不變蓋與始事之日相衡故必變也相衡而變者天

地常理也歲在壽星而衡降婁故知魯多大喪陽氣起子而衡午故知南國蹴射其元王中厥目皆以衡言也沮渠之時有老父投書國門曰源王三十年若七年三十者術家所云正衡也七者術家所云旬衡也是以涼臣曰陛下崇德修政以享三十年之祚若其不爾恐七年將有大變此亦以衡言也人之德亦有衡焉凡相反者皆是也七日不戒必有潛消密損者是以君子慎之凡妖孽之作皆由人心先有所忌則神明不寧凡形聲異常者皆足感動而使之震慴又或信道不篤猥以妖妄之言聞於室家以及里閭則鬼神之邪僻者必起爲

禍祟以邀禱祀非妖能祟人人自祟也禦之之法惟堅守正理不爲所動則妖自滅故張詠曰訛言之興沴氣乘之妖則有形訛則有聲止訛之術在乎識斷不在厭勝也晉人妖夢播說於秦秦人執其君而不疑阿童渡江晉之喜而吳之憂也謠不作於晉而作於吳乎舒之神遺璧滈池乃水神自相告語是年有射魚之事安知非卽其徵秦人惡始皇而附會祖龍遂成其讖益信正氣無形與聲凡有形聲皆沴氣也以靜默待之以正道臨之則帖然矣祈而禳之禍之招也左氏立教之書旁及神怪亦所以佐教化其太子見訓人君不可濫殺公

子彭生立而啼訓人君不可宣淫伯有爲厲訓世臣之家不可絕禋祀老人結草訓人子當從治命不從亂命也王子朝用珪於河河神不受則知違統背制鬼神不饗黃熊入夢臺駘爲災則知天子諸侯祭因國之在其地而無主後者不可不時舉也諸如此類所以明理彌教不但志怪而於訓戒無取若干寶搜神也治世多生善人亂世多生奸人所以治世多壽考亂世多夭折戾氣所生自無久延之理如木之擁腫者生亦不茂也然壽考豈有常哉多行善狀斯免人道之患矣夭折豈有常哉多行凶慝斯立巖牆之下矣命之所淆不盡在天

王者政教使然也天地之間理與氣而已凡粹精者皆理也凡粗濁者皆氣也物所以爲物氣浮理也人所以異物理勝氣也君子有三戒不使氣浮於理也君子有三畏欲理之勝乎氣也凡物有相從者有相合者相從者以情相從也昵就而親比也如一之於二三之於四也相合者以義相合也形雖隔絶義則感召如一之於六二之於七也生成之功所以成變化而行鬼神者在乎相合不在乎相從如一變生水六化成之二雖與一相從不成生水之功彼各自有所生所成非爲我也以此知生成之理重義不重情也居官亦然朋比猶相從

也非其私昵不得與焉聯事猶相合也四海九州之人相須爲用如左右手此亦一生六成之義也昭穆之說古所未聞其始見於周書或者殷人以兄弟爲世世次紊亂故周易以昭穆之名俾一覽而辨又昭常爲昭穆常爲穆不遞遷以亂其名皆所以變殷法而立王制也公羊正繼體而發臣子一例之義責躋僖而揭先禰後祖之義此二義者皆以成再世之文非易兄弟爲父子也說者惑之遂以閔爲祖僖爲禰不知公羊所云禰祖者卽臣子一例之文先君猶祖也後君猶禰也以例言之不以世次言之若不書卽位服喪三年之類皆當如

子繼父之例非謂後君卽以先君爲父若兄弟子之繼伯父叔父也脫以先君爲父高曾之名皆當易位又何以律夫晉簡文唐宣宗世次在祖父之列者乃父其從子與從孫也近於戲矣且先儒解此義謂臣不可先君猶子不可先父故以昭穆父祖爲喻曰猶曰喻其文甚著穀梁傳曰親之非父也尊之非君也繼之如君父焉者受國焉爾曰非曰如其文亦著周人之禮雖世次遞遷而左昭右穆一成不易故兄弟相繼則爲兩左兩右祖孫相繼亦爲兩左兩右若以閔爲祖是兄弟之間卽爲左右祖孫相承亦當卽爲左右而世次大紊矣祖禰

不可紊猶昭穆不可紊也公羊之說與何休之解皆未嘗誤後儒說之者誤也春秋仲嬰齊之義亦如是公羊傳曰孫以王父字爲氏解之者曰是謂嬰齊當祖襄仲也考之公孫歸父乃襄仲長子與晉謀去三桓三桓惡而逐之立其弟嬰齊爲襄仲後襄仲生而賜氏故春秋所書父曰仲遂子曰仲嬰齊何嘗以嬰齊祖襄仲也時又有公孫嬰齊故稱仲以別之穀梁傳曰此公孫也其曰仲何也子由父疏之也何言乎疏之也叔肸之子乃文公之孫於成公爲從父兄弟故稱公孫嬰齊襄仲之子乃莊公之孫於成公則再從祖也故稱氏而不稱公

孫凡氏疏於公孫故曰子由父疏之也非以王父字爲氏之義也袁宏曰名教之作何爲者也準天地之性求諸自然之理擬議以制其名因循以弘其教辨物成器以通天下之務者也以此觀之子爲父孫之說名之不順教於何有甚不然矣然則公羊之義何爲乎言賜姓之典如是也如襄仲當稱公子其子當稱公孫其子之子不可稱公曾孫也故以王父字爲氏嬰齊乃襄仲之子亦公孫也然襄仲生而賜氏不待其孫氏其祖也孫以王父字爲氏其常也生而賜氏其變也嬰齊既有氏矣安得不書其氏比於得請而後氏者乎何休之注亦

云弟無後兄之義爲亂昭穆之序失父子之親故不言仲孫明不與子爲父孫其説更明也魯有仲氏有仲孫氏有叔氏有叔孫氏叔氏者叔肸之後仲氏者襄仲之後仲孫氏即孟氏也孟氏者里巷相呼之稱仲孫氏者公家所賜之姓故書於經者曰仲孫氏傳則曰孟氏文王世子篇注云旄人教國子南夷之樂之時大胥擊鼓以節其音曲是不然先王教人欲其明先聖之道習治平之業故已仕爲學則先職事所急未仕爲學則先志趣所向彼四夷之樂於志與事無取焉學士不以居業祭祀弗用也奚取大胥之擊節乎又云教以遠方之樂

所以示輿圖無外異域咸賓將以奏諸宗廟而侈其盛也夫國子血氣未定志行未登不宜亟示侈大以蕩其心先王獒則御之白雉則謝之昭盛德也卿士之適胄贊宗上庠之重地相與誇張輿圖羅致殊俗又若輿西旅越裳之事自相悖矣所謂胥鼓南者周南召南也正始之道王化之基在是詩曰以雅以南以籥不僭可類推矣虞書云侯以明之必也更有觀德之方非觀邪正於貫的也羿逢蒙之技所向必中以此覯德殆不其然愚意侯以明之蓋榜其過行通衢與衆見之若射之張侯也蛇足之說雖出策士君子取此得止足之義焉凡

策士所言有合道者聖賢不廢然策士必不可爲聖賢其居心非也蛇足之喻恐其失利非知止足也別規所利非能持滿也此其爲心去聖賢遠矣卜居必就肥美之地物產豐茂則地力有餘人之居之亦乘旺氣公劉度其夕陽觀其流泉是也卜葬者必擇不毛之地地力瘠薄畚鍤所不及萬世而下丘隴既平無發掘之憂成子高擇不食之地而葬是也二事切於日用故並舉之漢人無通用之書一事自爲一類故考義詳而徵事確是非亦多得宜唐以後始通用諸書但取文義相近不復稽其原委故引證多不倫是非亦不合其謬皆始於

通用也語曰詩無通故易無通占春秋無通義各自爲科不可轉移董子因春王正月之義而明任德不任刑之說因謂一爲元之義而明正本之說皆直舉本義何嘗假借他義哉今人以通用爲達正用爲固謬矣王道宜常盛者也則麟鳳亦非希有於世不可謂暫至突出而詭異之也信其爲常有則妖妄可破必欲指爲妖妄而行以偏激之詞恐益滋其惑夫此二物詩書春秋大義昭然韓氏歐陽氏一以爲不祥之物一以爲不識之獸但覺有激而云非明察之指也苟常有之識獨具則矜僞之病都絕而王道愈明矣韓侂胄南園記楊萬里

不肯作而陸游作之此文士與理學之别也人子爲父母請文要當擇人操筆者應人之求亦當知道不得其人而屬以文不知道而受人爲文以此志有道之士定蓋棺之是非能免怨恫乎

繹志卷十五終

繹志卷十六

竟陵石莊胡承諾譔

兼采篇第五十八

公羊子曰何言乎王正月大一統也此正統之文所自始文中子曰徵天命以正帝位以明神器之有歸此以正統立論之始前此習鑿齒著論廢魏矣謂魏既無德又未混一比於漢高不承楚懷則晉當嗣漢不當嗣魏此正統義例所由來非論正統也皇甫湜曰往之著書有帝元今之為錄皆閏晉然則正統有論其昉於唐乎文中子生周隋之末不忍天下無定主故倣春秋為元

經春秋之指尊王室元經之指明正統二書似同實則不同也春秋志存褒貶元經志存統系嚴褒貶者所以正行事行事正則天下治明統系者所以止僭亂僭亂止則生民安其治安之心一也而用有緩急之異尊王之指不待表於統系善惡既明則王道自尊王道尊而君位固矣正統之論似有裨於尊王然有既得之人有必不可奪之勢所云止僭亂者安在哉所以元經雖存而長於治人必不能比春秋故不甚表揚也正統所在遞有予奪五德之家以秦爲閏位論者因之遂以秦爲閏統凡後此不正不一者皆謂之閏此可疑者一也王

通生河汾之間進始皇而黜齊梁唐人承隋氏之基隋受於周有周承於粱之說唐人襲用之故正東晉而閏元魏此可疑者二也朱子以三國無主舉蜀紹漢論雖近正其爲不正不一則無異有云中山靖王後者昔賢論其難辨猶宋武之紹楚交南唐之引吴恪不得比光武晉元帝也此可疑者三也故歐陽子曰正統有時而絶司馬公作書亦云正閏之際非所敢知夫正統者所以正天下之位一天下之心也一則無取偏安正則深惡僭竊故其爲說也上有所承下有所受爲一例居中夏爲一例有道德爲一例司馬公曰苟未能混一天下

此三端者皆不可承統也夫不一固有定形不正亦有定論然而儒者無予奪之權安得取既有者奪之彼以不義得天下者雖奪之亦無所懲正者無以增其美閏者不能正其失善惡得失不在統系之中撥亂反正亦非游夏以下語言文字之事故正統之論可以不作也或有時而絕如歐陽子或置諸不言如司馬公其義始無儆也楊奐以歷代之統分爲八例八例之中又各有常變其說彌紛其卻彌多然而篡弑之人直奪其統不使在八例中義正法嚴亦不朽之見也　國家之禍莫大乎嫡庶不明因使儲位不定爲人君者疑於弟幼而

貴兄長而卑而無所決爲人臣者惑於母以子貴子以母貴而不敢爭此襄惠所以從而後定朝猛所以亂而兩棄也惟母后正位於內媵妾不敢上僭雖繼嗣起於微賤而先君之嬖莫非其嬖則先君之子莫非其子所以致元子之孝篤文母之愛也若名號假借嫡庶相軋不獨害及允嗣他日配享之典亦復紊亂所失不一端也東京以後國家不幸有故掖庭之內遂欲宰制神器於是貪立幼弱委事父兄一朝覆敗身犯霧露家嬰縲絏一禍也權歸異姓雖身爲奧主亦莫能收二禍也即無一禍而造膝請間之事不得不屏政事鮮得宜矣必

不能斥絕宦官而出納王命皆歸貂璫矣漢之和熹可謂賢矣然大過有三後宮皇子皆夭歿後生者輒隱祕養於民間帝崩之日迎百日兒立之是與趙昭儀同惡一也久貪朝政惡聞復辟之言二也令出房闥養成宦官之勢三也故掖庭臨朝必非禮易之指宋武手詔所宜取法若唐中葉以後不置椒房或云先事慮患預遠牝雞之禍亦非知禮之論也　庶子爲君所以祀其母者三傳之說不同公羊左氏皆云得同夫人之禮既同夫人之禮則入廟與世祀皆不殊嫡夫人矣獨穀梁之說不然謂當別立宮而以公子主其祭公子者公之母

弟或先君之庶子也其祭享之事終其子之爲君而止孫則止祭嫡祖母不祭庶祖母也此義出喪服記鄭氏之解但恐孝孫之情終不能禁則越禮之愆反不可盡責不如左氏之義爲得其平然廟有二后亦覺未安明有三太后之禮於奉先殿右别立奉慈殿大義私恩竝行不悖吳文定公所定蓋用穀梁爲其母築宮之義也至世宗時孝肅太后庶曾祖母也孝穆太后庶伯祖母也孝惠太后庶祖母也世宗皆祭之則子祭孫止之說亦未從也明制廟中配帝一后陵所附葬乃有二三后廟祀與陵祀不同三太后既不附廟又不附陵世宗疑

之禮官請奉於陵殿其主但題皇后不書帝謚而奉慈之享罷矣不奉於廟而奉於陵無匹嫡之嫌有相從先君之義又不夷於諸嬪之中禮之變而得正者漢和帝行之矣厥後順帝因之可法不疑題曰皇后而無帝謚其名亦順也穀梁之義謂仲子惠公母不當於隱時祭之非譏立廟也若胡氏以考宮爲非禮則庶子爲君更無祭其所生之地此議必不可從奚取法之正義之嚴乎定此制者故當以不祔廟而附陵爲正也　嗣君受顧命之禮古無可據之文見於經者僅有康王之事蘇氏謂君臣冕服非禮而引孔子因喪服以冠之義爲據

夫朝廷典禮當直舉本義節取他文以意通之非王家所據也冠禮之義通於受顧命是以文字之業爲典禮之據豈其然乎夫喪服嗣寶位後世必不可行康王所用麻冕黼裳乃天子祭服尚與龍衮有異卿士邦君麻冕蟻裳亦非純用祭服也故注云無事於奠祝不欲純用吉服有位於班列不可純用凶服爾時所用之服酌吉凶之間示禮之變也此必非倉卒所定或即古來相傳之服前此既無可考不如直以康王爲據也又謂不當吉服朝諸侯引叔向辭嘉服見新君之義夫天子見諸侯無答拜之禮而主喪之孤有拜稽顙之禮記曰稽

顙而不拜則未爲後也故不成拜然則大行之前非嗣子不可答拜也蓋大行初喪不可一日無君又不可遂行即位之禮代先君答拜者即爲後之人所謂嗣子定位於初喪以主喪之位定其爲君非謂初喪時遽以衮冕即尊位也傅咸曰世道彌薄權不可假故雖斬焉在疚而躬覽萬幾康王甫受顧命即朝諸侯或亦從禮之變然於是日覲見獨爲答拜不在大行殯次而答拜且對其臣稱名明乎其以喪禮見非尋常朝會之比以此思哀哀亦未忘且古今殊邈書缺有間安知非歷世相傳如是何所據而責以變服也叔向所辭乃列國之大

夫欲以弔喪之餘遂見新君近乎不敬是以辭之王朝初喪據之亦甚不倫學者勿承其誤也所當疑者古者嗣君即位在大行五日既殯後所謂正棺兩楹之間然後即位也太保即以是日正康王之位蓋必有故胡氏所云一失機會恐萌窺伺之心者事或有之至云即位之禮嗣君不離哀次告廟臨羣臣皆以冢宰攝之則不可行也夫禮之變不得已而變者也其所習行必不可從從之則有亂故變其舊制以通之非棄舊也所以止亂也世代既久所云變者又成典故習行而無亂姑從所安可矣又欲變之恐人情震駭不執者因生其心非

以弭禍釁安社稷也惟必不可變者則執古義繩之如未踰年改元是謂有死君舍適嗣立愛子越冢孫議支庶是謂輕宗社皆倒置綱常亂在旦夕過此以往不得引上古久遠之義變人情久安之法也惟諒闇之禮尚爲可行不必如古者三年不言但樸素以居承祭而不猶爲古禮之可從者唐敬宗見弒江王爲宦官所奉雖罪人已得尚未正位也宦官問其禮於韋處厚處厚對以詔朝用王教布告中外以討平內亂之事然後羣臣三表勸進以太皇太后令冊命卽位此亦變之正也時勢至此安得不稍從其變而必稽考古制或云諒闇不

言或云正棺兩楹亦不倫矣人君大漸之時舉朝之臣同聞顧命天下之公也後世受遺輔政不過數人人主之私也倉卒之際或引母后或引宗子或引勳戚皆非長策惟百官總己以聽冢宰於義爲長是以成王之崩大臣出令者羣臣將命者莫非平日舊職不以臨時易置使幸進徼功之人乘變入其間太子入自端門居憂翼室以示名器久定不自今日始也所以人心晏然亂無由生唐太宗崩於離宮太子在側爾時猶以羽檄發六府甲士四千衞太子入京師其皇遽如此不若成王之鎮定矣若輔政之人別有拔擢移易同爲大臣有得

有不得者其得者不可孤立無助必引氣類相近之人以相倚仗以相謀議其不得者勢不免疑懼而思所以自全朝廷之上人各有心猜防互設必有奸邪起而乘之陰竊國命者矣三代而後若漢之高祖文景皆不置受遺之臣惟武帝欲立少子始命霍光行周公之事而燕王上官之變由此而生爭權相滅宣帝命蕭周受遺以爲經術之士可以決疑定難也而又參任史高以成內外相維之勢不思貴戚之人彊力有餘學問不足賓客鮮克皆賢子弟不能無欲皆與經術之士相抗衡者又且婦人宦寺從來與外戚相比婦寺邀寵必借譽勤

戚勳戚攬權亦布腹心託耳目於婦寺所以終始一心必不相負此又經術士之敵仇也一庭之上兩家竝立門戶塗徑從此遂分終於小人勝君子敗亦何益哉然此猶其小者至魏明帝參任懿爽而其事大敗矣方其始也私謂殺其事權以撓其勢豈知事權旣均桀者偏重從而除其所忌有若振槁故文中子曰大臣均權而魏命隳矣亦有宮掖定位外庭不聞羣小翼戴朝士不敢非至宋甯宗末命而亂極矣皆由先君私其親暱掖庭樹其黨援也故受遺輔政不宜偏授也　立君大事也春秋之義與義不與衆與正不與賢所云義且正者

立適以長不以賢立子以貴不以長也貴有常尊長有定次有定者也母愛者子賢子愛者譽賢無定者也從其有定與之其無定者莫敢覬覦非分所以杜絶定策翼戴之萌也衞人立晉左氏美其得衆二傳皆惡其自立不與衆也齊小白入於齊以後事論則賢君也二傳皆許內之弗受不與賢也蓋主鬯重利也有一人握其要衆心不得不從者何衆之可信有大勢所必趨衆曰不容不譽者何賢之可據所衆所賢未必皆公論與同德也和熹所以召安楊素所以翊煬其事可覩矣公穀二儒先事立法截然以衞人立晉小白入齊與篡竊同

識其慮深矣若宋高宗之立不必上有所承即元祐太后璽書雖曰稟命亦衆情所爲也又不可以此二案相律正也凡定策翊戴莫非奸人爲之賢者處此順天人之心按牒系之次定其所當定戴其所當戴何勳之有焉何恩之有焉韓琦文彥博晏然而已不知其功蔡確無端竊其名史彌遠設械亂其眞足以觀是非矣解春秋者曰立君非以尚賢所以明有統也建儲非以私親所以定名分也名分定則賢無亂長之階而自賢之禍塞矣君無嬖幸之由而私愛之徑絕矣若無先君之命無王朝之錫不軌之人包藏禍心與正則功不著樹私

則恩可假彼小人者胥以國家之難邀己身之功是以二傳必謹之愼子逐兔之喻韓愈前定之說又申言之不可別倡異議使身世並害也晉人以難故欲立長君終於不可行而以孺子正位故聖人立法適子雖少亦必承統而以大臣輔之周成漢武皆用此道果大臣才可定難效諸幼主而有餘矣何必變大法以徼亂耶

詩曰倬彼雲漢爲章于天言其爲天之文章也以其錯綜陰陽攬挈星辰是謂經緯天地也雲漢舊法首箕尾沒七星蓋以先天之卦始震而終坤故雲漢起東北沒西南以其麗天故亦從天象也僧一行曰雲漢積水當

從陰義陰氣起西南盡東北故以天稷爲首大辰爲末正與舊法相反觀雲漢在中天之際常近北而遠南遠於後天乾坎之交不及巽維其爲陰義明甚陰氣逆行宜先坤後震矣且以五月萌天稷而下土所見則在坤維坤維與五月皆陰所從始也若以箕尾爲首則析木之津乃後天之艮維艮維非陰位也箕尾以四月昏見東方四月爲正陽之月非陰候也以此言之一行之說長矣　置閏之法履端於始者以十一月一日子初一刻冬至爲歷首蓋前此更無餘分故以此日爲始也舉正於中者舉月之中氣以正月也閏月之前中氣在晦

閏月之後中氣在朔無中氣則謂閏月也歸餘於終者每月氣盈朔虛所有餘日積成一月則置爲閏也氣者四時之氣也自立春交氣之刻至立夏交氣之刻得九十一日有奇九十者其正也一日有奇者其盈也合四時計之得五日有奇是爲氣盈朔者日月之合朔也日周乎天月積而退二十九日有奇而會於日每月常不足半日合十二月計之亦五日有奇是爲朔虛每歲之日不足三百六十之數盈虛皆其餘日也不及三歲所餘之日又足一月之數至五歲而再餘大率三十二月則置閏故三歲一閏五歲再閏也秦時不問中氣皆閏

九月秦以十月爲歲首故九月爲終取左氏歸餘於終之義劉元城從其說蓋春秋再書閏月皆繫冬餘似乎有據然與舉正於中不合故古今皆從舊法焉日月盈縮乃陽饒陰乏之定理所云日遲月疾者非也且氣盈朔虛皆以月不及日故有盈虛之名若月行有餘不舉朔虛之名矣且陰陽之性無陰違於陽之理故以退處不及者爲是速進有餘者爲非也明太祖主右旋嘗於天氣清爽之夜指一星爲的月居是星之西相去丈許盡一夜則月漸過而東欲以此徵右旋然而星隨天左旋月亦左旋而不及天故初夜在星西夜竟在星東天

進而西月退而東其爲東西因進退也何謂右旋乎蔡氏曰天度平運而舒日道內轉而縮天漸差而西歲漸差而東此歲差之法所由作也歲差之法互有疏密安能盡合乎天道法甫合而天之差數又遠矣觀甘石求歲星法與左氏歲在星紀而淫於元枵不合則差數可覩矣今欲得日度所在不當舍在天之次舍而稽在書之差法夫秋分昏中之星卽冬至日躔也春分旦中之星亦冬至日躔也以月食之衝可以見日度所在於日食之月以前月廿七晨月與此月初三夕月推之亦可知日度所在要以交食不爽則日躔亦不爽也故歷家

相傳堯時冬至在虛漢歷宿起牛初朱子陸象山時在斗比於堯時已差四分之一大統歷在箕九比於南宋則又差矣凡此差法不必盡在其書大率亦從考驗得之故蔡氏曰古不立差法隨時考驗有差即改以與天合其義固爲長爾要之交食易測節候難詳則候氣失傳也候氣之法氣深管短則氣不入管氣淺管長則管不納氣氣與管適相値而後氣動於下灰飛於上今日月交食可以如法推算而未嘗不應至於候氣則周尺旣亾京準亦失管之長短無所取裁與氣不相應也竊恐交食雖得而氣候有差寒暑或爽其時而不能知觀

春秋時疇人之業非不密也倘有一失閏再失閏者此後迺無失閏之事恐候氣不傳自無以正置閏之失故寒暑雖覺小舛亦不知其然否也驗之於星而星之次舍亦移驗之於物而物之紛錯難辨獨有二至日景所當推測而占候之官萃於京師恐有陰雲掩匿適值其時而不見者古者分方考驗正爲此也必設測日之官於四方考二至出入與歷符否若有微差卽當就日景爲二至不當就算法爲二至矣　古有朝覲之禮或五年一舉或三年一舉有車馬之美劍佩之華足以觀才全德備者威儀可象焉雖曰文飾太平然非海宇方

康物力殷盛不及此也天子於此訓上下之則正班爵之義明黜陟之典達幽隱之情雖車馬衣服上所賜下猶必將以謙遜委婉之詞爲之饗燕以示恭儉慈惠追禮畢陛辭又繾綣不已若揚舟紼纚葵藿相傾而四岳羣牧爲之日覲欲以少接之然後詢察可詳禮意可盡也周之中葉朝覲禮廢論者謂禮教不明上下之等不肅冠履皆易位矣刑罰不一輕重出入行私民生日狹隘矣道德不同言僞行辟得志人心皆陷溺矣親民之官不近天子之光險詖淫放潛滋默長漸不可芟治皆由覲禮廢也是以後世列侯有至天子之都者非藏匿

車馬以市名則貶損徒御以防患禮樂文章之盛後生不復見矣　古有三朝之制外朝在庫門外治朝在路門外內朝在路門內亦曰燕朝所以象天三垣正朝太微也外朝天市也內朝紫微也或曰巡守之朝象天市也漢制有中朝官有外朝官唐以元正冬至受萬國朝貢於承天門朔望則坐而視朝於太極殿常日則聽朝視事於兩儀殿宋制常朝文德殿五日一起居垂拱殿正旦冬至聖節稱賀則大慶殿皆三朝之制也明制正旦冬至大朝會則奉天殿常朝則奉天門是有正朝外朝而無內朝故王鏊請復內朝之制然後大臣起居有

所侍從臺諫輪對有所百司請事有所人主裁決羣議大臣廷對參酌皆在其處不若外朝尊嚴羣臣悚慄而退未嘗問一事進一言也此朝會之禮也朝廷之制主於嚴敬夫嚴且敬則情或不通先王制爲燕享所以通上下之情晝日三接接之以禮宥雅肆三樂之以樂備物之饗以象其德玉帛筐篚以生其光亦不必過隆也但稱其德斯賢者受之矣夫賢者不必以飲食幣帛爲悅然所以安其身盡其心未必不在於此蓋君子難近者也苟不由禮無由近君子而君子亦無得近於所尊故得其禮而後能安其身安其身而後能行其道是以

一燕之頃君臣之間莫不相勉以禮義相慶以福祿相覲以威儀相示以大道相朂以謹慎相戒以傲慢無往而非道德之感焉豈惟無否隔之憂亦無流湎之愆矣且燕享之禮有以知長治久安之道焉君臣一體福祿同之可不見兵革政治盡善愆伏不作民間物產眾多可備器利用人情安泰暇豫無皇遽迫促莫不樂於行禮亟於親賢故王者於此與天下同其樂也不得已而用法整齊仕於朝者無不畏罪憂譏不知有位爲樂惟掩義冒昧之人偷安恃寵側身靦顏於其間以恣取民間財利非國家之慶也　禮曰天子巡守以遷廟主行

載於齋車注遷廟主謂新祧廟之主又名曰公彌據此則非謂所祧之遠祖乃入廟而祧遠祖之新主也古者易檐改塗非廟廟而易之改之所改易者當祧之一廟迎新祔主入居焉故謂新祔主爲新祧廟主也武王伐紂爲文王木主載以居中軍卽其義也軍中所載或更作主或卽用廟主則未可知覲禮文云當七廟五廟無虛主則從更作爲是又云無遷主者蓋不更作主則主命耳以今度之主命尤是夫征伐之事慮有勝敗故欲就先君虔卜焉巡守吉行也載主何爲蓋天子一出而祖考之靈皆離其次以相從於道路然則人主可慢遊

乎載主之禮亦所以節慢遊也　周之泉府漢之平準宋之均輸市易截然三法也計臣附會而一之遂爲天下害泉府者物之不售以官斂之然後民無滯貨非以賤故買之也物不時得有以資之然後民無乏用非以貴故賣之也斂之使無滯資之使無匱皆非牟利也皆以爲民也平準者以京師官分主郡國物郡國亦各有官輸其物京師郡國之官伺其賤京師之官伺其貴使富商大賈無所牟大利而物賈不至騰踊雖與商賈爭利是其隱衷而禁物騰踊尚美其名均輸者上供物也市易者民間用物也皆以內府錢貨籠於諸路籠於京

師使民間一絲一粒一瓦一椽非官莫售非官莫粥又以抵當法貸之而責以息民所不堪督以軍法不避朘下之名不厭爭利之壑矣此三法同異之辨不可不知也　今之義倉非古也隋氏之法藏於當社即以社司主之其出其入取於鄉黨故名曰義不知何時而官吏攬爲己有法斯斁矣朱子所用隋氏故法也若以官吏主之民不得而有之矣況又以義爲名而斂民以實之是不義之尤者被以嘉名不亦誣乎故義倉之法至後世而可廢必欲行之一準隋氏之故藏於當社以社司主之如曰當社不可藏則城郭亦不可藏如曰社司不

可任則官吏亦不可任矣昔晉國饑文公問於箕鄭對曰以信民知君心貧而不懼藏出如入何匱之有今以義倉斂之以官吏司之民心皇皇懼官吏之自入也何信之有陸象山更欲另置平糴一倉以代社倉之匱其說亦善可兼取也　救荒之法有平昔豫備有臣主修省有臨事區畫要歸於有司之才智其法亦無盡善無奇策足以濟艱斯可矣所云平昔豫備者三年耕必有一年之食九年耕必有三年之食此古法也後世儲蓄少而豫備疏故陸子爲平糴之說萬家之邑有穀千斛在官迨其饑也千斛在市米價自平一市之價既平一

邦之食自足以此摧富民閉廩騰踊之計亦良法也所云臣主修省者記曰國家靡敝則車不雕幾甲不組縢食器不刻鏤君子不履絲屨馬不常秣又曰君膳不祭肺馬不食穀馳道不除祭事不縣大夫不食粱士飲酒不樂又曰君衣布搢本關梁不租山澤列而不賦土功不興大夫不得造車馬又曰天子素服乘素車食無樂又曰凶年則乘駑馬祀以下牲此世所謂迂闊而格天心致和氣未必非至理也所謂臨事區畫者其法有二一曰賦粟一曰賦粥賦粟之法有取諸大臣家以餼國人者有請於君出公粟以貸使大夫皆貸者有告糴鄰

國者有喻富人義助者有或出帑或發倉廩出帑十一發倉十九者有請截留上供之漕者有興力役以養饑人者有糴石以上則閉不與以禁射利者要皆隨時制宜不可一法齊也席書賑法昔人稱其最善以爲專設粥則侵冒者少故所活居多死者無露齒耳大抵給發之有冒濫賦斂之有侵擾會集之有疾疫伺候之有廢誤雖三代不能無之要在有司公廉吏胥畏法使其利常歸於民不歸於公家之蠹與民間之桀則幸矣朱子曰救荒有兩說第一是感和氣以致豐穰其次只有儲蓄之計又曰爲政者當順五行修五事以安百姓若曰

賑濟於凶荒之餘所惠者淺亦無濟矣又曰蠲除賑貸固當汲汲於其始而撫存休養尤在謹之於其終此探本之論也水旱之災無時無之若夫吁嗟而請雨徙市以自責伐鼓用牲於社於門要之皆具文爾亦無救於饑人也夫旱災之後毛澤已盡民所恃者水族之產與來歲之成爾胡不弛山澤之禁使被災之民知有其處移家而往就焉耕沮洳以種宿麥捕水族以給鮮食亦足當稼穡十二矣水災之後因水所決壞陂澤之障隨其所歸而宣道之蚌蛤魚蒲亦足救目前矣水去之後其田塡淤所收必倍苟無失種畝數斛可必又來歲之

益也是二法者不煩有司賑恤而民可自給救饑良法也其他若穀土之田不以供畜牧瀉鹵之區不以私豪右還廬樹桑菜茹有畦瓜瓠果蓏殖於疆場種穀必雜五種以備災害婦人同巷相從夜績廢業占空游手徒食之人令監司精察一人失課負及郡縣詩曰王釐爾成來咨來茹言王者爲成法示人使民就以謀生此又先災眚而修備者也　漢有南北二軍北軍所以衛宮掖郎中令主之南軍所以衛京城衛尉主之高后之時呂祿以上將軍將北軍是后戚既爲將軍復行郎中令之事也呂產以相國將南軍是后戚既爲宰相復行衛

尉之事也二軍皆屬呂氏勢之甚重者也北軍隸內臣內官呼之甚易外官則難南軍屬外臣外官調之差易太尉欲誅諸呂必用計先入北軍蓋既得北軍卽不患南軍不從也張柬之謀誅二張先引李多祚楊元琰共謀二人皆羽林大將羽林者漢北軍也元宗定內難所資萬騎之力誅太平主亦先定北軍後收逆黨李輔國方橫請以羽林騎行徼捕事李揆力言不可謂以內仗之兵充京城守衞則兵勢盡歸內臣忽有非常外官何以制之由是觀之內臣欲兼統外兵未嘗一日忘諸懷所賴宰相力言不可則計無由遂明世宗時李司馬承

勛請以騰驤四衛禁軍隸兵部考選精覈並如旗手等衛內臣力爭之世宗從承勛言宮掖之衛外臣亦可提調此制最善又過漢初矣　春秋所書作丘甲丘出一甲也古者九夫爲井四井爲邑四邑爲丘四丘爲甸甸出長轂一乘步卒七十二人以甲士三人統之是二十五人爲一甲也四丘爲三甲則一甲所出乃十有八人未及一甲之數故不曰丘甲而曰甸賦成公元年作丘甲先備未有定解胡安國曰或三甸而增一乘或每乘而增一甲皆未可知三甸而增一乘者增車數也向者三甸出車三乘今則三甸而車四乘車增則徒亦增而

每車七十五人之數未增也每乘而增一甲者增徒數也向者每乘七十五人今則每乘百人隨車之徒增三之一而千乘百乘之數未嘗增也總之向者一丘所出未及二十五人今則丘出二十五人矣故曰丘甲是增甸賦三分之一也杜氏直以爲丘出甸賦而云四倍於舊所增過多恐不至此古者籍兵或多或少大抵皆從此法增減但古法先取游食之民而不輒及農家不獨周禮夫征里布爲然卽秦之戍役先發贅壻賈人後以曾有市籍者後又以大父母父母曾有市籍者後入閭取其左右今謂之虐政猶未嘗驅農人遠戍也故胡傳

田以出粟爲主而足食賦以出車爲主而足兵弛力薄征當以農夫爲急增賦竭作不使末業獨免其說最善葢言國有征發田賦之供已定無可增益倘有增益則取諸末業耳後世籍兵之法不行而戶口之法猶當本此行之往時故籍丁與糧爲兩端有有糧之丁有無糧之丁糧以充稅丁以給役分而爲二歷數百年不使合一者使力田與末作之人皆有事於公家其法亦善後之有司以爲租之與庸同於取錢丁有死徙登耗難於檢括一切配入田賦使有田之人卽供役之人立法非不便第恐奸巧之人以無丁之故詭易名字析戶口以

避踐更紛多而不可窮詰又恐自此以後游手之民益衆力田之民益困倘有籍兵之事勢必獨問諸田疇而末作浮食永無調發及之古者甸田竭作先王夫征里布之指全失之矣游民日多風俗日壞凡趣一時之利壞百年之制者皆非良法故胡氏深譏其非古也　古者兵出於農世臣大家舊有采地卒乘素具什伍相轄按籍而求之百乘之賦俄頃可得故易以倡亂周公遷殷民於洛使離故處卒乘易居部曲潛移且新舊錯置互相檢察形格勢禁雖欲動而不能所以杜反側之萌莫善於此授以田使有家授以事使資生又擇其賢者

授以官使不絕仕進之路十餘年後少壯迭起以從王事盡泯新舊之迹無復高門降蓬之感皆所以全民生安王業故杜林以爲挫強禦之方詘驕恣之節也然所徙之地家本土者恃其舊居陵侮浮客客居不堪其侮而疾視之徵發期會稍有不當吾民微見不服狼子野心即爲扇動其間故周之盛時必遷元老賢者臨之授以重任資其長策多士數篇駕馭之方也後世兵農異途無采地世爵無卒乘部曲雖有亾國之墟不必行徙民之令矣大抵徙民一事惟天下初定民居未安兵力尙強宿將猶在故奪其懷土之思而無敢不服屬有反

側重兵臨之利劍戟之爾或既有倍逆之迹赦其駢戮寘諸他所感更生之恩亾去鄉之戚抑亦其次若夫承平既久民居已定兵力漸惰宿將僅存此時而欲徙民適足生亂故伍被倡言冀以煽衆石建爲相妄議獲譴此不當徙而徙之患也漢末呼廚泉入朝魏王操留其部曲散處太原上黨之間厥後遂有五部之患則非所徙而徙之過也元魏以北邊六鎮地廣人稀徙中原強宗子弟實之號爲府戶役同廝養宦婚班齒致失清流而本土族帳各居榮顯以致彼此顧瞻每相憤怨及胡后之時刻削日深人人思亂此既徙之後新舊異視之

患也古者徙民之法先爲營邑立城制里割宅凡阡陌之界門戶之閑至於疾病昬姻死喪皆有經畫以安初徙之心又或發屋伐樹燔破齒積以杜思鄉之志然皆不免驚動起怨咨滋浮言致生亂也至於徙兵尤爲甚難葛榮石晉可鑒矣故胡傳甚言其非而曰春秋書遷國者皆垂戒詞也　所謂釋奠釋菜者古者士之見師以菜爲贄故始入學者必釋菜以禮其先師菜者蘋藻也其學官四時之祭皆名釋奠釋奠者奠置所祭之物而已無食飲酬酢之事也主於行禮非以報功故與他祭鬼神不同今釋菜之禮亾矣而釋奠尚存蓋因隋唐

以來著之爲令有司春秋行事故得不廢也所謂先聖先師者禮記注曰諸侯始受封天子命之主學爲其事重故釋奠於先聖先師若四時之教常事耳惟釋奠先師不及先聖信斯言也則先聖之祭國不再舉歲事所及止於先師非通論也夫三代以前未有孔子先聖先師必有其人隋唐以來以孔子爲先聖顏回爲先師宋人作學記先聖先師未嘗詳辨歐陽氏云自孔子沒天下皆尊以爲先聖又取門人高第者配焉爲先師不知何時而以先師爲孔子之恆稱洪武之元傳制遣官祭先師於國學是也張孚敬正祀典冠至聖於先師以稱

孔子其號始定不可易也建安熊氏請以三皇五帝爲道統之宗皋夔諸人爲天子公卿之師式而祀於天子之學宋濂亦曰周立四代之學學有先聖若舜禹湯文是也而以左右四聖成其德業者爲之先師其說亦可行但太學之外更立天子之學古無此據所以明世宗行其禮於文華殿不更立學也先師之祭必以上丁者聞諸友人曰取義於陰火也陰火者離象也文明之象也

養老之禮三代所同文王獨稱善以其不委有司使其子孫養之而授田於官極其親愛之心不憂物力之困法之最善者也故盛世之老養於有司者少民間

自爲養者多聖王養老之心施於適饌省醴猶少施於朝夕飲酺者多此周公制法所謂本文王而推廣之也漢武帝復高年子孫令得身率妻妾遂其供養之事此制在乎禮經所云九十者其家不事是也他時不行武帝行之可謂能復古矣　從祀之賢七十子無得而議焉其餘則歷代所損益也是以進而俎豆退而黜奪莫不經衆賢所論以求衆心所同而後躋於先聖先師之側進仲舒尊王道也進后蒼傳禮也進王通胡瑗師法後人也進楊時闢新經爲衞道也進胡安國蔡沈注書春秋也進眞德秀大學衍義一書可佐人主治天下也

夫尊王道傳經義師法在人爲書佐人主黜邪說以衞道皆有益於天下後世者也天下後世所欲得而師之也進而祀之非有私於其人蓋其道無日不在人心也黜荀卿言性惡也黜楊雄仕王莽也黜王弼崇老莊也黜杜預爲短喪也黜馬融附勢家也黜劉向進方士書於人主也黜吳澄以其事爲失名節也夫言性惡宗異端短通喪附權奸以殺忠直進方書於人主而失名節皆有害於天下後世者也天下後世所大戒雖其人或以他端著稱而此事不可訓也是以黜之非有憾於其人以其事不當在師法之地也其中劉向猶有可原鴻

寶之書少時所爲他日直諫之節足以爲法矣舉而棄之是不許改過也若歐陽修則有憾焉修之從祀相傳以濮議得之人臣逢迎主歡而傳以古義其心不可問也且其持論與杜預同類若杜預可黜則修亦可黜也如修者師其直言於朝不當後鄒浩劉安世而先及師其教化於鄉未聞有藍田呂氏之懿範也彼不祀而此祀焉尤非所安也莫如黜修而進楊萬里萬里之學本於誠意旣純正可法且正氣直詞見諸論說者皆足扶綱常淑人心有功於後世進而祀之不爲過也　唐之政事堂宰執議事之所也舊在門下省後移入中書省

蓋門下省給事中所居也中書省閤臣所居也唐之給事有封還詔書之例其於宰相建白例得駁正不於門下議事而於中書議事乃閤臣志在自專不使門下與聞因而無從駁正待取中旨然後封還則其勢已難甯塞默者多矣此宰執巧於持權之法必宗楚客李林甫輩所爲也

受命之符五經皆無是說其起於東漢乎何以徵之虢之亾也蓐收告之秦之亾也華陰神告之劉曜之亾浮圖相輪告之苻堅之亾武庫兵器告之此皆有物憑焉蓋改革之際必大殺戮而後定先事死者皆無罪之人天心所哀也彼鬼神者宣二氣之化爲職

天下有必亂之形是以起而告人俾知趨避非故爲靈爽以自詫也若夫天下大亂豪傑竝起皇矣上帝必擇愛人之尤者而後授以天下漢之二祖當天下大亂能愛天所生之民是以天命歸之項羽樊崇有天下大半不愛天所生之民是以天命去之兵起數年之閒天心決於用兵之際非可前定者此其事鬼神何由知之故鬼神能言亾國之徵不能言受命之人也光武爲符命之說以自神故自此以後不軌之徒多假符命惑衆如山賊張滿兵敗被執猶曰讖文誤我則光武啟之也且牧野之師勇不鼓於躍魚武關之入鋒不礪乎擊蛇黃

星起四紀以前似有乖於助順野雉鳴神祠之側亦何當於輿賢況張掖石瑞在晉爲符在魏爲妖青蓋入洛燕馬飲渭不爲時巡而爲降旗亦精之讖祥發濟陽而賀良不知僵柳之書兆成公孫而眭孟未識由是觀之彼李守之占西門君惠之語如梟鳴彈丸之側竊語網罟之內適自速其殲爾天之愛人甚矣豈留此影響妄誕疑誤無知之人駢首就戮必不然矣　唐制祖廟南向神主以西爲上故韓文有祭初室祭東室之語此其制業與乎神位東嚮之說矣朱子祠堂圖祀神主於北架世次以右爲尊蓋亦因乎唐制而楊奐猶非之以爲

元之汴倉卽宋之太廟石室皆在西壁而近南牖卽古所云西南隅者又云杜祁公讀書堂有石室在西壁寺僧以爲藏書龕奧曉之曰此家廟石室也然北架西上之制今亦不行久矣於此時而議及西壁又甚駭人則奧之說亦存而不論之列矣古之神位以東向爲尊蓋天之紫垣向東天下山川之勢自地絡而分北至巫閭南極閩海繚繞如周牆而泰山當其前若樹屏然亦東向也顧東向之制不行既久雖有典章不可爲據猶夫土鼓蕢桴陶匏藁鞂皆不登於郊廟由此觀之祭法所載祀典與諸經多不同或亦諸儒各言所見謂之無稽

則不可謂之有當則不合猶夫楊奐石室之類與人之生也氣之所化初無性命賦於太虛之中人之死也與氣俱散更無魂魄留於冥漠之内猶夫東逝之波無復西旋之理其發於山下者别是生生之氣非復向時既往之氣循環而來果有沃焦尾閭之説也氣非魂也氣之靈變者爲魂卽異日所以爲神也體非魄也體之聰明處爲魄卽異日所以爲鬼也鬼歸地中陰爲野土鬼亦盡矣神騰空虛無所馮依神亦散矣惟居處尊者氣盛氣盛則魂强奉養厚者精盛精盛則魄强與夫道德之士氣雖散而神未散精雖絶而神未絶所以皆能

爲神明也餘若懷憤而死者精氣鬱勃當不至無所託正則亦爲神明邪則必爲厲鬼故祭祀之禮必兼報魂報魄兩端鬱悒之氣達於淵泉以報魄也膋蕭之氣達於牆屋以報魂也得其所報則魂魄有歸神明與厲鬼皆喜於有所歸既有所歸乃不爲人禍無所謂求福也更有物怪者物不能爲怪亦鬼神所憑也妖邪之氣徘徊空中不散觸於草木昆蟲之類則附而往憑焉得所憑則爲厲矣不然則人心不正之氣有以取之蓋人心先有所忌故形聲之異常者感於心而爲震懾心既震懾邪氣入而據之遂爲厲鬼所憑所見莫非怪異他人

不見此人獨見也　鬼神者前聖尊而稱之百官以畏萬民以服皆所以正人心王道大明作禍作福於己取之無所事於神道之不明理無可信不得不求救於神以免意外之禍愚夫小民緣此冀無端之福武人劇盜稽首象設之前出廟門而行殺此何爲者也遐想九黎亂德之世大都若此非堯舜明哲孰與絕其源乎書曰伯夷降典折民惟刑蓋折民邪妄惟當示以典禮典禮勝邪妄息矣其不度於禮者刑必施焉故狄公毀淫祠折以刑之謂也非無所據者也

繹志卷十六終

竟陵石莊胡承諾譔

尙論篇第五十九

子曰視其所以觀其所由察其所安人焉廋哉孟子之書亦云尙論古人揚子曰國君將相卿士名臣參差不齊概諸聖此尙論之旨也夫論人者治人也五常者治人之法則也易之三才書之九疇詩之治亂春秋之王法禮之物我兩盡皆以贊襄五常使成治人之功者也雖藏心難測品類千億性尙分流爲否異適本乎五常參以六藝未有不得其平者何也人性皆同有不同者

非性也人情皆一有不一者非情也故百世之下千古之上揆之而不爽命之而各當蓋至理所期古猶今也故是非成敗可以今之情理決之今之所非古不獨是也今之所敗古不獨成也觀已可以知人觀今人可知古人其禮義性情未始有二也故持論之家力功而遺道尚知而輕仁者不可與論天下士也推其所得於人守其所得於己記人之善而恕其過道德功業備乎身而不伐動則優於權靜則存其正而後可論天下士也君子論世不敢有自我是非之意其於賢者不取一事偶合而取從入之正不獨凡事中道更美中心之誠蓋

道德之士不求名譽常欲人悉其隱者其所樂者同也彼小人者因一法偶弛遂動於爲惡緣一念既安遂果於作非然而奸雄之行不畏名義常恐人見其情者以其無所遁也知賢之爲所以使人快於爲善知不肖之爲所以使人憚於爲惡盡一士之顯微而後可盡天下之才使萬類之動貞於一而後一世之情止乎禮也蓋君子求在我者辨是非邪正亦所以自爲也欲聖人之道行於天下是以樂得其人而稱道之又以爲處乎斯世常思接引偏才進偏才於道則賢士衆多而世運亦可轉移所以自修未已出而論人匪直今人兼論古人

也尚論之法不可隆人子之美而抑損其父以實之不可隆人臣之美而抑損其君以實之不可亟稱一君子之美而抑損眾君子以形之至於論聖賢之事猶不可質以世俗之情彼聖賢所爲中正之體也世俗之情陰私之體也度以中正無往不見聖賢所爲皆人倫之至而於己亦甚有益度以陰私其視聖賢所爲皆不甚有益於己用以快一朝之刻責而不顧其安苛論纖察及於聖賢則其所深信而篤好步趨而景仰者必將反乎其類東西易面而不自知矣其他大賢以下平易近人不爲畸異以非義干之則不受也若更責以柔謟則失

之矣如臨如履小心過人以非道迫之則不畏也若更求其宏達則失之矣辨析義理極於毫芒以詞說求之若無能也若更觀諸堅白同異之察又失之矣進退之際逡巡遷延甯失無得甯後無先以求合乎出處之義斯爲得之苟非其人則閉門稱疾與朝暮馳請皆養名之具也若徒信其偃蹇昧其競倘又失之矣故盡人稱譽不足尚也盡人訾毁未可棄也必衷以五常參以六藝而後可語知人之事也不明禮義而欲進退古今是猶盲者而指岐路之別也能觀古今不求禮義是猶入深山大澤不覩山川險固風雲蒸蔚龍虎隱見而取諸

一丘之貉一曲之流也更有放言高論顛倒是非反道倍德而不可窮詰者亦有持論不衷好以刻取入異措諸詞說不知紕繆施諸行事跬步而躓者所云言僞而辨記醜而博其爲害也更甚於拘牽舊文沈溺俗學也孔氏之門羞稱五伯然而春秋之法猶舉桓文以明義乃知後世之事皆可明先王之義故讀書者尋其大指有時節取一二語者取以證義非取以證不義也論人者觀其大節有時雜舉一二細行亦惟有助於義者舉之非拾其有害於義者毛舉之也更有天下大勢前代得失以數十年營綜約之作一事原委其論必不精細

又將一事得失引之爲數十年治亂其說亦不親切皆無當於往事無益於後人也此尙論之指也古未有破一國都而遣偏師者楚之諸將遣沛公入關此危事也豈策秦將持兩端於外秦臣竊國柄於內有隙可乘因而乘之耶不然則恐沛公之方張而故遠之也然沛公卒以此成功觀其毅然獨往無借助大軍之意其識力固勝任矣且認理甚眞故可獨當一面入秦之初諸將或請殺子嬰者沛公直以屬吏所據者不殺降之義也義不在遠取諸固有之說而已趙袁論將悅禮樂而敦詩書詩書義之府也禮樂德之則也沛公不殺子嬰有

德有義所以可爲大將而獨當一面也若袁術楊元感之流一辭大軍即膽落矣焉能前進進而有勢即膽粗矣焉能仗義然爾時爲沛公計者亦宜自爲一軍若久處懷王之側終當受其縶維爲無用人也光武請徇河北亦此意也爲天下所屬望者一言一動不可觸情任意書曰天命自度詩曰帝度其心皆不觸情任意極其所欲者也沛公入秦張良樊噲之諫至哉言乎雖上帝臨汝不易其說矣沛公欣然從之自以其身納法度中束縛檢括曾不措意此豈常情所爲與詩書之指不甚相遠矣鴻門之免雖曰天命然人事亦有兩端可法初

入關中不貪府庫完而致諸有司故守關備他盜之語似乎可信項羽雖聞守關而怒未必不以不私財物爲喜喜動於心則殺機解矣相見之頃詞卑屈而心至誠卑屈雖在臨時至誠信於平日羽與沛公共事日久其相信亦不在此時也帝王舉事不與人爭低昂但爭成敗爾小詐小貪平日爲人所忌一旦有難適自縛耳其計畫無復之矣慕容垂嘗出亾於外而不除君側之惡此老成之見也蓋除惡於內害必及國身亦在不可知之中出亾在外命雖懸於敵國而生理未絕未若本國見忌之深即命之速也其子又欲掩襲鄴城垂復不可

蓋失勢之人不宜履險斂藏蒲伏尋夷坦之途以安其身俟沴氣既盡而徐爲之謀此遵時養晦藏器待用之機權也彼不忍小忿以覆宗國期死爲勇以邀大福者焉足語此其不先發也乃公子友如陳之智所謂內難則避之其不掩襲也鑒於晉之欒盈宋之華向也事理具在書傳惟英雄得而用之其不及此者見其成事以爲固然且以爲適然而莫之觀省則無所取益爾苻堅喪師之日往奔垂軍垂之子弟皆勸即取之垂亦不從以其兵屬堅此事最難然亦有定理蓋此時取堅必與秦人爲仇一軍之外莫非怨敵即本部之人安能盡與

垂同心乎他日事窮理極拱手受之所謂女子貞不字十年乃字濟屯之中道也豈但不忌舊恩耶垂不坑幽州不嗜殺人也不取苻堅不行不義也其言曰君子不怙亂不爲禍先蓄命世之人其馭物者正大之情也道義之勇也舍此無可道也唐肅宗靈武之事論者責其不俟父命比於篡立以當時事勢論之明皇倦勤以後任使皆謬欲其驅策諸將糾合義旅則明皇不如肅宗也蜀中地勢險阸無他道可以出奇整旅而東崎嶇棧道既久將帥氣奪士卒形顇雖以諸葛神武猶且無功靈武則地勢坦夷便於長驅且又近乎太原與李郭相

倚可以北擣范陽南收長安以地形言蜀中不如靈武也且明皇西奔楊國忠猶在明皇必不能去國忠肅宗亦無自去國忠之理天下知勇之士必不爲國忠用國忠所用必皆憸人以此共圖恢復其何日之有爲唐宗社計肅宗當辭明皇而北既辭明皇卽不得不正位以號令天下矣凡事之成功而不大悖義理者不必深求疵瑕所以廣任事之途也父子相繼正也天之所廢必若桀紂書曰天惟五年須暇之子孫非頓絶桀紂也待其怙惡而後去之晉惠帝之愚未若桀紂也衛瓘遽請易子而立弟更張名分之次傷夷父子之情未可謂臣

道之正也武帝父子之親宮庭接見多矣容貌辭氣亦當素有覺察何必屏絕宮臣微試以答事機智不密使奸人得施詐僞此一事也君臣皆失且受命用歲之終探策得一之數蓋有天焉非人所能爲也司馬氏之惡稔矣天心安得無討乎豈無辟王賴前哲以免爲賢者言也祖考惡德子孫以面掩狀聖人所以行一不義殺一不辜必不爲也漢靈帝召蔡邕對金商門將以求直言也而令曹節王甫受其詞邕之所言大抵攻斥宦官故宦官造作飛條邕遂髡鉗遠徙此何爲者也唐文宗既與宋申錫成謀惟宦官是去宦官惡申錫誣以謀立

漳王文宗不能庇申錫且眞有憾於漳王此何爲者也旣思洗元和宿恥引諸儒對策劉蕡之直考官不敢取固也李郃請回所授以旌蕡直帝亦不納此何爲者也宋神宗之初方以財用不足命其臣置局看詳裁減國用講修錢穀之法未幾聽王韶言復圖開邊以不足之形爲有餘之事此何爲者也蓋數君之心病在多欲多欲則執理不定見事不精慮事不周記事不悉或前後自相矛盾或彼此互相妨害皆不能盡知也所以大業之世內史宣敕前後相違有司不知所從亦數君之類也夫君宜法天者也天之所以爲天者生生之意廣大

流通成始成終而無息其滂沛沾曁也若龍之興雲爲雨其堅實完固也若山附於地百穀草木麗乎土也人君之德内外終始一發並至稍有滲漏即成大罅惟自少至老皆從事於學如説命所云即無以上數君之事矣項羽匹夫之雄不知治道徼時之亂而爲盟主以爲天下之大可戰勝服也百姓之心可誅殺定也豈知戰彌勝而敵國愈堅殺彌多而百姓愈叛何也以其舍仁義而誇斬將之雄知其不能靜亂安民是以敢於不服或嬰其城或披其軍逃遁轉徙以待耆定之人也且由周而來七百餘歲無賢君主持斯世地醜德齊莫能相

尚期逝不至而多爲恤奚取卜過其歷乎又經秦人之亂天下皆趨詐譎二世子嬰之末思一變其故俗不可得也項羽乘之不掃地而求更新焉又將以力征爲事不敗於西而敗於東自然之勢也李密頗識故事與羽不同而其敗亦復不異何也密之舉事欲自帝者也一旦受詔討賊與其始謀頓異凡事至中塗而易始謀者即敗局也化及負罪天下其人又庸劣除之無當取天下之數存之不足樹天下之敵而用兵於此戰雖勝而力敝亦敗局也密始爲元感畫策勸以踵取關中及身舉事亦復徘徊鞏洛不能西上爲人謀則明自爲謀則

暗亦敗局也密豈不知而計出此葢欲立功於探囊可取之化及以悅隋主之心而爲柄政之階然後弑逆之事可在掌握以草澤而兼權奸之局是厖雜也凡舉事而計畫厖雜者亦敗局也總之密之爲人文中子決之詳矣可以造亂不可定亂終爲人所葅醢其胸中絕無仁義與項羽同也易之爲卦有屯有解屯者人道所以斡旋解者天地所以休息也屯而不解生人幾盡解而猶屯大業未終二者皆不可不思其道也初起之時必無保萬全而坐致天下之理凡奔趨形勢摧陷營壘畢命戰陣皆履險以求濟也天下一日未定英雄豪傑無

由安處若一日晏安使精銳潛消羈旅易散是拱手而待斃也魏孝文所以親御六軍發明先王革路之旨以示羣臣此得濟屯之道者也及其大勢既定聖賢之心惟欲使不肖之人自我變爲賢智疲敝之人自我措諸衽席獷悍綏爲臣子爭鬬之習歸於和一與天下相尚以禮樂而文明日敷也至於六府三事皆與爲調燮與爲經營有掊克者投諸魑魅魍魎以懲無良則天下自不能離無俟誅殺以威之循兵以防之光武所以止臧宮馬武之請而發剛柔強弱之論此得解難之道者也若夫蕩平之業未終偷安之念已及疏謀臣猛將而近

甘言卑詞必也餘孽不盡伏莽又生唐肅宗所以有不歸之版圖也徼時之激奮其雄武遂謂力征可定華夷尺劒横絶四方必也民庶膏野草地脈絶阬塹天下已潰而上弗知秦始皇所以有不蒙業之後嗣也夫以桓公之賢主盟諸夏其所施爲聖人因以明義至其末年勤王之誠替於内震矜之容見於外故春秋所書動與危機相觸矣君子輔相大有爲之君成不世出之業其於濟屯解難之道不可不深長思也哀姜有罪於魯齊桓公召而殺之此伯討也當時齊强魯弱齊女有罪魯君臣畏大國之威顧君母之分必疑畏而不敢討是使

婦人仗父母家之勢而爲害於夫家父母之家又恃強大而黨庇之則人倫絕天理滅矣桓公仗義誅之是也左氏則曰夫家有罪非父母家所宜討也葢當使夫家討之不當俟父母家討之若必俟諸父母家必有阻難其事避諱其迹者臣子之義有所不伸矣文姜見討於齊故發不俟父母家之義以明其正非謂齊不當討也經文書氏去姜見其絕於姜也義絕於姜則討不當在姜而在魯矣此左氏義也魯人請其喪歸葬春秋亦諱其見殺使若以疾薨者葢既正其法故不當絕其禮所以從厚也固大國之好以結鄰盡臣子之道以廣恩故

注春秋者美魯之斯舉也石碏論教子之法載在左氏古今名言也胡氏論子猛子朝發明嫡庶兩棄之論亦古今名言也申生之事或勸之爲吳太伯及皐落之役在事謀臣復以此說進蓋謂申生及此時而逃則君父免斥殺之名國內無再世之亂社稷無幾亾之憂於義亦無不可左氏備載其說以訓人君之子遭異母之難棄其所居之位遠適異國猶孝慈兩全之良法觀事定之後猶以陷父不義不得爲孝其謚曰恭則當時從權出亾不爲棄禮也然大杖則逃亦有難爲者惟有懇辭儲位杜門謝客敬其朝夕以終天年遵老氏之格言推

以與人繹尚書之微旨虁虁齋栗此外鮮餘事焉則猶可免也漢東海王彊斯足法矣楚共王埋璧之事昭彰國人耳目欲作亂者緣此以生禍心陳哀公以寵子屬貴臣所屬又不令是教之殺適也漢武帝既定儲位而名號寵幸假借非常故小人瞯其微宮庭之禍從此發端皆君父之過也然漢武諸子皆不延天命所歸又在家嫡之裔亦可破人君溺愛之私矣晉獻公惡申生里克知不能救而欲中立其間宋左師畏太子痤與讒人比而實其叛迹此非直二君之過乃二臣實爲之蓋驪姬之惡非獻公所能杜絕然有大臣摘發未必不殺其

勢伊戾傾巧非宋公所能照灼然無大臣主持亦不敢遂其謀觀張九齡在朝太子終無事一朝去位而太子危李泌以身許太子保其無虞後泌雖去太子亦安則知晉宋二子之死非二君殺之二臣殺之也君子責人以義則舍輕以崇重引人以義則卽輕以明重若責人不平其心引人不當其類於人我兩無益也臧文仲不仁者三不知者三何以相傳皆曰聖人向戌有陷太子事何以相傳皆曰賢者豈非交遊之廣立言之長是以翕然稱之要皆舍重而取輕也夫有生之類皆有輕重輕重之辨非大儒不能定君子所以貴明理勿輕言是

非也胡氏曰譖言之行必有變娶配適惑其心又有小人欲結內援以爲之助然後愛惡一移父子夫婦之間不能相保者衆矣此亦責向戍之指也叔孫穆子賢者也父子之間讒人爲之蒙蔽因而相殺至死不悟豈禍福有數必如卜人言乎抑人事尚未當乎觀叔孫處二子之事皆失諸過躁亦失諸過疏君子事無大小皆當舒徐與細密也且不信理而信夢尤通人之蔽庚宗婦人始不以正終成大尤亦漁色之戒也凡嗜欲之事意所欲爲莫或阻撓者恐其更爲禍胎而牀笫之間爲尤劇雖成子姓他日未知其亢宗與其丹族與皆始事所

不暇慮然亦後事所必至也孟任入宮不正子般不能有國國內再弑幾於中絕非庚宗之類乎亂賊敢行暴虐必先試於親貴而後及尊上戾太子不斬江充則豎牛之事江充優爲之莽何羅之難不在五柞而在京室雖有秺侯恐不在周衞之內矣危哉漢武亦處事過躁慮事過疏也若石季龍父子乃鴟梟並在一室非復人道君子不當置論也　伍員諫越人行成而引少康過戈之事非其倫也澆叛臣也少康其主也其主行誅叛臣因而殄絕其類祀夏配天不失舊物與吳越敵國不同員引爲去惡不盡之戒誤矣且計勝敗之迹昧逆順

之理非惟擬人不倫亦恐學問駁襍施諸行事動多隔閡不能揆度天下大勢也若其處父兄之仇論者猶有取焉父子天性也君臣義合也先儒科量至理必以忠孝並稱以天性之重降而齊於義合之輕教人父子之義不敵君臣也員知爲臣無仇君之理而鄰國有相救之義故借恤鄰之義以報父兄之仇聊逭失禮於宗國至於鞭尸處宮無不可爲乃知向者審於出師恐不克而不禮於吳非畏義而盡禮於楚也總之員者俠烈之雄卽不避鴟夷亦功名之士惜志之不遂而不有其身非龍逢比干以身信道者也　鄭厲公初定禍亂借樂

以饗天子原伯謂哀樂失時必將有咎何也子頹雖曰叛臣親則王叔父也天子刑其宗族當有痛悼之意誅之可也快之非也在事諸臣義在分憂亦不宜快意受其賞可也歌舞以樂其事非也此理甚明以情欲之熾而昧情欲之熾精爽之弛也是以知其有咎也君子所以慎守其禮謹持其情也　楚懷王爲秦所留其太子又質於齊國內無君羣臣有欲立庶子者此亂亾之幾也若果行此則國內先亂外寇因之袁紹之子是也楚之社稷猶存賴昭睢力止此事也　趙王遣相如入秦非惟護璧亦以觀其才也以愛璧而失大國懽賢主不

爲謂奉璧即可紓禍謀士亦不以爲然也惟得義勇兼全之人奉命而使俾大國氣折不至生心啟彊則所將者璧所以伐謀者非璧也戰國之時所重不在義理而在智略與氣俠故唐雎挺劍秦王色撓毛遂叱楚合從立決時之所重功成而國安賢哲之名歸焉矣相如之才又在唐雎毛遂以上秦王安能不氣折乎但知完璧爲奇節而無遠謀其中亦淺膚以論天下事矣魏文帝求雀頭香大貝明珠象牙犀角玳瑁孔雀鬬鴨長鳴雞於吳羣臣欲勿與吳王曰方有事於西北江表元元倚主爲命彼所求者於我瓦石爾孤何惜焉且彼在諒闇

之中而所求若此甯可與言禮哉具以與之此日之吳未必弱於當時之趙也文帝所求不異乎連城璧也吳不惜諸物趙豈吝一璧固知當時所爭有大於完璧者是以知趙有深謀也

穰苴斬莊賈誦說可聽以理論之焉有人臣一旦握兵輒斬其主之幸臣而不奏請者乎孫武斬無罪婦人以試其術是齊文宣之狂暴也人臣行之豈曰無罪夫古猶今也可行不可行其義一也太史公好奇是以載之左氏載景公闔廬事詳矣此二事者削而不錄益信左氏爲立教之書史遷有好奇之過也嘗疑穰苴孫武姓名皆不見左傳而二人者皆有

書且盛行於後世左氏好詳兵法魚麗鵝鸛皆不見遺二八之書豈有一語弗及者乎蓋孫武既亦百餘年乃有孫臏臏武子孫也太史公謂臏破魏軍顯名天下世故傳其兵法則今所傳孫子當是臏書或臏自云受諸祖父故著武名也齊威王使大夫追論古者大司馬九伐之法而附穰苴其中因號曰司馬穰苴兵法則知左氏之時此二書皆未出故無從錄之書既出於後世未免多所附會不必皆當時之事凡戰國文多此類讀書者所重不在此故從來未嘗置辨然專斬斷戮無羿二事尚不可不辨云　馮異初定關中豪傑降附者渠帥

遣詣京師餘眾散歸本業庸人論之必謂懸軍深入宜借土人爲衞不知此輩未離本土雖曰歸附實難信服難駕馭不如散者散遣者遣使有所歸而大將之心專用防敵不必用諸部曲之間也若此屬不散不有野心難伏之憂且有狂妄推戴之變又恐兵多勢重或生人主之疑其患愈不可言矣後果有上章言異專制者光武不疑以其素所自處可相信也君臣之間事事謹敕杜絶嫌疑以防患生意外變在理中豈過計哉李邑欲壞班超之功章帝知其情命邑受超節度又詔留與從事超即遣邑將烏孫侍子還京蓋不同心之人留之旁

側終必償事不如遣之遠去既以德量潛服其心又足平士大夫之憾人主亦喜其不擅專於境外是三善也若快心於一時其人積憾愈深勢必思求一逞舉朝知其以報怨之故求逞於士大夫將有戟手而佐鬬者人主之眷一旦移易即不可解是三害也一舉而三善備三害去班超得之矣鄧艾入蜀承制拜後主以官此用鄧禹故事非專擅也平蜀之後更欲圖吳請厚待劉禪以致孫休以董卓隝爲禪宫舍然後開廣陵城陽以待吳人其策非不善其意非不忠然以事理論之國家莫大之功何必一人所爲功成身退未盡之事屬諸後起

不謂從事失時也且破一國都殺人多矣一事已成又欲再試造物所忌宜艾功未賞害遂及也太宗平內難所與謀者皆秦府之士也未決之頃問於李靖靖辭問於李勣勣亦辭二公大臣也不可有所偏私辭之者是也太宗更以是重之然未審二公聞言之後義當祕其事乎抑當微言高祖之前乎則史家所未著論古今之案亦未有此比也苗劉之亂大臣大將皆在外逆寇發於內幽縶人主而挾之以爲質此時致討之計緩則懼其勢張急又懼有他變張浚用說士爲綫索書札往來或正論折之或權詞縻之外之形勢既成內之黨與自

削日復一日爲逆臣者獷戾之氣竭恐懼之心生復辟之舉使彼自發其端然後乘輿不驚宮闈晏如不過二十餘日而反正始終完善無一損傷溫嶠之功不若此之不勞力矣朱勝非於王導器量不及端方亦不及然危難之中實賴以濟如請臣僚獨對卽在二凶得志之頃所以相視而不疑然此事轉關之機全在於此倉卒之間所見甚捷若遲之一日不可行矣當彼之時欲更求一人易之不可得也總之濟一時之功須一時之士論才不可不宏也夾谷之會孔子適相非能用孔子也蓋知會同甚難恐有衷甲之變臣節不恭恐來大國之

討是以三卿縮衄不前使孔子當之也夫萊人登於壇優施笑於幕他人處此苟非奮曹沫之劍則必裂相如之眥否則憚於生事害成而隱忍之矣孔子從容開定以正詞折之常法斷之聖人服禮之安養氣之定順禮之言威於三軍秉義之誅等於天討非常賢所及也凡事當前而不能爲者氣不足也氣也者道義所生也道義足於中遇事有擔當能廓除卽所謂氣也君子有及物之學焉有行義之學焉及物者推己所有以與人也晉之臣讓功漢之君讓善亦足當之矣行義者道所當爲亦欲天下共爲之不獨在我也以我之有餘益彼之

不足所欲損者潛消而默釋所欲益者過化而存神孔子用於魯而齊人章章歸其侵疆此不言之化不怒之威也孔子所處之時易所云小過也時當小過聖人以小事爲端道達陽氣俾其滋長日盛則大事無不可爲夾谷會聖人之小事也然則隳三都非大事乎曰以爲東周視隳三都亦小事也若三都果隳則陽氣方長乃復與臨之象非小過之象聖人因時有爲又別有妙用矣君子以道爲用舍非其身之謂也貫生所言舉行於他年以道觀之仍遇合也遷斥之慼有道不行而身後之事不克前知是以若彼慼慼也然以理論將相皆有

功之臣天子改容而禮者也新進少年事事改絃自造豈能久立朝廷爲賈生者拾遺補闕隨事敷陳聽去取於人主讓善而勿伐羣處而不爭不宜一旦舉朝政而更之如當時所云也易曰浚恆之凶始求深也生其不免於浚恆乎夫遇合之際蓋有道焉聖王治天下有所不聞不見蓋自屏聰明以從天下公理也爵祿人所同好貧賤士所共恥人主於此常恐以私意偏見求逞於下其臣亦以曲學詭遇取必於上則遇合之迹雖治而遇合之理則乖是以爵賞由已而有不敢自用之時以俟司馬之論定屏棄由已而有不欲盡施之時無求備

而赦小過所謂秉公理以御下使人由而不知也是以天下之人爵祿顯榮在乎不可必得之中然後孜孜爲善求當人主所好若執左契而取給則怠心生矣淪落屛棄不可智巧營求免也而可懋勉奮勵免焉故亦孜孜爲善求免意外斥逐若限以必不可得之數則不肖之心又生矣此昔之君子所以雖有不遇之時而好修不已也上之人以不肯自用者鼓舞其下下之人以不可必得者逢迎其上故遇合之事失之者不可怨得之者不足矜一歸於天下之公理焉故不舍道求人其窮也固宜然非所謂窮也可通之道自在也非有求於人

也而治天下之道在爲天下後世用其道以致治則皆通之日也賈生之言主父偃以安社稷此以公理爲遇合而非一人窮通之私見也然則賈生之戚戚猶存乎一身之私而非達乎遇合之公理也周亞夫爲將確守便宜細柳之嚴整猶昌邑之堅定也以此見稱文帝即以此得罪孝王亞夫執節未變文景之時則異矣時者聖賢之所無如何者也故君子匡時之念切於謀身以爲時苟不康雖一身之賢智不克自濟而況富貴乎石曼姑率師圍戚公羊之說與孔門不合未必有當衛事然其理亦有可用故雋不疑據之以斷僞太子適合其

意當時皆自謂不及也蓋古人之書有道有節全體可法者道也一事可從者節也全體可法則變化亦在其中一事可從則機會不失其時孔門之論道之全體也篤不疑之斷事之一節也審此可以明引經斷事之法矣後世專尚律令而引經之學無聞然不可不識其義也識其義而後事之變者可與權也勢之所在功名之士爭趨之賢者則以禮進以義止確乎不改者非時勢所能移也子順知天下大勢在秦不出二十年天下盡爲秦矣然以秦爲不義義所不入遂寢於家龔翊爲金川門卒覩文皇之入而慟哭後爲撫臣薦不起曰吾仕

亦無害於義但負往日城門一哭耳君子堅持一義雖人所不知猶貫終始而不易所以爲致一之學也學問不出於一致者一時慨慷激烈之氣輒欲高自標置未幾時易勢遷必身達安危身擇去就鮮不以知幾爲哲而大節所在不能保其初終疇昔之慨慷若更出一人矣故君子不貴知幾而貴致一也東京之末士大夫學術所尚略有三端鄙夷人主之爵祿詆訾當世之權要標榜一代之賢哲要之皆偏激也惟陳太丘最善史稱據於德故物不犯安於仁故不離羣論賢哲者須識其道德仁義之備可爲脩己安人之本若但隨事無過不

過善俗之人不能砥柱一世復不嬰其禍也夫性者萬物所共不倚於一物我亦萬物之一耳故不可有我也盡性者無我故人與物皆在其中以吾此身放置天地萬物中欲然不求過人雖無甚高之行矜私之累則已盡矣太上力去私己之病是以人物皆盡不啻求免於亂世也賢人之德賢人之業所以過人者務實而已矣躬行既實則論說亦實自治既實則取人亦實以此爲治上位下位皆有可紀之功以此入德或偏或全皆無影響之病屐履間皆得其任遂有破敵之略其所務者實也凡自立意見強天下事就之未免大言無當必也

委曲揣量天下事而衷諸義理如賈誼知諸侯太重即當披分而少其力陸贄知關中太輕即防一朝變起於内此皆先事而籌有如指掌故可貴也能用其言即弭大難尤可貴也陳亮辨則雄矣所言利害多不合如云河洛之區將有起而承天運者後來繼金源而起者不自中土也又云荆襄有可乘之勢厥後荆襄之守非不固也朝廷竟不能遣一旅拔而出之況北面圖大舉乎酌古諸篇推倒智勇則有之措諸施行則未也苟不堪措諸施行奚取推倒智勇乎從來兩軍相當賢智其事僅止於其所爲不能盡如後人所云者非才智有限也

或限天意或限時勢僅能如彼不克如此亦無如之何也若於事後觀之但見有所未盡不見當時之已盡也以爲有所未安不及當時所由以安也又從而揣摩之指畫之去當時情事愈遠則所區畫益謬不如直以當時區畫爲據也及之而後知履之而後難此論事之準也微子之去箕子道之經二賢審度是以無過而孔子仁之蔡氏曰微子未嘗先牧野而奔周也徵諸左氏逢伯之言則甲子之後始納降爾其所謂先去者去位而遯荒非去國而即仇也殷之三仁其亦生去就皆以天下國家爲念而不存乎一身更相勸勉以求合義較然

不欺其志故孔子仁之趙盾弑君非親弑也反不討賊是與聞乎故也聖人於盾書弑所以明忠臣之至疏曰忠臣覩之不敢惜力孝子見之所以盡心爲將來之遠防也此義甚明又何必直云弑出於盾如歐陽子之論乎弑君之賊不可復見義之正也盾所以復見者後事在國所係甚大不容不見是以六年侵陳之師猶復及之公子遂殺子赤而書不絕於宣世亦其義也所云賊不復見者謂若羽父不書翬慶父不書討或屏棄而不用或速死而自泯也盾之見書亦有二義或惡其專國再世而不釋權是以斥言其惡或嘉其改過自新翊戴

後君而無二心者未可知也亦不得經云盾之無罪是以復見也以此觀之盾之罪必不可削而幹國之績有關社稷不容沒於史冊秉此二義庶得其平焉爾聖人作經於人之有勢力者不崇大其勢力之事必折以道義詞逆而意順者著其意以明義而隱其不順之意一事而順逆具焉者一以彰其順一以著其逆不相貿也不相掩也皆以大順之道陰折倍逆之心過絕倍逆之事爭之於顯不若折之於微誅於事後不若絕於事前也若春秋之書趙盾是也張良不欲高祖立六國之後而固陵之謀請捐天下之半與三臣非前後相戾也爾

時六國子孫皆庸人爾假以重勢不能自用反爲人所用故六國之後必不可立若三臣者皆當時奇才天下未定資其兵力資其權略可成大功事定之後必能識禮義知時勢可以恩禮法度駕馭也然三臣皆無善終居功非其道也性本凶恣謀多權變屈伏一人之下而非心所安往往不服之情見諸言行人主亦有意防之上下相伺是以鮮能善終也兩漢之時吳芮竇融以誠免者也其人尚禮誼而親儒術尚禮誼則尊卑之分明親儒術則姦俠之人遠以此見信人主其恩益固馬援李靖以智免者也馬援平越之後謂其客曰吾以微勞

猥饗大縣功薄賞厚何以能長久乎以爲匈奴烏桓尚擾北邊自請擊之既御烏桓復聞五溪之亂被甲上馬以示可用人謂伏波老當益壯固宿昔所懷也甯知武臣自託人主固在茲乎李靖既擒頡利因乞骸骨太宗許之俾成一代之美及土谷渾寇邊靖復請行非惡廢而思復進也請以身衞國也兵權方盛亟舍之而去安閒既久更欲盡力邊陲皆所以弭譏閒也功名之際人所難言文武異情初終異勢安危異置賢者居寵思懼知者知幾預圖不可謂無其道也韓信破齊而王其地布越期固陵而不至與援之語客靖之請老異矣高帝

自將遠征信以徹侯居京師徹兵梁淮南而有不至者與請行異矣司馬公曰乘時以徼利者市井之志酬功而報德者士君子之心韓信以市井之志利其身而以士君子之心望於人不亦難哉參觀古人禍福成敗有不爽者人臣所當講求也人臣事君者也亦君所恃以立國故遴擇賢德而登諸朝量其才能而任以事推以腹心而無猜嫌優以禮義而不褻易專其任使而不恡惜厲其節操養其廉恥而不沮喪皆以重股肱之託維國家之勢也爲大臣者亦當謹身克己表儀朝端之上使事行可法不可援引親比招致佞諛環列君側分據

要途也不可事事自用言言自高見尋常功名遂以爲不朽之業使方正難近諂諛日親也不可惡在下者不從吾意而力攻取勝生事造端反天地之性干陰陽之和治名而不治實澆湻散樸以爲先天下也不可接近浮薄深刻之士聽其論議以刑辟整齊天下室隙蹈瑕鞠人以罪國無善士家無完行也不可以王道爲迂闊求目前近功尙智輕仁使學術士心日就卑薄以小事掩大害使人君徹大害之備以防細微而潛潰其國也不可更張無漸使專擅之迹見於詞氣制事在下取必於上而違無成有終之義論者籍籍毀謗遂作也不可

處其瞻之地爲宦官宮妾之行搆巧詞進諂容以患失之心興大兵大獄顛倒天下大勢以彌縫愆尤也不可以美官誘匪人使進異說亂國是受怨受謗曾無改過之心但欲與世無攖全其倚愛也不可魁柄上竊服食上僭雖有貂蟬盈坐皆非其人朝廷勢輕奸宄窺覦乘閒而起也不可惑於異端以教人則壞俗以自爲則畔道獲譴而退不安祈福祐於鬼神問休咎於術士恐致左道之謗則不可解說也人臣事君既已謀帷幄成元功稱佐命此時乞身引退超然權勢之外雖詆訶闐醉尉亦姑受之雖權壓及先壟亦痛忍之所以保身庇宗

也權勢是競遇事便發所行無非禍機所見無非罪狀吾得三人焉大臣與太子連姻一危也大臣監愛子軍二危也二危者高熲皆有之然則爲熲者雖欲不危不可得也郭崇韜大功已就羣小交興聽故人子弟之語設多端自爲地卒至據勢益久禍機益深向所自樹卽以自戕安重誨矜功恃寵威福自由旁無賢人君子之助其獨見之慮禍釁所生至於四方騷動師旅竝興臣主俱傷焉此三人者非惟禍止一身蓋亦垂戒千古皆不退之患也論荀彧者多矣溫公所持甚平謂其有管仲之功而能佐漢室其仁復居仲先也愚觀彧之爲人

懷濟世之略不得不假手曹氏以大施於天下學已行矣功亦偉矣不肯與人爲亂雖素與其功者一旦等諸仇讎力不可爲則以死請非操能殺彧彧自求死也以功業達學問以死生明天性挈天下與人俾所學見諸行事而終之一死謂之宿有成謀可謂之臨事改過亦可要皆君子之行也値世路紛擾之際功名盛大者不死於邀非望之福則備物寵錫以光泉壤彧不死此二事而以飲藥終量已知時撫心蹈義信乎爲求仁得仁也文中子曰死以明道何譏切之有焉亦溫公之義也溫公責荀息之言玷於獻公未沒之前而不可救於己

沒之後則荀彧之圭已玷於其身未死之前而不能復
全於已死之後也要之論彧者當以荀息爲比也孔融
之死史家敘述甚可疑意其忤操當不在語言文字之
間史家直以偏宕目之竊意疏狂之士曹氏嫉之未必
若彼其深禍甚酷而名愈章必有其故世已亂矣改玉
改步之際無有言融死之故者以意會之當不在荀息
孔父之後也路粹之疏立言甚巧蓋亦其黨裁定一語
不涉朝廷之事其意欲使忠憤之迹不見於後則專殺
之議不及於操不知此種隱情後人瞭若目擊何則曹
操非黃祖之流豈肯以偏宕小過言語微愆遽殺一代人

傑乎宜范氏直抉其心以孔父正色目之也章甫逢掖之士立於朝廷使亂臣賊子有所畏憚而不敢致禍於其君卽此人之功也身雖不終義所照灼猶使千載之下凜然如在感動後代忠義之心亦此人之功也先君而死旣死而君不獨存則知未死之前皆賴其扞禦亦此人之功也自公羊論孔父後更無持議及此者不惟世無此人兼亦人鮮此好故范氏此論獨覺義之長也嵇康許允鄭小同之死皆然也君子生於亂世有必避之地有必避之人荀文若不居潁川必避之地也許子將不見曹操必避之人也所以藏身之固也陳蕃仕於

桓靈驅馳險阨中與刑人腐夫共事同朝彼非不能決情志明去就也以爲君側之惡人不可不誅又謂舉朝之臣汎汎東西莫適任患又謂漢之社稷不去宦官必無長久之理已之軀命必不與諸奄共存奄不殺蕃蕃即誅奄無二念也一旦竇武秉政自以爲萬世一遇功在漏刻詎意天不悔禍將成復敗乎知其事之不就猶以身先羣士突刃犯難至於無生之頃而後始忘天下其視解組挂冠知幾遠禍不啻鄙夫之言也忠於亂世自古爲難張華知中台星拆而不去位或時事已傾雖去亦不免也聞劉卞之説而拒之可乎不可乎華儒者

也守經術而怯鋒刃以爲彌縫弱宦驕后閒稍殺其怒則朝廷無事大物不移猶愈擧事不成身死亾而亂不息也然而不去慶父魯難未已賈后之惡可悉數乎歲以彌縫爲事將何所終義憤所激必有奸人起而乘之此華之所不能弭也所以君子臨大事又當果斷以從義也議者欲華抗節庭爭死懸懷之難則非通論也晉史臣曰先聖之教死而無益者不以責人故晏嬰齊之正卿不死崔杼季札吳宗臣不爭逆順理盡而無施者固聖教所不責也若張華者君子惜之惜其不爲張柬之也柬之之義何嘗不行於母后乎至於使奸人爲之

則撥亂之權不在正人君子而亂滋甚矣人臣處時勢之變又不可常理論道雖曲而通諸聖正謂此也竇武何進皆以外戚誅閹反爲所害然二人之事亦微有異武所任者尹勳劉瑜皆文儒也不能不恃握兵之臣以濟而握兵之臣大抵皆與宦官通聲氣者所以臨陳一呼張奐解體其事遂大決裂何進則不然所與謀者袁紹也四世三公勢既足爲重輕又少通輕俠門多夾士紹取宦官足以相當屢陳厥謀進皆不入此進之失時非事機難就也至於交搆既成蹤迹盡露紹不得已遂議召兵於外紹非不知此事無煩外兵如曹操所云也

又非不知外兵更生亂如陳琳所云也以爲進既無勇不可共謀惟召外兵以脅太后庶幾強濟一時異日後患之生別有術以禦之不在此時之多慮也曹操陳琳之議事之經也紹此謀事之權也經不克濟起而行權未爲全失所以紹之權成雖宦官能殺進紹必能誅宦官若無外兵在此何進一敗紹且俱死更有何人可以勒兵入宫者乎勒兵入宫數十年之快舉苟力能爲之何可自絀而不爲紹以爲取宦官最難若董卓者徐而圖之未必無策不虞王允之功終不克成漢家之事終不能振也天下之事有當全局入算者有當桉節徐圖

者未可一概論也李訓鄭注皆由宦官以進而能與人主同心謀誅宦官此剝之六三去其黨而從正聖人有取焉者也事之不成以身死之志士仁人之所爲卽不如竇武陳蕃流芳史策奈何獨施重責與亂人同科哉蓋嘗度之文宗實錄成於武宗之時仇士良之徒皆在宦官之勢未減也不肯直訓注而自討明矣李德裕總裁實錄曾受貶斥亦未必以大義相直所以極詆進身不正又謂意果謀淺大率非平心與公道爾故甘露一案當以謀王事而失機至於決裂以壞國家之大勢否則以不及爲罪折足覆餗雖死而奪其令名猶得春秋

之義若以爲安生事端竊取權勢亦不足蔽罪與崔昌遐同則非通論也崔昌遐之事強藩在外彼此相傾仇機毒矢不及宮闕不幸引之入內俾得挾天子以征不服卒致天子去之此豈訓注之倫哉李商隱感事詩云古有清君側今非乏老成素心雖未易此舉太無名誰瞑銜冤目寧吞欲絕聲此指殆與予同也晉頃公會諸侯於扈謀納魯君也范鞅取貨於季孫辭宋衛大夫而爲說以懼公祁盈執祁勝私家之討也荀躒受勝賂言於公而執盈此二人者貪利滅義無人道矣不再傳而范中行皆逐蓋天地之氣至於將剝則金行用事世祿

之家至於將亾則貪夫生焉金行者天地將剝之氣也貪夫者世家將亾之氣也此必然之理也張湯之時牽連而死者非一士也人主用一酷吏則殺機已動不獨事中之人罹禍其氣燄所取雖事外亦不免也昭帝即位寬平仁恕成風十餘年間天下大變若不知向時之酷烈者信乎轉移世運在人主一念一事而已無極重不可返之勢也商君天資刻薄一旦執持國柄以嚴酷爲心無先王寬大之意法雖行而意則可誅也先王心乎寬仁不得已而用法商鞅心乎刻薄卽用先王之法亦必盡失先王之意況又從而變之乎雖其爲法亦有

可用者有不可用者如什伍相收而迫之使告姦趙廣漢行諸潁川其俗大壞又宗室以軍功始隸屬籍石虎劉子業所未爲二事皆不可行也至於軍功受上賞私鬬被刑僇力本業者復其身逐末怠惰者爲收孥以尊卑等級名田宅臣妾衣服有功者顯榮無功者雖富無所華飾凡此諸事未嘗不善倘以寛博長者立心仁厚行之亦不殊桂後惠文之意但處心積慮必欲殺人則不可爾故商君之罪在乎居心不仁心既不仁即不可爲人上焉問法耶惟君子而後可治天下以其所習皆仁厚之業則所好必仁厚之行所存必仁厚之心也故

曰事寡易從法省易因則民之獲罪者少也易所云无妄者動體而健用也動體而健用者謂欲行於中必行於外欲行者斷以誠然必行者應以不疑所以爲无妄也物感自外而來不疑之心自內而出是以外來之理爲內心之主非以內心之誠應萬事之變故有正有不正不曰誠而曰无妄也商君之事无妄而匪正者也宜有天命不佑之災矣治天下者非不當用刑辟也所治非一鄉一邑之人知愚偏全必不可齊上之人非力不能齊也不以峻厲之法遏其生長之機俟其德洽而俗化蒙開而政成則不齊者齊而民德一矣諸葛武侯張

益州治蜀雖過於嚴肅然覺悟愚迷使髖髀有警出死法而受生理是以身既往人致思也以此益徵商君可誅爾人臣事君之道其上弭亂未形其次撥亂反治未有挑天下之亂而曰爲宗社奠磐石者鼂錯之謀亦左矣速亂臣以實其言幾與楊國忠無異學術不正之過也儒者大惑有二李陵喪師生降輒欲宥之鼂錯忠而見戮輒欲罪之是非若此其書皆可燒也故論錯者雖多必以李觀爲正論陵者雖多必以白居易爲正陵不足惜也然武帝處此前後皆失宜始之遣陵疑其畏敵中止怒而驅之就道後之族陵以公孫敖免咎塞責之

言而怒不加察故後人持論多爲陵惜因貸其罪然陵實無可惜也陵才雖美旣已降敵則疇昔之美一時頓盡不必更爲出脫但當淡責貳師主軍所攻何處而使匈奴左右地之兵皆萃於陵又當咎武帝將路博德之軍調置他處使陵孤軍無援近塞百餘里而救者不至是爲邊將失職然後得是非之正若太史遷得當以報之語未然之事難成之功非所當言於人主之前況欲回雷霆之怒救必死之獄乎皇甫規恥不與黨人此好名之過君子不爲也與君子同行何必同禍與君子同道何必同名范純仁救南竄諸賢所以補朝廷之闕非

欲居黨正之稱也居亂世而友善人嘗問其誠與不誠誠則所資皆實不誠則所資皆虛誠則益進於道德不誠則相從於禍敗誠雖得禍亦輕不誠則得禍偏重若曰吾誓以得禍為期駢首而待斃恐非人情君子無取焉蔡邕未嘗與董卓同惡也朝廷大賢雖亂賊當道不能不用苟不與其凶謀不得指為同類坐中一歎當以金商之對一紀之徙從而原之豈得畏其有所譏訕先事殺之乎其為殺善人而滅紀廢典非過論矣范氏以藉梁懷董並稱亦邕所不受也為治必有變革之為道相異而不相害者也舊俗必不可仍故以相異為貴

至善殊塗同歸故以不相害爲美是以有取於澤火言內明而外悅此明而彼悅也京房考功課吏之法漢百餘年未之行也房創欲行之舉朝皆以爲不可房獨欲遂行之又欲使弟子居外以試其法房居內以達其章奏擇官爲之擇事爲之此朝端所駭異雖無石顯亦必敗矣又有甚不可者凡聖賢所持者理理固人所共知雖強暴之人猶時爲理所屈庸昏傲僻時爲有理之言所開悟故凡事可行京房諸奏不任理而任術所言利害吉凶房一人知之他人不能知也爲之君者雖喜其說之屢中而無確然可據之理以決其疑故讒間易入

且直以術士待之，而誠敬尊信之意亦微矣房所事何如主冥然爲之則知術不知道也靖康初年吳敏欲檢詳祖宗定制及邇年弊政當改者次第施行竟爲耿南仲所沮欽宗既無明哲之德主持於内吳李諸公亦未必有和悅之氣兼容於外宜乎不能行而敗壞無已也況晏興事端若房所爲者乎君子爲學當使身世兼資本末共貫彼偏至而畸立者高論有餘實用不足一旦出爲世用其所資以自營者如構屋而無鑿契未可善世而反誤世也如王衍者口不論世事雅詠元虛逍然自適以此自爲何嘗不善而後進慕之以成風人主用之以當國非其志之務華也非其身之招權也然被以大過而不可辭所資之學原不純粹中正也學旣偏矣又值世方大亂生平所資纖毫不可施用至於頓首賊庭以乞餘生豈不惜哉何晏說老莊則巧而多華說易則美而多僞管輅比諸盆盎之水所見者淸不見者濁觀晏之生平所不見者多矣時人翕習歸服之人已服矣是以不求更進益遂其謬至於殺身而後已此二人者皆名之爲害也名者古今美器造物所深忌也故天地之間無全名若俗情所尙者譬猶蠅也臭腐所在則爭趨之如遇馨香之氣將不驅自遠矣古之道術不止

一家士之爲學不憂其僞而憂其樸後之道術雖出一途士之爲學病不在樸而反在僞夫樸猶有用僞則何用哉且僞則未有不樸者是以雖由經學入官而有法李悝計倪爲政者有兼釋老立言者皆由學術好名使僞者並進其根結於人心而不可解也故吾因二人而竝及之元載專權引文學才望一人親厚之異日欲以自代而楊炎遂爲載所累王叔文專權知杜佑重位自全用以主度支自除爲副佑遂爲叔文所累此二人者皆好美官而不遠小人故也天下之理相違者必相成也相從者必相劘也爲名必失實爲實必失名然二者

實相益也爲是必去非爲非必去是然二者實相資也違而有成是義以成仁也盜名者必竊實盜實者亦竊名乃名實相賊也偏是者必藏非偏非者必害是乃是非相戕也從而不劑則仁不害義矣士大夫好進者必不能遠小人惟淡於名位然後卓然自立管甯所以默遼海而全其堅貞也晉侯欲去羣公子士蔿擇其富且強者先去之故用羣公子之謀以去富子又以其法去游氏之二子蓋富且強宗族所共憎也以衆惡去富強則富強必去而羣子勢弱弱則其人亦可去矣晉之公族所以同歸於盡也獻公若是其忍乎懲曲沃伯也曲

沃既覆大宗復驕蹇其詞請命於朝王靈不振受賂而許之無一語詰其奪宗者晉之子孫習見其事皆懷殘忍之心是以獻公爲此不疑然而他日申生奚齊卓子子圉皆不得其死夫誰氏之子與又經驪姬之詛特廢公族一官數世之後知其不可乃盡用卿之適庶使世其權權有所歸而後此之公子公孫反聽命焉晉所以終亾於六卿也試取全局觀之前人用心所以殘忍若此者全其所愛也本宗孤而無輔世卿强而久據是賊其所愛矣孺子之愛鷇也盛之以雕籠食之以玉粒弋飛蟲以爲侑挹清泉以爲觴惡畜狸之相伺也則杖擊

而遠之不數日而轂數矣是愛而數之非忍而數之也古今以愛相數者多矣惟明主爲能全其所愛闇主則必賊其所愛猶孺子之愛轂也宋襄公之母之罪未必甚於魯莊公之母之罪也然莊公可於練時錄母之變可以母道致送終之禮襄公之母雖其子爲君求一返故都不可得此其故何也文姜雖得罪宗廟未奉桓公之命以出故子不得議母之刑宋桓夫人見出於其君既絕於廟不可復返故子亦不可改父之刑生不得歸就其子歿不得爲之服也然范氏謂子母之義終不可絕生致其孝沒盡其禮此後世事出母之儀則也大叔

不義而得衆莊公處心積慮成於殺弟聖人奚取焉而存其詩也一國三公世所當戒食土之毛感私恩背公義法所當懲鄭人昧於大義猥見武姜之愛莊公之不怒相與美其技藝誇其親暱惟恐不至然莊公之師一出而叛叔者競起向之珍重愛慕者皆焉往哉歸正之心捷於枹鼓邪僻之黨不勝公義也陳蔡方睦於衛石碏遥致一言取州吁如探囊慶父之權殺君巳成國人不與不能不出奔也大義所在人心皆同雖有亂賊莫能抗也此可以決事機之成敗矣爲人臣子知夫不義之衆原不可恃至親之恩原不可怙父母憐愛之私即

異日司寇之案惴惴小心辭寵守約豈惟免於取諸母懷而殺之而失教之譏亦不以累上矣此聖人垂戒之指也詩載晉鄭二叔之事一成一敗皆爲後世戒也宋之義康鄭之大叔也齊之常山晉之桓叔也其所以成敗覘大宗強弱非有義也要之國君之子不可失教驕愛極而背亂生自失教始也裴子野之論足法矣救災恤患古今通義黎侯久寓於衛衛人莫恤黎之臣子怨而歌之其詩曰微君之故胡爲乎中露又曰微君之躬胡爲乎泥中微其事者以事告人而人不有其事也微其身者以身下人而人不有其身也欲託於人而不有

其事不有其身固為窮矣所託之人獨無人心乎人事輕重高下豈有成法皆天理之節文也天理所在節文自生其不及此者在家必替在國必危宋元公意如之外舅而求納魯公賢者舉事正倫恤患不私親暱故足法也爾時預魯事者齊侯無信晉人助亂自謂莫可誰何以後事論之魯未亡而齊晉先亡矣大義不明之禍豈不烈哉虞卿捐相印以急魏齊之難太史公曰庸人且知不可況賢者乎以愚觀之虞卿著書人也魏齊下品以身從之雖捐相印不足蓋愆卿蓋欲捐相印久矣借急難故交之名遂捐之耳六國將相不難於受而難

於辭不難得於初而難善其終蘇秦樂毅可鑒也卿以遊說之身至於封侯此智者勇退之時第恐抗志泰高必受維縶適值忼憤之名可晦逃榮之迹所以超然人世著書怡神萬乘之君不得而縻係也當時之人好奇節而薄廉退雖捐相印之美猶引急難為重未嘗知卿心太史公亦因之然卿即借是以善藏其用也魯仲連之時其事益難故虞卿猶可去仲連必不可受要之兩人皆同心也故曰參合古今之事得庶幾焉揚子曰能參以似者為無難此論世法也歐陽公論易以為象數之學非文王指文王因易中陰陽之理以括天下事物

而發明其吉凶使人知所趨避非爲象數以占筮也此蓋與邵子並時而薄其說者朱子啟蒙一書詳言象數則朱子亦未嘗以歐說爲然也夫筮卦之法即初爻所得一畫而在圓圖之左右已分其畫爲奇不復居右其畫爲偶不復居左此即人之初念善惡分背之象初念爲善即在君子之列初念爲惡即入小人之羣矣自此畫數累增時陰時陽極於十有八變然後卦成而吉凶分焉天道不遽限人以無可逃之數人自趨於數所必至莫能逃爾不至內外之變俱盡皆在可以轉移之數也此天心愛人見於象數者也朱子啟蒙一書爲當時

揲蓍之法多有不同如郭氏前一變獨掛後二變不掛之說乃六扐而成卦不應五歲再閏之義故參伍錯綜計之亦多不合知其非天地自然之數既非天地之數其理必不合於天地所言吉凶亦當有誤安能教人趨避哉若啟蒙之法變見錯出縱橫離合無不同者乃知爲天地自然之數而吉凶亦不爽矣此人事得失係於象數者也且河圖之法陽內陰外內君子外小人也洛書之位陽正陰偏大人麗正宵人側忒也陽大陰小陽饒陰乏陽用全陰用半君子之用無窮小人之技有限也天地之氣至乾而分至坤而翕分由長而來翕由消

而極雖陰陽平分而六十四卦皆統於乾則知陽能統陰陰不能敵陽此尊卑大小之形扶正抑邪之義存乎象數者也若獨取詞章盡去象數是天心之仁愛不能有益於人人事之知幾不能有益於身天地間自然之尊卑損益不能資之以明道義獨與一世君子談盈虛消息所見端而不顧盈虛消息所由來未可謂知易也太史公感慨不平之氣祇可自爲一書不當發抒其旨以論古人之行事以天下公理發私己憤懣聖賢立言不爾也觀班史嚴朱以下四傳其相次亦似有意蓋有嗜進喪軀者即以誕節全生者正之有中立苟容者即

以狂狷自厲者矯之其指似乎以相反之迹警省天下士也陳壽蜀人也憤歎宗國之意夫豈無之觀其爲武侯作傳以校定諸葛故事一篇載於其後以議論錯出敘事中然後武侯之心紆徐而盡達葢興亾之交有難直陳者故必微文見意此亾國大夫立言之體陸機辨亾其指不殊萬世而後當深觀及此者也其論功業則曰蜀中無將論文體則曰所與言者皆凡人下士所謂定哀之微詞曰無將者尊宣祖之雄略曰凡人下士者避上國之光華也其曰無身之日則未有蹈涉中原抗衡上國者是以用兵不戢屢耀其武以此見武侯之心

未嘗以相國怙寵自逸雖天命有定猶必以人力爭之又曰公誠之心形於文墨足以知其人之意理而有益於當世以此見武侯之學可以致君王道以公誠立萬世之則非若師昭父子幸其君孱弱窺竊神器又非若鄭沖何曾依阿淟涊視君國興廢可以朝趨市門造暮則散也蓋旨趣在文字之外俟有心者深思而自得非若他史書可以焯然表見無不盡之言也時爲之也將略不長一語史家以爲毀亮因之誣壽不亦淺乎二氏之書山林遁世之士所以蕩然肆志者也身膺名教位屬瞻望而口之所談家之所尙莫不浸淫及此此非直

身家之憂乃世道之憂也三四十年前搢紳之士薄先王而崇迦維身居朝端心儀西竺謂之咎徵可也班嗣好老莊者也友人索其書拒而不與以學步邯鄲爲喻眞知道之士哉惠遠自是高僧但就彼法中開導亦有餘矣而集緇素爲社至百有餘人震動山谷居然移書太守邀求入社則妄甚矣蓋僧緇好名欲爲人所不能爲而淺中弱植之流羣起附之以匃殘膏剩馥之名也陶公雖與遠交而不入社此公素不好名自然不向此中作因緣也可笑謝靈運規求入社而爲此僧所拒只此一事可觀靈運胷中全無道氣也

繹志卷十七終

竟陵石莊胡承諾謨

廣徵篇第十六

記曰凡爲天下國家有九經所以行之者誠也又曰誠身有道不明乎善不誠其身矣然則天下國家之事皆當實有其理於身身之所具必得事理之極致而後可措諸天下也夫權衡所以揣輕重不爲捶鉤者設也尋尺所以商遠邇不爲運斤者設也龜策所以決羣疑不爲知幾者設也故無其事不必求其類有其事而不識其類未有能致遠也天下一事一物皆有義理之極致

非窅冥無可指視也求諸天命人心之本然盡其理而處以義得其至當而力行之至於純熟無間斯謂誠矣所謂極致者事理之中爾中不擇事小大皆有之中不相襲因物而往附焉中無定用無適而可忽也道義有消長人事有得失氣運有盛衰前乎此者不能盡出一法或以人事勝天災或以兵力平世亂或以王法正人倫或以正道闢邪説或以古法治今事或以後車鑒前轍要使已壞之人心自我挽回若巨防障狂瀾將絶之義理自我宣明若白日照幽暗内不顧私己外不牽流俗而後能有益天下也夫斷木爲棊梡革爲鞠莫不有

成法古之王天下者制器尙象自無之有觀遠察近畫爲成法以授後世顯然觀仰晷然取資無不愜於心無不給於用無不周於變要皆因天地百物之理與象而非聰明智巧所揣摩也君子修身成務之業亦當如是取古人良法備今時事用或因事爲師或推廣取義要皆不違乎天地萬物之理猶夫制器尙象兩目相承而爲網罟下動上悅而爲舟車之類也然而聖賢之學不止於此蓋內外交相養也動靜交相養也不一其內無以制其外不齊其外無以養其內靜而不存無以立本動而不察無以致用不忘百姓之病是以不忘帝王之

功不忘帝王之功是以不懈夙夜之學夫豈補綴於此滲漉於彼小成其道卑陋其業也哉傳曰君子之言信而有徵所徵者廣可信不疑甯博聞之爲貴與人君卽位必紀元以首事所以出政令別先後俾臣民有所奉史策有所據也易曰元者善之長也所謂仁也卽位之初不以一紀而以元紀欲其以仁宅心政令皆從此出也自古及今嗣君卽位必踰年而後改元蓋臣子之義繼父之業成父之志不忍改父於一歲中也楊駿輔政未逾年改元後知其不可惜於前失令史官沒之明年復改元其闇於古義固無足怪宋太宗賢君也一歲之

中既稱開寶又稱興國變遞載恆制急正始新令終始之義不明似乎攘其所有亟於自帝不宜在盛世與賢君也秦漢之君有後元之號議者譏其非重始之義漢武帝因事立號數年一更改元之法又爲之變有一君而十餘紀元者王通曰改元非古也其於彼心自作之乎胡氏曰歷世無窮美名有限不若編年之爲正也今立號既久古制亦不可用明代之君不再改元爲可法也齊桓公先子糾而入爲正晉文公後惠公而入爲正所以異者何也無知者先君之賊也承雍林討賊之後故可先入以居其功奚齊卓子先君所命里克起而殺

之此時先入是與聞乎弑也故以後入爲正也漢大臣迎代王齊桓公之事也故宜速赴不宜猶豫楚觀從召子干晉里克之事也故宜遲回不宜決起朱昌勸文帝舅犯止重耳非能有先見也明其理而決斷焉爾漢文帝有所迎而入者也元仁宗無所迎而入者也義之所在不約而同也若元之文宗大臣爲之內主而嗣子失其權乃里克之事幸而成者不可以常理論也隱桓之論二傳絕不相蒙先賢所以博觀義理也公羊之說宮闈貴賤通論也穀梁之說長幼先後定序也公羊所據者大國之女有手文之祥來歸於我不可以卑位處之

故以仲子夫人爲正夫人既正則隱雖長而細於貴而賢無論蓋世及之禮長與貴皆有定次賢則無定名從有定者與之所以止亂也穀梁據諸侯不再娶之義而以仲子夫人爲不正夫人既不正則隱桓貴賤不殊而隱爲兄爲長當立而不居是出於讓非出於義也讓者小善義者大綱以小善害大綱亦當從不正論故舉三端以正其失一曰以惠掩義一曰以邪妨道一曰探尊者之誤而遂成之也二說皆有理顧後世所用之宜何如耳詳觀此案宮闈之內定不可逾越先王之禮而假借名器魯國之事因禮制既逾名號遂疑公子翬始有

奪此與彼之心是以菟裘不遂鍾巫遂及端本正原惠公不再娶則仲子不得爲夫人所有公子皆隱弟也亂無由作矣惠公假借名號使有配嫡之嫌人情疑貳亂賊生心穀梁謂之邪志豈不然哉手文之祥適爲兆亂非有天命也若隱公者以國與弟而以庶子自處且明庶子無承先君之道而有攝嗣君之道幼則攝之俟其長而歸政焉蓋攝有二義童昏不可主鬯則攝之恐强臣懷二心則攝之有長君者二禍免矣隱爲萬世立法非但率潔清以去國是以春秋中賢之也春秋書奚齊曰君之子變稱子常例而繫其君穀梁謂國人不以爲

君其義可不君也胡氏曰其爲子而弗子者莫能使人弗子之也非所子而子之者不能使人亦子之也合二義以觀愛之適以禍也尊之適以危也其不能得之人者雖強行一時仍失據身後可以破溺愛之私寵授之偏矣宋有公子馮之釁而華督動於惡晉有重耳夷吾之釁而里克動於惡宋有湘東三王之釁而壽寂之諸人動於惡亂臣賊子未有無郤而動者有國家者先事而圖不以郤示天下則亂心不生亂事不成所謂先事而圖亦無他術明禮而已矣蓋爲治者以禮鞠養其人以禮扞衛其人制其等殺示以撙節使物不窮於欲欲

不淫於物所以養也享獻以訓恭儉燕好以示慈惠玉帛周於境外等級肅於國中使兵革不見刑辟可省四民不遷其業上下之分無所倒置人倫親疏皆和順雍穆無慢棄之過所以衞也故禮者社稷之基治安之本晏子對景公是也中葉之君亾禮於微害成於著亾禮於身害結於後嗣至其一旦固不可救矣杜預以衞君拒父爲不義故衞聵得稱世子趙鞅爲義齊國夏在不義之列公羊穀梁以爲義雖石曼姑衞之臣子亦可帥師距亾人也此從鄭元江熙各持一說范甯注穀梁亦不取穀說而云傳義未喻夫此事既折衷孔門矣然猶

傳此二義故知是非之際審定爲難以今觀之公羊所重王父之命杜預所重父子之倫父命時宜也天倫定理也二者相校定理爲長夷齊之事一尊父命一重天倫適與二說相符觀二人皆不有其國所從者定理也故范甯違傳從杜胡氏亦從杜而引孔門言爲徵也孔穎達曰公子郢讓國不受然後立輒然則輒之立也據周禮適孫之文非有靈公之命也其拒父也緣可立之勢貪得位之樂非有靈公之命天子之敕也穎達所疏杜預之義故淡駁王父命之一言以伸杜氏之說宋襄公納孝公亦然雙臣爭權先君之殯失時鄰國聲其罪

伐之是仗義也公羊所以義宋襄也然孝公者武孟之弟桓公以私愛屬諸宋非正也武孟旣立齊有君矣伐正而納不正故惡其助亂且伐喪也穀梁所以不義宋襄也亂長幼之序爲重爭權爲輕當從其重者責之故胡氏亦從穀梁與衞事同古今之事參伍觀之乃見其極則上士所順者德也下士所順者意也衆人欲有益於其儔賢人欲有益於其世聖人欲有益於後世國夏曼姑之流所益者其儔也奉先君之命以伐亂所益者其世也不以一時之重易古今之重所益者後世也此論事之準也爲其儔立說者衆人也爲其世立說者賢

人也爲後世立說者聖人之徒也亦論人之準也齊文宣之狂暴一旦身死二弟不利孺子夫復何疑如人家祖父不尙禮義不幸子孫孱弱族之强者卽欲奪其所有不惟習俗使然亦好還之理所恃者宰輔忠誠臨大節不奪耳然爲二叔者位尊地偪爲宰輔者主幼時艱此時兩家之事必有一敗敗則不在驍雄之王子而在迂緩之儒生也夫孝昭者旣已行之而放將死之際不思兒子誰殺而欲人之免其子乎蓋大權入手自以爲萬世之安寒暑未周身若朝露退思所爲悔之無及姑爲好言以慰後起冀以滾悲之旨幸免於萬一然而必

不可免者其定勢然也亦足鑒矣夫事之成敗雖不可知就其發見之端而定勢已具其合於人心者即合天心者也其不合人心者即不合天心者也成不成未可知而天人所助必可知也所謂天人之心者高卑上下各稱其職智愚好醜各用其誠知代匱之理則微賤不可棄謹倚伏之幾則備豫不可弛不期效於前不責報於後庶乎有逸豫無險難矣後之君子居心不淨常爲情所亂情既亂則知必紛日以其知假借義理日以其力役使羣動怵之以威誘之以利然而大業不可誑立微物不可術欺事將成而物敗之者有矣事將成而已

敗之者亦有矣夫合耦仇匹天之道也無天下皆愚我獨任智之理無天下皆弱我獨怙強之理君子處此必也小其心而大其識是以能合天道集義者所以大也依仁者所以大也夫則所如皆順否則所如皆逆惟君子而後能處順也晉惠公在秦秦伯許釋之晉侯之意但欲鶻突一歸呂甥爲謀先立君於內而後迎君於外以示人心和睦國勢強盛備禦修舉鄰好敦固安詳寬綽無周章失措苟且乞憐之態見於國人所以軍敗君獲尚能立國也蓋抱空質猶是下策而舉措不亂足以服人雖其對秦伯之語一恭一倨總曰不憚征繕此特

舌戰爾所以立國不在此也呂甥可謂知士矣謀立新君以免舊君救君於危策莫善此宋襄公用之厥後廉頗請之王旦請之明景泰行之皆呂甥之智也然亦有不同者晉意在秦宋襄在楚皆君有別立之意臣奉行之非出臣下意也故君還而不怒其臣如鄭公孫申明景泰帝君撫是命居國者以意爲之所以舊君懷憤姦凶肆戮此亦不可不辨也春秋之義高子臧之節許季札之仁子西子郢皆稱美簡冊而責子干效亦不立蓋爾時因亂得國鮮能善終或見弑強臣或見誅舊君其復國而安之者未有非其舊主也惟負芻展輿遂取而

自有之若明之景帝既不能爲子臧季札守節不移又不能爲宋目夷讓而不有甘以其身爲曹負芻莒展輿勢必出於南城之錮以釀奪門之禍矣然尚有可救者甯武子宛濮盟書闢發內外同心之理俾行者居者偶俱無猜薿欲衞侯詳味書中之意上下相安豈知其君含怒不解掩國內無備而渝盟去其弟是武子之盟欺國人而瀆明神於國事無毫末之益也景泰之末于忠肅身在事中不便以宛濮盟書主張朝端其他預密謀者皆小人誰能引古義斷事者是以豪帥漏誅於歂犬忠樞蹇禍於元咺也通鑑載韓琦請太后還政太后遽

起琦郎命撤簾簾既落猶於御屏後見后衣也嘗疑舉事太遽當日未必若是後世亦不可復行本傳則不然琦先白請內批某日更不御殿然後令捲簾撤坐英宗猶曰莫未否琦曰已得手詔矣如此君臣母子之間各循禮義未失歡心始爲事之可行書之可信者通鑑所書何鹵莽也故曰君子避礙則通於理宋有兩大案不善用之皆足誤人濮議一案以子無爵父一語尊人主天性罔極之恩勢不免齟齬於當年亦未必取法於後世當時中書所據者儀禮喪服之文爲人後者爲其父母服又據開元開寶禮爲所生父母齊衰不杖期以此

爲稱父母之據不思二禮所云爲其父母者乃詞窮而無可易故道其實以成文不當舉以爲據者也中書據之乃曲說也持此以亂正義宜當時諸公之不服矣又引宣帝光武皆稱父爲皇考其說近是然宣帝光武不及所繼之嫌故得遂其尊稱濮議之時太后固在也進濮王爲皇考置太后何地中書獨未之思耶惜乎此論未決而罷使後生不見禮義之定案也愚謂人情隆於所生未爲大失然不可謂非私也爲臣子者必欲求其據於典禮以明其非私故其說反多穿鑿附會而不可爲典要避私之名而有失禮之實非所以愛君也胡不

俟太后賓天之後議之以所生皇考爲定名明示天下以不容已之情則於禮無憾也蓋曲說不敵正禮眞情猶可敵之若夫明之睿宗猶唐之讓帝元之裕宗未嘗一日爲君自不能亂正統禮之秩序固在也兩統之說毋乃太激乎紹興一案金繒帑藏輸於怨家加以名號不正此忠臣義士所痛心疾首也然欲壯國威即當修備修備之道先明大義以一人心至於施爲之際亦當權其先後辨其名實先者内治也後者邊功也恢疆復仇者名也秣馬養兵愛民足國者實也先後名實秩然不紊卓然有效而國勢立非獨任盛氣直詞遂可威服

境外也有宋不然人君晏安之好牢不可破國家財賦所出益以日削民閒供億之苦漸不能勝李綱疏陳買馬陰以內批立限破之所云大軍月椿錢東南已不堪而怨謗作矣況他徵發乎夫無馬與餉何以用兵無兵何以恢疆復仇此勢之必不成者所以奸臣敢行其意而誑之誘之迫之怵之翻有似乎從衆心之所同是以能與天下正議論爭是非也如木腐蟲生病不在蟲而在木也然當時慷慨激烈之論亦未嘗託諸空言甚講明義理使萬世下知和戎不可恃國恥不可安苟延一綫不可立業大勢一傾百難並作雖有智者莫能措手

人君常念及此制治保邦於平日寢苫枕干於臨事勉圖中興之功不遵覆車之轍則當時諸公抗顏力爭之益大矣宋襄公母既出矣而爲太子如故也其自請桓公欲以國讓目夷卽漢東海王之意目夷不受桓公亦不許足以徵光武之失矣三代以上易樹子者內有大臣不服外有彊鄰致討是以母雖出子猶不廢漢唐以來母廢而子亦不安其位夫婦之道既苦父子之恩復絕胡不以宋桓公之事正之太子別居廢嫡之兆也申生曲沃楚建城父是也公子別居耦國之兆也桓叔曲沃棄疾陳蔡不羹是也故曰五大不在邊五細不在庭

親不在外羈不在內不易之理也太子不可將兵正於里克之諫四晧之謀矣溫嶠執鞚而止明帝不當申言之更有可慮者魏太子擊齊而左右啜汁者皆勸之戰乃知不威不孝之謫既屈於理而勸戰啜羹之望又迫以勢合二事以觀太子決不可將君亦決不可使太子將也宋孝宗時陳亮建議用肅宗命廣平王故事以東宮爲撫軍大將軍整旅建康北向以圖中原亮徒知唐史有廣平之命而不察爾時東宮非廣平比也肅宗與廣平俱在軍中雖有撫軍之命猶之乎偏將耳進退誅賞仍取上旨孝宗深居九重太子將兵於外可引廣平

爲故事乎易曰差之毫釐謬以千里此間之差當不啻千里也觀光宗他日兩宮之禮尚爲讒邪所間子道不終若使專命於外羣小從而導之禍機所伏當有更甚者晉陽之甲可見諸父子間乎始事者何言之易也古者元舅就國皆天子爲之經理王命申伯其禮可謂備矣然備禮遣之不使與聞政事於朝所以無西京王氏東京梁竇之禍又以見先王慮事之周也蓋人之生也非以力代食則以事稱餼雖里巷之恩一飯不可幸致也勢之最捷者無如外戚故幸之最微者亦無如外戚據已重之勢取必新君屈人主之尊致禮權貴以一家

之寵室後進之途以衆情之憾求一姓之疵苟一人有敗則舉族全隳此最危之地也故外戚榮不再世替輒沈族豈非道家所忌盈而必覆者乎第五倫請封侯以富之勿以職事任之洵越人箴砭也成王以周公有大勳賜魯重祭禘於周公之廟以祀文王而周公配之蓋諸侯不敢祖天子而周公得配享文王以是爲尊周公云爾又云夏正孟春郊祀上帝配以后稷牲用騂牡諸侯不得用天子禮而魯與周同祀同配亦以是尊周公也此見朱子詩注可信不疑者然非謂世世可通行也明堂位之文魯君世世祀周公以天子禮樂每歲孟春

祀帝於郊配以后稷大路龍旂一如天子之儀其說原不可信安知非王莽時羣臣妄撰以實居攝之事乎王安石說此義謂周公能爲人臣不能爲之功故可用人臣不得用之禮微窺其意竊爲此說幾幸他日寵錫殊禮於其身乎甚矣此公之妄也程子謂成王賜之魯公受之皆曰非禮所以折安石之妄也公羊論魯郊非禮胡氏從之朱子亦從之蓋春秋注云魯之郊禘惠公請之猶未卒以爲常僖公始作頌以誇其盛則知其僭不自魯公也又考閟宮之詩錫之山川土田附庸未及郊祀豈有世舉其事而奚斯略之者詩中所云龍旂騂犧

固已屬諸莊公之子矣益知其僭不自魯公也春秋之時以魯爲有道之國諸夏賓禮樂焉孔子曰魯之郊禘非禮也周公其衰矣衰之一語必不爲魯公言也公羊子曰魯郊非禮未嘗指摘魯公而目言之魯之子孫必待卜吉後郊不吉則不郊也先儒謂禮不當祀故待卜也若是祀之命受於成王則禮所當爲何待卜哉又以知其僭不自魯公也所以朱子之書不言成王無是賜第云後世之失禮譬如梁孝王得用天子車旗終其身而止子孫安得承用之故曰魯郊非禮也然則程子之說非乎曰程子之論蓋準諸禮君不與同姓同車與異

姓同車不同服雖周公尊親猶曰非禮況不若周公者乎蓋不爲安石起義論理亦當如是若夫鄭氏之說嘗所郊者蒼帝靈威仰非昊天上帝范甯注穀梁亦從之其說出緯書非經義也萬物各有愛惡生殺之情放而縱之莫可極也在上者爲法以齊之非直禁切其縱所以默全其生也耿純欲避朱英之恨光武爲徙封袁宏論其非盡一之法然處事之宜又當以光武爲中若持高論以齊末俗恐一旦不能止其忿發然後用國法治之其株累多矣可徙則徙兩家皆受其福朝廷之法猶屹然在也此亦禁於未然之指也御車者待其已奔則

無救於債操舟者待其已沈則無救於溺先事而弭以光武爲得其中矣夫乂用三德書之指也時乘六龍易之指也威福予奪抑揚進退各有深意總以納天下於中和治法出於中和則無偏黨矣託孤寄命蓋國家不常之事春秋書季子以賢之書來歸以喜之宗臣之義如是焉已矣孟子曰貴戚之卿君有大過則諫反覆之而不聽則易位易位之說無乃太甚奸人援此以陷趙汝愚則其流弊也伊尹未嘗有放太甲之事也營於桐宮密邇先王不居宮禁而居山陵以動其孝思發其天性好事之徒以爲放焉成王初朝羣臣於廟其詩曰閔

予小子遭家不造嬛嬛在疚言喪畢思慕意氣未能平也先王之思不待密邇山陵得之此周公所遇賢於伊尹也霍光受命與伊尹同而微有異者昌邑非昭帝命嗣也賢則當立不賢則不當立其立之非有所私以親與也廢之非有所忌以不賢奪也尹復辟而光易位其心則一也無伊尹之志而篡者桓溫是也海西之命有所受之不惟臣下不敢議郎太后亦不得輕議也況誣以宮闈之事愚天下哉故桓溫者古今漏網之人罪在不赦者也桓溫之罪與徐羨之三人同三人討而溫免簡文之政不如元嘉也後代有伊尹之志者其惟韓琦

乎韓琦處兩宮間復有任守忠謀孽其旁而調護誘掖無不盡其苦心至於彗出復沒言者多以爲憂琦曰借使復有一星出欲何爲乎此無他英宗之命受於先帝非太后所可廢置見之員而守之固他何知焉琦之處此更無他術必誠必恭而已不恭則有居功之意兩宮皆不悅不誠則同列不相信小人得而間之若韓琦者乃可臨大節而不奪也仗節死義之臣因國家多難而後有不可嘗試也平居無事有能輕爵祿者必不避難險有能抗權勢者必不畏死生臨難仗節死義即其人也宣帝以蘇武堅貞老臣令朝朔望稱號祭酒及其卒

也圖於麟閣明著中興輔佐其尊之也至矣憲宗知白居易家貧用姜公輔故事以學士兼參軍便養其體之也周矣此皆位不甚尊優禮獨隆所以養人之氣節也氣節之臣用於朝必能逆折姦萌潛消禍本天下晏然無主憂臣辱之事其人亦以功名終亾何在事前者無所見而不能知在事中者有所蔽而不能察在事後者禍已成而不及悔不可不於無事之時任用其人以消弭天下大難也天下禍亂之幾苟露其端未有不至極盛而後已者迨其已盛未有不消滅也呂后之虐高祖未年有其端矣陳平善計知勢不可過故封呂之事順

而從之至於假子正位宗黨橫恣則其氣發洩無餘從而決去不難矣故用陸賈之謀決之而已當方張而抗逆必有不測之禍爲社稷憂白馬令是也幾至不能決斷必有小人起而承之以亂易亂而禍亦及社稷齊王冏是也籌度精妙百不失一大業絕而復續天位曠而默延古今二人陳平狄仁傑也儒者論世或舉仁傑以責平勃亦未盡然仁傑天后所自相也平勃高祖舊相也其情已不同矣仁傑斡旋在天后既倦之後平勃順從在呂后方張之始其時又不同也仁傑不生郝處俊之時所以復唐平勃不蹈褚遂良之節所以安漢事之

成功能扶大義而不悖於義者寬爲之途以養銜公之氣君子之心也苟論刻責奚爲哉王者用賢當養其聞望歷官既久而任始大則榮途坦然中外允愜不可開驟進之門長奔競之風也宣帝用蕭望之先試守郡又自九卿左遷馮翊使諭意曰所用皆更治民以考功君前爲平原日淺故復試之於三輔張嘉貞對元宗曰昔馬周徒步謁人主太宗用之能盡其才者由及時也周年五十而沒向使用之稍晚則無及矣陛下必用臣者宜及其時百年上壽孰爲至者若血氣既衰無能爲己用宣帝之法則恐歲月易邁有大才而不克成功如嘉

貞之言恐躁進者僨轅破車亦未必能盡其才也必也
人主待士常恐不及其時十旬九遷不爲速士之自處
常懷不敢僥幸白首郎署不爲晩則兩得其道矣漢之
徵賢也詔下御史大夫御史大夫下相國相國下諸侯
王御史中執法下郡守必身勸爲之駕故龔勝曰竊見
國家徵醫巫常爲駕徵賢者宜駕哀帝曰大夫乘私車
來耶有詔爲駕是賢者就徵皆得乘傳也桓帝以安車
徵韓康康辭安車乘柴車先使者發至亭亭長不知其
徵君也欲修道橋而奪之牛使者知而欲奏康爲請乃
免是漢之徵賢不獨爲駕且遣使也昭帝時涿郡韓福

以德行徵至京師賜策書束帛遣歸詔曰朕閔勞以官職之事其務修孝弟以教鄉里行道舍傳舍縣次具酒肉食從者及馬長吏以時存問常以歲八月賜羊一頭酒二斛不幸死者賜複衾祠以中牢是漢之賢者雖不受祿得存問賜予縣官終其身也賀知章辭官歸吳君臣爲詩以寵其行元宗詩曰豈不惜賢達其如高尚心是古賢去國其君欲留之不能既去而深惜其去也後世不重廉退之節亦無優給之賜五兩之綸半通之銅以徵逐營求得之以詭隨繾綣守之雖有挂冠神武抗志箕山過六百石輒自免者人主無由知公卿不同好

此人褰裳疾足惟恐見羈縱復經營管甯之消息圖畫宗測之形像益增其愁懷若爰居之鐘鼓也此今昔之不同也漢元帝不用馮野王此中主之私非大公之道王道正直而已不可以賢賢之故爲加曲私況以曲私之故舍賢避之乎以親故避嫌是未嘗眞知其賢也如不眞知其賢則用與不用不甚相遠古之用人也取以天下公論試以當官職事有黜陟以勸戒其人有賞罰以稽覈舉主何憂薦引不公官常不勵乎耦人廣衆之中一言知其善則摻袪而亟取之兄弟之國十同姓之國五十而天下不以爲私近不失親遠不失舉而天下

義之稱其仇不爲諂立其子不爲比舉其偏不爲黨而舉朝歸美焉若之何避親而棄賢也至寶在天地誰不知之所以不甚愛惜者姑其非己有也美物在天下誰能私之所以必欲強致者懼其爲人有也庭有嘉樹樂封殖之嘉樹生於道周莫爲封殖謂無益於己也登千仞之峰不自知其高俯而下視衆山如培塿人物如蟻動而後逌然自喜者樂其相下也若不以公理爲心則用之與舍其失同爾崔祐甫因非親與故孰能知其賢鄧潛曰用人之法恤公議於獨斷未行之前謹獨斷於公議已聞之後持此道以用賢則公私之見皆屏除矣

望之恭顯之事乃書傳中君子小人相傾之始從來外戚中官如輔車相依所以終始一心必不相負宦官邀寵必因緣勳戚勳戚攬權亦布腹心託耳目於宦豎正則相助爲理邪則相依爲命所從來遠矣惟朝士中變態最多比周讒諂與時遷移逝梁入幕曾無定迹人主墮其術中端士困於言下非一狀也蕭周許史之案兩家相對未嘗有勝負也其中轉轂在乎傷興數言王安石所云邪正方爭加銖兩之力而千鈞頓爲低昂正此類也人主愼重不決旁引一人爲助傾危之士因上下其間爲之妄說以爚亂之李德裕所云鼓天下之動以

養交遊者也元帝於此貶則兩家俱貶用則兩家皆用郭父老害伯之言若適爲元帝發也行潦之詩言烹饎者一言濯垢者再則知去惡之難倍於致養爲人上者不可不加之意若之何混而無別也唐以諸州之賦析而三之其一上供其一送使其一留州送使留州皆給有司之費天子不問者也漢制山川園池市肆租稅之入自天子至封君湯沐邑皆各爲私奉養不領於天子之經費卽其法也唐之山川諸賦頗入天子矣故以免庸之錢當古者湯沐之費以畀有司不如此不足窒貪墨而養其廉亾何德宗之時李泌請留州之外悉輸京

師元友直何檢諸道稅外物悉入戶部其後裴洎又以送使之財悉爲上供上供頗益而不加賦當時以爲善政其實彼此易名皆使上供益豐州支益微徒知財利之權宜筦於上不復分別傭力之錢義當予下也且又有不加賦而民已病者有司百務蕭索不得不抑配民間細而斗斛折變微利亦歸於官大而飛芻驛傳囊金積帛以輸權門行暮夜者盡取諸民展轉相須不爲限制則展轉相蒙不復檢察一紙之令使天下之官皆喪其節天下之民日傾其資政之不善孰過於此此熙甯以後之覆轍也立國之道所以貴重貨財者謂其好用

之則庭實旅百取足其中以武用之則堅甲利兵足以備不虞金湯非粟而不守也人君躬自貶損與天下共守節制而不敢渝焉所以使經費有餘民間不困征斂也斂之既盡有司所負必多譴責不已罷斥亦多奸胥知守長數易而侵盜亦多有司倦於檢察抑配見民益多奸民恐抑配見及故遲留正賦以伺苟免者亦又多矣未知何術以處此也必也上供之外仍以庸錢與州然後杜監司脅取之門塞長吏抑配之竇俾賢者足以養廉貪者必於得罪而後王道可行也然天下之弊日深月腐不可勝救者其原皆私之一言人臣私其身不

得不私其儔大臣私其儔不得不私其屬展轉紛糾以及遠方小吏皆在所私之中行之旣久避私者胥舍直道遂私者卽遁迹公途人人各行其私而爲之以公焉李泌諸人之罪可勝言哉宋初役法以衙前主官物里正等督課賦稅壯丁逐捕盜賊散從給官使令各以鄉戶等第定差惟衙前一役最號重難所謂衙前者倉庫綱運是也倉庫則失陷責之綱運則車船補敗責之農民不堪往往破家故爲最難其餘諸役皆不得募人取代民有高貲或子弟業儒皆當爲弓手執賤役是以苦之此差役最初之害也熙甯變法賣坊場雇衙前民間

不復知徭前之苦而中等之戶出錢不多最爲甚便此雇役之利也若上戶舊雖有役而得番休今輸錢既多於往時又無更休之歲下戶舊無役者今亦不免輸錢舊所役者皆土著良民今皆浮浪之人恣爲奸欺又農民出錢難於出力凶年則賣莊田牛具以易錢納官而提舉司亦多斂寬剩爲功此雇役之五害也元祐徵此五害更復差役官收坊場之錢民返徭前之苦所以羣議沸騰又上下二等頗欣躍中等則反爲害度差役五年之費倍雇役十年此復行差役之害也總之新舊二役皆有利害秦晉之人差爲便吳蜀之人雇爲便安石

光皆蚤貴不能周知折衷論之民有田則有租有丁則有役茍以術前爲難者司馬光亦請如舊制於官丁寺觀單丁女戶之類有莊產田屋者隨貧富出錢佐之其農民不願供役者光亦許擇人自代如是則差役固無害也民出錢雇役遂得閑門安坐爲資生之計惟寬剩錢太多是以復困茍嚴禁寬剩勿使歲有增益則雇役亦無害因其利而去其害二法皆可行也此二役沿革之辨也以今觀之大率雇優於差蓋有司取錢過多乃貪吏所爲茍得良吏此患除矣村戶之民執役於官百費繁興不可勝較故喪家破產者所在而聞雖在良吏

宇下亦未嘗安其生也竊意雇役雖弊尚未必至此夫公家之務有利亦有害者非天下大惡政也惟民間皆被其害官吏獨見其利者天下大惡政也吏善則百法皆善吏惡則百法皆惡治天下者擇吏而已矣　占測之學信而有徵者善雖云有徵無益禍福之定數也漢建始三年日食地震同日俱發谷永曰但日食則妾不見但地震則后不見二者俱發明同事異人杜欽曰日食中宮之部地震掖廷之中此必適妾爭寵而爲害者欽永同辭皆知致災者二人一正后一嬖妾燗然在目但不能言其名氏爾厥後昭儀姊妹非二人乎所謂信

而有徵也然而妨嗣傷主之害不在日食地震時而在永始元延之間與綏和之末相距廿有餘年當二異俱發適有一許后代之受其譴責舉朝恭然以爲咎在許后矣永等不能言其非許后也所謂無益禍福之定數也嬖色入宮處耳目之前妨繼嗣傷聖躬在二紀後告戒則爲日太蚤徵應則爲期太遠此天心之不可知也李淳風謂太宗曰臣仰稽天象俯察歷數其人已在宮中淳風之術壹似優於永欽要不能指其人而去之雖知其人未必敢斥言也雖斥言之未必能決去也其實一也故曰信而無益也漢武帝篤好鬼神末年巫蠱事

起京師流血事之相因者也蓋謂鬼神能降福則亦可致禍福可禱祠求禍亦可詛祝致矣巫蠱之言所以易入也光武信圖讖末年亦有妖妄之獄乃知鬼神之説臣下惑之其禍猶小人主惑之其禍必大善乎子產之對晉侯也人主有疾歸諸出入飲食哀樂之失節可以儆晏安而不惑於神怪然後爲賢者之言爾高帝用兵可謂善矣既分張耳韓信定河北又遣劉賈一軍擾河南非謂此二軍足以擒項不欲全盛之力用諸一隅闢地廣境而戰項之軍若無閒焉所以終擒項也光武遣耿弇別將取齊鄧禹馮異別將取關中高帝之法再用

之而效矣葢重兵聚於一方膠固牢結而不可離者拙
於用長者也故遣別將行間道非善用兵不及此若項
羽者每戰必自決勝不肯假人以兵牽制於河南而坐
失河北此失策之尤者焉能與高祖爲敵耶光武遣師
入蜀戒吴漢堅據廣都以待蜀人之攻若其不來轉營
迫之須其力疲然後可擊夫懸軍他郡既已近其國都
而堅據一城曠日持久豈客兵之利乎葢用兵宜觀大
勢故閻寶謂莊宗曰情勢既得斷在不疑當建武十二
年天下大勢已定蜀人之心不固久矣一旦大師壓境
人人知其必亾英雄豪傑之士必不爲之盡力其餘庸

人緩於徵歛需以時月終必取之不必爭一戰之利也昔高宗伐小蠻夷三年而後克孟獻子城虎牢以偪鄭堅據廣都即古聖賢故智也李靖破江陵虛者在內實者在外則宜急掩其虛吳漢入蜀屬城外叛國都內孤則宜坐待其斃司馬昭破淮南亦得此法但以逆害順不可爲訓故不足舉似爾每見入蜀之師惟苦關隘難踰既破關隘未有須再駕者蓋兵已踰險歸路阻絕人自爲戰不全勝不已而蜀人亦怯懦不可與秦晉荆楚爲敵故桓宣武朱齡石皆以此得志也周世宗越壽春而取滁楊仍宜從陽欲以滁陽懼壽春使速下爾乃劉仁贍

之守卒不可奪故滁楊終不能有班師之日舉而棄之蓋客兵道險深入主人不懼而退則客無所依雖得城邑不能守也唐太宗征高麗欲舍安市城而攻建安李勣不可太宗雖強從之意不以爲然也卒攻安市不下斂兵而退以世宗之事觀之舍安市取建安猶舍壽春取滁楊也壽春不下滁陽不可守則知安市不下建安亦不可守勣之留攻安市者是也善取國者攻其國都不攻支郡彼建安滁楊皆支郡也必也破其國都則堅城亦下故宋武直趨關中周武直趨鄴下得用兵法矣兵法曰禽之制在氣氣之在人有因休息始復者有因

休息益耗者有鼓而用之而後銳者有縱之使銳而遠衰者蓋志聚則氣集志怠則氣散也曹瑋鎮戎之戰誘敵人百里趨利追其既及俟小憩而後戰蓋遠行之人小憩則足痺其氣亦闌此因息而耗者也王武俊貝州之戰謀回紇衝陣而過使人馬盛氣皆用於空虛之地然後陣合而擊之此縱之使銳而遂衰者也此二戰者皆以奪敵之氣其氣一奪在乎俄頃之間而彼已敗矣我已勝矣西南夷之兵甚弱未敢抗衡上國所以妄有期請者譯人導之非其本心也故魏武曰羌胡與中國通自當遣人來愼勿遣人往善人難得必教羌胡妄請

因以自利不從則失異俗之心從之則無益於事此從來譯人通弊當事應之失策邊徼不靖者多矣然其爲亂也如鼠之距穴不能遠有侵軼但欲底定甚難蓋以地勢險阻窟穴甚多彼所習熟外人所不悉大師入境逃入窟穴搜捕無術反爲所覆若以重兵困之運道甚艱瘴癘難禦不久即當旋師師甫旋而蟠聚如故矣韓雍征大藤峽議者欲以偏師逐賊以大軍困賊曰逐曰困皆無志於戰也雍斥之曰舍賊巢不圖而趨其末未見其可當全師至彼南北應援并力撲討何煩於逐蠻夷不可以禮義較惟戰勝自服兵貴拙速不尚巧遲何

泥於困破此二議不旋踵奏績矣從來馭南夷者兵威既振必以赦罪納降爲善後之策葢南蠻之兵剽悍而無紀律攻之易破也以戰取勝非多所殺傷不能定亂即舉疆土有之又當設官作鎮留兵遠戍皆非盛德之事且非息兵之法不如讋服其心勿侵擾吾民足矣禹之征苗侯其來格諸葛武侯亦用此法於南中范史亦曰蠻夷雖附阻山谷而類有土居其凶勇狡算薄於羌狄故陵暴之害不能深也夫荀吳滅陸渾之戎春秋無貶詞以其密邇王室不可縱之雜處故以滅之爲義然僅得無貶非襃之也後之禦南夷者不惟屬乎冢胥且

欲隸諸職方章惇因是捷取遷陟其不爲惇者禍兵莞外奏功不時備所恃以事無用故賈捐之之對論事者淡有取焉忌得葳而吳伐之越雖敗而吳卒亾禍德在燕而秦滅之秦雖勝而燕卒復論者美燕越之終事而不咎其始之覆敗則非通論也始之覆敗刑政失也終之紹復天心未絶也後此之天心不能救當時之政刑故其復也若可幸而其亾也亦可鑒君子當先謹人事後順天命也天下之埶如六王三國分而未一有大志者先務富强厚其基本然後舉兵四出以强大服弱小而無憂不勝司馬錯所以先取蜀諸葛武侯所以先定

南中也天下之埶如秦隋民不堪命欲救世者先張形埶聳動天下然後富民禮賢安定人心培養國脈高帝所以閒道叩武關唐高祖越河東取關中是也務富強者不擇時皆可爲之張形勢者乘我方銳擊彼方駭討不返顧機不旋踵冒險阻而進猶可操全勝稍遲緩焉則身名俱喪無自全之地矣苻堅之勢與六國同舍根本事遠略是以失之桓溫入關長安咫尺而不渡灞水北伐之師巳應元子入河之兆留滯枋頭而不克進是以亦失之也陳勝以二世元年七月起陳八月卽遣武臣徇趙鄧宗徇九江葛嬰徇蘄以東一月之中其衆四

出甯不畏孤立乎蓋秦以全盛之天下勝廣欲起而亾之非裂之使碎則不可得志多爲之敵者所以裂之使碎也因武臣而燕齊起因鄧宗葛嬰而項梁沛公起其餘楚兵數千爲聚者不可勝數要之皆秦敵也其敵旣多則不可撲滅戢於此而發於彼周文之師雖敗勝廣之首雖授項梁魏咎不反兵而破秦終不可振迄於洹水之盟軹道之組者陳勝分兵之計爲之也天下之心雖欲亾秦不敢輒動者勢也一夫倡亂天下之心皆動稍濡緩焉而動者疑積疑而沮積沮而響應無其人是以特起之一軍獨支全盛之勢長木之斃無不摽也瘠

牛之債無不踣也師老氣怠一不勝而千里瓦解楊元感是也勝以一月之內散遣其衆幾徧天下其計爲尤酷也厥後吳元濟之亂董重質爲彼畫策不堅守一方但期號召天下然後徐起而圖之即陳涉之謀也元濟不能用而廣明之賊卒用此策唐以亂亾蓋秦之天下不裂則咸陽之埶不至大危漢之天下不裂則曹氏之埶不至極重隋之天下不裂則江都之亂未必遂亾國也亂而不裂者下民之孽也裂而不能遽合者天心之爰究爰度也亂之始必起於盜盜可弭也即弗克弭尤當杜絕四出之路勿使散逸而爲武臣葛嬰之事則猶

可盪平也崔浩策劉裕必取關中又知裕必不能守何
以不乘裕之東先勃勃而取姚氏之墟乎蓋知勃勃之
銳必不以鄰境拱手授人兩家相爭必有損傷又平城
懸遠不若統萬偏處雖有鞭長不及馬腹且勃勃盜據
一方結怨四鄰必不保其所有不於其身必於其嗣緩
之須臾以俟後圖不摧勃勃之強而掎延昌之弱此浩
之知時也嘉定寶歷之間西北粗安而李全之患隱若
一敵國拒而不受則助敵為患其禍立至受之則借我
卵翼養彼羽翮羽翮既成還為我害而已矣蓋此屬喜
放縱而惡檢押樂禍亂而惡底定尚意氣而無禮義有

威令而不知紀綱招攜不以禮而處之失宜鮮不終爲背叛也拒之於初彼必往投敵國願爲前鋒我雖有禦寇之費無養寇之費所省已大半矣雖有一時增戍之費無歳歳羈縻之費所省又不知幾何需以歳月狼子野心又思逞於所託敵亦惡而遠之則又我之利也然當其拒之而致寇中朝之士邊境之將必歸咎主議之一人謂其舍安全而就危殆開兵端而失扞城拒遠人而阻向化喪國師而驚宮闕其他罪狀無不可名若邊閫不貪招徠之名中樞不慕苟安之功言官不攙局外之議平心論理長慮審勢未有不以卻之爲萬全者一

有異同之論孰必出於納受而後此之害相因而至不可勝禦矣所以侯景之後又有李全也邊民陳攻取之策最不可信大抵僥幸求售以爲進身之資其功罪總不必論但靜以待之勿爲彼說所動則勝算也故劉勔曰傖荒遠人多干國議負擔歸國皆勸討伐後來信納皆貽後悔又境上之人惟視強弱王師至彼必壺漿候塗裁見退軍便鈔截蜂起此皆最中情弊韓侂冑當國之時南使至北有夜半賂驛使求見者言彼中方困可用王師侂冑由此北伐迨其兵敗或有告此人誕妄者後觀金人南遷錄始知其不誣也大抵兩國相持不乏

此輩輸情於敵以求奇功其賢否誠僞皆未可知所可知者吾自治何如爾前之泰始後之嘉泰皆非大有爲之時不問何功皆不可成彼言者何與哉善哉光武曰邊境之事有其有者安貪人有者殘傳聞之事恆多失實此安邊萬全策也嘗疑宋處江左與晉略同而晉之賢者皆欲自守宋之賢者輒欲聲罪於敵長江以外羈縻而已宋人所云下策而右軍以爲勝算何以二代事孰不同若此諸賢論議亦與爲不同若此耶當與虛公諳練者詳論晉之所以當守而北伐者爲妄作詳論宋之所以當戰而自守者爲怠褻實實落落畫以定見使

萬世可通行不可但襲前人餘論汎汎不切而誤後之君子也兩雄相峙叉直事勢所迫起而相圖必有一斃者但爭先後著爾然事先何以察之觀其言詞卑巽粥粥若無能即具毒心與辣手者也不然彼此力均何以肯相下乎得其諂詞而防之猶可相當若信彼甘言即欲施其控御則墮術中矣石勒將圖王彌張賓謀曰王彌軍埶稍弱觀其控御之懷猶盛可以誘而滅之此一語者王彌之首已致麾下矣再以此法取王浚如探囊而得浚與彌雖亦猶不悟也孫權上書稱臣於操稱說天命操以權書視外曰是兒欲踞吾著爐火上耶如此

譎謀惟操能照之蓋操之爲譎足以相當亦由操雖據天下之埶未忘恐懼之心不受人推戴故亦不受其籠絡也盜亦有道夫豈不然唐高祖欲定關中意使李密禦東師故爲書以驕其志密遂大喜謂其下曰唐公見推天下無復慮矣淺躁若此所以終爲唐擒合數事觀之成敗亦瞭然矣養兵之費國之大害也惟屯田最善曹操屯田之法所在之穀即儲於所在故兵之所向莫不有穀是以其兵最強袁紹仰食桑椹袁術取給蒲蠃竟無一人謀及屯田者可見當時羣雄苟且鴟張殊無深思也若夫邊境之屯大國所以待小國敵國未必可

行也近塞所以馭屬夷遠塞未必可行也車師之田漢卒不得志焉塞遠而敵強也學者勿讀趙充國傳遂謂屯田爲邊郡百勝之策好事者因而越境邀利也馮奉世矯制斬莎車王蕭望之黜其封郝靈佺斬默啜宋璟抑其賞皆恐干賞蹈利乘危徼幸生事境外其言郎匡衡所以抑陳湯也論者未嘗咎望之宋璟獨不直衡何也人臣不由上命而有度外之功武臣則曰軍賞不踰時欲民速得爲善之利也文吏則曰懲而毖後患莫予拚蜂自求辛螫兩不相謀各有其理抑揚予奪斷自主心不牽旁側則人心帖服可以垂法後世宣帝斷自主

心元帝牽於旁側宏後世之論不邑邑於奉世靈佺獨鬱鬱於湯也以春秋之法論之季孫宿受命而救台不受命而入鄆君子惡之則蕭望之宋環慮長矣劉向之疏稱引方叔召虎不過誦說舊文不足敵拼蜂之失向意蓋云舍明白顯著之功不加賞賜過引未至之患預爲督責恐解怠邊將之心掣縛任事之肘鬱結舉世之氣雖不生事於邊而國家之事從此益多也元帝於此當重賞已成之功嚴禁後來之將庶兩得之乃草草論功終爲刀筆所陷是以人心邑邑耳魏人焚領軍宅而殺其帥爾時爲亂者千人不可勝誅誅八人而赦其餘

用法未嘗不當乃奸雄已生心矣奸雄之心起於時政陵替不僅在此一事也孽后專政朝章黷紊亂已成矣即無此事亦必有乘間而起者禮曰教者民之寒暑也教不時則傷世事者民之風雨也事不節則無功教重而事輕教之所係一世之治亂事之所繫一事之得失也爾時之魏失在厥教不審厥事即舉爲亂千人誅夷略盡猶不免高歡之生心爾兩軍相當戰克爲難既克之後散遣降卒亦不易也古今得法者惟耿弇爾朱榮最善弇破張步樹十二郡旗鼓令各以郡人詣旗下眾十餘萬輜重七千餘輛皆罷遣歸鄉里榮破葛榮令親

屬相從任其所欲即往居之數十萬衆一朝散盡待出百里之外乃始分道押領隨便安置咸得其空時人服其處分機速二事皆可法也唐季徐州之亂全由朝廷措置之失戍卒擅歸一犯也殺其都將二犯也沿途製兵械招亾叛三犯也負此三犯胡不令所過之地相機討除而赦於初起之時又下赦徐州以待其歸使數千里外人返就父兄子弟以助其氣埶增其黨與誰爲此計者唐之事去矣巳據徐州殺官兵因節將尚遣赦使撫慰此何爲者也唐之事再去矣康承訓旣破賊旋復得罪使爲將者皆懷二心謂有急不愛官賞事甯則棄

之或更得罪宰以承訓爲戒而欲留賊以冀後福唐之事又去矣夫反寇非能抗朝廷也中君庸相自弛其柄以取大辱否則在朝之臣居權要者取貨於此輩以撓大謀蹤跡詭秘人莫能知史官無從記之不然何以計失而惑遂至此耶幽州屢逐其帥僧孺因而撫之謂從人所以得即前人所以得也不費帑藏以市無用之士且可資其扞禦北狄則爪牙之用固不計於逆順此策雖幸無事然大失朝廷之體宜司馬公極論其失以爲非綱紀四方之道而幽州逐帥之風亦不已也及觀李德裕處此則過僧孺遠矣德裕之言曰河朔命帥皆報

下太速故反側者得安若少須之下且有變故其處分也陳行泰殺史元忠以請朝廷遲之未報而行泰爲張絳所殺絳之請節亦久未報朝廷得張仲武而自除之詔下而絳已逐軍中亦定不復亂矣總之處難事者不宜急遽應之以緩自有善策陸贄所云安危存亡之幾宜審慎者正謂此也且宰相處事雖有妙用要必載義而行不可全觀時勢此中爲時勢所迫狃小趨便苟且偷安而已矣明世宗時大同之兵屢變頻戕大臣必朝廷處分緩急操縱間有失宜者恨不以德裕之事正之方討叛臣圖敵國而支郡來降固當受之然根本未拔

其心終不定也吾之受之一切經理之費必不可少是自生一累矣況有不令之人飾虛言冒功賞以傾搖反覆於其間受之則後累無涯拒之則前功盡棄不如用荀吳不受叛人之義既可服敵人之心彼若果欲向化亦不憂其旅拒矣此處茲事之定局也范廷光討李彝超不受銀綏之降當時謂之得策閩世宗時泉州請隸中朝世宗卻之詔曰卿久奉金陵未可改圖若置邸上都與彼抗衡受而有之罪在於朕勉事舊君且宜如故蓋隔越之人以此嘗試朝廷非眞向化也且如谷永伊邪莫演之議亦未可知受之則納叛人受欺紿皆爲遠

近所窺伺後有類此者知所處矣尹源敘兵極論禁兵無用蓋驕而且逸驕則難令逸則難勞但可守京城張聲勢不可禦寇難致死力也宋以禁兵戍外故邊備最弱此必然之理欲善其制當使邊郡得自募兵而重郡將之任如曰跋扈可憂但使專一郡之事不得連數郡之勢則與古小侯無異未聞春秋小國敢抗王命也蘇氏曰天子必有所私之將將軍必有所私之士其說非也左氏傳曰世之治也政以禮成民是以息公侯之於武夫止於資其扞難不必私之以爲腹心爪牙唐末之亂皆由爲將者私其武夫多有養爲兒子者其勢旣壯

敢於抗天子命而所私之士亦矜其功亦襲其迹其人既莫能自安天下之亂亦無甯日然後知左氏之義長也重臣臨邊未必有益疆事而擾民則甚矣蓋官高則啖汁者眾用廣則徵調者煩所至未獲其利已受其害乃久開外閫利已盡而過亦多又思入居要地以杜讒慝之口史嵩之是也久居督府攬天下之利復還柄政肆監謗之虐展轉數番國埶益頹此從來重臣臨戎之覆轍也分兵進討乃諸將心力競爭之時誰能援兵不動為他人張聲埶者若謹守節制論功之際掎角之勞未必與獲禽同賞故彼此效力之念不約而同雖有詔

書禁切不能止也曹彬岐溝之敗諸將違詔速進信有罪矣然太宗征遼之舉在廷之臣多言不可蓋彼此兵力相當安能一舉遂滅不能遂滅終有一敗不在此路則在彼路不在入境即在旋師雖先後不同其敗一也若獨歸罪爭功豈盡然乎且爲遼人計亦當並兵一路以取必勝一路既勝則他路之師不戰自退以主待客以合待分道固如此雲應飛狐之不守安知非遼人故縱之耶諸葛恪姜維連兵伐魏東西並舉魏人以堅壁不戰禦恪而並力倍道赴維維退而恪不獨留爾時兵力維未必弱於吳也而恃吳之念太過謂魏師必不能

西一旦破其所恃則不怯而怯也此即遂人取勝岐溝之謀也高祖既定天下與其臣論劉項得失其臣以爲與天下同利之故高祖自謂能用三傑也以今觀之與天下同利自是雄略風塵之際實能收拾人心得其死力但以此諸能用三傑之說則此大而彼小也王陵等所見者小亟稱同利之公高祖所見者大獨舉用賢之效故天下後世皆以高祖爲名言矣讀史至此當知軍旅間所以結諸臣之心未必獨以能用三傑之故而四海既定不可不發明此義使萬世知所輕重蓋賞功與持論既殊時矣小大輕重各著其義此高祖所以言太

吏所以載也然則從容持論於廟堂之上與勞來鼓舞於職任之日自是兩事焉可抑此隆彼以暢吾說也哉淮西曳碑之事亦有說焉歸功天子宰相自是作文大款目所云持論廟堂者也銘功獷戾之境布告熊羆之士所尚者給乎事用中乎機宜使君子小人皆知勸戒所謂勞來鼓舞者也不空舉文章竅會施諸行陣間也且大厦既成非一木之才摧鋒陷陣爲力不細豈可盡略不論而曰非天子宰相莫能成功乎蓋力戰與持論殊時爲文與勸功異事高帝以己之功歸諸其臣所以羣下皆服韓公以諸臣之功歸諸君相所以有曳碑之

舉也然後世不廢其文者以其所見者大非曲士之言也救災恤患霸國之事也有世道之責者最不可溺於晏安故憐國有患皆當救之然相救之事亦難言矣凡兵戎者人民死生之大關天下之危機也此機常靜天下皆受其福此機一動天下由以不安是故賢君求所以靜其機者庸君所行常有以撼之使動禍亂一構因事造端日引月長漸乖始圖戰勝之後尚有乘其敝而利之者說在乎韓盧東郭之喻也況乎國非見伐又無君臣勤王之義或以忿疾或以貨賂甚且爲匹夫興師不惟聖賢不爲卽管晏孫吳亦不爲也穀梁子曰使人

以其死非正也奈何以必死求於人故春秋書乞師皆譏奈何以必死應人之求故春秋書救者未嘗貴以相徇也後世之論每恨六國不相救夫六國之君不用聖賢以圖王業僅思守境以耽晏安稍偪強者輒欲收卞莊之利其計不失於不救也彼孫權者乃用先主自救非救先主也赤壁之事若不懼爲劉表之續豈肯爲諸葛片言所動哉其後周瑜死魯肅代其任欲以抗操懼不克也又計爾時江表之力第可用諸淮南與張遼相持西陲苦無將適先主在彼遂以委之自權借備以荊數年之間濡須屢戰荊土若無事者事在備也乃知權

之借備實自爲爾三代而下不復有桓公救邢衛之事矣凡往救人者皆自私其利者也王猛退桓溫以圖燕李克用謀解圍於燕拓境於潞唐莊宗合我之交離彼之黨爲取天下計其意皆自爲也未有以美名易實禍如竇建德者也宋自南渡以後談經濟者非緬衄而多畏懼則憤激而鮮實效否則不免征繕調發之艱功未造端而民聽已駭所以爾時之事無可爲者一時諸公只可講明道義留帝王致治之法於不墜所謂聖賢之命脈猶在人心終有時而開明也如陽氣潛藏淵泉之下一以養萬物之根荄一以避盛冬之寒慄孔子作春

秋亦是此義因思五代之時天下賢士聰明才力率無所用故弁入釋氏一門宋有周程開其先朱子繼其後士大夫有所依據免尋釋氏之路則有功於斯人大矣然其不得見用於世故別出而爲此者其爲勢所使則一也擊大奸者俟其動搖而擊之則易爲力俟其安靜而擊之則難爲功蓋奸人事悖必有自爲動搖之時賢知之士先事而爲之謀養其全力以俟其間苟動搖矣亟起而蹴之鮮不克濟矣董卓移都之時最可掩擊皇甫嵩不能擊也李全敗於彭義斌之時趙范請以兵蹴之史彌遠不能蹴也彼其心存畏懼百慮俱廢不因此

時亟圖如奉漏甕以沃焦釜展轉卻顧不得已乃始號召於眾而圖之吾謀尚未集也奸人之膽先我而定則吾難爲力矣子家子曰日入慝作未可知也謂其動搖而復定也鄭莊公稔叔段之惡於前及其叛也窮追遠討使無所容穀梁以爲非親親之義季友聞叔牙之言先事而酖之公羊以爲誅不避兄二說似乎相反乃君臣之義則然也人君制義者也可以議親而亟行法則爲傷恩穀梁所以非鄭莊也人臣奉法者也知有罪而不討則爲縱賊故以亟討爲義公羊所以義季友也乃知緩追逸賊親親之義爲人君言之也君親無將將而

必誅爲人臣言之也漢之諸王有聞樂之泣人臣執法而君不稍貸其過在君而不在臣六朝之君誅鋤同氣如取鯨鯢當時羣臣無爲田叔袁盎之事者其過亦在君而不在臣也張敞論霍氏怨望欲致其討而曰明詔以恩不聽羣臣以義固爭而後許雖其說近於權術不甚純粹於以肅朝廷而全恩禮謂之合乎春秋可也春秋書曰秋七月癸巳公子牙卒疑者曰大夫有罪不以日卒此之日卒則是無罪也無罪而殺之則宜閔之閔之則不沒其親君之母弟文宜書弟此不書弟是以義疏之也既曰疏之宜去其公子不去公子是不欲疏也

三者皆異乎常例何也曰此聖人變其常文以示褒也蓋誅不避兄君臣之義託以疾亟亟而後立兄弟之恩其用意也微處事也周聖人湥曲其文以著其意而明古今之大義也人之觀賢也驟而稱之不若徐而味之驟而稱之者美其行也徐而味之者度其心也以此之心附彼之心知當時處事委曲以致其心又知所用之心常在天地之間也以後世之人不忍泛觀其心又知當日所用之心不在耳目之前也凡論賢者之事其隨聲可否者皆無益於我也其湥思後得者則不獨為彼也以吾心詳其曲折遜志而諦觀以吾身肖其曲折躬

行而實踐則天下之善無不萃聚於身樂善之心無不暢遂於天下矣此爲學之法也凡開創之君與其臣談說故舊以爲笑樂爲之臣者亦以舊日之恩仰答上意此朝端之盛天下之慶也然所述之事所操之旨皆當出於戒懼而不矜喜道訣則君臣之歡可以不替若因緣際會輒自誇張又或小有憤邑即生怨望皆人主所不堪也魏徵侍宴詩曰終藉叔孫禮方知皇帝尊太宗曰徵所言未嘗不約我以禮此人臣侍君讌樂賡歌之準也民之逋負有二有窮乏者有奸黠者朝廷蠲除之恩要皆奸黠受之窮乏之不及也不可不思所以齊之程

子為令有所蠲除前科獲免者後科必先期取足然後人不以逋為利其事可法也賦稅國之大事也有司課責良急吏卒緣以張威愚民輟饔飧勞吏常苦不給不可不思所以寬之种世衡為令有所追呼不使執帖入村但榜諸寺門書其名字期以時日無敢不至者其事可法也詰盜賊者必使比閭族黨不時窮詰窮詰境內之奸使無所容則境外之盜莫敢相引而至所以有晉盜逃秦之效也尹翁歸為治奸邪罪名縣縣皆有記籍盜賊發其比伍中輒召長吏告以奸黠主名用類推迹盜所過抵常如所言無有遺脫程子令晉城夜有殺人

者吏叩門白程子曰吾常疑某村某人惡少之不革者也必此人也其事可法也爲有司者以所治徭役輕重與上官力爭上官不得見責也乎丘之會子產抗論以爭職貢自日中至於昏然後見從其事可法也人心之貪起於銖兩之微浸淫不已則放而無極月令一歲中再正度量衡石斗甬權概所以儆貪也其義可法也治大都者利用嚴峻治小邑者利有寬舍蓄都邑之地奸人猾胥所族處也敢於玩法是以不可不嚴所謂馭黠馬者利其銜策當以杜後患文彈治者也僻壤小邑閭吏而走且避之見官長而色戰若有司過嚴徒假鄉部

猾民之利器爾故以極剛治小邑雖得其正猶有吝道晉之上九是也語曰王事若襲學焉得習故居官之日常苦不暇大學所以貴豫也天下權埶所在趨走者眾除其所忌致其所欲有潛爲之地者故所好之人即不明示遷陟而左右道諛坐致飛騰者有矣所惡之人不必操戈斥逐而食客探旨下僚承意代爲禠服代爲剸刃者有矣趙客欲殺翟章所致禍者不在章也宋人進奏院一案所擊去者蘇舜欽而意不在舜欽也禍福有相及者非意想所能測也韓信見廢之後倨傲之事當不止於鞅望生與噲等爲伍稍知畏禍者必不爲此言

以觖望爲心而以倨傲爲行所以倨傲之事不能掩覆必聞於人主矣桓溫問術士以國祚脩短其人以恐懼而泄其言息夫躬祈福鬼神禳禍私室而詛祝之獄興楊炎責私第爲官廨奸人譖之以爲貴估其宅賤入其幣又買地京師而飛語中以竊據王氣蓄位愈高則謗愈重非百口所能辯也其事皆當戒也倉卒避患必愼所投富人不可投也貴人不可投也彼各有慮患之心不爲人用也名高天下尤不可輕入危地蘇氏土偶木偶之喩豈知戒焉有直節者不當立無妄之世友無妄之人王生與蓋寬饒書豈書紳焉漢文帝時新垣平言

河通於泗而汾陰有金寶氣疑周鼎當出其閒其説近妄其後武帝果於汾陰得鼎垣平之言未嘗妄也但方士鮮有令終不閒術之驗否入主信之恐爲遠近所窺大臣信之亦忿其人之招搖故方技之書君子言其然而不言其所以然存其説而不必垂其訓葢以吉凶禍福天之降命者遠人之自取者近君子以近者觀之即於其近者防之不求諸遠也

繹志卷十八終

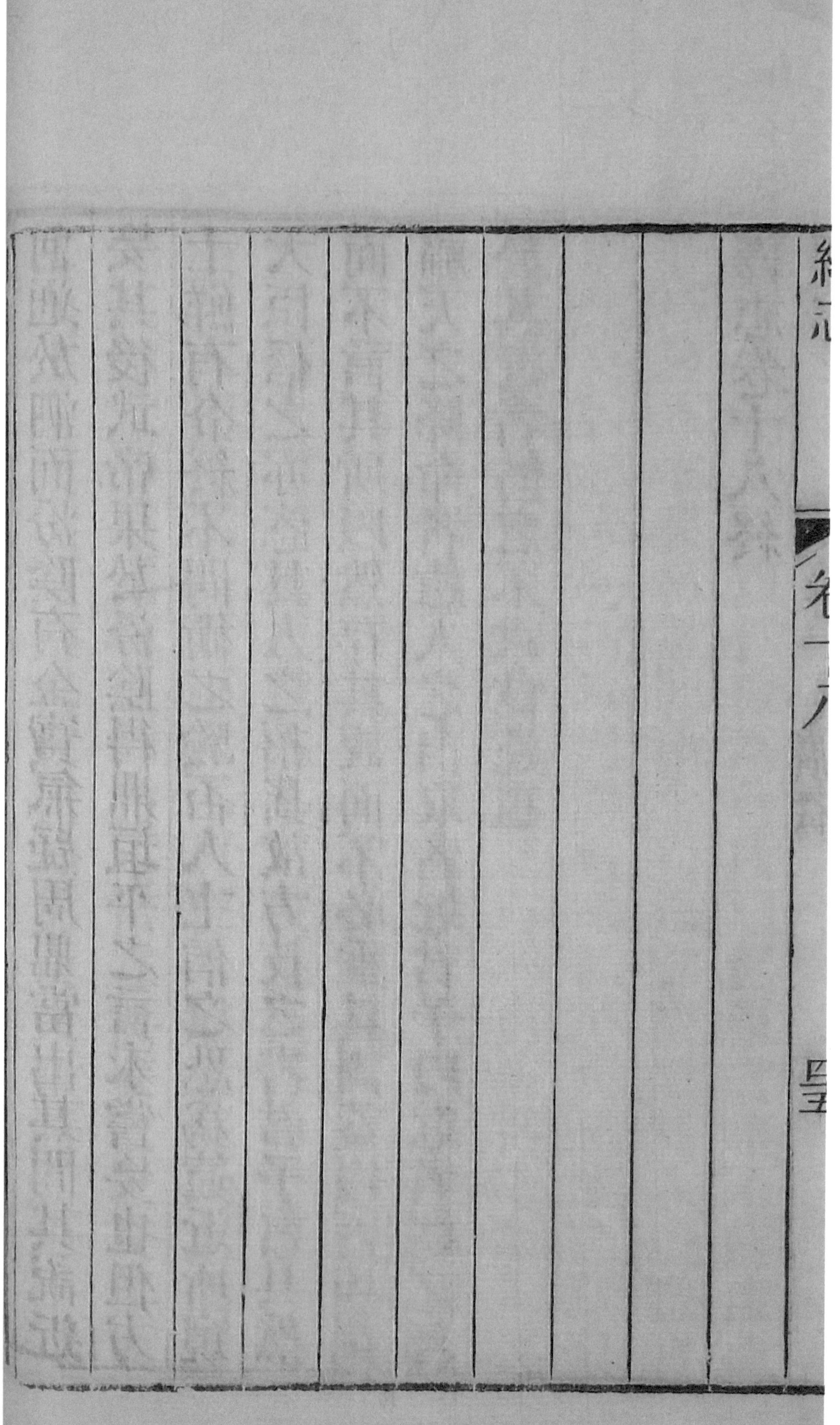

繹志卷十九

竟陵石莊胡承諾譔

自敘篇第六十一

三代以前人之所學五品親遜而已舜之命禹始有道心之名由是聖賢相次皆以道爲授受條分縷析散見語言行事莫非此旨蓋人之爲心有附於形氣之私者有原於義理之正者各自爲形各自爲氣是以不能相通義非精不察理非窮不致是以患其易昧聖賢爲學必使形氣之私皆聽於義理而義理所得莫非中道此無他辨之甚精守之甚力也言仁昉於孔子仁者道心

之純熟者也變中言仁者中無定位仁所以體中也孔門之學求仁最切言仁最備或狀其體或舉其功或辨其疑似或謹其畔岸或實其行事蓋至微之理得孔子之論而可指可視其有功於先聖甚大曾子之學得於一貫子思受於曾子故言萬殊一本爲獨詳日用之間所以與萬物相流通人事相酬答者不越乎分之各殊者與以至足之理理之至一者歸於不二之原處異說紛紜之日獨以執中之旨名其書而實以庸行中者聖之所以相繼也實以庸行近在人倫日用之間而僞不能亂也孟子受學於此而有得於集義蓋其爲學取當

時諸家之論是非得失折衷先聖如持權衡以校輕重事無大小皆以人心之裁制赴天理之自然即以天理之自然節吾心之裁制其剛大之氣足以充塞兩間故生雖伯縱橫異端充塞之時眞知義之有益於人而舉以示法與孔子之仁相輔以扶世也蓋堯舜精一之旨孔子以克己復禮明之子思性教之後孟子以集義廣之屢發明而愈備經體驗而彌近所以引人從事不疑誘人致力孔易源流相續若四時代行不息者皆欲使人復其性也然而質有偏全學有眞僞聖人欲天下之人明道者衆不獨喜見完行亦思成就偏德又懼天下

之人不明道者多故不獨惡其畔道者更惡其亂眞者是以言道言性皆使人有所持循如立朝居鄉出處語默長幼疾徐動容周旋飲食起居哀樂之際利用愛物豐儉之宜以爲道固在人皆舉近人之事以明道也推而廣之周公經制大備後之行王政者取法焉孔子述作大明後之論王道者折衷焉皆教人以復性之事也君子於此無事則安於仁有感則動以中安於仁樂之本也動以中禮之本也禮樂者中和之實也中和盈於中私欲退聽一身之內具有四德隨其所發皆有繩檢焉有不復之性乎荀卿雖能言聖道然所謂聖人不過

大儒也仲尼子弓並稱而無願學私淑之意淺深可見矣揚雄言聖較荀為優然而遜於不虞有愧明哲是鳳鳴而鷙翰也王通為學甚正亦有可用之實惜其降年甚促功有所未至從遊之士崎嶇數郡間其道未能大明又不能降心發明聖道遂欲與聖人並峙而離立是以後世未之許也夫聖賢統緒在乎其書俗儒以文字說之異端雜之故發為事業皆淺露乖離持以脩身率滲漉頗僻周子生絕學後默契道體太極一圖可以探二氣五行之運見中正仁義之本識神物動靜之別雖廣大高深不外乎日用飲食也二程潛心遺經以聖道

爲己任謂聖必可學而至其志必欲學而至於聖朱子得統於此以爲天地之心萬物之情吾身無不有焉隨事取足皆義也反身備理卽仁也源流甚長根據甚多陰陽五行其質也古今聖賢其與也經史典籍其據也凡文字偏見功利鄙說屛棄不道直承二帝三王統緒所言存理去欲人心道心也所言致知力行卽惟精惟一也以居敬爲主而嚴於不覩不聞隱微幽獨則允執之謂也先正所以爲教後人所以爲學必如是爲得其宗也揚子曰天精天粹萬物作類言天惟精粹故能分給萬物而各從其類也又曰觀乎賢人則見衆人言衆

人皆具賢人之業也觀乎聖人則見賢人言賢人皆能聖人之業也觀乎天地則見聖人言聖人皆合天地之德也聖人之道萬事萬物所從始也與太極同體者也聖人之法順之則吉逆之則凶與鬼神同功者也學聖人者操學有法即功有事曷言乎其法也求諸六藝之中驗諸身心之內凡尊卑上下陰陽剛柔之理民彝物則典禮刑賞之事善善惡惡敬天勤民之心褒貶予奪重內輕外之法經曲常變履中蹈和之文莫不誦數以貫思索以通得其嚴毅以檢束形氣得其和平以優游心志言而思毖動而思蹟形氣自檢束矣從容以俟之

沈潛以思之心志自優游矣所當言而言卽不爲聖人之言有以合乎聖人立言之意所當行而行卽不爲聖人已行之事有以合乎聖人力行之心如赤子學步所蹈必實舉足必曳踵如是久之然後去人而獨行此其法也曷言乎其事也其自治也以憂勤惕厲之常心約束紛紜放逸之心雖利害攻取而大中不易故聖賢所具皆爲道心道心所發亦常備於聖賢凡人多私故動不離人聖人無私故乘六龍以御天也其成物也當安者安當治者治當生者生當用者用故無遺物當安者委曲以求其安當治者委曲以求其治當生者委曲以

求其生當用者委曲以竟其用故無棄物也學者於此講習誦說所知即經綸天下之知子臣弟友所行即安定國家之行內焉齊一所以爲應事之主外焉博依所以葆內心之存入而自課必以天德出而語人必以王道雖進退出處不妨各行其志而彼此同心不忍坐視天下之亂不以天下易一夫之命不以利天下之大而有憾於心則其揆一也此其事也張子曰易之爲書欲人趨時盡利順性命之理臻三極之道者也君子學於聖賢不能不著書立說其義亦猶是也少則爲學壯則服官隱則求志行則達道道周性全無得而稱濡跡蒙

垢有爲而出或趨一身之時或趨天下之時也傳心有道治天下有法不獨辨別是非亦欲脩舉廢墜使人守經據古不惑於心行權達變承敝更化莫不儲之有具應之有方度以尺寸不爽行於斯世所如皆吉觀於古道所爲必成所以盡天下之利也欲聖人之道常在耳目聞見言之親切有味行之踴躍欣喜爲有用成材不爲無用敝器也爲廟堂美質不爲里巷斷朽也唐虞殷周已試之效詩書禮樂靜可與淡動可與幾盡其道而治於心小以成小大以成大如江河之流潤溪之毛元氣無不充周無不流行所以盡性命之理立三才之極

也故爲文之指三一曰務實務實者欲事事可行也二曰務平務平者欲人人能行也三曰從道從道則從非道弗從也依五經法言同先賢是非奇僻之書異端之學黜而不入諸子百家之文非至精粹者不稱引也若夫離事而别言理故處事不以理所行無當乎道之事又所言之理皆不足處事亦無當乎道之理空疏之極必生迷惑迷惑之極至於反悖猶復雜揉其學卑隘其志盈滿其氣堅僻其心膠固其識假詭其辯不得乎體之一而欲其用之通如銖銖而校寸寸而度終必有差也聖人知道不行故爲述作以教後世君子學乎聖人不

必有所授受觀其遺書超然有得沛然莫禦不必有所督責而自任甚重自爲甚力蓋知聖人之道常在天地間故表章聖學申警來哲如適人木鐸所徇皆時王政令也如女子有行施衿結縭申父母之戒也此亦不能自已云爾石莊子有官不受告老而歸陳篋於前曰授一劄以記所得六載而成二十餘萬言乃進子裦而告曰汝知吾所有事乎古人著書或久而後成或久而後出不以旦夕馳聲不若詩賦雜文偶爲事會所須可以一時取具也徐幹中論曾鞏稱其治心養性能不悖於禮其得於內者又實能信而充之以想見其爲人顏之

推家訓自以爲整齊門内提撕子孫又且夜覺曉非今悔昨失故留此篇章詒厥模範此二書者詞非奥渺旨存勸戒後人所當法也予之先世皆以講習義理爲業飭於鄉者四世而五賓廣文太僕兩公起家服官惟是六經之旨脩諸身而見諸事詳在家傳子孫世守之嗣父屬疾之日猶以歲一讀性理通鑑爲訓中更亂離手澤無復存者予是以作先德詩三章用自觀省其一章曰大父中大夫醇謹長者以布衣飭於鄉其詩曰長松生空谷瑞草封其根大耋在閭里俛逵絶市門理肥榮期樂機息漢陰園歲稔魚菽美天寒緇布溫立德絶名

象內行冠巨擘筵歌迎介僎憲乞聽嘉言靜者仁爲壽地埶載以坤神和年愈峻身隱道斯存其二章曰先中大夫起家廣文棄官不仕隱居二十餘年其詩曰廣文雖薄宦脩潔勵清眞遺榮及耒艾脱繼絶風塵苜蓿留官舍絇蕭撰良辰曰予豈不仕陟岵有老親抽簪二十載應門兩三人代耕無良田安土樂敦仁嶒骨翔天表淑氣扇熙春益懷萬石愼再覩太巨醇其三章曰嗣父少爲諸生晚頗好道天資孤潔多所不堪其詩曰介士不偶俗孤峰立天際尺捶理常足舟壑神無滯蟲臂任爾爲龍性吾所勵排名慕貞隱翛然脱維繫張單能交

養向嵇晚投契階下紅藥翻架上丹書霽鐘鼓旣不饗孫子亦委蛻乘雲躡華嵩羣動何微細詞雖鄙僿見祖父懿德焉太僕吾長兄也居官大節莫如拒絕璫祠一事天啟丙寅丁卯間所在爲魏璫立祠興都之祠鴟吻與泰禋殿埒其飛翔蜀撫璫私人也諷兩司趣具役太僕時爲左藩班次居前首對以蜀方用兵帑藏空虛不敢訾公家財給私門役若配諸民間則度一錢役一人皆得罪朝廷不敢以身試法也倡言者默然止思所以中之微是翁甯渠不祠者擬以罪斥去更用他人爲蜀藩太僕亦奉是年計最入都期以靜受流斥而璫敗矣

所以天下皆祠獨蜀無祠夫以彌天狂燄遏諸方熾舉世蒙衊一方幬然誰之力也身在遠藩不克折其奸鋒守職以抗非義之爲屹然不可移者雖椹質伏鑕莫能奪矣若使居僻邪之地以難孔壬爲職其於宵佞之側必不能一朝居否則廓淸澄汰默運於不言不第以請劍擊笏取名也而朝野無由采錄吾兄亦以崔瑗屏語自安愚竊恨焉常以爲對丹靑而思古賢不如追家世之芳躅汗簡篆以寫竒編不如觀祖考之遺意殫哀慕而通寤寐不如覿居處笑語於文字之屬俯几筵而薦嗜好不如致怵惕悽愴於未竟之志於以遠迹舊德聰

聽而力行無異乎傳枘邑之器懸大夫之車也是編之旨先人雖未嘗授諸簡冊然遺意俱在推而廣之以訓迪子孫是予事也無朝參之勞簿書之擾故可退息居學無淫詞之好小道之耽故可講求正業少不弄戟衰免據鞍故常不棄寸陰老而猶勤也何爲文之有焉昔伊川論明道所言平平易知賢愚皆獲其益如羣飲於河各充其量今此編文易而指明語近而用遠鉤鉅析亂激詭險仄皆所不取獨以傍貫五際洽通百慮戰兢而無泰溫恭而有恪歸諸補益於世以此各充其量或庶幾焉然不背所學是以我爲政也有益於世是以人

爲政也以人爲政者難期擇其自爲政者致力焉是書旣成名曰繹志繹志者繹己所志也禮所云君臣父子之鵠亦其志焉爾於是復撮其指要而綴其後

惟人則靈以學而著爲山日增敬業斯豫上自黼冕下逮凡庶遜志敏功有漸勿遽辨義不精立德誰據如乘敝舟陽侯莫禦慴彼盍旦長鳴求曙虛聲遺實君子所去長善救失辭鬻遠譽繹志學第一

典禮陰陽天人性命道之大原終古弗竟升必自卑愚可作聖君子處常王路居正持盈出險起衰濟盛共貫同風有覺無競異端曲學或持柯柄覆轍傾輈辯言亂

政閑先在茲邪慝奔迸繹明道第二
天地至道聖人至德乾健坤順剛柔之則始乎下學闇
然內拭終乎天載聲臭元默比以玉溫象其隅直廣厦
惟基崇山累陟志卑叢垢心馳聚慝危若駭機係用徽
纆俗情蜎起善端茅塞繹立德第三
心爲形君外融內瑩虛一則精清謐斯定在昔虞夏言
簡理賅聖賢繼起先後其證何與斯人欲動情勝舍爾
神明豢其臂脛迷方失歸臨岐忘徑繹養心第四
天覆無外地廣無垠何以參之藐然此身是身之脩克
邁日新服義立禮履信依仁既統四德兼備十倫聖功

靡聞道體故純學衰俗敝鮮克聽眞崩若隤坻崇猶累塵行汙共棄怠勝胥淪能自得師我思古人繹脩身第五

樞機在躬鶴鳴子和言宣彼我行克負荷中正文明受福則那畸行絶俗辯言驚坐嶽嶽尋折磽磽易破口起羞辱身離坎坷白圭常復深淵恐墮捫舌自箴程力矯惰武無隱情僨能補過韋弦之佩道之所大繹言行第六

道待人行心由體制精義之學適時爲帝賊仁義者兼權任計柔固多愆決亦貞厲聖人成務考衷司契執持

規矩協從卜筮其應如響因貳以濟繹成務第七

義路高閎利門厓隒仁如跂穆鸞甚䟰琰理欲在躬互爲盈歉此抑彼抗人禽忽奄君子宅心寬沖繩檢宵壬孔艱偪側銳劌大慝有三冥昧黮黭珉玉淄澠卒多倏閔不辨厥初從悲絲染繹辨慝第八

堯舜開成殷周統紀聖王異時道心則邇敬勝斯純學古有暱翼翼孳孳百行粹美天惟顯思皇祖庭止山必附地載舟惟水持盈守成民神咸喜觀我王度就將不已六箴在御十思銘几藝事以諫敢告司辰繹聖王第九

帝入四學在昔令典元良齒胄一事三善降若後代經筵更闢麗正唐開延和宋展風雨不輟班行有踐師傅之官朝端冠冕詔無北面禮優迴輦甘盤桓榮千秋尊顯繹睿學第十

帝典皇墳六經之指水行表湊造車合軌不膠者卓覆簣成峙太平無象稽古正始純懿可復如反掌爾弓矢擬盜盜亦潛擬法令誨奸何以異此幽厲板蕩秦政蛇豕取象駒步勿踵人祇繹至治第十一

天地崇卑陰陽律呂流行不息散殊有序明聖述作禮樂具舉宣榭灰燼秦庭土苴兩生鄙儒二家齟齬曠代

綿祀荒棄廢沮君子物身斯須不去器巽陶匏行隨里
旅匪邁之謀如室斯處壽地爲圖前席而語繹治本第
十二
文明在下利見著上取士惟身育才以養篤生不匱賚
用日廣虞周試吏黜幽陟明僉慮協贊羣情嚮往宗臣
元輔在天垂象天子是毗官方待獎一德同心類從乘
兩繹任賢第十三
邪正之爭龍戰於野君子堅貞行高和寡所謂伊人宅
心惟雅寘諸薈蔚危若棲苴誰秉國成恢弘大治止惡
於幾遠佞無舍明用水鑑決齊湍瀉福歸疇類功在宗

祛繹去邪第十四

在天成象帝車斗筐宣通八風經緯三光耉德鳴鳥述職甘棠忠信自周品物咸昌一代之初師濟賡颺不挺不撓內直外方時有遷貿與爲抑揚志安小枉用必善藏錄觀世變惟臣之綱繹大臣第十五

駿民叡后自古有作釆矚形雲暉流丹閣拔奇夷難披草贊橐隆被勝塗受茲好爵吁嗟末季義險冰薄不飾篕簋弛守管籥應對乖方執事靡恪莫戒坐肴常思治躍從如升堂違比赴鬱繹名臣第十六

禮不顯諫最上用諷屛營以忠積誠以動聽則歸美譴

乃內訟亦有直節志存慼戇不避艱阻獨懷憂痛常乘白馬屢叩丹鳳哲后虛已愼簡侍從日引七爭參聞三重心儀繩木義比采葑擇諫諍第十七

書勳盛典載在前志紀於太常撫以彝器元祀旣崇金石加賜豈無辟嗣猶從八議相彼喬木顧瞻封識剏縱尋斧降爲皁隸漢光遠鑒不責吏事別求尤賢分憂其治世臣匹休民之攸暨繹功載第十八

妙簡銅墨昔賢則良慈諒多愛惻愊無章學以資治行必有常分憂不忝聖主斯臧旌嘉舊典載在策方璽書增秩燕好承筐君子爲心弗譽弗康盈其孚缶率彼周

行誰嗣之歌可比甘棠繹吏治第十九

澤宮既盛髦士日積賢良之後乃見九品貴族方競側陋覯閔承敝易變制科惟允比年授業重以敦敏經術甲胄治政干楯秣爾白駒乘我晝軫始于俊造終焉師尹繹選舉第二十

邪佞鸞斯正直虎唖物性既區發憤彌烈危行抗論激揚斥絕世嫉名流莽云蔵孽元黃之戰起於萌蘖蘭芷先摧步玉改轍凡此譬機匪由明哲賓游不簡刺探漏洩鑒在前車劉班殷鐵繹朋黨第二十一

四放之罰兩觀之誅天討所施實繁有徒豈翳末季土

聽睽孤愛其奔走受其道訓威福上陵膏澤下枯君爲汎梗國類瞻烏安處衽席危甚轆轤紀綱先潰奸佞後翹辨之於微不見是圖繹辨姦第二十二

三德瑚璉五典粢柤柴祀始歆津流待濟神聖之業敎學克勵風敦俗澡漸性啟滯昔在西郊論道講藝兗胄執經懷璽奠幣玉鏡將淪勝地先翳委曠弗遵寂寥誰詣名存實亾是謂陵替繹教化第二十三

賢君稽古政在養民東郊勸穡千畝祈春甘露祥雨封枝浹辰維時厥庶依我皇仁棄末崇本貴粟賤珍其生可樂其家不貧政吏駢惡去鄉忍親室餘胥幷進旅狂

榛暴齒齾骨山硍水濱誰噓朽壤功歸大均繹愛養第
二十四
什一而稅事舉其中量入爲出品物滋豐飲蜡擊壤其
樂融融計臣似智掊克似忠近奪恬熙遠爚龎鴻井里
蕭條不盈麩麷富溢左藏怨起大東民貧誨盜政酷興
戎繹租庸第二十五
九府圜法子母相權盜鑄如雲利盡則遷煮海之滋畬
我石田土飽馬騰粟流百廛征商無藝算及車船五均
六莞身焚趾顛吏市官糴逸口嗷然取彼計臣投畀鷹
鶡繹雜賦第二十六

導川有法觀水所居其腹自盈必潰於虛毀齧不已分釃爲渠明德之遠歸功禹疏九支湍滅三派瀾徐防厥兩涯事逸人紓領以都水治以官胥横截奔流令遽壞疏咫尺不戒民復作魚繹導川第二十七

民生在三天討惟五懸諸象魏與衆共覩昔在臯蘇敬愼稽古肺石無寃甘棠可拊國畜四靈家藏二鏞酷吏弄法莫予敢侮篣格盈前轉絮旁午將身自隳亦塡牢戶繹救法第二十八

列戟爲牆坐甲當闈高墉濬壑湲宮臺門中有可欲盜屬於垣子文粮筐公儀葵園壁不綈錦墓不璵璠中無

可欲外戶決藩哀此滇人膚革僅存探丸椎冢日暝塵昏枹鼓不息亾精悖魂隨會爲政晉偷自奔緯治盜第二十九

籍氏司禮容官戒旦以茲精禋協諸幽贊賚我思成亦曰萃渙七室排楹二時抗觀山川曆緯股肱爻象神歆人雍禮衷義粲石檢晝封竹宮夜爟心馳杳冥謬積河漢淫祀無福煩黷斯亂緯三禮第三十

方伯連帥卒乘巨甸升中嶽宗覲后行殿肉刑之議慘斷悚戰是曰古制毗俗驚眩新君諒陰遠祖壇墠五官舉時二賓式燕非所宜言生今愚賤炎黃圖緯秦漢封

禪疏犅矯誣比諸誕諺繹古制第三十一

九鼎所居是曰帝宅車書輻輳奚取險阸金湯萬雉守在遠貊城郢浚洙皐之不獲四時之田服猛驅逆匪事從禽烝嘗薦腊范規千里陸海盡斥臺起中天趾必累驛聖王弛禁兼聞罷役繹建置第三十二

陰陽五行洪範庶徵漢代名儒惓惓服膺匪瞰倒景匪躡陵兢敬天之渝誰敢不承疇人世業聖王與能眡祲千里望氛百層法星夜徙形雲畫凝紀遠或乖靡人弗勝繹祲祥第三十三

善師不戰善戰不陣仗義衈災舍逆取順因壘舞干血

不漸刃末季佳兵崇詐棄信川谷量齒陵岑積殣三世爲將厥宗亦徇仁人之師卽戎必愼不怠省躬矧敢觀釁偃革建櫜苞蘖潛震集泮懷音受璧焚櫬繹兵略第三十四

國之大事是曰參伐首重推轂次及賞罰軍法不立紛亂交捽潢池始張長鯨凶勃臨以天威如火斯發虔劉必克猶豫斯蹶長慶廣明栖遲屑越繹軍政第三十五

井甸既邈府衞最精繩儆紐弛朩腐蠹生車軌朩同私土旅爭三辰乖分五嶽縱横亂政蕪制披裂夷庚聖主耆定乃裒厥戍干戈初戢授田耦耕服此黛耜棄彼宋

英宅家餉饁糗糒充盈飛輓無艱鷙猛可平萬世不易
是謂師貞繹武備第三十六
維師尚父繆權於幽訊疾以雅觀德鳴球剖符東海錫
土西州武成之祀古今罕儔其它両將河鼓參斿長策
成城猛氣橫秋掔還軀鼎扶翼委裘杖鉞從漢釋位謀
周草昧啟疆邊陲折撅錄其膚功以最壯猷繹名將第
三十七
帝王代起明聖宣昭天與人歸舜麓禹橇慶增祚永澤
逮裔苗湯武驅除子卯之朝荒屯蠱滌造命肖翹功以
義濟京室四朝生民有庇匆為莽澆聚族殲夷膏斧脅

腰班識皇運翊融違翼繹興亾第三十八
聖賢立教引凡舉例其則不遠歸諸道濟仁義都居禮
樂陛衛見坎斯止乘流斯逝度己以繩接物用枻散爲
片錦聚成匹幣百爾君子有勤勿愒習熟乃心優游是
戾繹凡事第三十九
民生在三事之惟一比於君父天所陰隲如彼晦夜照
以皎日奈何末季崇虛失實舍此春容變其彀率冶師
鑄金醫工去疾毀棄型範謬誤參术悲哉若人終古漆
室繹立教第四十
澤麗講習益求直諒比志合聲兹歡齊暢義等金堅情

掖雲上撫翼馳驅攜手問曠夷險可嘉菀枯無妄淡以

久成造道相怂伐木輟響谷風興悵松菌異區蘭鮑殊

鄉五交三釁俗薄道喪繹論交第四十一

聖如化工程形賦物彼我具盡清濁咸迄不虐幼賤不

畏彊倔聲其廉恥矜其闇眇好我者褒威我者翹順事

恕施有鞠無剸相如拒秦遇頗則屈臧孫哭孟疢疾是

祓狎虎放麑禍福慓繳繹人道第四十二

進則文明退亦亨嘉或漸於磐或需於沙同物標舉志

予迹遐道消時謬害氣紛孥嶢嶢者缺隆隆者汙名流

佞諛志士回邪草野耿介目瞋舌呿乃谷乃葭乃舍其

車棲眞處璞杳冥蔽遮繹出處第四十三

利可幅也亦曰倚刀鷂雛芳潔駑馬棧槽惟人所趨逃義曰逃治古道腴衰末風饕倫常蔑孳禮誼弁髦上下交征危若銷膏匹夫晚食焉取大牢文錦旣厭等諸緼袍踰憲超顏其樂陶陶繹取與第四十四

爲盈爲實倚伏多有哲人知微謹身杜口一介之士忍謑含垢讐彼輕鯫何懼罾罶心藏不測仇機授手變態須臾倒戈貿首坐中銷骨車上接肘虹貫燕圖笄磨代斗嗤爾莊生焉用李叟九卦是師三儀惟毋百年已分保兹黄耇繹愼動第四十五

民之質矣日用飲食敎始鄉閭政成閫閾二篇有時三
爵溫克仰正冠緌俯端履繶世借不貰俗耽大戚悦彼
華津陋茲悃愊豐屋美居視淫聽側天下弊薄誰與匡
敕見龍文明庸行自飭繹庸行第四十六
后王降典志在孝經謹始慮終通幽洞靈如臨如履靡
聲靡形施於有政不出戶庭勿曰無忝倏忽頹齡倩存
駒犢望絶咢齗兄及弟矣同此靈馨芳華棠棣羽翼鶺
鴒淮南之歌君子弗聽繹父兄第四十七
有懷二人以親九族燕飲歡暢詠歌雍穆施恩有序迄
於無服喜同蹈舞喪及衢閭道義相勸孤煢共育慊吝

郎遺榮樂無獨凡厥卿士下逮黨塾取庇虆葛無私祗

犢周道敦厚仁及草木繹宗族第四十八

家人之義内明外齊觀厥刑于豈在纓笄召南厲包歸

妹羊刲耽若紫葚玷巳白圭終始敬慎乃獲令妻女德

無極同居志睽冶容長舌險詖勃谿數踰闔門不戒晨

雞班母作訓以敬中閨繹夫婦第四十九

祀先之禮通乎祭統致慤薦芬色愉志重顧瞻宗祊徘

徊壝壟霜露悽愴櫝桷攢拱思慕著存儀容笑嗪自然

之感鼓而遂動薄俗委巷解弛倥偬舍我水木微福懷

寵苦懸蔥嶺象人作俑誰使正之式以周孔繹祀先第

五十

子文逃死嬰恐失富達人曠觀取節取具治生非累既飽則飫饘鮪横江井谷奚慕楚相狠饑虞馬齕暮家同汎梗身若朝露盈虛同歸艮土瞿瞿繹奉身第五十一

六氣之淫二至之爭所居必戒所受必淸勿使衆鏑其射一弸勿使衆瓢其酌一罌山夷淵實日入月生此道不毁焉問廣成繹養生第五十二

易本三聖書傳道心詩思無邪禮毋不欽春秋經世志古匡今人事備矣天隲以陰往稽來俟顯微幽尋坊表家國覺悟人禽懈懞夏屋仰止高岑辯言破正綺詞勸

淫觀乎滄海焉用蹄涔龍門虎觀術術愔愔敦崇六藝翼彼儒林繹經學第五十三

聖經有五述史者三遷直而覈固詳而贍文高義炳體備法嚴東觀以後記繁志纖收穢壽乞范賊許儉新舊兩唐長短相兼公論如火抑之愈炎直道如川激之彌瀺宣舉南董遠追佚僭居巢之編是謂箴砭繹史學第五十四

脩辭居業以聖爲歸百家騰躍終入範圍政衰文敝樹敵揚徽析辯詭説塗分用違太行焦原投足者稀聯騎疊轂莫如郊畿步趨巫鼓心搖銖衣售僞棄眞直堪畀

敘繹著述第五十五

文者明道適用則貴九章爲色鼎實爲味通達國體心存敬畏譬彼日月陵空馭氣譬彼山川縱橫經緯大儒立言水監淫費綺靡繁多比於鄭衛佞目慆心虛車其

唱繹文章第五十六

道惟一是竝立則誖博采衆義誠達不廢吁嗟哲人心存誘誨形生終始六合外內觀以會通正其昭昧章畫志壹歸諸天載勿雜異端勿徵神怪蕩而弗經君子所

戒繹雜說第五十七

學古議事元元本本披條索貫發邇見遠畫地南宮抵

掌藝苑實惟武庫亦云補衮失類亾羊得均飲鼴緯兼采第五十八

孔稱焉廋孟曰尙論匪鑒於水惟聖是憲發揚幽潛屏斥狂坌有益疏通兼策愚鈍圭影既揆驥足同奔推見至隱無取支蔓何以度衷大中之建緯尙論第五十九

既曰學古亦云致知經緯錯綜損益有時上下千載盡去羣疑閒閒小智憧憧爾思曾無準臬取具須斯布覆塵霧旁皇離岐我則粲然從容指撝順彼長道度以艮規緯廣徵第六十

惟緯志尊所援指聖眞正僞謬道德崇仁義就慎獨知

巖內疢草昧闢金石透去長夜滌淸晝苞天地彌宇宙
覽陰陽效占繇建官司樹王后垂典章教纓胄美從王
嘉禦寇正班爵帥長幼褒好會平怨搆篤親懿周邂逅
理性情參物候察謠俗表芳臭賤馮生貴靈秀人事浹
王道究廣隆基任崇構療調饑嶠脯糗持盈滿觀坐宥
稽雅故訪耆舊探理窟塞情竇偕斯人躋仁壽繹自敘

第六十一

繹志卷十九終

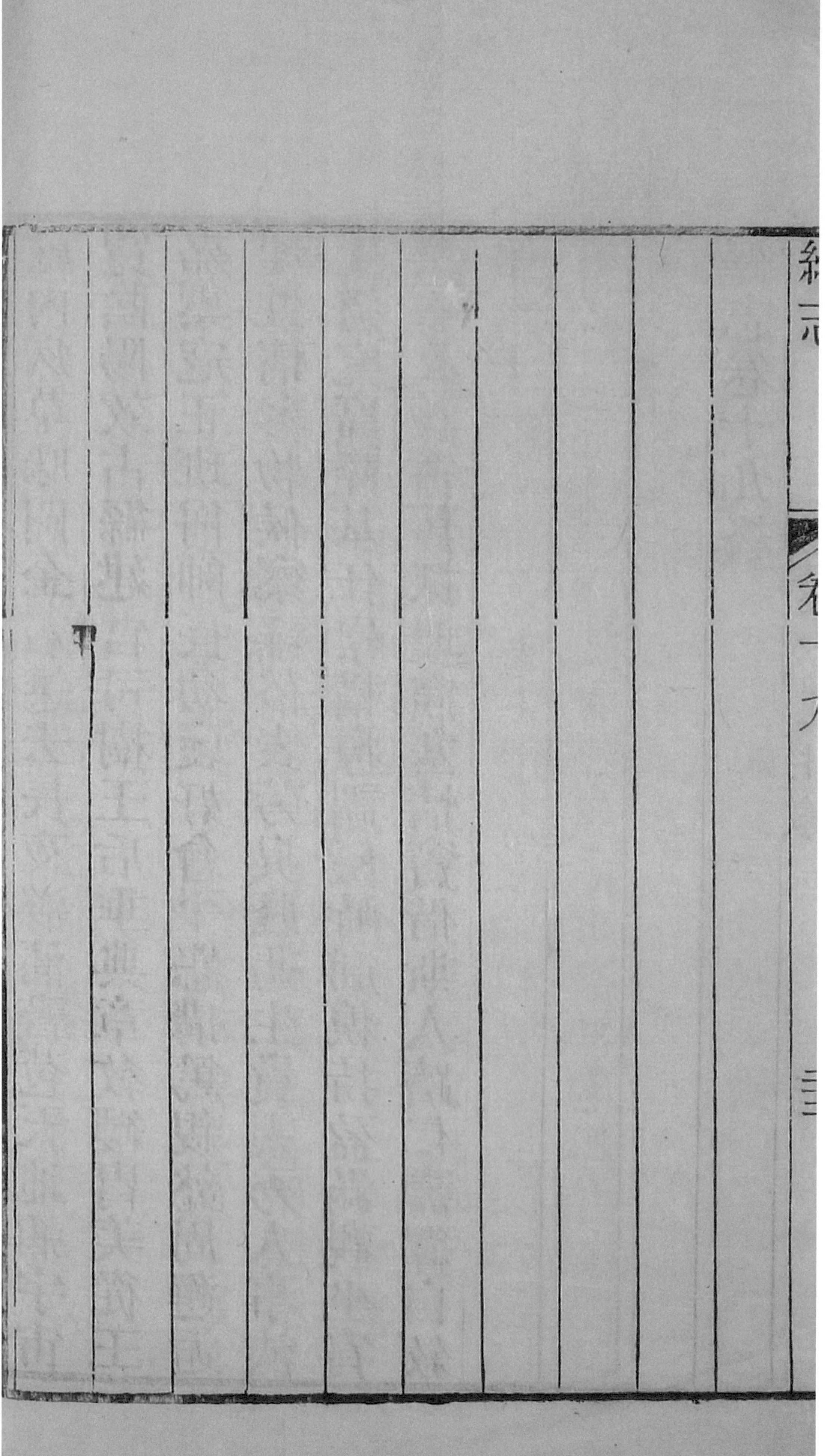
紀元
卷十六
三